Wolfgang Wippermann

Der konsequente Wahn

Wolfgang Wippermann

Der konsequente Wahn

Ideologie und Politik Adolf Hitlers

Mit einem Essay
von Saul Friedländer

Bertelsmann Lexikon Verlag

Der Band enthält 50 Abbildungen

Corinna Coulmas übersetzte den Essay
von Saul Friedländer aus dem Englischen

Einband und Schutzumschlag: Wolfgang Mudrak

Gesamtherstellung Mohndruck Graphische Betriebe GmbH, Gütersloh
ISBN 3-570-03950-1

Inhalt

Vorwort

»Hitler as Frankenstein« — so hieß der Titel eines 1933 in London erschienenen Buches. Dies war kein Reklame-Gag, sondern entsprach der Auffassung vieler Zeitgenossen, wonach Hitler ein Monster oder zumindest ein Wahnsinniger sei. Für diese Sichtweise gibt es viele Beispiele. Hermann Rauschning, der als Nationalsozialist Danziger Senatspräsident geworden war, dann aber die Partei und Deutschland verlassen hatte, berichtete in seinen eher fiktiven als echten »Gesprächen mit Hitler«, daß dieser häufig unter Schreikrämpfen aufwache und erzähle: »Er! Er«, das heißt der Teufel persönlich sei dagewesen. Die Gerüchte über Hitlers Wahnsinn wurden noch 1943 vom amerikanischen Office of Strategic Studies, einem Vorläufer der CIA, so ernst genommen, daß der Historiker Walter C. Langer mit der Beantwortung folgender Fragen beauftragt wurde: »Hitler ist der unbestrittene Führer, aber was ist er für ein Mensch? Was sind seine Ambitionen? [...] Vor allem aber wollen wir so viel wie möglich über seinen psychischen Zustand erfahren.« Langer kam in seinem »Adolf-Hitler-Psychogramm«, das 1972 auch als Buch veröffentlicht wurde, zu dem Ergebnis, daß Hitler ein »Hysteriker am Rande der Schizophrenie« gewesen sei.
Ohne den Wert derartiger psychohistorischer Deutungen des »Phänomens Hitler« generell leugnen zu wollen, muß festgestellt werden, daß man Hitlers Bedeutung zweifellos unterschätzt, wenn man in ihm nur einen Wahnsinnigen sehen will. Ähnliches gilt für marxistische Deutungen, wonach Hitler nur die Marionette der eigentlich einflußreichen »Kapitalisten« gewesen sei; Hitlers ideologische Vorstellungen, merkte der Sozialist Fritz Brügel 1931 kritisch an, würden von der »Linken allenfalls mit Gelächter« kommentiert.
Blickt man auf derartig relativierende Deutungen, so kann man Historikern wie Veit Valentin und Karl Dietrich Bracher nur zustimmen, die eindringlich darauf verwiesen, daß die Geschichte Hitlers die Geschichte seiner Unterschätzung gewesen sei, was den Aufstieg des Nationalsozialismus wesentlich begünstigt habe.
Doch dies ist nur die eine Seite der Medaille. Es gab auch Zeitgenossen, die die politische Bedeutung und unbestrittene Führerstellung Hitlers betonten und die seine ideologischen »Maximen« keineswegs so »unbeachtet« ließen, wie dies der Historiker Karl Lange 1968 in seinem Buch über »Hitlers unbeachtete Maximen. ›Mein Kampf‹ und die Öffentlichkeit« behauptet hat.
In diesem Zusammenhang sind vor allem die wegweisenden Studien von Theodor Heuß und Konrad Heiden aus den Jahren 1932 und 1936 zu erwähnen. Gerade Heiden meinte, daß Hitler vor allem deshalb zum mehr oder minder unumstrittenen »Führer« seiner Partei geworden sei, weil er es war, der von Anfang an für ihre Propaganda und ihren politischen Stil verantwortlich gewesen sei. Heiden warnte zwar davor, in der Außenpolitik des nationalsozialistischen Regimes (bis 1936) das »Ideengefüge intentionalen Handelns« zu sehen, betonte aber gleichzeitig, daß Hitlers »Mein Kampf« insgesamt den Charakter eines »Programms« habe. Dies gelte vor allem für seine rassenideologischen Forderungen und sein Streben nach der »Weltherrschaft«.

Diese Deutung wurde nach 1945 von dem englischen Historiker Hugh Trevor-Roper aufgegriffen und bestätigt. Trevor-Ropers These, wonach Hitler ein festgefügtes ideologisches »Programm« besaß, an dem er sich gerade in der Außen- und Rassenpolitik orientiert habe, wurde auch von dem Hitler-Biographen Alan Bullock übernommen, der noch in den ersten Auflagen seines Werkes behauptet hatte, Hitler sei ein verbrecherischer und prinzipienloser Opportunist gewesen. Die deutsche Forschung schloß sich Trevor-Roper und Bullock weitgehend an. Eberhard Jäckel sah in Hitlers ideologischen Vorstellungen den planmäßigen »Entwurf einer Herrschaft«. Andreas Hillgruber, Klaus Hildebrand und andere sprachen in diesem Zusammenhang ganz dezidiert von einem festgefügten »Programm«, das vor allem die Außen- und Rassenpolitik des nationalsozialistischen Regimes bis ins Detail hinein geprägt und bestimmt habe.

Nachdem bereits 1960 Helmut Heiber apodiktisch behauptet hatte: »Hitler war der Nationalsozialismus, und der Nationalsozialismus als sog. Idee war nichts weiter als die Projektion des Willens jenes Mannes Adolf Hitler in dem Bereich der Gedanken und Worte«, machte Joachim C. Fest in seiner 1973 veröffentlichten Hitler-Biographie den Versuch, die »schwer entschlüsselbare Korrespondenz« zu verdeutlichen, »die der Mann [Hitler] mit dieser Zeit und die diese Zeit mit diesem Mann eingingen«. Fest sah in der Biographie Adolf Hitlers ein »Stück Biographie der Epoche«. Daher wollte er Hitler auch eine zumindest »negative historische Größe« zuerkennen und stellte die provokante Frage: »Kann man ihn ›groß‹ nennen?«

Gerade diese Themen und Formulierungen Fests stießen jedoch sowohl in der Öffentlichkeit wie innerhalb der historischen Fachwissenschaft auf Kritik. Im Mittelpunkt standen Warnungen vor einer — wie sich bereits Hans Herzfeld ausgedrückt hatte — »Überstilisierung« Hitlers und die Zweifel, ob man mit Hilfe eines biographischen Ansatzes die Strukturen des nationalsozialistischen Regimes erfassen könne.

Historiker wie Martin Broszat, Hans Mommsen, Peter Hüttenberger und andere griffen darüber hinaus die erwähnten Thesen Brachers, Hildebrands, Hillgrubers und Jäckels an, wonach Hitler über ein geschlossenes »Programm« verfügt habe, das dann konsequent und geradezu fahrplanmäßig verwirklicht worden sei. Die verschwommene und widersprüchliche »Weltanschauung« Adolf Hitlers habe keinen programmatischen Charakter gehabt. Sie sei eher als Propaganda anzusehen und habe vor allem integrativen Zwecken gedient. Folglich sei die Politik des nicht monolithisch-totalitär, sondern polykratisch strukturierten Dritten Reichs keineswegs von einem ideologischen »Programm«, ja, nicht einmal allein von Hitler geprägt gewesen, den Hans Mommsen in apodiktischer Weise als einen in vieler Hinsicht »schwachen Diktator« charakterisierte.

Diese Thesen der »Revisionisten« stießen natürlich auf die scharfe Kritik der »Programmologen« um Bracher, Hildebrand und Hillgruber. Die »Programmologen« wandten sich gleichzeitig gegen die Ansichten der marxistischen Historiker, für die Hitler nach wie vor ein Werkzeug des mächtigen Finanzkapitals ist.

Der Streit zwischen »bürgerlichen« und marxistischen Historikern, zwischen

»Programmologen« und »Revisionisten«, zwischen Anhängern eines biographischen und eines strukturgeschichtlichen Ansatzes wurde zugleich erweitert und verschärft, als Ernst Nolte 1986 unter Anknüpfung an die von ihm bis dahin abgelehnte Totalitarismusthese die Behauptung aufstellte, daß Nationalsozialismus und Kommunismus nicht nur Gemeinsamkeiten aufwiesen, sondern daß das Dritte Reich im Grunde nur eine Antwort auf das von Lenin und Stalin viel früher errichtete Terrorregime in Rußland gewesen sei. In diesem »Historikerstreit« warfen verschiedene Historiker, und zwar sowohl »bürgerliche« wie marxistische, »Programmologen« wie Revisionisten, Nolte vor, durch »aufrechnende« Vergleiche zwischen der nationalsozialistischen Juden- und der stalinistischen Kulakenverfolgung die Singularität des Holocausts zu leugnen und die nationalsozialistischen Verbrechen zu relativieren.

Dieses Buch ist kein Beitrag zum »Historikerstreit«. Es ist kein Plädoyer für einen biographischen oder für einen strukturgeschichtlichen Ansatz. Es wird weder für die Programmologen noch für die Revisionisten Partei ergriffen. Es geht um die Person, die an sich im Mittelpunkt jener Kontroversen steht oder stehen sollte — Adolf Hitler. Über ihn, sein Leben, seine Ideologie und seine Politik wird informiert.

Dies geschieht einmal in einer Chronik, in der wesentliche Stationen aus dem Leben Hitlers nachgezeichnet werden, Stationen, die nach und nach zu Stationen unserer Geschichte geworden sind. Im zweiten, weitaus umfangreicheren Teil werden Hitlers Aussagen zu bestimmten politischen Problemen der dann tatsächlich betriebenen Politik gegenübergestellt. Dabei werden nicht nur die Begriffe und Probleme behandelt, die wie die Außen- und Judenpolitik im Streit der Programmologen und Revisionisten eine Rolle spielen. Analysiert werden auch Hitlers Aussagen über den »Faszismus«, die »Frau«, den »Führermythos«, die »Geschichte«, die »Macht«, »Preußen«, »Propaganda«, »Rasse«, »Schule«, die »Straße der Ordensritter«, »Terror und Gewalt«, »Widerstand« und »Wirtschaft«. Im Zentrum steht dabei das Bestreben, den wahnhaften Charakter der »Weltanschauung« Hitlers zu verdeutlichen, aber auch zu zeigen, wie sehr und wie konsequent diese wahnhaften Vorstellungen in die Realität umgesetzt wurden. Dabei dürfen Hitlers ideologische Vorstellungen weder über- noch unterschätzt werden. Deshalb werden in unterschiedlichem Ausmaß die Ansichten der heutigen Historiker und der Zeitgenossen berücksichtigt. Der so entstandene offene, diskursive Darstellungsstil wurde bewußt gewählt. Das vorliegende Buch behandelt zwar sowohl Leben und Ideologie Adolf Hitlers als auch die Geschichte des Nationalsozialismus, ist aber weder eine Hitler-Biographie noch eine Gesamtdarstellung der Geschichte des Nationalsozialismus. Es soll zu einer Auseinandersetzung mit diesem Mann und dieser Zeit anregen, die nur scheinbar Vergangenheit ist.

Abschließend einige Bemerkungen über die Quellen und die Literatur. Auf einen umfangreichen Anmerkungsapparat und eine detaillierte Auseinandersetzung mit der kaum überschaubaren Sekundärliteratur wurde verzichtet, um die Lesbarkeit der Darstellung nicht zu beeinträchtigen. Weiterführende Untersuchungen sind dem Literaturverzeichnis zu entnehmen. Was die Quellenbasis betrifft, so wurden vor allem Hitlers programmatische Schriften wie »Mein Kampf« und

sein »Zweites Buch« benutzt. Andere Reden und Schriften wurden nur im Ausnahmefall herangezogen, weil sie nämlich entweder bloße Wiederholungen seiner Kernthesen enthalten oder weil ihre Echtheit und Authentizität umstritten ist. Letzteres gilt vor allem für einige Aufzeichnungen von Gesprächen, die verschiedene Personen mit Hitler geführt haben wollen. Einige seiner Reden und Artikel, die in der sonst so verdienstvollen Edition seiner »Sämtlichen Aufzeichnungen« abgedruckt wurden, sind sogar nachweisbar gefälscht. Ich hielt es im Rahmen dieser Arbeit weder für möglich noch für notwendig, diese quellenkritischen Probleme zu klären; denn das, was Hitler in seinen erwähnten programmatischen und authentischen Schriften gesagt hat, ist aussagekräftig genug.
Mit Nachdruck und großem kollegialen Respekt möchte ich auf den anregenden Essay von Saul Friedländer über die Auseinandersetzung von Deutschen und Juden mit der sehr gegenwärtigen Vergangenheit jener Zeit und jenes Mannes verweisen.

Wolfgang Wippermann

Chronik

1889

20. April. Adolf Hitler wird in Braunau am Inn als Sohn des Zollbeamten Alois Hitler und dessen Frau Klara Hitler, geb. Pölzl, geboren.
Sein Vater war am 7. Juni 1837 als Sohn der ledigen Magd Maria Anna Schicklgruber in Döllersheim im österreichischen Waldviertel zur Welt gekommen. Maria Anna Schicklgruber heiratete 1842 den stellungslosen Müllergesellen Johann Georg Hiedler. Das Ehepaar Hiedler war sehr arm, Alois Schicklgruber wurde im Hause des Bauern Johann Nepomuk Hüttler, eines Bruders von Georg Hiedler, aufgezogen und ging mit 13 Jahren zu einem Wiener Schneider in die Lehre. Danach trat er in den österreichischen Finanzdienst ein.
Im Januar 1877 beantragte Johann Nepomuk Hüttler die Legitimierung seines Ziehsohns Alois Schicklgruber. Er gab an, daß sein verstorbener Bruder der Vater Alois Schicklgrubers sei, dessen Mutter ebenfalls bereits verstorben war. Der Pfarrer von Döllersheim trug in das Standesbuch ein, daß Georg Hitler der Vater des nunmehr 40 Jahre alten Alois Hitlers (vormals Schicklgruber) sei.
Klara Hitler, geb. Pölzl, war die dritte Frau von Alois Hitler. Sie war 23 Jahre jünger als er und vorher bei ihm als Hausangestellte beschäftigt gewesen. Drei ältere Geschwister Adolf Hitlers starben im Kindesalter. Von seinen zwei jüngeren Geschwistern überlebte seine Schwester Paula. Außerdem hatte Adolf Hitler einen Halbbruder Alois und eine Halbschwester Angela, die aus der zweiten Ehe von Alois Schicklgruber/Hitler stammten.

1897

Alois Hitler, der es nach verschiedenen Versetzungen zum Zollamtsoberoffizial gebracht hat, läßt sich vorzeitig pensionieren, nachdem er in Leonding bei Linz ein Haus gekauft hat.

1903

Alois Hitler stirbt. Adolf Hitler besucht nach dem erfolgreichen Abschluß der Volksschule die Realschule in Linz.

1904

Adolf Hitler wird auf die Realschule in Steyr geschickt, nachdem er in Linz zweimal nicht versetzt worden war.

1905

Adolf Hitler verläßt die Realschule in Steyr, weil seine schulischen Leistungen auch hier so mangelhaft waren, daß eine Versetzung nicht in Frage kam. Der inzwischen 16jährige Hitler beginnt keine Berufsausbildung. Er lebt auf Kosten seiner Mutter, die inzwischen das Haus in Leonding verkauft, eine Wohnung in Linz bezogen hat und eine gute Pension erhält.

1907

Im *Oktober* fällt Hitler bei der Aufnahmeprüfung für die Kunstakademie in Wien durch. Er bleibt in Wien, ohne einen Beruf auszuüben oder zu erlernen.
21. Dezember. Hitlers Mutter stirbt in Linz.

1908

Im *Februar* geht Hitler wieder nach Wien, wo er sein müßiggängerisches Leben fortsetzt. Mit dem Erbteil seines Vaters und seiner Mutter sowie einer Waisenrente verfügt er über achtzig Kronen im Monat; dies entspricht dem Monatsverdienst eines Assessors.
Im *September* scheitert Hitler erneut bei seinem Versuch, in die Malklasse der Akademie aufgenommen zu werden.

1909

Gegen Ende des Jahres scheint der immer noch stellungslose Hitler sein Erbe weitgehend aufgebraucht zu haben. Er wohnt nun meist in Obdachlosenasylen, wo er den Landstreicher Reinhold Hanisch kennenlernt. Nach eigenen Bekundungen soll Hanisch (er ist 1938 auf Befehl Hitlers ermordet worden) Hitler dazu überredet haben, Postkarten und Reklamebilder zu malen, die von Hanisch verkauft wurden. Dieser Verdienst sowie vermutlich ein Geldbetrag aus der Hinterlassenschaft seiner Tante Johanna Pölzl ermöglichen es Hitler, weiter in Wien zu leben, ohne daß er einen Beruf ergreift oder eine Ausbildung beginnt. Nach eigenen Bekundungen hat er in seiner Wiener Zeit viel gelesen und ist oft ins Theater gegangen.

1913

Am *24. Mai* (nicht, wie es in »Mein Kampf« heißt, 1912) verläßt Hitler Wien und zieht nach München. Hier lebt er weiterhin vom Rest seines Erbes und vom gelegentlichen Verkauf von Postkarten und Bildern.

1914

18. Januar. Hitler wird von der Münchner Kriminalpolizei verhaftet und dem österreichischen Konsulat vorgeführt, weil er sich der militärischen Dienstpflicht in Österreich entzogen hat. In einem längeren Schreiben an den Magistrat der Stadt Linz verteidigt sich Hitler mit Erfolg gegen den Vorwurf, »Stellungsflucht« begangen zu haben.
5. Februar. Hitler erscheint vor der Musterungskommission in Salzburg. Er wird »zum Waffen- und Hilfsdienst [für] untauglich« befunden und darf nach München zurückkehren.
3. August. Zwei Tage nach Kriegsausbruch wendet sich Hitler mit der Bitte an den bayerischen König, als Freiwilliger in ein bayerisches Regiment aufgenommen zu werden. Obwohl Hitler Österreicher ist, wird sein Antrag genehmigt. Hitler wird im 16. Bayerischen Reserve-Infanterie-Regiment Soldat.

Ende *Oktober* wird das Regiment nach einer nur zehnwöchigen Ausbildungszeit an die Westfront verlegt, wo es an der blutigen Schlacht von Ypern im belgischen Westflandern teilnimmt.
Im *Dezember* erhält der als Meldegänger zwischen dem Regimentsstab und den vorgeschobenen Stellungen eingesetzte Hitler das Eiserne Kreuz II. Klasse.

1915

Hitler wird zum ersten und einzigen Mal befördert, und zwar zum Gefreiten.

1916

Hitler wird verwundet und danach in das Lazarett Beelitz bei Berlin überstellt.

1917

Im *März* ist Hitler wieder bei seinem Regiment an der Westfront.

1918

Im *September* nutzt Hitler seinen Urlaub für eine Reise nach Österreich, wo er Verwandte besucht.
14. Oktober. Hitler gerät südlich von Ypern in einen britischen Gasangriff. Er erblindet und wird in das Lazarett Pasewalk in Pommern verlegt. Hier erfährt er von der deutschen Kapitulation und der Revolution. Nach eigenen Angaben haben ihn beide Ereignisse tief bewegt.
Ende *November* verläßt der inzwischen völlig genesene Hitler das Lazarett in Pasewalk und geht nach München, wo er sich beim Ersatzbataillon seines Regiments meldet.

1919

Anfang *Februar* bewacht Hitler ein Gefangenenlager bei Traunstein, das einen Monat später aufgelöst wird. Danach geht er nach München zurück.
6. April. In München wird die Räterepublik ausgerufen. Hitler bleibt Soldat und ist formell Mitglied der Roten Armee.
Im *Mai* stürzen Freikorps und andere Einheiten die bayerische Räterepublik. Anhänger der Räterepublik werden verhaftet und ermordet. Auch Hitler wird von Soldaten des Freikorps Epp verhaftet, aber kurz darauf wieder freigelassen. Vermutlich hat er sich die Freilassung durch Denunziationen von Anhängern der Räterepublik erkauft. Dafür spricht auch die Tatsache, daß Hitler kurz darauf zu eine Aufklärungskurs für »staatsbürgerliches Denken« abkommandiert wird. Hier wird der Geschichtsprofessor Alexander v. Müller auf Hitler aufmerksam und empfiehlt ihn dem Leiter der Aufklärungs- und Propagandaabteilung der Reichswehr in München, Hauptmann Mayr.
Im *Juni* wird Hitler von Hauptmann Mayr als »Vertrauensmann« zu einem Münchner Regiment abkommandiert. Seine Aufgabe ist politische Agitation

und die Überwachung von Soldaten, die auf ihre Entlassung warten. Darüber hinaus besucht der »Vertrauensmann« Hitler auf Befehl Hauptmann Mayrs auch politische Veranstaltungen verschiedener Parteien.
12. September. Hitler nimmt auf Befehl Hauptmann Mayrs an einer Veranstaltung der Deutschen Arbeiterpartei (DAP) teil.
Die Splitterpartei war am 5. Januar 1919 von dem Sportjournalisten Karl Harrer und dem Schlosser Anton Drexler gegründet worden. Harrer war Mitglied der 1917/18 von Rudolf Freiherr von Sebottendorf ins Leben gerufenen Thulegesellschaft, einer logenartigen Vereinigung in der Tradition der völkisch-antisemitischen Bünde der Vorkriegszeit. Hauptziel der Thulegesellschaft war die rücksichtslose Bekämpfung der Juden und die »rassische Erneuerung« Deutschlands. Drexler dagegen wollte die nationale mit der sozialen Frage verbinden und die Arbeiter dem Marxismus entfremden.
Im Anschluß an einen Vortrag von Gottfried Feder, der über seine Lieblingsidee, die »Brechung der Zinsknechtschaft« redet, beteiligt sich Hitler an der Diskussion. Drexler erkennt das Rednertalent Hitlers und würdigt es mit den überlieferten Worten: »Mensch, der hat a Gosch'n, den kunnt ma braucha.«
Ende September tritt Hitler, dem unaufgefordert bereits die Mitgliedskarte mit der Nummer 555 zugeschickt worden ist, der DAP bei.
16. Oktober. Die DAP hält ihre erste öffentliche Versammlung ab, an der 111 Personen teilnehmen. Zweiter Redner ist der neue Werbeobmann der Partei, Adolf Hitler. Für ihn ist dies der Beginn seiner politischen Laufbahn.

1920

24. Februar. Die DAP führt ihre erste Großversammlung durch, die von 2 000 Personen besucht wird. Auf ihr verkündet Hitler ein 25-Punkte-Programm. Es enthält neben antisemitischen und antimarxistischen auch unbestimmt formulierte, antikapitalistische Forderungen: die Gewinnbeteiligung an Großbetrieben (Punkt 14), die Konfiszierung von Kriegsgewinnen (Punkt 12), die Einbeziehung von nicht durch Arbeit erworbenem Vermögen und das Verbot von Bodenspekulation. Mit diesen Forderungen will die Partei vor allem den Mittelstand gewinnen. Besonders deutlich macht dies Punkt 16 des Programms, die Kommunalisierung der großen Warenhäuser. Gleichwohl tritt die Partei mit dem Anspruch auf, alle Schichten, auch die Arbeiter, zu repräsentieren.
Diesen Anspruch dokumentiert auch die Umbenennung der DAP in Nationalsozialistische Deutsche Arbeiterpartei (NSDAP). Name und Symbol, das Hakenkreuz, wurden von der österreichischen Deutschen Nationalsozialistischen Arbeiterpartei (DNSAP) übernommen. Mit der DNSAP, die 1918 aus der schon 1904 in Böhmen gegründeten Deutschen Arbeiterpartei hervorgegangen ist, bestanden von Anfang an enge Kontakte. In ihren Aktionen, ihrer Propaganda und Organisation orientiert sich die NSDAP jedoch vornehmlich am Vorbild des italienischen Faschismus.
Auf Betreiben Hitlers beginnt die Partei eine intensive Versammlungstätigkeit. Die dazu notwendigen Gelder erhält die NSDAP, die Ende 1920 über 2 000 Mitglieder verfügt, von der Reichswehr sowie von national gesinnten Kreisen der

Münchner Gesellschaft. Die Kontakte vermitteln der völkische Dichter und enge Vertraute Hitlers, Dietrich Eckart, der Ex-Hauptmann Ernst Röhm, der ehemalige Pressereferent im Reichswehrgruppenkommando Hermann Esser, der Deutschbalte Max Erwin v. Scheubner-Richter, der Geschäftsmann Ernst Hanfstaengl und der ehemalige Jagdflieger Hermann Göring, die im Lauf des Jahres 1920 der Partei beitreten. Weitere Parteimitglieder sind der ehemalige Feldwebel Hitlers, Max Amann, die Studenten Hans Frank und Rudolf Heß sowie der aus dem Baltikum stammende Alfred Rosenberg.
Im *März* halten sich Hitler und Eckart während des Kapp-Putsches in Berlin auf. Über ihre dortige politische Aktivität ist allerdings nichts bekannt.
Für 60 000 Reichsmark erwirbt die NSDAP im *Dezember* den »Völkischen Beobachter«, der zweimal wöchentlich erscheint und rund 11 000 Leser hat. Chefredakteur wird Dietrich Eckart.

1921

3. Februar. Hitler spricht im Münchner Zirkus Krone auf einer Parteiversammlung, die nach einer aufwendigen Werbung von 6 500 Menschen besucht wird.
11. Juli. Hitler erklärt seinen Austritt aus der Partei, weil er im Unterschied zu anderen führenden Mitgliedern eine Zusammenarbeit mit den übrigen völkischen Parteien strikt ablehnt.
29. Juli. Auf einer außerordentlichen Mitgliederversammlung der NSDAP stimmen 553 der 554 Anwesenden für Hitlers Vorstellungen, wonach sich die NSDAP nicht mit anderen Gruppierungen verbünden und ihren offensiven politischen Kampf allein führen solle. Außerdem erhält Hitler von der Versammlung die geforderten »diktatorischen Machtbefugnisse« zugesprochen. Der Parteiausschuß wird mit Anhängern Hitlers besetzt. Hitler ist alleiniger Parteivorsitzender und kann sich selbst über Mehrheitsbeschlüsse des Parteivorstands hinwegsetzen. Drexler wird zum einflußlosen Ehrenvorsitzenden der NSDAP. In der Parteipresse wird Hitler von nun an als »unser Führer« bezeichnet.
3. August. Gründung der SA, die zunächst »Sport-« oder »Schutzabteilung«, dann »Sturmabteilung« genannt wird. Sie dient zum Schutz der nationalsozialistischen Parteiveranstaltungen und soll gegnerische stören. Daneben bereitet sich die paramilitärische SA auf den »kommenden Freiheitskampf nach innen« vor. Sie übt eine große Anziehungskraft auf junge, vom Kriegserlebnis geprägte Männer aus, die im zivilen Leben meist gescheitert sind.
4. November. Die SA veranstaltet im Münchner Hofbräuhaus ihre erste große Saalschlacht. In der Folgezeit provoziert sie bei Versammlungen und Propagandafahrten weitere gewaltsame Auseinandersetzungen mit politischen Gegnern.

1922

24. Juni. Hitler wird wegen Sprengung einer Versammlung des Bauernbunds zu einer Haftstrafe verurteilt, die er bis zum 27. Juli in Stadelheim verbüßt. Nach der Ermordung von Reichsaußenminister Walther Rathenau wird die NSDAP in Preußen, wo sie jedoch noch sehr schwach ist, verboten.

18. Juli. Der Reichstag beschließt ein Gesetz zum Schutz der Republik. Es sieht härtere Strafen für politische Gewalttaten und antirepublikanische Umtriebe vor sowie die Gründung eines »Staatsgerichtshofes zum Schutz der Republik«. Bayern lehnt das Gesetz im Widerspruch zur Weimarer Reichsverfassung ab. Die NSDAP profitiert von dem bayerischen Alleingang.
Im *August* beginnt die sogenannte Hyper-Inflation. Die Mark hat nur noch ein Hundertstel ihres Vorkriegswerts. Die sich steigernde Inflation stellen die Nationalsozialisten in ihrer Propaganda als Werk der Juden, Siegermächte und »Novemberverbrecher« dar. Die Propagandalüge ist erfolgreich: Die Mitgliederzahl der NSDAP steigt von 6 000 zu Beginn auf fast 20 000 am Ende des Jahres. Die Mitglieder stammen vor allem aus dem Mittelstand; 30 Prozent sind Beamte und Angestellte, 16 Prozent Kaufleute.
Besonders signifikant ist das Anwachsen der SA, die Ende 1922 bereits 11 000 Männer zählt. Hinzu kommt eine Gruppe des ehemaligen Freikorps Roßbach unter Führung des Leutnants (und Fememörders) Edmund Heines, die der SA als eigener Verband beitritt. Die SA entwickelt sich immer mehr zu einem eigenständigen Wehrverband, über den Hitler nicht bedingungslos verfügen kann. Daher läßt Hitler wenige Monate später eine Art Stabswache, den »Stoßtrupp Hitler«, aufstellen, aus dem die SS hervorgeht.
14. Oktober. Hitler nimmt auf Einladung der vaterländischen Verbände am »Deutschen Tag« in Coburg teil. Allerdings kommt er nicht, wie die Veranstalter gewünscht hatten, mit »einiger Begleitung«, sondern mit insgesamt 650 SA-Leuten, die eine Straßenschlacht mt Anhängern der linken Parteien inszenieren.
Trotz dieser und anderer Gewalttaten wird die NSDAP weder verboten noch fühlbar in ihrer terroristischen Aktivität behindert. Sowohl im Münchner Polizeipräsidium wie im bayerischen Innenministerium und im Reichswehrkommando verfügt die Partei über Gönner und Parteigänger. Industrielle wie Thyssen, Kirdorf, Borsig und andere unterstützen die NSDAP finanziell.

1923

11. Januar. Französische und belgische Truppen besetzen das Ruhrgebiet. Die Reichsregierung ruft zum passiven Widerstand auf, an dem sich alle Parteien, von den Völkischen bis hin zu den Kommunisten, beteiligen. Doch Hitler verweigert als »Führer« der NSDAP jede Unterstützung. Er begründet dies mit der Forderung: »Nicht nieder mit Frankreich, sondern nieder mit den Vaterlandsverrätern, nieder mit den Novemberverbrechern muß es heißen.« Mit dieser Haltung hat sich Hitler innerhalb der nationalen Parteien isoliert. Dennoch gewinnt seine Partei neue Anhänger und Mitglieder, bis zum November 1923 sind es 55 000.
27.-29. Januar. In München findet der erste Reichsparteitag der NSDAP statt. Er wird zu einer Demonstration der Stärke der neuen Partei.
1. Mai. Zum Teil bewaffnete Mitglieder von SA und Partei versammeln sich auf dem Oberwiesenfeld in München mit dem Ziel, die Maifeiern der linken Parteien zu stören. Doch diesmal geben die politisch Verantwortlichen nicht nach. Starke Polizeieinheiten riegeln die Formationen der SA ab und zwingen sie, die in den

Reichswehrkasernen requirierten Waffen wieder abzugeben. In der Öffentlichkeit und von Hitler selbst wird dies als erste schwere Niederlage der NSDAP angesehen.

2. September. Hitler wird politischer Leiter des »Deutschen Kampfbundes«, zu dem sich mehrere bayerische Wehrverbände zusammengeschlossen haben. Die Putschgerüchte von einem bayerischen »Marsch auf Berlin« verdichten sich.

26. September. Der bayerische Ministerpräsident v. Knilling verhängt den Ausnahmezustand und ernennt Gustav v. Kahr zum Generalstaatskommissar mit diktatorischen Vollmachten. Dies geschieht ohne Absprache mit der Reichsregierung und ist daher verfassungswidrig.

27. September. Die Reichsregierung verkündet angesichts des bayerischen Verfassungsbruchs und der separatistischen Unruhen im Rheinland gemäß Artikel 48 der Weimarer Reichsverfassung den Ausnahmezustand im gesamten Reichsgebiet. Alle Exekutivfunktionen werden Reichswehrminister Geßler übertragen. Faktisch verfügt damit der Chef der Heeresleitung, Hans v. Seeckt, über die Macht im Reich.

1. Oktober. Der isoliert von Major Buchrucker in Küstrin angezettelte Putsch der »Schwarzen Reichswehr« scheitert.

19. Oktober. In Bayern greift die Reichswehr bzw. die Reichsregierung nicht ein, als sich der widerrechtlich eingesetzte Generalstaatskommissar Kahr weigert, auf Befehl von Reichspräsident Ebert und General v. Seeckt den »Völkischen Beobachter« zu verbieten und den Münchner Wehrkreiskommandeur General v. Lossow abzusetzen. Lossow wird von Kahr sogar zum Landeskommandanten der bayerischen Reichswehr ernannt.

29. Oktober. Die aus Sozialdemokraten und Kommunisten gebildete sächsische Landesregierung wird durch den zuständigen Wehrkreiskommandeur abgesetzt und durch einen Reichskommissar ersetzt. Ähnliche Reichswehraktionen zur Abwehr kommunistischer Unruhen finden in Thüringen und Hamburg statt.

3. November. General v. Seeckt weigert sich, den mehrfachen Verfassungsbruch der illegalen bayerischen Regierung durch die Entsendung von Truppen und die Ernennung eines Reichskommissars zu ahnden.

6. November. Kahr, Lossow und der Kommandeur der bayerischen Landespolizei Seißer diskutieren mit Vertretern der vaterländischen Verbände über den weiteren Fortgang des Kampfes gegen die Reichsregierung in Berlin. Konkrete Beschlüsse werden auf dieser Unterredung, zu der Hitler ausdrücklich nicht eingeladen worden ist, nicht gefaßt.

8. November. Am Abend veranstaltet Kahr vor geladenen Honoratioren, darunter neben Lossow und Seißer auch verschiedene bayerische Minister, im Bürgerbräukeller eine »Vaterländische Kundgebung«. Gegen 21 Uhr erscheint Hitler mit bewaffneten Anhängern im Saal und erklärt, daß die bayerische Regierung gestürzt sei und eine provisorische Reichsregierung gebildet werde. Nach einigem Sträuben erklären sich Kahr, Lossow und Seißer in einem Gespräch, an dem auch der bis dahin nicht unterrichtete Ludendorff teilnimmt, bereit, Hitlers Putschpläne zu unterstützen. Hitler soll Chef der neuen Reichsregierung wer-

den, Ludendorff die neue Armee befehligen, Seißer wird Polizeiminister, Lossow Reichswehrminister und Kahr Landesverweser. Dieser Beschluß wird der Versammlung bekanntgegeben. Während Ministerpräsident v. Knilling und mehrere bayerische Minister von den Gefolgsleuten Hitlers verhaftet werden, können Kahr, Lossow und Seißer den Saal ungehindert verlassen, weil sich Ludendorff für sie verbürgt. Parteigänger Hitlers, denen sich Mitglieder einiger Freikorps anschließen, besetzen Kasernen und das Wehrkreiskommando. Doch Kahr, Lossow und Seißer gelingt es noch in der gleichen Nacht, neben einem Reichswehrregiment auch die meisten der Münchner Polizeieinheiten für sich zu gewinnen.
9. November. Gegen 3 Uhr nachts geben Kahr, Lossow und Seißer über Funk bekannt, daß sie von Hitler gezwungen worden seien, sich am Putsch zu beteiligen. Kurz vor 12 Uhr beginnen Reichswehreinheiten, das von Putschisten besetzte Wehrkreiskommando zu räumen. Gegen 13 Uhr stoppen Einheiten der Landespolizei mit Gewehrschüssen einen Demonstrationszug der Nationalsozialisten vor der Feldherrnhalle. 16 Demonstranten werden dabei erschossen. Während Ludendorff weitermarschiert und sich der Polizei ergibt, fliehen die übrigen, unter ihnen Hitler. Er versteckt sich in der Villa Ernst Hanfstaengls in Uffing am Staffelsee. Auch in Bayern wird die NSDAP jetzt verboten.
11. November. Am Nachmittag wird Hitler in Uffing verhaftet und in das Gefängnis von Landsberg gebracht, wo sich bereits die meisten anderen Hauptbeteiligten des fehlgeschlagenen Putsches befinden. Einigen, unter ihnen Göring, ist die Flucht ins Ausland gelungen.

1924

26. Februar. In München beginnt vor dem Volksgerichtshof der Hochverratsprozeß gegen Hitler, Ludendorff, Röhm und weitere sechs Putschisten. Kahr, Lossow und Seißer sind nicht angeklagt und werden nur als Zeugen vernommen. Hitler verzichtet auf jegliche Verteidigung und greift nicht nur Kahr, Lossow und Seißer, sondern das gesamte Weimarer »System« mit scharfen Worten an. Diese Taktik wird ihm leicht gemacht, denn selbst der Staatsanwalt rühmt ihn als ehrlichen und um das Vaterland besorgten Mann. Hitler erzielt mit seinem Auftreten ein überaus großes, zum Teil sogar positives Echo in der Presse.
1. April. Urteilsverkündung im Hitler-Prozeß; Ludendorff wird freigesprochen, Röhm und Frick erhalten Bewährungsstrafen. Hitler und drei weitere Angeklagte werden zu fünf Jahren Festungshaft und damit zur niedrigsten Strafe, die für Hochverrat ausgesprochen werden kann, verurteilt. Das Gericht verzichtet sogar darauf, eine Ausweisung des Ausländers Hitler anzuordnen. Statt dessen wird ihm frühzeitige Begnadigung in Aussicht gestellt.
6. April. Bei den Wahlen zum bayerischen Landtag erringt der rechtsradikale »Völkische Block«, ein Zusammenschluß aller völkischen Parteien, 17 Prozent der abgegebenen Stimmen. In München wird der Block, den auch die Anhänger der verbotenen NSDAP unterstützen, sogar stärkste Partei.
4. Mai. Bei den Reichstagswahlen erreichen die völkischen Parteien 6,5 Prozent der Stimmen. Dabei handelt es sich zum einen um die von Hermann Esser

und Julius Streicher in Süddeutschland gebildete »Großdeutsche Volksgemeinschaft«, zum andern um die norddeutsche »Nationalsozialistische Freiheitsbewegung«, eine Gründung Hermann Essers, Albrecht von Graefes und Ludendorffs. Beide Gruppierungen können sich jedoch nicht auf einen gemeinsamen Führer einigen. Dies stärkt die Position Hitlers, der in seiner Landsberger Festungshaft am ersten Band von »Mein Kampf« arbeitet.
7. Dezember. Bei den neuerlichen Reichstagswahlen erleiden die völkischen Parteien große Verluste. Sie kommen nur noch auf 2,9 Prozent der Stimmen. Während auch die KPD verliert, kann die SPD ihren Stimmenanteil wieder steigern. Maßgebend für die Stärkung der demokratischen Parteien ist vor allem die Überwindung der Inflation.
20. Dezember. Hitler wird vorzeitig aus der Haft entlassen. Er greift zunächst nicht in den Streit zwischen den übrigen Führern der völkischen Bewegung ein.

1925

26./27. Februar. Hitler gibt im wieder erscheinenden »Völkischen Beobachter« die Neugründung der NSDAP bekannt. Im Münchner Bürgerbräukeller wird eine Reichsleitung der NSDAP konstituiert, von der die regionalen Führer, die Gauleiter, ernannt werden. Ebenfalls von der Reichsleitung bestimmt und nicht gewählt werden die Leiter der Ortsgruppen, von denen es Ende 1925 schon 604 im gesamten Reichsgebiet gibt, die meisten davon in Bayern.
9. März. Die bayerische Landesregierung verhängt über Hitler ein öffentliches Redeverbot. Andere Länder schließen sich an. In Preußen gilt das Redeverbot für Hitler bis zum September 1928.
29. März. Bei den Reichspräsidentenwahlen, die erst im zweiten Wahlgang am 26. April von Hindenburg gewonnen werden, erzielt der von den Nationalsozialisten aufgestellte Kandidat, Ludendorff, nur 1 Prozent der abgegebenen Stimmen. Darauf zieht sich Ludendorff aus der NSDAP zurück und gründet wenig später mit seiner zweiten Frau den »Tannenbergbund«, eine pseudoreligiöse, politisch einflußlose Sekte. Hitler kann den Rückzug Ludendorffs ebenso für seine Zwecke ausnützen wie den nun einsetzenden Zerfall der Deutschvölkischen Freiheitsbewegung.
1. Mai. Ernst Röhm legt die Leitung des »Frontbannes« nieder, eines Zusammenschlusses von Mitgliedern der nach dem 9. November 1923 verbotenen SA und ehemaligen Angehörigen der Freikorps. Röhm wollte den »Frontbann« als selbständigen, nicht der NSDAP eingegliederten Wehrverband erhalten. Damit konnte er sich jedoch nicht gegen Hitler durchsetzen. Hitler beginnt erst ein Jahr später mit der Neuorganisation der SA.
18. Juli. »Mein Kampf« erscheint im Franz Eher Verlag, München. Im November sind die ersten 10 000 Exemplare abgesetzt.
9. November. Gründung der Schutzstaffel (SS), die jedoch bis zur Übernahme der Führung durch Heinrich Himmler im Jahr 1929 ziemlich bedeutungslos bleibt.
Im *November* wird der schwelende Konflikt innerhalb der NSDAP offenkundig. Eine Versammlung von 25 nord- und westdeutschen Unterführern

beschließt gegen den Willen der Münchner Parteiführung, sich am Volksbegehren für die entschädigungslose Enteignung der Fürsten zu beteiligen, das von KPD und SPD initiiert ist. Kernpunkte des Konflikts sind die Bestrebungen der nord- und westdeutschen Gauleiter, eine eigenständige Position zu wahren und mit einem betont antikapitalistischen Programm Arbeiter zu gewinnen. Strittig ist ferner der von Hitler verkündete Legalitätskurs, das heißt der Verzicht, durch einen Putsch an die Macht zu kommen.

1926

14. Februar. Auf der Bamberger Führertagung der NSDAP gelingt es Hitler, seinen Führungsanspruch gegenüber den nord- und westdeutschen Gauleitern um Gregor Strasser und Joseph Goebbels durchzusetzen. Die Versammlung lehnt die Fürstenenteignung ab und löst die Arbeitsgemeinschaft der nord- und westdeutschen Gauleiter de facto auf. Gregor Strasser wird im September 1926 für sein Nachgeben mit dem Amt des Reichspropagandaleiters belohnt. Der völlig auf die Linie Hitlers umgeschwenkte Goebbels wird am 1. November 1926 zum Leiter des zahlenmäßig schwachen und zerstrittenen Gaus Berlin-Brandenburg ernannt.
22. Mai. Eine Generalmitgliederversammlung der NSDAP in München erkennt Hitlers Führungsanspruch endgültig an. Hitler wird einstimmig und zugleich zum letzten Mal zum Vorsitzenden der Partei gewählt.
3./4. Juli. Zweiter (nach der Neugründung erster) Parteitag der NSDAP in Weimar, auf dem Hitler den Vorbeimarsch von 3 500 uniformierten SA-Männern abnimmt. Die nationalsozialistische Jugendbewegung wird gegründet und erhält den Namen »Hitlerjugend«, ein weiterer Beleg für die nun unbestrittene Führerstellung Hitlers.
1. November. Der Hauptmann a.D. Franz v. Pfeffer wird zum Leiter der neu gebildeten Obersten SA-Führung bestimmt. Damit ist zugleich der Umbau der SA beendet. Die SA ist zwar uniformiert und nach militärischen Gesichtspunkten gegliedert, soll aber, anders als die Wehrverbände vor dem Hitler-Putsch, keine militärischen Aufgaben übernehmen, sondern einzig und allein der Propaganda dienen. Dies schließt jedoch terroristische Aktionen gegen politische Gegner nicht aus. Vor allem die Berliner SA unter Führung von Goebbels initiiert viele Saal- und Straßenschlachten.
Die »Propaganda der Tat« ist erfolgreich und zieht vor allem junge und beruflich häufig gescheiterte Männer an, die in den Stürmen der SA »Kameradschaft« und ein Ersatz-Kriegserlebnis suchen. Außerdem lassen die von den SA-Leuten meist selbst hervorgerufenen Unruhen bei bürgerlichen Kreisen den Ruf nach dem »starken Mann« laut werden, der endlich »Ordnung« schafft. Allerdings herrscht von Anfang an zwischen der Politischen Organisation der NSDAP und der SA kein spannungsfreies Verhältnis.

1927

19.—21. August. Dritter Reichsparteitag der NSDAP in Nürnberg mit etwa 20 000 Teilnehmern. Alle folgenden Parteitage finden in Nürnberg statt.

1928

20. Mai. Bei den Reichstagswahlen erleidet die NSDAP eine herbe Niederlage. Sie erringt nur 2,6 Prozent der Stimmen und damit 12 Sitze im Reichstag. Die Wahlniederlage täuscht jedoch über die bereits erreichte Stärke der Partei hinweg. Der NSDAP gehören ca. 10 000 Mitglieder an. Sie verfügt über eine dichte und straff gegliederte Organisation. Dies gilt nicht nur für die von der Reichsleitung diktatorisch geführte und hierarchisch gegliederte Partei, sondern auch für die inzwischen gegründeten Nebenorganisationen.
Dabei handelt es sich um die SA, der die SS und die Hitlerjugend unterstehen, um den im Februar 1926 gegründeten Nationalsozialistischen Deutschen Studentenbund (NSDStB), den im August 1927 ins Leben gerufenen »Deutschen Frauenorden Rotes Hakenkreuz« und den erst im November 1929 geschaffenen und im Juni 1932 der HJ eingegliederten Nationalsozialistischen Schülerbund (NSSB); außerdem werden seit 1928 verschiedene Berufsverbände gegründet, wie der »Bund Nationalsozialistischer Deutscher Juristen« (September 1928), der »Nationalsozialistische Lehrerbund« (NSLB) und der »Nationalsozialistische Deutsche Ärztebund« (Anfang 1929). Hinzu kommt schließlich die Nationalsozialistische Betriebszellen-Organisation (NSBO), die seit dem 15. Januar 1930 von einer eigenen Abteilung innerhalb der Münchner Parteizentrale geleitet wird. Die NSBO hat das Ziel, die Macht der sozialdemokratisch und kommunistisch orientierten Gewerkschaften zu brechen.

1929

Im *Januar* gibt es in Deutschland bereits über 2 Millionen Arbeitslose. Dies ist ein deutliches Zeichen der aufkommenden Wirtschaftskrise, die 1932 mit über 6 Millionen Arbeitslosen ihren Höhepunkt erreicht. Die Weltwirtschaftskrise ist die vielleicht wichtigste, aber nicht die einzige Ursache für den Aufstieg der NSDAP und den Untergang der Weimarer Republik.
23. Juni. Bei den Kommunalwahlen in Coburg wird die NSDAP zum ersten Mal stärkste Partei (13 von 15 Stadtratssitzen). Ähnliche Erfolge erringt sie 1929 bei anderen Kommunal- und Landtagswahlen.
9. Juli. Ein Reichsausschuß zur Vorbereitung eines Volksbegehrens gegen den Young-Plan wird gebildet, der Zahlungsraten und Laufzeit (59 Jahre) der Reparationen regelt. Dem Reichsausschuß gehören neben Vertretern der DNVP, des Stahlhelms, des Landbunds und der Landvolkpartei auch Mitglieder der NSDAP an.
3./4. August. Der NSDAP-Parteitag in Nürnberg wird zu einer Demonstration der Stärke: 30 000 SA- und SS-Leute marschieren durch die Stadt.
25. Oktober. Schwarzer Freitag an der New Yorker Börse, Beginn der Weltwirtschaftskrise.
22. Dezember. Das Volksbegehren gegen den Young-Plan scheitert, weil es nur von 13,8 Prozent der Stimmberechtigten unterstützt wird. Für die parlamentarisch immer noch schwach vertretene NSDAP stellen jedoch die Aufnahme in den Ausschuß und die Beteiligung an der Kampagne gegen den Young-Plan einen großen Prestigeerfolg dar.

1930

23. Januar. Wilhelm Frick wird als erster Nationalsozialist in Thüringen Minister einer Landesregierung.
27. März. Rücktritt des Reichskanzlers Hermann Müller (SPD) und Ende der parlamentarischen Regierung. Äußerer Anlaß ist die von der DVP geforderte, von der SPD jedoch abgelehnte Erhöhung der Beiträge zur Arbeitslosenversicherung.
30. März. Der Zentrumspolitiker Heinrich Brüning bildet ein Minderheitskabinett, das nur mit Hilfe von Notverordnungen regieren kann.
4. Juli. Otto Strasser ruft die »sozialistisch-revolutionär« gesinnten Parteigenossen dazu auf, aus Protest gegen Hitlers Legalitätskurs die NSDAP zu verlassen. Er gründet kurz darauf eine eigene, allerdings bedeutungslos bleibende Partei, die »Kampfgemeinschaft revolutionärer Nationalsozialisten", die später in »Schwarze Front« umbenannt wird.
18. Juli. Eine Mehrheit von SPD, KPD, DNVP und NSDAP lehnt im Reichstag die von Brüning erlassenen Notverordnungen ab. Brüning löst daraufhin den Reichstag auf. Der nun einsetzende Wahlkampf wird von der NSDAP mit einem beispiellosen Aufwand geführt.
14. September. Bei der Reichstagswahl gewinnt die NSDAP 18,3 Prozent der abgegebenen Stimmen. Sie ist nach der SPD (24,5 Prozent) die zweitstärkste Partei und zieht mit 107 statt bisher 12 Abgeordneten in den Reichstag ein.
Diesen Erdrutschsieg hat die NSDAP vor allem auf Kosten der bürgerlichen Parteien errungen. DDP und DVP sind zu Splitterparteien herabgesunken. Die DNVP erzielt nur noch 7 statt der bisherigen 14 Prozent. Die NSDAP hat jedoch auch von der höheren Wahlbeteiligung profitiert (82 statt 75,6 Prozent im Jahr 1928). Besonders große Gewinne hat die NSDAP in den evangelisch und agrarisch geprägten Provinzen Nord- und Nordostdeutschlands zu verzeichnen. Relativ schwach ist sie nach wie vor in den großstädtisch-industriellen und den katholischen Wahlkreisen. Dies zeigt sich auch darin, daß sowohl die beiden katholischen Parteien, Zentrum und BVP, als auch die Arbeiterparteien ihren Stimmenanteil im wesentlichen behaupten können, wobei jedoch die SPD zu Gunsten der KPD Verluste hinnehmen muß.
Von den zu diesem Zeitpunkt 129 000 (30. Januar 1933: 849 000) Mitgliedern der Partei sind 17,3 Prozent Selbständige in Handwerk, Gewerbe und Handel, 15,9 Prozent Angestellte und 8,3 Prozent Beamte. Angehörige des Mittelstands sind, verglichen mit ihrem Anteil an der Gesamteinwohnerschaft, überproportional vertreten, Arbeiter mit 28,1 Prozent unterrepräsentiert; dennoch besteht kein Zweifel, daß die NSDAP ihrem Anspruch, das gesamte deutsche Volk zu repräsentieren, ein gutes Stück näher gekommen ist. Die NSDAP verzichtet bewußt darauf, konkrete Pläne zur Sozial- und Wirtschaftspolitik vorzulegen. Sie verspricht jedem etwas und begnügt sich damit, das »System« von Weimar ebenso pauschal wie total abzulehnen, eine Taktik, die sich in der Krisensituation der untergehenden Weimarer Republik als erfolgreich erweist.
25. September. Hitler erklärt als Zeuge im Hochverratsprozeß gegen drei Ulmer Reichswehroffiziere vor dem Leipziger Reichsgericht, daß seine Partei auf »verfassungsmäßigem Wege die ausschlaggebenden Mehrheiten in den gesetz-

gebenden Körperschaften zu erlangen« suche, um dann jedoch »den Staat in die Form zu gießen, die unseren Ideen entspricht«. Dies wird vom Gericht und von Teilen der Öffentlichkeit als Bekenntnis zur Legalität gewertet.
1. Oktober. In Braunschweig kommt es zur Bildung einer bürgerlich-nationalsozialistischen Koalitionsregierung.
1. Dezember. Der von Reichspräsident Hindenburg wiederum zum Kanzler eines Minderheitskabinetts ernannte Brüning erläßt weitere Notverordnungen. Sie sehen Kürzungen der Beamtengehälter und Erhöhungen der Beiträge zur Arbeitslosenversicherung vor. Mit seiner deflationistischen Wirtschaftspolitik will Brüning die Einstellung der Reparationszahlungen erreichen, die Konkurrenzfähigkeit der deutschen Wirtschaft auf dem Weltmarkt wiederherstellen und die Gewerkschaften schwächen. Die Steigerung der Arbeitslosigkeit mit ihren Folgen nimmt er in Kauf. Ende Dezember 1930 gibt es bereis 4,4 Millionen Arbeitslose in Deutschland. Während die SPD diese Politik weitgehend toleriert, lehnen KPD und NSDAP sie kompromißlos ab, was beiden Parteien, vor allem aber der NSDAP, weitere Anhänger und Wähler einbringt.

1931

5. Januar. Ernst Röhm wird als Nachfolger des im August 1930 zurückgetretenen Franz v. Pfeffer Führer der SA. Die SA ist inzwischen 77 000 Mann stark.
1. April. Nach Auseinandersetzungen mit Hitler wird der Führer der Berliner SA, Walther Stennes, abgesetzt.
15. Juli. Mit Walter Lienau wird zum ersten Mal ein Nationalsozialist 1. Vorsitzender der vom Nationalsozialistischen Deutschen Studentenbund dominierten Deutschen Studentenschaft.
9. August. Der vom Stahlhelm beantragte und von NSDAP und KPD unterstützte Volksentscheid für die Auflösung des Preußischen Landtags scheitert mit 37,1 Prozent der Stimmen.
11. August. Das Hoover-Moratorium wird in London unterzeichnet. Es sieht eine Unterbrechung der internationalen Zahlungsverpflichtungen für ein Jahr vor. Reichskanzler Brüning kann diesen außerordentlichen Erfolg jedoch nicht nützen, weil er über keine Mehrheit im Reichstag verfügt.
10. Oktober. Bei einem Treffen mit Reichspräsident v. Hindenburg lehnt Hitler es ab, das Präsidialregime Brünings zu tolerieren.
11. Oktober. In Bad Harzburg führen DNVP, Stahlhelm und NSDAP eine große Demonstration durch. Hitler läßt keinen Zweifel daran, daß die NSDAP eine eigenständige Rolle innerhalb dieser »Harzburger Front« spielt.
25. November. Im nordhessischen Boxheim werden Dokumente gefunden, die darauf hindeuten, daß die hessische NSDAP einen gewaltsamen Umsturz vorbereitet. Das vom Reichsgericht überaus zögernd eingeleitete Verfahren gegen die Verantwortlichen wird schon im Oktober 1932 eingestellt.
8. Dezember. Die vierte Notverordnung Brünings sieht neben weiteren Gehaltskürzungen auch ein Uniformverbot für politische Vereinigungen vor. Diese Maßnahme hat zwar einen mehr symbolischen Charaker, beeinträchtigt aber dennoch die politische und propagandistische Aktivität gerade der SA.

1932

27. Januar. Hitler hält vor dem Industrieklub in Düsseldorf einen vielbeachteten Vortrag, in dem er unter anderem erklärt, daß die »Wiederherstellung eines gesunden nationalen und schlagkräftigen deutschen Volkskörpers« das Ziel seiner Politik sei. Die bloße Einladung unterstreicht, welches Gewicht dem Politiker Hitler inzwischen auch von der Industrie zugemessen wird.
25. Februar. Die bürgerlich-nationalsozialistische Koalitionsregierung in Braunschweig ernennt »den Schriftsteller Adolf Hitler« zum Regierungsrat. Der staatenlose Hitler wird dadurch deutscher Staatsbürger.
13. März. Bei den Reichspräsidentenwahlen verfehlt der von SPD, Zentrum, DDP und DVP unterstützte Hindenburg mit 49,6 Prozent der abgegebenen Stimmen nur knapp die erforderliche absolute Mehrheit. Der Kandidat der DNVP, Duesterberg, erhält 6,8 Prozent, Ernst Thälmann (KPD) 13,2 Prozent und Hitler 30,1 Prozent der Stimmen.
10. April. Beim zweiten Wahlgang stimmen 19,3 Millionen für Hindenburg, 13,4 Millionen für Hitler und 3,7 Millionen für Thälmann. Hindenburg ist damit gewählt. Der unterlegene Hitler hat jedoch gezeigt, daß sich seine Partei nach wie vor im Aufwind befindet.
13. April. Auf Drängen der SPD verbietet Brüning die SA und die SS. Doch noch im April beginnen Verhandlungen zwischen General v. Schleicher, dem Chef des Ministeramts im Reichswehrministerium, und Hitler über die mögliche Tolerierung eines neuen Kabinetts. Zur gleichen Zeit unterhöhlen Schleicher, einige ostelbische Großgrundbesitzer und Hindenburgs Sohn Oskar die Stellung Brünings beim Reichspräsidenten. In diesem Zusammenhang spielt auch die Furcht vor der Aufdeckung ungesetzlicher finanzieller Transaktionen, in die Gutsbesitzer verstrickt sind (sogenannter Osthilfeskandal), eine Rolle.
30. Mai. Da ihm v. Hindenburg das Vertrauen entzieht, tritt Reichskanzler Brüning zurück.
1. Juni. Auf Vorschlag v. Schleichers, der Reichswehrminister wird, ernennt Hindenburg den Zentrumspolitiker Franz v. Papen zum Reichskanzler. Das »Kabinett der nationalen Konzentration« kann sich nur auf wenige Abgeordnete im Reichstag stützen. Es bemüht sich um eine Tolerierung durch Hitler, der als Vorbedingung die Aufhebung des SA- und SS-Verbots und die Ausschreibung von Neuwahlen verlangt.
4. Juni. Reichskanzler v. Papen löst den Reichstag auf.
16. Juni. Das Verbot von SA und SS wird aufgehoben, eine wesentliche Erleichterung für den Wahlkampf der NSDAP.
Nach der Wahl des Nationalsozialisten Alfred Freyberg in Anhalt zum Ministerpräsidenten eines Reichslands bildet Carl Röver in Oldenburg die erste rein nationalsozialistische Landesregierung. Sie nimmt in Oldenburg vieles von dem vorweg, was sich nach dem 30. Januar 1933 im gesamten Reichsgebiet ereignet.
17. Juli. Bei Straßenkämpfen zwischen Anhängern der NSDAP und der KPD in Hamburg-Altona werden 18 Menschen getötet. Der »Altonaer Blutsonntag« stellt einen vielbeachteten Höhepunkt der bürgerkriegsähnlichen Unruhen dar, in deren Verlauf zwischen dem 11. Januar und dem 23. September 155 Personen ums Leben kommen.

20. Juli. Reichskanzler v. Papen enthebt durch eine Notverordnung die preußische Regierung unter Otto Braun (SPD) ihres Amts. Ein Reichskommissar für Preußen wird ernannt, sozialdemokratisch und demokratisch gesinnte Beamte innerhalb der Verwaltung und der Polizei werden entlassen. SPD und KPD leisten keinen Widerstand.

31. Juli. Nach einem intensiven Wahlkampf wird die NSDAP bei den Reichstagswahlen stärkste Partei. Sie erringt 37,2 Prozent der abgegebenen Stimmen und 230 Mandate.

9./10. August. Im oberschlesischen Potempa kommt es zu einer besonders grausamen politischen Gewalttat. Fünf uniformierte SA-Männer trampeln den kommunistischen Bergmann Konrad Pietrzuch zu Tode. Aufgrund einer am selben Tag erlassenen Notverordnung gegen politische Gewaltakte werden die Täter zum Tode verurteilt. Hitler solidarisiert sich mit seinen, wie er sagt, »Kameraden«. Am 2. September werden die Mörder zu lebenslänglicher Haft begnadigt, im März 1933 amnestiert und freigelassen.

13. August. Bei einer Besprechung mit Hindenburg lehnt es Hitler wiederum ab, als Vizekanzler einer Regierung Papen beizutreten. Er fordert die »volle Regierungsverantwortung«.

12. September. Reichskanzler v. Papen löst erneut den Reichstag auf und schreibt Neuwahlen für den 6. November aus.

6. November. Bei den Reichstagswahlen muß die NSDAP zum ersten Mal empfindliche Verluste hinnehmen. Sie verliert 34 ihrer bisherigen Mandate und erringt nur noch 33 Prozent der abgegebenen Stimmen. Noch wichtiger ist, daß die NSDAP bei Anhängern und Gegnern den Nimbus des unaufhaltsamen Aufstiegs verliert. Innerhalb der stark verschuldeten NSDAP breitet sich eine pessimistische Stimmung aus.

17. November. Reichskanzler v. Papen tritt zurück.

2. Dezember. General v. Schleicher wird von Hindenburg zum Reichskanzler ernannt. Er will die Wirtschaftskrise durch ein staatliches Arbeitsbeschaffungsprogramm überwinden. Dazu sucht er sowohl bei den Gewerkschaften wie bei Teilen der NSDAP Unterstützung.

8. Dezember. Gregor Strasser, der anfänglich bereit war, mit Schleicher zusammenzuarbeiten, legt seine Parteiämter nieder. Damit ist die Gefahr einer Spaltung der NSDAP gebannt.

1933

4. Januar. Im Hause des Kölner Bankiers Kurt von Schröder treffen sich Hitler und v. Papen, um über die Bildung einer gemeinsamen Regierung zu reden.

15. Januar. Nach einem aufwendigen Wahlkampf im Zwergstaat Lippe, an dem sich neben Hitler alle führenden Nationalsozialisten beteiligt haben, gewinnt die NSDAP bei den Landtagswahlen 39,5 Prozent der abgegebenen Stimmen. Dieser Wahlerfolg wird von der nationalsozialistischen Propaganda groß herausgestellt. Man ruft den Eindruck hervor, als sei der bei den Reichstagswahlen vom November 1932 sichtbar gewordene Abwärtstrend überwunden.

30. Januar. Reichspräsident v. Hindenburg ernennt Hitler zum Reichskanzler. Vizekanzler und Reichskommissar für Preußen wird v. Papen. Dem neuen Kabinett gehören außer Hitler noch zwei weitere Nationalsozialisten an: Wilhelm Frick als Reichsinnenminister und Hermann Göring als Minister ohne Geschäftsbereich und kommissarischer preußischer Innenminister. Damit befehligt Göring die machtpolitisch äußerst wichtige Polizei des größten Reichslands. Schon deshalb ist die Erwartung der konservativen Bündnispartner Hitlers, ihn »eingerahmt« zu haben, um ihn, wie sich v. Papen ausdrückte, »in zwei Monaten . . . [so] in die Ecke« zu drücken, »daß er quietscht«, von Anfang an illusorisch. Die Nationalsozialisten gehen noch am gleichen Tag in die propagandistische Offensive. Am Abend veranstalten sie in Berlin einen Fackelzug, der nach den Worten von Goebbels »in einem sinnlosen Taumel der Begeisterung zu Ende« geht.

31. Januar. Nach ergebnislosen Verhandlungen mit dem Zentrum, das die neue Regierung unterstützen soll, setzt Hitler den Kabinettsbeschluß durch, den Reichstag aufzulösen und Neuwahlen auszuschreiben.

1. Februar. Reichspräsident v. Hindenburg löst den Reichstag auf und schreibt für den 5. März 1933 Neuwahlen aus. Die Nationalsozialisten beginnen sofort mit dem Wahlkampf, wobei sie bedeutende finanzielle Unterstützung von Industriellen erhalten. Die gegnerischen Parteien können sich nicht auf ein gemeinsames Vorgehen einigen. Eine »Einheitsfront« zwischen SPD und KPD kommt nicht zustande.

3. Februar. Hitler hält in Berlin vor den Befehlshabern des Heeres und der Marine eine geheimgehaltene Rede, in der er folgendes verspricht: 1. »Aufbau der Wehrmacht« und Verzicht auf die von Röhm verlangte Umwandlung der SA in eine Milizarmee; 2. Errichtung einer »autoritären Staatsführung« und »Beseitigung des Krebsschadens der Demokratie«; 3. aktive »Siedlungspolitik« zur Überwindung der Wirtschaftskrise; 4. »Kampf gegen Versailles« und »Eroberung neuen Lebensraumes im Osten«.

4. Februar. Mit einer Notverordnung schränkt der Reichspräsident »zum Schutz des deutschen Volkes« die Presse- und Versammlungsfreiheit ein.

17. Februar. Der kommissarische preußische Innenminister Göring fordert in einem Erlaß die preußische Polizei auf, »gegen kommunistische Terrorakte und Überfälle . . . mit aller Strenge vorzugehen« und dabei auch, »wenn nötig, rücksichtslos von der Waffe Gebrauch zu machen«. Wer dem Erlaß nicht folge, habe »dienststrafrechtliche Folgen zu gewärtigen«.

22. Februar. Göring ernennt 40 000 Mitglieder der SA, SS und des Stahlhelms zu »Hilfspolizisten«.

27. Februar. Brand des Reichstagsgebäudes in Berlin. Die Nationalsozialisten beschuldigen die Kommunisten der Brandstiftung. Noch in der Nacht zum 28. Februar verhaftet die Polizei, unterstützt von den »Hilfspolizisten« aus der SA und SS, Hunderte von Funktionären der KPD nach vorbereiteten Listen.

28. Februar. »Die Verordnung zum Schutz von Volk und Staat« setzt »auf Grund des Artikels 48, Abs. 2 der Reichsverfassung und zur Abwehr kommunistischer staatsgefährdender Gewaltakte« Grundrechte der Verfassung außer Kraft (Freiheit der Person, Meinungs-, Presse-, Vereins-, Versammlungsfreiheit, Post- und Fernsprechgeheimnis, Unverletzlichkeit von Eigentum und Wohnung). Außerdem wird die Reichsregierung ermächtigt, zur »Wiederherstellung

der öffentlichen Sicherheit und Ordnung« »Befugnisse der obersten Landesbehörden vorübergehend« wahrzunehmen. Schließlich werden die Strafbestimmungen für verschiedene Vergehen (vor allem für Hoch- und Landesverrat sowie für Brandstiftung) verschärft.
Unter Berufung auf die sogenannte Reichstagsbrandverordnung läßt die Reichsregierung im gesamten Reichsgebiet Tausende von Kommunisten und Sozialdemokraten in »Schutzhaft« nehmen. In provisorischen, illegalen Haftanstalten, »wilden Konzentrationslagern«, werden zahlreiche Häftlinge von SA- und SS-Leuten festgehalten und gefoltert.
3. März. Der KPD-Führer Ernst Thälmann wird in seinem Versteck aufgespürt und verhaftet.
5. März. Die NSDAP gewinnt bei den Reichstagswahlen 43,9 Prozent der abgegebenen Stimmen. Nur zusammen mit der DNVP, die unter dem Namen »Kampffront Schwarz-Weiß-Rot« zur Wahl angetreten ist und 8 Prozent der Stimmen erringt, verfügt die NSDAP über die absolute Mehrheit im Reichstag. Gleichwohl wird das Wahlergebnis von der nationalsozialistischen Propaganda als großer Sieg und als Ermächtigung gefeiert, radikale Veränderungen im Reich und in den Ländern auszuführen.
8. März. Reichsinnenminister Frick kündigt die Errichtung von »Konzentrationslagern« für »Schutzhäftlinge« an. Beides wird mit dem Hinweis auf die Reichstagsbrandverordnung gerechtfertigt. Bis zum Ende des Jahres 1933 gelingt es den staatlichen Behörden jedoch nicht, alle »wilden Konzentrationslager« zu schließen oder in staatlich »anerkannte« umzuwandeln.
13. März. Joseph Goebbels wird zum Minister für Volksaufklärung und Propaganda ernannt.
21. März. Eröffnung des neu gewählten Reichstags in der Potsdamer Garnisonkirche — der »Tag von Potsdam«. Die Verordnung »zur Abwehr heimtückischer Angriffe gegen die Regierung der nationalen Erhebung« wird erlassen. Sie sieht harte Strafen auch für kritische Äußerungen über das Regime vor. Verstöße gegen die Verordnung werden von »Sondergerichten« geahndet.
23. März. Der Reichstag, dem Kommunisten und mehrere ins Ausland geflohene Mitglieder der SPD nicht mehr angehören, nimmt gegen die Stimmen der noch anwesenden sozialdemokratischen Abgeordneten das »Gesetz zur Behebung der Not von Volk und Reich« (Ermächtigungsgesetz) an. Es ist auf vier Jahre befristet und ermächtigt die Reichsregierung, auch ohne Reichstag und Reichsrat Gesetze zu erlassen.
31. März. Erstes Gesetz »zur Gleichschaltung der Länder mit dem Reich«: Alle Landesparlamente (mit Ausnahme des preußischen) werden gemäß dem Ergebnis der Reichstagswahl vom 5. März umgebildet. Die von der KPD errungenen Sitze sind bereits annulliert worden.
1. April. In ganz Deutschland werden Geschäfte, Anwaltskanzleien und Arztpraxen, die Juden gehören, boykottiert. Einheiten der SA und SS wachen darüber, daß der von der Regierung angeordnete Boykott eingehalten wird.
7. April. Gesetz zur »Wiederherstellung des Berufsbeamtentums«: Beamte, die »nicht die Gewähr dafür bieten, daß sie jederzeit rückhaltlos für den nationalen Staat eintreten«, und Beamte »nichtarischer Abstammung«, sofern sie nicht

am Krieg als deutsche Soldaten teilgenommen oder Kinder von gefallenen deutschen Soldaten sind, werden entlassen.
Zweites Gesetz »zur Gleichschaltung der Länder mit dem Reich«: In allen Ländern (außer in Preußen) übernehmen von Hitler ernannte »Reichskommissare« die Aufgaben, die von den Regierungen wahrgenommen wurden.
26. April. Durch das Gesetz »zur Errichtung des Geheimen Staatspolizeiamtes« wird die Abteilung IA des Berliner Polizeipräsidiums zu einer eigenen Landesbehörde, die direkt dem preußischen Innenminister (Göring) untersteht. Das »Gestapa« wird in personeller und finanzieller Hinsicht gestärkt und unter Rudolf Diels zu einem wichtigen Terrorinstrument ausgebaut.
1. Mai. Auf Anordnung der Nationalsozialisten wird im Reich der »Tag der nationalen Arbeit« gefeiert, woran sich auch aufgrund einer Anweisung des ADGB-Vorstands die Mitglieder der Freien Gewerkschaften beteiligen.
2. Mai. SA-Männer besetzen die Gewerkschaftshäuser. Die Regierung löst die Freien Gewerkschaften auf und zieht ihr Vermögen ein; Gewerkschaftsfunktionäre werden in »Schutzhaft« genommen. Die Gewerkschaften müssen der am 10. Mai gegründeten »Deutschen Arbeitsfront« beitreten, die von Robert Ley geleitet wird.
10. Mai. In Berlin und mehreren Universitätsstädten verbrennen Nationalsozialisten Bücher »undeutscher« Autoren.
17. Mai. Hitler hält im Reichstag eine Rede, in der er den »tiefernsten Wunsch der nationalen Regierung des Deutschen Reiches« äußert, in Europa eine »unfriedliche Entwicklung« zu verhindern. Die durch Emigration und Verhaftungen bereits zusammengeschmolzene Reichstagsfraktion der SPD stimmt dieser »Friedensrede« Hitlers ausdrücklich zu. Dies führt zu einem Konflikt zwischen den bereits emigrierten und den in Deutschland verbliebenen führenden Mitgliedern der SPD.
19. Juni. Im Prager Exil wird ein neuer Exilvorstand der Sozialdemokratischen Partei Deutschlands (Sopade) gebildet, der sich mit dem Manifest »Zerbrecht die Ketten« an die Sozialdemokraten im Reich wendet.
22. Juni. Die SPD wird verboten. Die übrigen Parteien lösen sich in der Folgezeit selbst auf.
6. Juli. Hitler erklärt in einer Rede vor den »Reichsstatthaltern«, daß die »Revolution« nun in eine »Evolution« übergehen müsse.
14. Juli. Durch das »Gesetz gegen die Neubildung von Parteien« ist die NSDAP die »einzige politische Partei« Deutschlands. Wer versucht, den »organisatorischen Zusammenhalt« der alten aufrechtzuerhalten oder gar neue Parteien zu gründen, wird mit Gefängnis oder Zuchthaus bestraft.
Aufgrund des »Gesetzes zur Verhütung erbkranken Nachwuchses« (das am 1. Januar 1934 in Kraft tritt) können Personen gegen ihren Willen sterilisiert werden, wenn sie an bestimmten als vererbbar geltenden Krankheiten leiden oder Alkoholiker sind.
20. Juli. Die Reichsregierung schließt mit dem Vatikan ein Reichskonkordat. Es sichert der Kirche freie Religionsausübung, den Erhalt der Bekenntnisschule und der katholischen Vereine zu. Der Vatikan gibt dafür den politischen Katholizismus (die Zentrumspartei) auf.

23. Juli. Bei den in großen Teilen Deutschlands abgehaltenen Wahlen innerhalb der evangelischen Landeskirchen erringen die »Deutschen Christen«, die der NSDAP nahe stehen, die Mehrheit. Die »Deutschen Christen« fordern die Vereinigung der verschiedenen evangelischen Landeskirchen zu einer Reichskirche und die Einführung des Arierparagraphen, das heißt die Entlassung von Pfarrern und kirchlichen Angestellten »nicht-arischer Herkunft«.
11. September. Unter der Leitung von Martin Niemöller entsteht der »Pfarrernotbund«, der sich gegen den Machtanspruch der »Deutschen Christen« im allgemeinen und die Einführung des »Arierparagraphen« im besonderen wendet.
17. September. Auf Anregung vor allem Leo Baecks wird die »Reichsvertretung der deutschen Juden« gegründet, ein Zusammenschluß aller jüdischen Vereine und Gemeinden Deutschlands. Sie versucht, durch den Aufbau von Selbsthilfeorganisationen und eigenen kulturellen Einrichtungen die Folgen zu lindern, die die nationalsozialistische Judenpolitik für die Betroffenen in wirtschaftlicher, sozialer und psychischer Hinsicht hat. Außerdem unterstützen und ermöglichen Institutionen, die der Reichsvertretung unterstehen, die Auswanderung deutscher Juden.
22. September. Erlaß des »Reichskulturkammergesetzes«. Es ordnet die Bildung von Kammern für Schriftsteller, Journalisten, Künstler und Filmemacher an. Die einzelnen Kammern unterstehen dem Präsidenten der »Reichskulturkammer«, Goebbels, und werden von ihm politisch und ideologisch überwacht. Ein Ausschluß aus einer dieser Kammern kommt einem Berufsverbot gleich. Juden und politisch Mißliebige werden gar nicht erst aufgenommen.
27. September. Das »Reichserbhofgesetz« sieht vor, daß Höfe von einer bestimmten Größenordnung an (maximal 125 Hektar) nicht mehr verkauft oder zwangsversteigert werden dürfen. Eine Entschuldung ist damit nicht verbunden. In den Genuß des Gesetzes kommen nur Bauern »deutschen oder artverwandten Blutes«.
14. Oktober. Deutschland tritt aus dem Völkerbund aus. Der Austritt wird am 12. November durch eine »Volksabstimmung« gebilligt.
24. November. Das Gesetz gegen »gefährliche Gewohnheitsverbrecher« verschärft und erweitert die Möglichkeit der Sicherungsverwahrung.

1934

20. Januar. Das Gesetz zur »Ordnung der nationalen Arbeit« bezeichnet den Unternehmer als »Führer« der Betriebe. Er hat für das »Wohl der Gefolgschaft« zu sorgen, die ihm dafür »Treue zu halten« hat. Die Vertreter der »Gefolgschaft« können sich jedoch bei Streitigkeiten an die schon im Mai 1933 eingeführten »Treuhänder der Arbeit« wenden, die nun zu Reichsbeamten ernannt werden. Das Gesetz bedeutet faktisch eine noch weitergehende Entrechtung der Arbeiter.
26. Januar. Deutschland und Polen schließen einen Nichtangriffspakt ab.
30. Januar. Mit dem Gesetz über den »Neuaufbau der Länder« werden die Landesparlamente völlig aufgehoben. Alle Hoheitsrechte der Länder fallen an das Reich.

Im *März* und *April* finden »Vertrauensräte«-Wahlen in den Betrieben statt. Fast die Hälfte der Arbeiter stimmt gegen die nationalsozialistische Einheitsliste. Das Ergebnis wird nicht bekannt gemacht.
20. April. Göring ernennt in seiner Eigenschaft als Chef des Preußischen Geheimen Staatspolizeiamts Heinrich Himmler zum Inspekteur der Gestapo. Sie wird nun für das ganze Reich zuständig, da es Himmler bereits gelungen ist, die politische Polizei der übrigen Länder unter seine Kontrolle zu bringen. Reinhard Heydrich leitet als Vertreter Himmlers die Gestapo und den »Sicherheitsdienst der SS«.
24. April. Per Gesetz wird der Volksgerichtshof errichtet.
29.—31. Mai. Die aus dem Pfarrernotbund hervorgegangene »Bekennende Kirche« hält in Barmen eine Bekenntnissynode ab. In einer »Theologischen Erklärung zur gegenwärtigen Lage der Deutschen Evangelischen Kirche« weist sie die »falsche Lehre« zurück, »als solle und könne der Staat über seinen besonderen Auftrag hinaus die einzige und totale Ordnung menschlichen Lebens werden«. Zugleich kündigt sie der regimekonformen und von »Deutschen Christen« beherrschten Kirchenleitung den Gehorsam auf und verkündet ein »Notrecht«.
30. Juni. Während des angeblichen »Röhm-Putsches« werden von der Gestapo und SS mindestens 83 Personen erschossen, unter ihnen neben Röhm selbst auch der Führer der Katholischen Aktion, Erich Klausener, und der frühere Reichskanzler v. Schleicher. Hintergrund des Massenmords ist das Bestreben Röhms gewesen, die SA zu einer Miliz und damit zu einer Konkurrenz der Wehrmacht auszubauen. Zum Nachfolger Röhms als Führer der SA wird Viktor Lutze ernannt. Die SS, die bisher der SA unterstand, wird eigenständig und übernimmt die Leitung und Bewachung aller Konzentrationslager. Inspekteur der Konzentrationslager wird Theodor Eicke.
3. Juli. Ein eigens erlassenes Gesetz bezeichnet die »zur Niederschlagung hoch- und landesverräterischer Angriffe am 30. Juni und 2. Juli vollzogenen Maßnahmen« als »Staatsnotwehr«.
25. Juli. Der österreichische Bundeskanzler Dollfuß wird von österreichischen Nationalsozialisten ermordet. Der Putsch scheitert jedoch. Hitler greift nicht ein, weil Italien Truppen an der Grenze zu Österreich konzentriert hat und offensichtlich gewillt ist, die Unabhängigkeit Österreichs zu wahren.
30. Juli. Der bisherige Reichsbankpräsident Hjalmar Schacht wird zum Wirtschaftsminister ernannt. Im September legt er seinen »neuen Plan« vor, der eine Überwindung der Arbeitslosigkeit und eine verstärkte Aufrüstung vorsieht.
2. August. Reichspräsident v. Hindenburg stirbt. Hitler vereinigt die Ämter des Reichspräsidenten und des Reichskanzlers. Sein offizieller Titel ist fortan »Führer und Reichskanzler«. Noch am gleichen Tag wird die Wehrmacht auf Hitler vereidigt.

1935

13. Januar. Gemäß den Bestimmungen des Versailler Vertrags findet im Saarland, das dem Völkerbund untersteht, eine Volksabstimmung statt. Über 90 Prozent der Saarländer entscheiden sich für eine Rückgliederung in das Reich.

16. März. Deutschland führt die allgemeine Wehrpflicht wieder ein. Dies ist ein eklatanter Verstoß gegen den Versailler Vertrag.
18. Juni. Im deutsch-englischen Flottenabkommen erklärt sich England damit einverstanden, daß die deutsche Kriegsmarine auf bis zu 35 Prozent der britischen (U-Boote 45 Prozent) verstärkt wird.
25. Juli — 20. August. Auf dem VII. Weltkongreß der Kommunistischen Internationale wird die bisher gültige »Sozialfaschismustheorie« als verfehlt deklariert. Das »faschistische« Regime in Deutschland stehe keineswegs vor dem Zusammenbruch. Der Weltkongreß beschließt ferner, in den einzelnen Ländern »Volksfronten« mit sozialdemokratischen, christlichen und selbst bürgerlichen Gegnern des Faschismus zu bilden. Dieser Beschluß hat, von wenigen Ausnahmen abgesehen, kaum Folgen für den kommunistischen Widerstand in Deutschland. Anders ist es mit der Anweisung der Komintern, statt des relativ offenen »Massenkampfes« andere, wirkungsvollere Taktiken anzuwenden. In Deutschland werden kleinere und besser getarnte Zellen gebildet, die in der Regel auf spektakuläre Aktionen verzichten. Insgesamt kommt es nach dem VII. Weltkongreß zu einer Verringerung der kommunistischen Widerstandstätigkeit.
25. Juli. Nachdem bereits im Mai verfügt worden ist, daß »Nichtarier« keine Offiziere werden können, erfolgt nun der völlige Ausschluß vom Wehrdienst. Juden bzw. »Nichtarier« gelten als »wehrunwürdig«.
10.-16. September. Auf dem NSDAP-Parteitag in Nürnberg werden die unter Zeitdruck vom Reichstag beschlossenen »Nürnberger Gesetze« verkündet. Das »Reichsbürgergesetz« bestimmt, daß »Reichsbürger« nur »Staatsangehörige deutschen oder artverwandten Blutes« sein können. Personen, auf die dies nicht zutrifft, sind bloße »Staatsangehörige«. Im »Gesetz zum Schutze des deutschen Blutes und der deutschen Ehre« werden Eheschließungen und Geschlechtsverkehr zwischen »Juden und Staatsangehörigen deutschen oder artverwandten Blutes« verboten. Verstöße gegen diese Bestimmungen werden als »Rassenschande« gewertet und mit Gefängnis- und Zuchthausstrafen geahndet. Außerdem dürfen »Juden« keine »arischen« Hausmädchen unter 45 Jahren beschäftigen. Schließlich wird ihnen das Hissen der Reichsflagge verboten.
Die weitere Diskriminierung, Entrechtung und Ausplünderung der deutschen Juden erfolgt unter Hinweis auf die Nürnberger Gesetze und die in der Folgezeit erlassenen (insgesamt 13) Durchführungsverordnungen.
18. Oktober. Das Gesetz »zum Schutze der Erbgesundheit des deutschen Volkes« sieht vor, daß man nur dann heiraten kann, wenn ein »Ehetauglichkeitszeugnis« beim Standesamt eingereicht wird. Im Fall einer »Erbkrankheit« (gemäß dem Gesetz vom 14. Juli 1933) sowie einiger anderer Krankheiten wird das Zeugnis verweigert.

1936

10. Februar. In einem Gesetz wird festgelegt, daß die Tätigkeit der Gestapo keiner richterlichen Nachprüfung unterliegt.
7. März. Deutsche Truppen besetzen das aufgrund des Versailler Vertrags entmilitarisierte Rheinland. Der Völkerbund verurteilt den Vertragsbruch, die Westmächte tolerieren ihn.

17. Juni. Heinrich Himmler wird »Chef der Deutschen Polizei im Reichsministerium des Innern«. Damit befehligt er die gesamte deutsche Polizei.
11. Juli. Im deutsch-österreichischen Abkommen verpflichtet sich Deutschland, die Souveränität Österreichs zu respektieren.
18. Juli. Auf ein Hilfsersuchen General Francos schickt Hitler Flugzeuge nach Spanien. Gleichzeitig greift Mussolini auf der Seite Francos in den Spanischen Bürgerkrieg ein.
Wenige Tage später, am 26. Juli, wird eine deutsche Interventionstruppe, die Legion Condor, aufgestellt und nach Spanien entsandt. Sie besteht überwiegend aus Angehörigen der Luftwaffe.
1.–16. August. XI. Olympische Sommerspiele in Berlin, die zum großen propagandistischen und sportlichen Erfolg des nationalsozialistischen Deutschland werden (38 Gold-, 31 Silber- und 32 Bronzemedaillen).
In einer geheimen Denkschrift über den Vierjahresplan stellt Hitler der Armee und der Wirtschaft die Aufgabe, in vier Jahren »einsatzfähig« und »kriegsfähig« zu sein. Dies sei nötig, um die »Erweiterung des Lebensraumes« zu erreichen.
18. Oktober. Der Vierjahresplan tritt in Kraft. Göring wird »Beauftragter für den Vierjahresplan«. Gegen die Proteste von Wirtschaftsminister Schacht, der deshalb im November 1937 zurücktritt, wird die Aufrüstung nicht durch verstärkte Exporte, sondern zu über 50 Prozent durch Kredite finanziert.
1. November. Proklamation der »Achse Berlin-Rom«.
25. November. Deutschland und Japan schließen einen »Antikominternpakt«, dem Italien am 6. November 1937 beitritt.
1. Dezember. Die Hitlerjugend wird zur »Staatsjugend« erklärt. Sie besteht aus dem »Jungvolk«, dem 10- bis 14jährige Jungen und (im »Jungmädelbund«) Mädchen angehören. Die 14- bis 18jährigen Jungen sind in der HJ, die gleichaltrigen Mädchen im »Bund deutscher Mädchen« (BDM) organisiert.

1937

12. Februar. Zwischen einem Teil der »Bekennenden Kirche« und den »Deutschen Christen«, deren Einfluß abgenommen hat, kommt es zu einer Verständigung. Der Kirchenkampf hat damit seinen Höhepunkt überschritten.
23. Februar. Himmler ordnet an, »etwa 2 000 Berufs- und Gewohnheitsverbrecher oder gemeingefährliche Sittlichkeitsverbrecher in polizeiliche Vorbeugungshaft« zu nehmen und in Konzentrationslager zu bringen.
14. März. In der Enzyklika »Mit brennender Sorge« protestiert Papst Pius XI. gegen die Verletzungen des Konkordats. All jenen, die »die Rasse oder das Volk oder den Staat oder die Staatsform . . . zur höchsten Norm« erheben, wirft er eine Verkehrung und Verfälschung der »gottgeschaffenen und gottbefohlenen Ordnung der Dinge« vor. Die Enzyklika wird in Deutschland gegen den Willen der Nationalsozialisten in hoher Auflage verbreitet. In der Folgezeit protestieren auch die katholischen deutschen Bischöfe gegen Maßnahmen des Regimes.
1. Juli. Martin Niemöller wird verhaftet und später in ein Konzentrationslager eingeliefert. Mit Niemöller ist die führende Persönlichkeit der oppositionellen Bekennenden Kirche ausgeschaltet.

5. November. Hitler hält vor den Oberbefehlshabern des Heeres, der Marine und der Luftwaffe eine Rede, in der er, nach der Niederschrift des Obersten Hoßbach, ausführt, daß die »Sicherung und die Erhaltung der Volksmasse und deren Vermehrung« das oberste »Ziel der deutschen Politik« sei. Dazu brauche man »Raum«. Zur »Lösung der deutschen Frage« gebe es nur den »Weg der Gewalt«. Er erwarte, daß sich England mit Rücksicht auf sein Empire nicht in einen »langwährenden europäischen Krieg« verwickeln lasse.
14. Dezember. Himmler verkündet als »Reichsführer SS und Chef der Deutschen Polizei im Reichsministerium des Innern« einen »grundlegenden Erlaß zur vorbeugenden Verbrechensbekämpfung«: »Bettler, Landstreicher (Zigeuner), Dirnen, Trunksüchtige, mit ansteckenden Krankheiten, insbesondere Geschlechtskrankheiten behaftete Personen« werden in Konzentrationslager eingewiesen.

1938

25. Januar. Im Schutzhafterlaß des Reichsministers des Innern wird die Praxis, daß neben politischen Gegnern auch »Asoziale« und »Kriminelle« in Konzentrationslager eingewiesen werden, nachträglich legitimiert.
4. Februar. Aufgrund von Intrigen und falschen Anschuldigungen treten Kriegsminister v. Blomberg (unstandesgemäße Eheschließung) und der Oberbefehlshaber des Heeres v. Fritsch (angebliche Homosexualität) von ihren Ämtern zurück. Hitler übernimmt den Oberbefehl über die gesamte Wehrmacht. Chef des Oberkommandos der Wehrmacht wird General Keitel.
12. Februar. Im »Berchtesgadener Abkommen« verspricht der von Hitler unter Druck gesetzte österreichische Bundeskanzler Kurt v. Schuschnigg, österreichische Nationalsozialisten in seine Regierung aufzunehmen.
9. März. Der österreichische Bundeskanzler v. Schuschnigg ordnet eine Volksabstimmung »für ein freies und deutsches, unabhängiges und soziales, für ein christliches und einiges Österreich« an.
10. März. Hitler fordert v. Schuschnigg in ultimativer Form auf, zugunsten des Führers der österreichischen Nationalsozialisten Arthur Seyß-Inquart als Bundeskanzler zurückzutreten.
12. März. Obwohl die österreichische Regierung dem Ultimatum Hitlers nachkommt, marschieren deutsche Truppen in Österreich ein, wo sie überall mit Jubel begrüßt werden. Hitler erklärt in Wien: »Als der Führer und Kanzler der deutschen Nation melde ich vor der Geschichte nunmehr den Eintritt meiner Heimat in das Deutsche Reich.«
15. März. Österreich wird dem Reich eingegliedert, Seyß-Inquart Reichsstatthalter. Der nationalsozialistische Terror richtet sich sofort gegen politische Gegner und Juden. Tausende werden, sofern sie nicht rechtzeitig fliehen können, in Gefängnisse und Konzentrationslager geworfen.
10. April. In einer »Volksabstimmung« billigen Deutsche und Österreicher den Anschluß Österreichs.
26. April. Juden müssen ihr Vermögen anmelden, sofern es 5 000 RM übersteigt. Diese und andere Verordnungen leiten die »Arisierung der deutschen Wirtschaft« ein, die Ausplünderung der deutschen Juden.

20. Mai. Die Tschechoslowakei mobilisiert ihre Armee, weil sie einen deutschen Überfall erwartet. Die Maßnahme findet die Billigung Englands und Frankreichs und kommt für Hitler unerwartet.
30. Mai. Hitler gibt der Wehrmachtsführung »seinen unabänderlichen Beschluß« bekannt, »die Tschechoslowakei in absehbarer Zeit durch eine militärische Aktion zu zerschlagen«.
Im *Juni* werden Tausende von »Asozialen« aufgrund des Erlasses zur »vorbeugenden Verbrechensbekämpfung« vom 14. Dezember 1937 verhaftet und in Konzentrationslager gebracht. Unter ihnen befinden sich auch Juden, die vorbestraft sind.
19. August. In einem Hirtenbrief verurteilt die Fuldaer Bischofskonferenz erneut Verletzungen der Konkordatsbestimmungen durch die Nationalsozialisten.
15. September. Auf Anweisung Hitlers fordert der Führer der »Sudetendeutschen Partei«, Henlein, die »Heimholung« des Sudetenlands ins Reich.
22.—24. September. Der englische Premierminister Neville Chamberlain teilt Hitler auf einer Konferenz in Bad Godesberg mit, daß die Regierung der Tschechoslowakei zur Abtretung des Sudetenlands bereit sei. Zu diesem Verzicht ist sie von den Westmächten gezwungen worden. Hitler beharrt auf dem für den 1. Oktober geplanten militärischen Einmarsch.
29./30. September. Auf Vermittlung Mussolinis kommt es in München zu einer Konferenz, an der neben Hitler und Mussolini der englische Premierminister Chamberlain und der französische Ministerpräsident Daladier teilnehmen. Die Tschechoslowakei ist gar nicht erst eingeladen worden. Die Konferenz beschließt die Abtretung des Sudetenlands an Deutschland. Einen Tag später, am 1. Oktober 1938, marschieren deutsche Truppen in das Sudetenland ein.
5. Oktober. Die Reisepässe von Juden werden eingezogen und mit einem »J« versehen.
28. Oktober. Etwa 17 000 Juden aus dem gesamten Reichsgebiet, die im Besitz eines polnischen Passes sind, werden verhaftet und an die polnische Grenze gebracht. Dort müssen viele von ihnen tagelang ohne Verpflegung warten, weil sich die polnischen Behörden weigern, sie aufzunehmen. Zu diesem Personenkreis gehören auch die Eltern von Herschel Grynszpan.
7. November. Herschel Grynszpan verübt ein Attentat auf den Legationssekretär der deutschen Botschaft in Paris, Ernst vom Rath.
9. November. Ernst vom Rath stirbt in Paris. Noch am Abend werden die Gliederungen der NSDAP in Deutschland von München aus angewiesen, »Vergeltungsaktionen« zu veranstalten. Die Mitglieder der Partei und SA sollen aber nicht in Uniform auftreten. Den einige Tage anhaltenden Pogromen fallen 91 Menschen zum Opfer. 30 000 Juden werden in Konzentrationslager eingeliefert. Fast alle Synagogen gehen in Flammen auf, zahlreiche jüdische Geschäfte und Wohnungen werden verwüstet und geplündert. Dabei zersplittern auch Fensterscheiben, weshalb sich der in Berlin entstandene verharmlosende Begriff »Reichskristallnacht« für das Pogrom einbürgert.
12. November. Auf einer von Göring einberufenen und geleiteten Konferenz in Berlin werden verschiedene antijüdische Maßnahmen beschlossen: Die deut-

schen Juden müssen als »Sühne« für den Tod vom Raths eine Sondersteuer von 100 Millionen Reichsmark entrichten. Außerdem müssen sie für die von den Nationalsozialisten angerichteten Schäden aufkommen, ohne dabei ihre Versicherungen in Anspruch nehmen zu dürfen; ihre »Versicherungsansprüche« werden ebenfalls »zugunsten des Reichs beschlagnahmt«. Für jüdische Akademiker, Angestellte und Handwerker folgen weitere Berufsverbote; Juden wird der Besuch von Theatern, Kinos, Konzerten, Badeanstalten verboten.
8. Dezember. Im Runderlaß des »Reichsführers SS und Chefs der Deutschen Polizei im Reichsministerium des Inneren« über die »Bekämpfung der Zigeunerplage« werden verschiedene Bestimmungen in Kraft gesetzt, die die Bewegungsfreiheit und Berufsausübung der Sinti und Roma einschränken. Die »Regelung der Zigeunerfrage« soll »aus dem Wesen dieser Rasse heraus« erfolgen. Dabei seien »Mischlinge« anders zu behandeln als »rassenreine Zigeuner«, weil »Mischlinge den größten Anteil an der Kriminalität der Zigeuner« hätten.

1939

30. Januar. In seiner Reichstagsrede verkündet Hitler: »Wenn es dem internationalen Finanzjudentum in und außerhalb Europas gelingen sollte, die Völker noch einmal in einen Weltkrieg zu stürzen, dann wird das Ergebnis nicht die Bolschewisierung der Erde und damit der Sieg des Judentums sein, sondern die Vernichtung der jüdischen Rasse in Europa.«
13. März. Der slowakische Ministerpräsident Jozef Tiso erklärt unter deutschem Druck die Unabhängigkeit der Slowakei.
14. März. In Berlin wird der tschechische Staatspräsident Hacha von Hitler gezwungen, der Bildung eines »Reichsprotektorats Böhmen und Mähren« zuzustimmen.
15. März. Deutsche Truppen besetzen die »Rest-Tschechei«. »Reichsprotektor« wird v. Neurath, Heydrich sein Stellvertreter.
18. März. England und Frankreich protestieren gegen die Annexion der »Rest-Tschechei« und den Bruch des Münchner Abkommens.
21. März. Hitler fordert Polen ultimativ auf, dem Anschluß des Freistaats Danzig an das Reich und den Bau einer exterritorialen Autobahn und einer Eisenbahnlinie durch den »Korridor« zuzustimmen sowie dem Antikominternpakt beizutreten. Polen lehnt diese Forderungen ab.
23. März. Das 1923 von Litauen annektierte Memelgebiet wird von deutschen Truppen besetzt.
31. März. Die britische und die französische Regierung geben eine Garantieerklärung für Polen ab.
22. Mai. Deutschland und Italien schließen den »Stahlpakt«.
23. Mai. Hitler erklärt in einer Besprechung mit den Befehlshabern und führenden Offizieren der Wehrmacht seine Bereitschaft, Polen anzugreifen: »Danzig ist nicht das Objekt, um das es geht. Es handelt sich für uns um die Erweiterung des Lebensraums im Osten und Sicherstellung der Ernährung, sowie der Lösung des Baltikum-Problems.« Die Besprechung wurde von Oberstleutnant Schmundt, Hitlers Militäradjutanten, protokolliert.

22. August. Hitler erklärt in einer Rede vor den Oberbefehlshabern der Wehrmacht auf dem Obersalzberg: »Ich werde propagandistischen Anlaß zur Auslösung des Krieges geben, gleichgültig, ob glaubhaft. Der Sieger wird später nicht danach gefragt, ob er die Wahrheit gesagt hat oder nicht.«
23. August. Deutschland schließt mit Rußland einen Nichtangriffspakt. In einem geheimen Zusatzprotokoll wird für den »Fall einer territorial-politischen Umgestaltung« vereinbart, daß Finnland, die baltischen Staaten Estland, Lettland, Litauen sowie die östliche Hälfte Polens und das rumänische Bessarabien zur »Interessensphäre« der Sowjetunion gehören. Die Westgebiete Polens sollen in die »Interessensphäre« Deutschlands fallen.
25. August. England schließt mit Polen einen Bündnisvertrag.
31. August. Hitler befiehlt, Polen am 1. September anzugreifen.
1. September. Um 4.45 Uhr beginnt das zu einem Freundschaftsbesuch im Danziger Hafen liegende deutsche Linienschiff »Schleswig-Holstein« mit der Beschießung polnischer Befestigungsanlagen auf der Westerplatte. Kurz darauf dringen deutsche Truppen auf breiter Front in Polen ein. In seiner Reichstagsrede erklärt Hitler unter anderem: »Ein Wort habe ich nie kennengelernt, es heißt: Kapitulation. Und ich möchte daher jetzt der ganzen Welt gleich versichern: Ein November 1918 wird sich niemals mehr in der deutschen Geschichte wiederholen!«
3. September. England und Frankreich erklären Deutschland den Krieg. In einem Geheimerlaß des Chefs der Sicherheitspolizei, Heydrich, über »Grundsätze der inneren Staatssicherheit während des Krieges« wird die Gestapo ermächtigt, politische Gegner und »Saboteure« ohne Gerichtsverfahren zu exekutieren. In den folgenden Tagen ergehen zahlreiche Sondergesetze, die das Abhören »feindlicher« Sender unter Strafe stellen sowie verschiedene Strafbestimmungen verschärfen. In Polen führen die »Einsatzgruppen« vom ersten Kriegstag an einen Ausrottungsfeldzug gegen Juden und Angehörige der polnischen Intelligenz.
27. September. Die von Himmler als Chef der Deutschen Polizei geleitete »Sicherheitspolizei« (Gestapo und Kriminalpolizei) wird mit dem »Sicherheitshauptamt des Reichsführers SS« (SD) zum »Reichssicherheitshauptamt« vereinigt. Damit ist die seit 1934 zu beobachtende Verschmelzung der von Himmler geleiteten Staats- und Parteiämter beendet.
6. Oktober. Die Eroberung Polens ist abgeschlossen. Hitler macht den Westmächten ein Friedensangebot, das abgelehnt wird.
8. Oktober. Hitler ordnet an, daß der ehemalige Freistaat Danzig und das zu Polen gehörende Westpreußen als »Gau Danzig-Westpreußen» dem Reich eingegliedert werden. Der »Gau Ostpreußen« wird um den polnischen Bezirk Ciechanów, der Gau »Schlesien« um die polnischen Teile Oberschlesiens vergrößert. Ferner kommt die ehemalige preußische Provinz Posen als »Gau Posen«, seit 1940 als »Wartheland«, an das Reich.
12. Oktober. Aufgrund eines Hitler-Erlasses werden die restlichen Gebiete Polens — Ostpolen ist gemäß dem Hitler-Stalin-Pakt von sowjetischen Truppen besetzt — zum »Generalgouvernement« umgewandelt, das von einem »Generalgouverneur« (Hans Frank) verwaltet wird. Das »Generalgouvernement«

dient als Lieferant von Industrie- und Agrargütern sowie von Zwangsarbeitern für die deutsche Kriegsindustrie. Außerdem werden umfangreiche »Umsiedlungen« vorgenommen. Polen werden aus ganzen Regierungsbezirken vertrieben, um »Volksdeutschen« Platz zu machen, die aus der Sowjetunion und den später von sowjetischen Truppen annektierten baltischen Staaten kommen. Juden werden in Ghettos gepfercht. Mit diesen Aufgaben ist vor allem der am 7. Oktober zum »Reichskommissar für die Festigung deutschen Volkstums« ernannte Himmler betraut.
Hitler ermächtigt in einem formlosen und auf den 1. September 1939 rückdatierten Schreiben den Reichsleiter Bouhler und seinen Leibarzt Dr. Brandt, »die Befugnisse namentlich zu bestimmender Ärzte so zu erweitern, daß nach menschlichem Ermessen unheilbar Kranken bei kritischster Beurteilung ihres Gesundheitszustandes der Gnadentod gewährt werden kann«. Im Zuge der damit befohlenen »Euthanasie«-Aktion werden bis 1941 etwa 70 000 Menschen ermordet.
Aus dem »Protektorat Böhmen und Mähren« und aus Österreich beginnen die Deportationen von Juden ins »Generalgouvernement«.
17. Oktober. Himmler kündigt in einem Erlaß an, daß die »Zigeunerfrage binnen kurzem im gesamten Reichsgebiet geregelt« werden soll.
Im *Dezember* werden etwa 87 000 Juden und Polen aus dem »Gau Wartheland« in das »Generalgouvernement« deportiert.

1940

11. Februar. Deutschland und die Sowjetunion schließen ein Wirtschaftsabkommen. Deutschland liefert Industrieprodukte und Kriegsgerät, die Sowjetunion Rohstoffe einschließlich Erdöl und Getreide.
12. Februar. Aus den Bezirken Schneidemühl, Stettin und Stralsund werden deutsche Juden in das »Generalgouvernement« deportiert.
9. April. Deutsche Truppen überfallen Dänemark, das sich kampflos ergibt, und Norwegen, das bis zum 10. Juni 1940 einen erbitterten, aber erfolglosen Abwehrkampf führt. Die dänische Regierung wird einem deutschen »Reichsbevollmächtigten« (zunächst Cecil von Renthe-Fink, dann Werner Best) unterstellt. Ein »Reichskommissar für die besetzten norwegischen Gebiete«, Josef Terboven, verwaltet vom 24. April 1940 an Norwegen.
27. April. Himmler befiehlt, 2 500 Sinti und Roma aus West- und Nordwestdeutschland in »geschlossenen Sippen« in das »Generalgouvernement« zu deportieren. Dieser Befehl wird im Mai 1940 ausgeführt. Wegen der Proteste des »Generalgouvernements«, das auf die Priorität der »Umsiedlung« von Juden und Polen hinweist, kommt es zunächst nicht zu weiteren Massendeportationen von Sinti und Roma.
10. Mai. Im Westen beginnt der deutsche Angriff auf Frankreich. Unter Verletzung ihrer Neutralität werden Holland, Belgien und Luxemburg erobert. Holland kapituliert am 15., Belgien am 28. Mai. »Reichskommissar für die besetzten niederländischen Gebiete« wird Seyß-Inquart; Belgien, das auf die durch den Versailler Vertrag gewonnenen Gebiete Eupen und Malmedy verzichten muß,

wird der deutschen Militärverwaltung unterstellt. Luxemburg wird (1942) von Deutschland annektiert.
4. Juni. Das geschlagene britische Expeditionskorps kann sich unter Zurücklassung nahezu aller Waffen nach England retten.
10. Juni. Italien tritt als Verbündeter des Reichs in den Krieg ein.
22. Juni. Deutschland und Frankreich schließen ein Waffenstillstandsabkommen: Nord- und Westfrankreich unter Einschluß von Paris fallen unter deutsche Militärverwaltung; Elsaß-Lothringen wird (am 2. August 1940) dem Reichsgebiet einverleibt. Im Süden Frankreichs errichtet Marschall Pétain ein autoritäres Regime, den »Etat français«. Die Regierung Pétain wird von General de Gaulle nicht anerkannt, der im Londoner Exil ein »Nationalkomitee der Freien Franzosen« gründet und zur Fortsetzung des Widerstands aufruft.
16. Juli. Hitler erklärt in der »Weisung Nr. 16« (Operation Seelöwe), daß eine Landung auf den britischen Inseln erst in Frage kommt, wenn die »englische Luftflotte ... moralisch und taktisch so weit niedergekämpft [ist], daß sie keine nennenswerte Angriffskraft dem deutschen Übergang gegenüber mehr zeigt«. Der Luftwaffe gelingt es in der Folgezeit nicht, die »Luftschlacht um England« für sich zu entscheiden und eine derartige Übermacht zu erreichen.
19. Juli. Hitler macht England ein »Friedensangebot«. England soll die deutsche Hegemonie auf dem Kontinent anerkennen. Dafür würde Deutschland den Bestand des Empire garantieren.
31. Juli. Hitler äußert vor Generälen seine »Skepsis gegenüber [den] technischen Möglichkeiten« einer Landung in England. Er befiehlt statt dessen die Vorbereitung für den Angriff auf die Sowjetunion (»Unternehmen Barbarossa«). Nach einem schnellen Sieg über Rußland werde Amerika nicht in den Krieg eingreifen und England zum Frieden bereit sein.
27. September. Deutschland, Italien und Japan schließen einen »Dreimächtepakt«. Japan erkennt die »Führung Deutschlands und Italiens bei der Schaffung einer neuen Ordnung in Europa« an, während Deutschland und Italien die Führung Japans im ostasiatischen Raum respektieren.
22./23. Oktober. Juden aus Baden, der Saarpfalz und dem Elsaß werden in das unbesetzte Frankreich deportiert.
23. Oktober. Bei einer Begegnung mit Hitler in Hendaye lehnt Franco es ab, an der Seite Deutschlands in den Krieg einzutreten.
18. Dezember. In der »Weisung Nr. 21« (Fall Barbarossa) befiehlt Hitler der Wehrmacht, darauf vorbereitet zu sein, »vor Beendigung des Krieges gegen England Sowjetrußland in einem schnellen Feldzug niederzuwerfen«.

1941

30. März. In einer internen Besprechung mit hohen Offizieren fordert Hitler, daß der künftige Krieg gegen die Sowjetunion als ein »Vernichtungskampf« mit barbarischer Härte zu führen sei. »Der Kommunist« sei »vorher kein Kamerad und nachher kein Kamerad«. Die »bolschewistischen Kommissare« der Roten Armee und die »kommunistische Intelligenz« müßten vernichtet werden.

6. April. Deutsche Truppen greifen Jugoslawien und Griechenland an.
17. April. Die jugoslawische Armee kapituliert. Das geschlagene Serbien wird unter deutsche Militärverwaltung gestellt. Kroatien ist schon vorher zu einem deutschen Satellitenstaat geworden. Im Mai beginnen die von Dreza Mihailovic angeführten »Tschetniks« mit dem Partisanenkampf. Einen Monat später — also erst nach dem deutschen Angriff auf die Sowjetunion (!) — bilden auch die Kommunisten unter der Führung von Josip Broz, genannt »Tito«, Partisaneneinheiten.
27. April. Deutsche Truppen marschieren in Athen ein. Das besiegte Griechenland wird unter deutsche und italienische Militärverwaltung gestellt.
10. Mai. Der »Stellvertreter des Führers«, Rudolf Heß, fliegt nach England, um nach eigenen Angaben mit England Friedensverhandlungen zu führen. Er wird sofort interniert und von Hitler für geisteskrank erklärt. An Stelle von Heß wird Martin Bormann »Leiter der Parteikanzlei«.
6. Juni. Hitler erläßt den »Kommissarbefehl«. In ihm wird die »Truppe« angewiesen, keinerlei »völkerrechtliche Rücksichten« zu nehmen. Gefangene Kommissare der Roten Armee seien »grundsätzlich sofort mit der Waffe zu erledigen«.
22. Juni. Deutsche Truppen greifen die Sowjetunion an. Den Truppen folgen die »Einsatzgruppen der Sicherheitspolizei und des Sicherheitsdienstes der SS«, deren Aufgabe es ist, Juden, Zigeuner, Kommissare der Roten Armee und »andere unerwünschte Elemente« zu ermorden.
17. Juli. Alfred Rosenberg wird zum »Reichsminister für die besetzten Ostgebiete« ernannt. Die eroberten Gebiete der Sowjetunion werden in vier »Generalkommissariate« eingeteilt, die wiederum einem »Reichskommissariat Ostland« unterstehen.
31. Juli. Göring gibt Heydrich den Befehl, »in Bälde einen Gesamtentwurf über die organisatorischen, sachlichen und materiellen Voraussetzungen zur Durchführung der angestrebten Endlösung der Judenfrage vorzulegen«.
1. September. Die deutschen Juden müssen einen »gelben Stern« an ihrer Kleidung tragen, was für die Juden im »Generalgouvernement« schon seit dem 23. November 1939 Pflicht ist. In der Folgezeit werden weitere Sondergesetze erlassen.
18./19. Oktober. Beginn der Massendeportationen der deutschen Juden in das Generalgouvernement.
25. November. Die 11. Durchführungsverordnung zum »Reichsbürgergesetz« entzieht deportierten Juden die deutsche Staatsangehörigkeit. Ihr Vermögen fällt an das Reich.
1. Dezember. Durch Erlaß wird angeordnet, daß Widerstandskämpfer aus dem besetzten Frankreich, Belgien, Luxemburg und Norwegen »bei Nacht und Nebel« nach Deutschland gebracht und in Konzentrationslager eingeliefert werden.
11. Dezember. Nach dem japanischen Überfall auf die amerikanische Flotte in Pearl Harbor erklärt Deutschland den USA den Krieg. Japan greift nicht in den Krieg Deutschlands gegen die Sowjetunion ein.
17. Dezember. Die deutsche Armee kommt vor Moskau zum Stehen, der

als »Blitzkrieg« konzipierte »Rußlandfeldzug« ist damit gescheitert. Hitler übernimmt den Oberbefehl über das Heer und verbietet jeden operativen Rückzug.

1942

20. Januar. In einem Gebäude am Großen Wannsee 56-58 in Berlin treffen sich unter Heydrichs Leitung Funktionäre der Partei und Beamte verschiedener Ministerien, um über die »Endlösung der Judenfrage« zu beraten. Beschlossen wird unter anderem, »Europa von Westen nach Osten« durchzukämmen und die Juden in den Osten zu transportieren, wo die »arbeitsfähigen Juden straßenbauend« einzusetzen seien. Dabei werde »zweifellos ein Großteil durch natürliche Verminderung ausfallen. Der allfällig endlich verbleibende Restbestand« soll »entsprechend behandelt« werden.

8. Februar. Albert Speer wird an Stelle des tödlich verunglückten Fritz Todt »Reichsminister für Bewaffnung und Munition.« (Am 2. September 1943 wird Speer »Reichsminister für Rüstung und Kriegsproduktion«.) Es gelingt ihm, vor allem durch den rücksichtslosen Einsatz des Millionenheeres der »Fremdarbeiter«, die vom »Generalbevollmächtigten für den Arbeitseinsatz«, Fritz Sauckel, zur Verfügung gestellt werden, die deutsche Rüstungsproduktion bis in das Jahr 1944 hinein noch zu steigern.

Im *März* beginnen die Bombenangriffe der Royal Air Force auf deutsche Städte. Beim Angriff von 1 000 Flugzeugen auf Köln am 30. und 31. Mai 1942 werden über 400 Personen getötet. Seit Januar 1943 greifen auch amerikanische Bomber deutsche Städte an.

17. März. Im »Generalgouvernement« beginnt SS-Führer Odilo Globocnik mit der »Aktion Reinhard(t)«, dem Massenmord an Juden in den Vernichtungslagern.

Im *Juni* beginnen die Massenvergasungen in Auschwitz.

10. Juni. Als »Vergeltung« für das Attentat auf den »Reichsprotektor« Heydrich in Prag werden alle 192 Männer und 7 Frauen des tschechischen Dorfes Lidice ermordet. Die übrigen Frauen und Kinder kommen in das Konzentrationslager Ravensbrück.

30. Juni. Unter Führung General Rommels erreichen die deutschen und italienischen Truppen El Alamein und bedrohen damit Ägypten und den Suezkanal. Am 23. Oktober beginnt die erfolgreiche englische Gegenoffensive.

20. August. Roland Freisler wird Präsident des Volksgerichtshofs.

18. September. Himmler und der neue Justizminister Thierack vereinbaren, alle »asozialen Elemente aus dem Strafvollzug an den Reichsführer SS zur Vernichtung durch Arbeit« auszuliefern, unter ihnen »Juden, Zigeuner, Russen und Ukrainer«.

8. November. Amerikanische und britische Truppen landen in Marokko und Algerien.

11. November. Deutsche Truppen marschieren in das unbesetzte Frankreich ein.

22. November. Die etwa 250 000 Mann starke 6. deutsche Armee wird in Stalingrad eingeschlossen.

16. Dezember. Himmler befiehlt, alle »Zigeunermischlinge, Ròm-Zigeuner und nichtdeutschblütige Angehörige zigeunerischer Sippen balkanischer Herkunft« in das »Konzentrationslager (Zigeunerlager) Auschwitz« zu deportieren. Die Deportation der deutschen Sinti und Roma beginnt im Februar 1943.

1943

14.-26. Januar. In Casablanca verkünden der britische Premierminister Churchill und der amerikanische Präsident Roosevelt, die Allierten würden bis zur »bedingungslosen Kapitulation« Deutschlands, Italiens und Japans kämpfen.
31. Januar. Die Reste der 6. Armee kapitulieren in Stalingrad.
18. Februar. Goebbels hält im Berliner Sportpalast eine Rede, in der er unter anderem die Frage stellt: »Wollt ihr den totalen Krieg? Wollt ihr ihn, wenn nötig, totaler und radikaler, als wir ihn uns heute überhaupt noch vorstellen können?" Die Frage wird mit frenetischem Beifall bejaht.
27. Februar. In der »Fabrikaktion« werden alle Berliner Juden, die noch in Betrieben beschäftigt waren, verhaftet und deportiert.
Im *März* werden die jüdischen Ghettos im Osten »liquidiert«. Wer nicht an Ort und Stelle ermordet wird, kommt in die Vernichtungslager.
19. April. Die noch verbliebenen 60 000 Juden des Warschauer Ghettos — 300 000 wurden in das Vernichtungslager Treblinka deportiert — widersetzen sich der Deportation. SS- und Polizeiverbände schlagen den Ghetto-Aufstand blutig nieder. Die Kämpfe dauern bis zum 16. Mai 1943.
13. Mai. Die Reste des deutschen »Afrikakorps« kapitulieren in Tunesien.
24. Mai. Der Oberbefehlshaber der Marine, Karl Dönitz, bricht die »Atlantik-Schlacht« ab, da die zunächst erfolgreichen deutschen U-Boote sehr hohe Verluste erleiden.
1. Juli. Die deutsche Gegenoffensive bei Kursk (Operation Zitadelle) scheitert. Damit ist die Initiative endgültig an die Rote Armee übergegangen.
24. August. Himmler wird an Stelle Fricks Reichsinnenminister.
8. September. Nach dem Sturz Mussolinis schließt die neue italienische Regierung unter Marschall Badoglio einen Waffenstillstand mit den Alliierten. Daraufhin besetzen deutsche Truppen am 10. September Norditalien und Rom. Die italienischen Truppen in der Sowjetunion, in Frankreich, Jugoslawien und Albanien werden entwaffnet und interniert.
1./2. Oktober. Angehörige der dänischen Widerstandsbewegung bringen nahezu alle 8 000 dänischen Juden, denen die Deportation bevorsteht, nach Schweden in Sicherheit.
16./17. Oktober. Die 12. Bekenntnissynode der Kirche der Altpreußischen Union in Breslau verurteilt die »Vernichtung von Menschen, lediglich weil sie Angehörige eines Verbrechers, alt oder geisteskrank sind oder einer anderen Rasse angehören«. Die deutschen katholischen Bischöfe haben sich in einem Hirtenbrief vom 19. August 1943 ähnlich geäußert.

1944

Im *Januar* wird die deutsche Heeresgruppe Nord von den sowjetischen Truppen bis zum Peipus-See zurückgedrängt.

6. Juni. Westalliierte Truppen landen in der Normandie.

22. Juni. Beginn der sowjetischen Sommeroffensive gegen die Heeresgruppe Mitte.

20. Juli. Oberst Stauffenberg verübt im »Führerhauptquartier« in Ostpreußen ein Bombenattentat auf Hitler, das dieser jedoch überlebt. Der Staatsstreich, der in Paris, Wien und zunächst auch in Berlin Erfolg zu haben scheint, wird in den Abendstunden endgültig niedergeschlagen. Neben Stauffenberg werden Generaloberst v. Beck, General Olbricht, Oberst Mertz v. Quirnheim und Oberleutnant v. Haeften erschossen.

21. Juli. Hitler bezeichnet in einer Rundfunkrede die Verschwörer als einen »ganz kleinen Klüngel verbrecherischer Elemente, die jetzt unbarmherzig ausgerottet werden«. In der Folgezeit werden die Beteiligten und Mitwisser zu Tausenden verhaftet und vom Volksgerichtshof in Schnellverfahren zum Tode verurteilt und hingerichtet.

24. Juli. Sowjetische Truppen befreien das Vernichtungslager Majdanek.

1. August. Aufstand der »Polnischen Heimatarmee« in Warschau. Er wird von der vor Warschau stehenden Roten Armee nicht unterstützt und kann von deutschen Truppen blutig niedergeschlagen werden.

25. August. Paris wird von den Alliierten befreit.

29. August. Beginn des Volksaufstands in der Slowakei.

Von *August* an müssen sich die deutschen Truppen aus Rumänien, Griechenland und Jugoslawien zurückziehen.

19. September. Finnland schließt mit der Sowjetunion einen Waffenstillstand.

25. September. Hitler befiehlt die Aufstellung eines »deutschen Volkssturmes«. Damit soll »dem uns bekannten totalen Vernichtungswillen unserer jüdisch-internationalen Feinde [der] totale Einsatz aller deutschen Menschen« entgegengesetzt werden. Ohne genügende Ausbildung und Bewaffnung werden Jugendliche und alte Männer in den Kampf geschickt.

21. Oktober. Aachen wird als erste deutsche Stadt von amerikanischen Truppen eingenommen.

16. Dezember. Beginn der Ardennenoffensive, die nach ersten Erfolgen scheitert.

1945

12. Januar. Beginn der letzten Großoffensive der sowjetischen Armee, die bis zur Oder vorrückt.

27. Januar. Auschwitz wird von sowjetischen Truppen befreit.

30. Januar. Hitler hält seine letzte Rundfunkrede.

7. März. Amerikanische Truppen überqueren den Rhein.

19. März. Hitler gibt den »Nero-Befehl« (Verbrannte Erde) heraus: »Alle militärischen Verkehrs-, Nachrichten-, Industrie- und Versorgungsanlagen sowie Sachwerte, die sich der Feind für die Fortsetzung seines Kampfes irgendwie sofort oder in absehbarer Zeit nutzbar machen kann, sind zu zerstören.«

13. April. Wien wird von sowjetischen Truppen erobert.
16. April. Beginn des sowjetischen Großangriffs auf Berlin.
25. April. Bei Torgau an der Elbe treffen amerikanische und sowjetische Truppen zusammen.
28. April. Mussolini wird von italienischen Partisanen verhaftet und erschossen.
29. April. Hitler setzt sein »politisches Testament« auf. In ihm stößt er Göring aus der Partei aus und bestimmt an dessen Stelle Dönitz zum »Reichspräsidenten und zum Obersten Befehlshaber der Wehrmacht«. Auch Himmler wird aus der Partei ausgestoßen. Reichskanzler der neuen Regierung, die sich aus »ehrenhaften Männern« zusammensetzt, soll Goebbels werden.
30. April. Hitler begeht Selbstmord. Über Rundfunk wird bekanntgegeben, er sei »an der Spitze seiner Truppen« gefallen.
7./8. Mai. Vertreter der deutschen Wehrmacht (v. Friedeburg, Keitel, Stumpff) unterzeichnen zunächst im amerikanischen Hauptquartier in Reims, dann in Berlin eine »Erklärung« über die »bedingungslose Kapitulation aller am gegenwärtigen Zeitpunkt unter deutschem Befehl stehenden oder von Deutschland beherrschten Streitkräfte auf dem Lande, auf der See und in der Luft«.

Stichwörter zur Ideologie und Politik

AUSSENPOLITIK

Das Programm Hitlers

In den Programmen und in der Propaganda aller Parteien der Weimarer Republik spielte die Außenpolitik eine große, ja hervorragende Rolle. Dies hatte einmal traditionelle Gründe. Seit Bismarck wurden und werden deutsche Politiker an dessen Gestalt und vor allem an dessen erfolgreicher Außenpolitik gemessen. Innerhalb der deutschen Geschichtswissenschaft herrschte — noch nach dem Zweiten Weltkrieg — ein Primat der Außenpolitik vor. In der Weimarer Republik war die Frage, wie der Versailler Vertrag revidiert werden könne, das zentrale Thema, das die außenpolitische Diskussion bestimmte. Darin und in der Ablehnung der im Versailler Vertrag festgeschriebenen These, daß Deutschland den (Ersten) Weltkrieg begonnen und daher auch zu verantworten habe, waren sich alle Historiker und auch fast alle Parteien einig. Unterschiede gab es jedoch im Hinblick auf die Frage, wann, wie und in welchem Umfang der Versailler Vertrag revidiert werden sollte. In diesem Zusammenhang sind auch von demokratisch gesinnten Politikern die merkwürdigsten und zugleich auch irrealsten Vorschläge und Vorstellungen entwickelt worden.

All dies muß man bedenken, wenn man verstehen will, daß es keineswegs als anmaßend oder gar lächerlich empfunden wurde, wenn auch der »Führer« der kleinen, 1923 gescheiterten und danach verbotenen NSDAP in seiner programmatischen Schrift »Mein Kampf« ein außenpolitisches Programm entwarf, das in der damaligen außenpolitischen Situation Deutschlands geradezu abenteuerlich-abstrus war.

Ähnlich wie viele andere Politiker, von den Konservativen bis hin zu den Kommunisten, wollte Hitler den Versailler Vertrag revidieren und den Hauptmandatar dieses Vertrags und Hauptfeind Deutschlands, Frankreich, erst isolieren und dann vernichtend schlagen. Dieses Ziel hoffte Hitler, im Einverständnis, ja, in einem formellen oder auch nur informellen Bündnis mit England und Italien erreichen zu können.

Der Gedanke war zwar nicht unbedingt originell (und schon gar nicht realistisch), aber gerade in den Kreisen der rechten Parteien und Gruppierungen keineswegs sehr verbreitet und populär. Schließlich war England, das »perfide Albion«, nicht nur der Hauptfeind, sondern auch das Hauptobjekt der deutschen Kriegspropaganda gewesen. Noch ungewöhnlicher und unpopulärer war Hitlers Vorschlag, sich ausgerechnet mit Italien zu verbinden. Italien war im damaligen Deutschland besonders verhaßt, weil es 1915 die Seiten gewechselt und gegen seine früheren Bündnispartner Deutschland und Österreich in den Krieg gezogen war. Hinzu kam, daß die faschistische Regierung in Südtirol, das Italien gewissermaßen als Dank für seinen »Verrat« gewonnen hatte, die dort lebenden Deutschen gewaltsam zu italianisieren trachtete.

Hitler setzte sich mit folgenden Argumenten über diese Bedenken gegen die von ihm vorgeschlagene Bündnispolitik hinweg: Italien sei schon deshalb ein potentieller und guter Bündnispartner, weil es von Mussolini regiert werde, den Hitler offen bewunderte und in »Mein Kampf« sogar mit Bismarck verglich. Außerdem

gebe es zwischen Italien und Frankreich verschiedene Streitpunkte, vor allem in Nordafrika.
England dagegen, das Hitler ebenfalls bewunderte, weil es mit so wenig Menschen ein so riesiges Kolonialreich aufgebaut hatte und beherrschte, sei deshalb als Bündnispartner gegen Frankreich zu gewinnen, weil sein Kolonialreich allein von Frankreich und nicht von Deutschland bedroht werde. Deutschland habe sich aus der Kolonial- und Weltpolitik zurückzuziehen und ganz auf den Kontinent, genauer auf Osteuropa und Rußland, zu beschränken. Auf die Wiedergewinnung der deutschen Kolonien, den Wiederaufbau einer großen Flotte und auf die bloße »Wiederherstellung der Grenzen des Jahres 1914« werde Deutschland verzichten. England werde mit diesem Verzicht zufrieden sein und es zulassen, daß Deutschland durch »Gewinnung neuen Grundes und Bodens« zu *der* »Kontinentalmacht« aufsteige. Schließlich könne Deutschland bei der Gewinnung von »neuem Grund und Boden . . . in erster Linie nur an Rußland und die ihm untertanen Randstaaten denken«. Damit suggeriert Hitler — genauer führt er diese Hoffnung nicht aus —, Englands Furcht vor dem bolschewistischen Rußland sei derart groß, daß es seiner Zerschlagung durch Deutschland und dessen Aufstieg zur Hegemonialmacht auf dem Kontinent zusehen werde.
Daß Hitler in diesem Zusammenhang weder auf Polen, das ja kein Rußland »untertaner Randstaat« war, noch auf die Weltmacht USA eingeht, zeigt bereits, wie wirklichkeitsfremd dieses Programm war. Dennoch darf man nicht in den Fehler verfallen, den offenbar viele Zeitgenossen innerhalb und außerhalb Deutschlands gemacht haben, jene Gedanken als Biertisch-Phantasien abzutun. Hitlers außenpolitisches Programm war zwar in seinen allgemeinen Elementen unrealistisch, in sich aber, als Bestandteil und Folgerung einer »Weltanschauung«, stimmig und konzis. Grundaxiome und Grundziele dieser »Weltanschauung« waren die »Entfernung der Juden« und die »Reinerhaltung der Rasse«. Um diese Ziele zu erreichen, brauchte Hitler (bzw. Deutschland) »Lebensraum«, Raum zur Rassenzucht und Raum zur Rassenvernichtung. Dieser »Lebensraum« war nur im Osten »auf Kosten Rußlands« zu gewinnen, eines Landes, das in Hitlers Augen wegen seiner »jüdisch-bolschewistischen« Herrschaft besonders gefährlich und zugleich »reif zum Zusammenbruch« war, weil es eben von »rassisch minderwertigen« Juden regiert und von ebenfalls »rassisch minderwertigen« Slawen bewohnt werde.
Auch auf die Widersprüchlichkeiten und Zirkelschlüsse in dem Gedankengang kommt es hier nicht an. Wichtig ist, daß Hitler selbst darin ein zu verwirklichendes Programm sah. Und die entscheidende Frage lautet: Hat sich der Reichskanzler Hitler an diesem Programm orientiert?

Die Außenpolitik des Dritten Reichs

»Weder politisch noch wirtschaftlich könnte die Anwendung irgendwelcher Gewalt in Europa eine günstigere Situation hervorrufen, als sie heute besteht. Selbst bei ausschlaggebendem Erfolg einer neuen europäischen Gewaltlösung würde als Endergebnis nur noch eine Vergrößerung der Störung des europäischen Gleichgewichts eintreten und damit so oder so der Keim für spätere neue Gegensätze und neue Verwicklungen gelegt werden. Neue Kriege, neue Opfer, neue Unsicherheiten und eine neue Wirtschaftsnot würden die Folge sein. Der Ausbruch eines solchen Wahnsinns ohne Ende aber müßte zum Zusammenbruch der heutigen Gesellschafts- und Staatenordnung führen.«

Der Mann, der hier mit so bewegten Worten den Frieden beschwor, der den Krieg als Mittel der Politik, als Mittel zur Veränderung des »europäischen Gleichgewichts« und damit auch der durch den Versailler Vertrag gezogenen Grenzen ablehnte, war der gleiche, der in »Mein Kampf« und in anderen Schriften immer wieder die Notwendigkeit betont hatte, mit dem »Schwert« »Lebensraum« für das deutsche Volk zu erobern. War Hitlers am 17. Mai 1933 im Reichstag gehaltene »Friedensrede«, aus der dieses Zitat stammt, nur Propaganda und ein taktisches Manöver, um Gegner inner- und außerhalb Deutschlands zu beruhigen? Heute kann man diese Frage zweifellos mit Ja beantworten. Die Zustimmung der durch Verhaftungen und Emigration dezimierten Reichstagsfraktion der SPD zur »Friedensrede« war kurzsichtig, ja geradezu würdelos und feige. Ähnliches gilt für die zurückhaltenden, ja teilweise sogar freundlich-zustimmenden Reaktionen vieler ausländischer Mächte auf die ersten außenpolitischen Maßnahmen des Dritten Reichs.

Doch die Zeitgenossen konnten die weitere Entwicklung ja nicht kennen. Zumal Hitlers Friedensbeteuerungen auch politische Taten folgten, die im krassen Gegensatz zu seinen programmatischen Ankündigungen standen. Bereits am 5. Mai 1933 verlängerte Hitler den Berliner Vertrag, den das Deutsche Reich 1924 mit der Sowjetunion abgeschlossen hatte. Am 20. Juli 1933 folgte das Konkordat mit dem Vatikan, das der katholischen Kirche Rechte einräumte, die von den Regierungen der Weimarer Republik verweigert worden waren. Am 26. Januar 1934 schloß Hitler-Deutschland mit Polen einen Nichtangriffspakt. Dazu war keine der bisherigen Regierungen bereit gewesen; denn durch den Nichtangriffspakt wurde die polnische Westgrenze faktisch anerkannt, die alle Regierungen und alle Parteien der Weimarer Republik hatten revidieren wollen. Im Juli 1934 verzichtete Hitler darauf, den Putsch österreichischer Nationalsozialisten zu unterstützen. Nach der Ermordung von Bundeskanzler Dollfuß war das Deutsche Reich sichtlich bemüht, ein gutes Einvernehmen mit Österreich zu erreichen. Noch im Juli 1936 verpflichtete sich das Dritte Reich sogar vertraglich, die österreichische Unabhängigkeit anzuerkennen. Allerdings hieß es in diesem Vertrag auch, daß sich Österreich weiterhin »als deutscher Staat bekennt« und die »friedlichen Bestrebungen der Außenpolitik der deutschen Reichsregierung« unterstützen werde.

Angesichts dieser Politik konnten viele Zeitgenossen zu der Meinung kommen, daß der Reichskanzler Hitler sein in »Mein Kampf« niedergelegtes außenpolitisches »Programm« revidiert, zumindest aber erkannt habe, daß nüchterne »Realpolitik« wichtiger sei als das Festhalten an ideologischen Fernzielen. Doch Hitler hatte sein »Programm« nicht aufgegeben. Am 3. Februar 1933 ließ er vor ranghöchsten Offizieren der Reichswehr keinen Zweifel daran, daß das eigentliche Ziel seiner Außenpolitik die »Gewinnung neuen Lebensraums im Osten« sei. Hitler wollte lediglich als erstes die inneren Voraussetzungen für die Verwirkli-

chung seines Programms schaffen. Das hieß für ihn, wie er in »Mein Kampf« schrieb, vor allem die Ausschaltung der »marxistischen Landesverräter und Volksmörder« sowie der »hebräischen Volksverderber«.
In seiner »Friedensrede« machte Hitler unmißverständlich klar, daß es ihm zunächst um die Vollendung der »Revolution« im Innern gehe: um die »Verhinderung des drohenden kommunistischen Umsturzes« und die »Wiederherstellung einer stabilen und autoritären Staatsführung«. Daß damit die Zerstörung der parlamentarischen Demokratie und die blutige Verfolgung nicht nur der Kommunisten, sondern auch der Sozialdemokraten und der Juden gemeint war, mußte eigentlich jedem Zeitungsleser inner- und außerhalb Deutschlands klar sein. Doch das Ausland scheint Hitlers Argument Glauben geschenkt zu haben, diese innenpolitischen Veränderungen würden »in keiner Weise den Interessen der übrigen Welt« zuwiderlaufen.
Anders war es dagegen mit der seit 1933 unübersehbaren Aufrüstung, mit dem Verlassen der Abrüstungskonferenz und dem — angekündigten — Austritt aus dem Völkerbund am 14. Oktober 1933, mit der Einführung der allgemeinen Wehrpflicht am 16. März 1935. Dies waren Maßnahmen, die gegen den Versailler Vertrag und damit gegen geltendes Völkerrecht verstießen. Gleichwohl zog sich Frankreich aus dem Saarland zurück, nachdem sich 91 Prozent der Saarländer am 13. Januar 1935 für die Rückkehr ins — nationalsozialistische — »Reich« ausgesprochen hatten. Gleichwohl schloß England am 18. Juni 1935 ein Flottenabkommen, das Deutschland berechtigte, bis zu 35 Prozent (bei U-Booten sogar 45 Prozent) des Bestands der britischen Seestreitkräfte aufzurüsten. Damit schien Hitler seinem Ziel der Isolierung Frankreichs und der Annäherung an England ein gutes Stück näher gekommen zu sein. Ebenso programmgemäß verlief die Annäherung an Italien, das schon am 6. Januar 1936 zum Dank für die deutsche Unterstützung im Abessinienkrieg seine Garantie der österreichischen Unabhängigkeit zurückzog und die »Front von Stresa« verließ, in der sich Italien mit England und Frankreich am 11. April 1935 dazu verpflichtet hatte, sich »jeder einseitigen Aufkündigung von Verträgen zu widersetzen«. Und ebenso »fahrplanmäßig« kam es zur Besetzung des entmilitarisierten Rheinlands am 7. März 1936 und zur »Achse Berlin-Rom« am 1. November 1936.
Nicht ganz so vorgesehen war der »Antikominternpakt«, den Hitler am 25. November 1936 mit Japan schloß. Japan war zwar in »Mein Kampf« positiv, weil »nicht-verjudet«, erwähnt worden, im außenpolitischen Programm Hitlers hatte es jedoch nie eine Rolle gespielt. Hitler forcierte dennoch die Zusammenarbeit mit Japan und ordnete nach dem Beginn des japanisch-chinesischen Kriegs am 7. Juli 1937 an, die engen Beziehungen zu China aufzugeben; damit gefährdete er die Annäherung an England, das sich wegen seiner asiatischen Besitzungen vom japanischen Expansionsstreben bedroht fühlte. Doch England ließ sich auch von der immer massiver und offener werdenden Unterstützung Francos durch Deutschland und Italien nicht von seiner mehr als zurückhaltenden Politik abbringen, die dann als »Appeasement-Politik« bekannt und — aus heutiger Sicht — geradezu berüchtigt werden sollte.
Die deutsche Intervention im Spanischen Bürgerkrieg zeigt jedoch, wie fragwürdig die Auffassung einiger Forscher ist, die Außenpolitik des Dritten Reichs

sei nach einem von Hitler formulierten, ideologisch geprägten Programm in nahezu fahrplanhafter Konsequenz ausgeführt worden. Spanien kam in diesem Programm nicht vor, und der Putsch der Offiziere unter Franco ist auch von Hitler nicht vorhergesehen worden. Die am 18. Juli 1936 getroffene Entscheidung, Franco deutsche Transportflugzeuge zur Verfügung zu stellen, damit dieser seine Truppen von Marokko nach Spanien bringen konnte, ist von Hitler spontan und ohne Absprachen gefällt worden. Es ist sehr zweifelhaft, ob Hitler schon im Juli 1936 wußte, welche Folgen die Entscheidung haben würde. Gleichwohl hat er die immer drängender und größer werdenden Wünsche Francos nach deutschen Waffen und deutschen Hilfstruppen erfüllt.

Das gemeinsame Eingreifen Deutschlands und Italiens in den Spanischen Bürgerkrieg ermöglichte es Hitler, die »Achse« vorzubereiten und zu festigen. England und Frankreich legten gegen die deutsche und italienische Intervention einen nur symbolhaften und immer schwächer werdenden Protest ein. Die geschickte, aber unwahre Formel der nationalsozialistischen Propaganda, die Unterstützung Francos sei notwendig, um die Bolschewisierung Spaniens zu verhindern, zeigte gerade in England Wirkung. Maßgebend für die deutsche Intervention waren militärische und wehrwirtschaftliche Überlegungen. Spanien wurde, wie es Göring noch während des Nürnberger Prozesses freimütig zugab, zum »Übungsgelände« der neuen deutschen Luftwaffe. Spanien verpflichtete sich darüber hinaus, im Austausch gegen deutsche Waffen Rohstoffe zu liefern, die von der deutschen Rüstungswirtschaft dringend benötigt wurden. Insofern war die deutsche Intervention wirtschaftlich, militärisch und ideologisch — als Kampf gegen den Bolschewismus— so etwas wie die »Generalprobe« des von Hitler angestrebten Kriegs.

Daß dies Hitlers eigentliches Ziel war, geht nicht nur aus internen Besprechungen hervor, wie der vom 5. November 1937 mit den Oberbefehlshabern der drei Wehrmachtsteile, über die Oberst Hoßbach eine (quellenkritisch etwas zweifelhafte) »Niederschrift« anfertigte. Der im August 1936 verkündete »Vierjahresplan« hatte eindeutig den Zweck, die »deutsche Armee in vier Jahren einsatzfähig, die deutsche Wirtschaft in vier Jahren kriegsfähig« zu machen. Die Gruppen des deutschen Widerstands, die sich in dieser Zeit noch ausschließlich aus der zerschlagenen Arbeiterbewegung rekrutierten, haben dies in ihren illegalen Schriften auch sehr deutlich erkannt und zum Ausdruck gebracht. Spätestens 1936 war unverkennbar, daß ihr Slogan »Hitler — das ist der Krieg« mehr als berechtigt war. Dennoch konnte Hitler gerade zwischen 1936 und dem 1. September 1939 seine größten außenpolitischen Erfolge erringen.

Die Erfolge wurden freilich nur mit der Androhung und Ausübung von Gewalt sowie dank der Beschwichtigungspolitik Englands und Frankreichs errungen. Dies trifft bereits auf den Anschluß Österreichs zu, der in Wirklichkeit nichts anderes war als eine Annexion. Wie erwähnt, hatte Hitler zwar im Abkommen vom 11. Juli 1936 die Unabhängigkeit Österreichs anerkannt, doch gleichzeitig die österreichische Regierung verpflichtet, die »nationale Opposition«, womit die österreichischen Nationalsozialisten gemeint waren, in die politische Verantwortung mit einzubeziehen. Als sich der Nachfolger des von den Nationalsozialisten ermordeten Dollfuß, Bundeskanzler Kurt v. Schuschnigg, nicht bereit

zeigte, den österreichischen Nationalsozialisten die Rolle eines »trojanischen Pferdes« zuzugestehen, verstärkte Hitler den Druck auf Österreich. Dabei konnte er die Tatsache ausnützen, daß Italien, das noch 1934 die offene Unterstützung des Putsches der österreichischen Nationalsozialisten durch Deutschland verhindert hatte, seine Schutzgarantie für Österreich aufgab. Auch England gab bereits im November 1937 zu verstehen, daß es einer friedlichen Lösung der österreichischen Frage nicht im Wege stehen würde. Die übrigen Länder folgten Englands Beispiel und verweigerten dem nun völlig isolierten Österreich die dringend benötigten Wirtschaftskredite. Damit waren im Grunde die Voraussetzungen gegeben, der geplanten »Machtergreifung« der österreichischen Nationalsozialisten zum Erfolg zu verhelfen.
Am 12. Februar 1938 kam es auf dem Obersalzberg bei Berchtesgaden zu einem Treffen zwischen Hitler und v. Schuschnigg. Hitler empfing den österreichischen Bundeskanzler mit unmißverständlichen Drohungen. Da die österreichische Geschichte ein »ununterbrochener Volksverrat« sei, sei er — Hitler — entschlossen, »mit dem allem ein Ende zu machen«. Italien, England und Frankreich würden ohnehin keinen »Finger für Österreich rühren«. Schuschnigg sollte sofort den Führer der österreichischen Nationalsozialisten, Arthur Seiß-Inquart, zum Sicherheitsminister ernennen, seiner Partei freie politische Betätigung erlauben und die Außen- und Wirtschaftspolitik Österreichs mit der Deutschlands abstimmen. Schuschnigg akzeptierte notgedrungen die ultimativ vorgetragenen Forderungen Hitlers. Wieder in Wien, versuchte er jedoch zu retten, was zu retten war. Mit dem Ziel, eine Machtergreifung der österreichischen Nationalsozialisten zu verhindern, ordnete er am 9. März 1938 eine Volksabstimmung »für ein freies und deutsches, unabhängiges und soziales, für ein christliches und einiges Österreich« an. Sie sollte schon am 12. März stattfinden.
Hitler drohte daraufhin am 10. März mit einem militärischen Einmarsch, falls v. Schuschnigg nicht zurücktrete und Seiß-Inquart zu seinem Nachfolger ernannt werde. Während v. Schuschnigg sofort nachgab, weigerte sich Bundespräsident Miklas zunächst, Seyß-Inquart zum Bundeskanzler zu ernennen. Obwohl Miklas in der Nacht vom 11. auf den 12. März seine Entscheidung revidierte, marschierten deutsche Truppen am Morgen des 12. März in Österreich ein, wo sie überall mit Jubel empfangen wurden. Hitler selbst fuhr am Nachmittag in der Nähe Braunaus über die österreichische Grenze nach Linz, wo er statt der vorher angestrebten Union den vollständigen »Anschluß« und die damit vollzogene »Wiedervereinigung Österreichs mit dem Deutschen Reich« bekannt gab. Bei seinem triumphalen, ihn selber überwältigenden Einzug in Wien erklärte er pathetisch: »Als der Führer und Kanzler der deutschen Nation melde ich vor der Geschichte nunmehr den Eintritt meiner Heimat in das Deutsche Reich.«
Hitler hatte nach eigenen und nach den Bekundungen der nationalsozialistischen Propagandisten selbst Bismarck übertroffen und den großdeutschen Traum vieler Deutscher und, wie sie sich damals nannten, Deutschösterreicher erfüllt. Doch der unzweifelhaft echte Jubel in beiden Ländern konnte nicht darüber hinwegtäuschen, daß keineswegs alle Österreicher jubelten. Viele von ihnen wurden nämlich von den österreichischen Nationalsozialisten sowie von der Gestapo und der SS-Verfügungstruppe sofort verhaftet oder öffentlich gedemü-

Einzug der Wehrmacht in Salzburg am 12. März 1938.
Viele, aber längst nicht alle Österreicher jubelten.

tigt, geschunden und geschlagen. Die Szenen, die sich vor allem auf den Straßen Wiens abspielten, ähnelten denen, die sich nach der Machtergreifung in Berlin und in anderen deutschen Städten und Dörfern abgespielt hatten. Zum Teil waren sie sogar noch schlimmer. In Österreich fielen nämlich von Anfang an und in großer Zahl Juden dem nationalsozialistischen Terror zum Opfer.

So unübersehbar diese Akte des Terrors waren, so groß war die Begeisterung der Deutschen und Österreicher. Hitler war auf dem Höhepunkt seiner Popularität, auch wenn der Ausgang der Volksabstimmung — über 99 Prozent der Deutschen und Österreicher waren für den »Anschluß« — gewisse Zweifel hervorruft. Für die positiven Reaktionen der Deutschen und Österreicher auf diese »Wiedervereinigung« kann man vielleicht noch Verständnis aufbringen. Weniger verständlich dagegen war das Verhalten des Auslands. Während Italien uneingeschränkt zustimmte, hat England zwar die Art und Weise des deutschen Vorgehens verurteilt, den Anschluß selbst aber schon nach vierzehn Tagen anerkannt. Dabei hatte Deutschland durch die Annexion Österreichs weit mehr dazu gewonnen, als es nach dem verlorenen Ersten Weltkrieg durch den Versailler Vertrag verloren hatte. Die schon ganz auf den neuen Krieg eingestellte deutsche Wirtschaft erhielt wertvolle und dringend benötigte Devisen, Rohstoffe, Industrieanlagen und Arbeiter.

Obwohl die Integration der österreichischen in die deutsche Wirtschaft noch Zeit beanspruchte und die deutsche Aufrüstung noch nicht abgeschlossen war, wollte Hitler nach der Lösung der österreichischen auch die tschecho-

slowakische Frage »in nicht allzu langer Zeit ... lösen«, und zwar mit ähnlichen Methoden und Vorgehensweisen. Als Druckmittel diente ihm die deutsche Minderheit in der Tschechoslowakei.
Bereits im 19. Jahrhundert war es zu nationalen Konflikten zwischen den deutschen und tschechischen Bewohnern im damals österreichischen Böhmen gekommen. 1918/19 hatten die Deutschböhmen, die sich nun Sudetendeutsche nannten, sowie viele der ebenfalls langeingesessenen Juden Böhmens vergeblich den Anschluß an das damalige »Deutschösterreich« gefordert, das sich selber wiederum dem Deutschen Reich anschließen wollte. Statt dessen mußten sie als nationale Minderheit in dem neu geschaffenen Vielvölkerstaat Tschechoslowakei leben. Sie verfügten zwar über gewisse Autonomierechte und waren seit 1926 auch an den Regierungen der tschechoslowakischen Republik beteiligt, dennoch war dies vielen der insgesamt 3,5 Millionen Sudetendeutschen nicht genug. Dies gilt vor allem für die Mitglieder der zunächst »Sudetendeutsche Front«, dann auf Einspruch der tschechoslowakischen Regierung »Sudetendeutsche Partei« genannten Bewegung Konrad Henleins, der von Anfang an mit den nationalsozialistischen Schwesterparteien in Deutschland und Österreich sympathisierte. Seit 1937 war sie zur stärksten politischen Kraft innerhalb der deutschen Minderheit in der Tschechoslowakei geworden, und Henlein hatte seine Kampagne für die Rechte der Sudetendeutschen verstärkt. Darin wurde er von Hitler unterstützt, der ihm bei einem Treffen am 28. März 1938 einschärfte, immer höhere, ja, unerfüllbare Forderungen zu stellen. Die zu erwartende Ablehnung durch die Regierung und eventuelle, leicht zu provozierende Auseinandersetzungen zwischen Tschechen und Deutschen wollte Hitler dann zum Anlaß für eine militärische Intervention nehmen. Doch es kam anders.
Unter der Annahme, ein deutscher Angriff stehe unmittelbar bevor, mobilisierte die Tschechoslowakei am 20. Mai 1938 ihre Armee. Dies kam für Hitler unerwartet. Ebenso unerwartet war, daß England und Frankreich diesen Schritt billigten und darüber hinaus die Sowjetunion auf ihre Bündnispflichten gegenüber der Tschechoslowakei aufmerksam machten. Hitler gab scheinbar nach. Er verzichtete nicht nur auf eine Mobilisierung der deutschen Truppen, sondern überzeugte England und Frankreich davon, daß die tschechischen Hinweise auf einen unmittelbar bevorstehenden deutschen Angriff falsch seien. Doch während sich in der europäischen Öffentlichkeit der Eindruck verbreitete, Hitler sei vor den Tschechen und Engländern zurückgewichen, gab Hitler am 30. Mai der Wehrmachtsführung seinen »unabänderlichen Entschluß« bekannt, »die Tschechoslowakei in absehbarer Zeit durch eine militärische Aktion zu zerschlagen«. Als Zeitpunkt des Angriffs nannte er den 1. Oktober 1938.
Gegen diesen »unabänderlichen Entschluß« erhob sich — zum ersten Mal — innerhalb der nationalsozialistischen Führung Protest. Er wurde vor allem von Göring vorgetragen, der darauf hinwies, daß Deutschland für einen zu befürchtenden Weltkrieg noch nicht gerüstet sei. Derselben Meinung war neben anderen hohen Staatsbeamten und Offizieren auch Generalstabschef Ludwig Beck, der schließlich am 18. August 1938 ostentativ von seinem Posten zurücktrat, nachdem es ihm nicht gelungen war, die gesamte Wehrmachtsführung zu einem geschlossenen Vorgehen gegen den Kriegskurs Hitlers zu bewegen. Zusammen mit eini-

gen Beamten und Militärs (Oster, Gisevius, Dohnanyi, Kordt, Goerdeler u.a.) arbeitete Beck daraufhin Pläne für einen Sturz Hitlers aus, um den Krieg zu verhindern. Dies war, wie einige Historiker meinen, die Geburtsstunde des nationalkonservativen Widerstands. Doch zu dem geplanten Staatsstreich kam es nicht. Verantwortlich dafür war der englische Premier Neville Chamberlain, der, wie Goerdeler bissig bemerkte, »Hitler gerettet« habe.
Parallel zu den hier nur kurz erwähnten Bemühungen der deutschen Verschwörer (und auch Görings) war es nämlich zu einer Entwicklung der tschechischen Krise gekommen, die weder die Verschwörer noch Hitler selbst vorhergesehen und gewollt haben. Chamberlain teilte Hitler am 15. September 1938 auf dem Obersalzberg mit, daß England mit einer Abtretung des Sudetenlands einverstanden sei. Hitler lehnte dies strikt und in einem äußerst rüden Ton ab. Um das größere Übel, die völlige Vernichtung der Tschechoslowakei, zu verhindern, legte Chamberlain seinem eigenen Kabinett sowie der französischen und tschechoslowakischen Regierung einen Plan vor, wonach alle Gebiete mit mehr als 50 Prozent deutscher Bevölkerung an Deutschland abzutreten seien. Dafür sollte Hitler die Staatsgrenze des restlichen tschechischen Territoriums anerkennen. Diesem Plan stimmten alle zu, auch die alleingelassene tschechoslowakische Regierung — nur Hitler nicht, der auch dieses Angebot auf einem erneuten Treffen mit Chamberlain, das vom 22. bis 24. September 1938 in Bad Godesberg stattfand, strikt ablehnte. Er hielt an dem auf den 1. Oktober festgesetzten militärischen Einmarsch fest.
Daraufhin begannen England und Frankreich mit Kriegsvorbereitungen, nachdem die Tschechoslowakei bereits die Mobilmachung verkündet hatte. In dieser Situation bat die englische Regierung Mussolini um Vermittlung. Mussolini konnte am 28. September Hitler dazu überreden, zusammen mit ihm und den Vertretern Englands und Frankreichs — an die Tschechen wurde gar nicht mehr gedacht — an einer Konferenz teilzunehmen. Sie fand am 29./30. September in München statt. Vereinbart wurde die Abtretung des Sudetenlands, das in einem abgesprochenen Stufenplan von deutschen Truppen besetzt werden sollte. Außerdem mußte die Tschechoslowakei noch zugunsten Polens auf das Olsagebiet und zugunsten Ungarns auf einige Territorien verzichten. Die Slowakei wurde autonom. Dafür erkannten die in München versammelten Großmächte die Grenzen der, wie man in Deutschland sagte, »Rest-Tschechei« an.
Das Münchner Abkommen ist schon von den Zeitgenossen, und zwar nicht nur von den Tschechen, als politisch töricht und moralisch verwerflich eingestuft worden. Doch stellten das Münchner Abkommen und die kampflos erreichte Annexion des Sudetenlands wirklich, wie die nationalsozialistische Propaganda Glauben machen wollte und wie viele Deutsche auch glaubten, einen großen Erfolg Hitlers dar? Hitler selbst sah dies anders. Noch im Februar 1945 hat er im Berliner Führerbunker erklärt: »Wir haben in München eine einmalige Gelegenheit verpaßt, den unvermeidlichen Krieg leicht und rasch zu gewinnen.« Welchen Krieg meinte er? Den in »Mein Kampf« geplanten?
Hitler war in München der Verwirklichung seines eigentlichen Programms, im Bündnis mit England erst Frankreich zu besiegen oder zumindest zu schwächen und dann auf Kosten Rußlands »Lebensraum« im Osten zu gewinnen, nicht

näher gekommen. England hatte zwar allen außenpolitischen Schritten und Annexionen Hitlers zugestimmt und noch am 30. September in München mit ihm eine deutsch-britische Nichtangriffs- und Konsultationserklärung unterzeichnet, war aber trotz allem zu keinem Bündnis mit Hitler bereit. Auch Hitler scheint ein derartiges Bündnis mit England gar nicht mehr gewollt zu haben. Warum hätte er sonst England während der Sudetenkrise so brüskiert und so offen einen Krieg angestrebt? Offensichtlich wollte er statt dessen die vorübergehende Schwäche des nicht-aufgerüsteten England ausnützen, um es in einen Krieg zu verwickeln und zumindest für einige Jahre aus der kontinentaleuropäischen Politik auszuschalten.

Hitler hat also nicht nur unvorhergesehene außenpolitische Konstellationen (etwa beim Eingreifen in den Spanischen Bürgerkrieg) ausgenützt, sondern auch sein außenpolitisches Programm in einem wesentlichen Punkt geändert. Unveränderbar und unverkennbar war dagegen sein Ziel, einen Krieg zu führen. Unklar war und blieb, in welcher außenpolitischen Konstellation dieser Krieg ausgelöst werden sollte. Hierzu gab es keine konkreten Pläne. Falls es welche gegeben haben sollte, sind sie mehrfach geändert worden. Unzweifelhaft war jedoch, daß dieser Krieg das Ziel hatte, »Lebensraum« im Osten zu gewinnen. Er sollte, wie Hitler sich ausdrückte, ein »Volks- und Rassekrieg« werden, der das »Schicksal unserer Rasse« für die »kommenden Jahrhunderte« bestimmt.

Unmittelbar nach München, im Oktober und November 1938, gab Hitler Anweisungen zur »Erledigung der Rest-Tschechei«, zur »Inbesitznahme des Memellandes« und zur Besetzung Danzigs. Alle drei Ziele wurden gleichzeitig entwickelt und vorbereitet. Verwirklicht wurden sie nacheinander. Zuerst kam die »Erledigung der Rest-Tschechei«.

Dabei ging Hitler nach bewährtem Muster vor. Zuerst forderte er die slowakischen Nationalisten dazu auf, die völlige Autonomie von den Tschechen zu verlangen. Die Slowaken sollten damit wie die österreichischen Nationalsozialisten und die Sudetendeutschen vor ihnen die Rolle des trojanischen Pferds übernehmen. Auch diesmal ging das Kalkül auf. Der neue tschechische Staatspräsident Hacha wies die Forderungen der slowakischen Nationalisten zurück und entsandte Truppen in die slowakischen Landesteile. Hitler nahm die Aktion zum Anlaß, den von Hacha abgesetzten slowakischen Ministerpräsidenten Tiso am 13. März 1939 nach Berlin zu beordern, wo er ihn unter Hinweis auf eine mögliche Annexion der Slowakei durch Ungarn zwang, die Unabhängigkeit seines Landes zu verkünden. Während dies vom slowakischen Parlament beschlossen und verkündet wurde, zitierte Hitler den tschechischen Staatspräsidenten Hacha einen Tag später, am 14. März, nach Berlin. Hier wurde ihm erklärt, daß es nur zwei Alternativen gebe: Kampf, wozu die »Rest-Tschechei« nach dem Verlust ihres Befestigungssystems im Sudetenland nicht mehr in der Lage war, oder kampflose Unterwerfung. Der physisch wie psychisch völlig zusammengebrochene Hacha entschied sich für die zweite Möglichkeit. Er legte, wie es in der ihm aufgezwungenen Unterwerfungsurkunde hieß, »das Schicksal des tschechischen Volkes und Landes vertrauensvoll in die Hände des Führers des Deutschen Reiches«. Dafür versprach Hitler, »das tschechische Volk unter den Schutz des Deutschen Reiches [zu] nehmen und ihm eine seiner Eigenart gemäße autonome Entwicklung seines völkischen Lebens« zu gewähren.

Zwei Stunden nach der Unterzeichnung des Vertrags überschritten deutsche Truppen die Grenze und erreichten schon in den Morgenstunden des 15. März Prag. Aus der »Rest-Tschechei« wurde das »Reichsprotektorat Böhmen und Mähren«. Es behielt zwar bis zum Ausbruch des Zweiten Weltkriegs eine eigene Regierung, stand aber von Anfang an unter der Aufsicht des deutschen »Reichsprotektors« v. Neurath und seines Stellvertreters Heydrich. Die Slowakei wurde formell selbständig, faktisch aber zu einem deutschen Satellitenstaat, mit deutschen »Beratern« in allen Ministerien.

Die Westmächte protestierten am 18. März in ungewohnt scharfer Form gegen diesen offenen Bruch des Münchner Abkommens. Selbst Chamberlain, dessen Beschwichtigungspolitik im eigenen Land auf immer heftiger werdende Kritik stieß, meinte in einer Rede, daß das »gegenwärtige Regime in Deutschland« der »Weltöffentlichkeit einen schwereren Schlag als je zuvor« versetzt habe. Am 31. März 1939 erklärten die englische und die französische Regierung, daß sie die nationale Souveränität und den Bestand Polens wahren wolle. Damit reagierte England auf die unverkennbare Tatsache, daß Polen inzwischen zum Objekt der nationalsozialistischen Aggression geworden war.

Spätestens seit 1938 hatte sich das deutsch-polnische Verhältnis, das sich durch das Abkommen vom 26. Januar 1934 verbessert zu haben schien, wieder verschlechtert. Anlaß waren die Bemühungen Hitlers, Polen für ein antibolschewistisches Bündnis zu gewinnen. Am 24. Oktober 1938 erklärte Außenminister v. Ribbentrop dem polnischen Botschafter Lipski, daß eine Verlängerung des Nichtangriffspakts von 1934 nur in Frage komme, wenn Polen bereit sei, dem Antikominternpakt beizutreten, dem Anschluß des Freistaats Danzig an Deutschland zuzustimmen sowie den Bau einer exterritorialen Autobahn und Eisenbahnlinie durch den Korridor zu genehmigen. Polen lehnte alle Vorschläge, auch den Beitritt zum Antikominternpakt, entschieden ab, weil es zurecht fürchtete, durch eine enge Anlehnung an Berlin sowjetische Reaktionen zu provozieren und in Abhängigkeit von Deutschland zu geraten. Am 21. März 1939 forderte Hitler Polen ultimativ auf, sein Angebot anzunehmen. Polen gab auch diesmal nicht nach.

Anders reagierte Litauen, das ebenfalls am 21. März ultimativ aufgefordert wurde, auf das Memelland zu verzichten. Litauen hatte die Abtretungsurkunde noch gar nicht unterzeichnet, als Hitler sich bereits an Bord des Panzerschiffs »Deutschland« auf den Weg nach Memel begab. Am 23. März, nur zehn Stunden nach der Unterzeichnung des Vertrags, war Hitler bereits in Memel, das ihm einen begeisterten Empfang bereitete. Nach dieser Aktion und nach der britischen Garantieerklärung für Polen war, wie der Staatssekretär im Auswärtigen Amt, Ernst v. Weizsäcker, klar erkannte, eine gewaltlose Lösung der Danzig-Frage unmöglich geworden. Doch darum und überhaupt nur um Danzig ging es Hitler gar nicht. Am 23. März 1939 gab er den Oberbefehlshabern der Wehrmacht seine Absicht bekannt, Polen militärisch niederzuwerfen, wobei er sagte: »Danzig ist nicht das Objekt, um das es geht. Es handelt sich um die Erweiterung des Lebensraumes im Osten und Sicherstellung der Ernährung sowie die Lösung des Baltikum-Problems.«

Hitler war bereit, einen Krieg mit Polen und den Westmächten zu führen und darüber hinaus den geplanten Raum- und Rassenkrieg gegen Rußland zu eröffnen. Am 20. April kündigte er den Nichtangriffspakt mit Polen und das deutsch-britische Flottenabkommen von 1935. Am 28. April äußerte er sich in so ablehnender, ja, beleidigender Form über einen Friedensappell des amerikanischen Präsidenten Roosevelt, daß man den Eindruck gewinnen konnte, er kalkuliere selbst ein militärisches Engagement der USA in Europa ein. Hitler schien, wie sich Göring am 29. August 1939 ausdrückte, völlig »va banque zu spielen«. Doch das schien nur so.

Von der Öffentlichkeit zunächst unbemerkt, kam es nämlich zu Verhandlungen zwischen den Regierungn in Berlin und Moskau, die sich einen erbitterten, ideologisch begründeten Propagandakrieg geliefert hatten. Doch Stalin hatte schon am 10. März 1939 in einer Rede verkündet, daß derartige ideologische Auseinandersetzungen nicht zu außenpolitischer Rivalität führen müßten. Daß er damit das als »faschistisch« charakterisierte und bekämpfte Deutschland meinte, wurde durch seinen Hinweis auf die Ukraine deutlich, die sich, wie Stalin versicherte, nicht bedroht fühle. Am 14. August 1939 unterbreitete Außenminister v. Ribbentrop der zuvor als »jüdisch-bolschewistisch« verleumdeten Sowjetunion ein förmliches Verhandlungsangebot, das er mit der »englischen Kriegstreiberei«, den zugespitzten »deutsch-polnischen Beziehungen« und der gemeinsamen Gegnerschaft zu den »kapitalistischen westlichen Demokratien« begründete.

Vor der Unterzeichnung des deutsch-russischen Nichtangriffspakts am 23. August 1939. Von links nach rechts: Molotow, Stalin, Graf von der Schulenburg, Legationsrat Hencke, v. Ribbentrop, Unterstaatssekretär Gaus.

Ob Stalin und Hitler selber den Hinweis v. Ribbentrops auf die ideologischen Gemeinsamkeiten zwischen den beiden »totalitären« Staaten ernst genommen haben, ist zweifelhaft. Ernst gemeint waren zweifellos die Hinweise auf mögliche Gemeinsamkeiten in der Außenpolitik: so vor allem die Abgrenzung der Interessensphären in Polen und ganz Ostmitteleuropa. Es war Stalins neuer Außenminister Molotow, der am 16. August in diesem Zusammenhang auch die baltischen Staaten nannte und die grundsätzliche Bereitschaft zu erkennen gab, mit Hitler-Deutschland über ein förmliches Abkommen zu verhandeln. Ein solches Abkommen wurde dann von Molotow und Ribbentrop schon am 23. August unterzeichnet. Es bestand aus einem Nichtangriffspakt und einem »Zusatzprotokoll«, in dem »für den Fall einer territorial-politischen Umgestaltung der zum polnischen Staate gehörenden Gebiete [. . .] die Interessensphären Deutschlands und der UdSSR ungefähr durch die Flüsse Narew, Weichsel und San abgegrenzt« wurden. Dies bedeutete die Teilung Polens. Außerdem wurde vereinbart, daß, wiederum »für den Fall einer territorial-politischen Umgestaltung«, die »nördliche Grenze Litauens« die »Grenze der Interessensphäre Deutschlands und der UdSSR« bilden solle. Außer den im Abkommen ausdrücklich genannten Staaten Finnland, Estland und Lettland fiel nach einem Zusatzabkommen vom 28. September auch Litauen in die sowjetische Interessensphäre, während die deutsche bis zum Bug ausgedehnt wurde.
Mit diesem Vertrag hatte Deutschland die, wie sich Staatssekretär v. Weizsäcker am 20. August 1939 ausdrückte, »Parforce-Jagd mit den Engländern um die russische Gunst« gewonnen. Die englische Regierung hatte ebenfalls einen Vertrag mit Stalin angestrebt, war aber nicht bereit gewesen, so viele Zugeständnisse wie Hitler zu machen. Stalin hatte mit dem Segen Hitlers nicht nur die Möglichkeit erhalten, den Kampf zwischen den »faschistischen« und kapitalistischen Mächten abzuwarten und auszunutzen, er konnte auch die Osthälfte Polens und die baltischen Staaten annektieren. Lediglich die Okkupation Finnlands scheiterte am bravourösen Widerstand der finnischen Armee. All diese Vorteile schienen den moralischen Prestigeverlust auszugleichen, den die Sowjetunion weltweit vor allem bei den kommunistischen »Bruderparteien« erlitt. Dennoch enthielt Stalins machiavellistisches Kalkül einen gravierenden Fehler: die völlige Verkennung der eigentlichen Ziele Hitlers.
Hitler dachte nämlich nicht daran, den Kern seines außenpolitischen Programms aufzugeben. Dies teilte er schon am 11. August 1939, als die Verhandlungen mit der Sowjetunion in ein konkretes Stadium getreten waren, dem damaligen Hohen Kommissar des Völkerbunds in Danzig, Carl Jacob Burckhardt, mit: »Alles, was ich unternehme, ist gegen Rußland gerichtet; wenn der Westen zu dumm und zu blind ist, um dies zu begreifen, werde ich gezwungen sein, mich mit den Russen zu verständigen, den Westen zu schlagen, und mich dann nach seiner Niederlage noch mit meinen versammelten Kräften gegen die Sowjetunion zu wenden. Ich brauche die Ukraine, damit man uns nicht wieder wie im letzten Krieg aushungern kann.«
Tatsächlich machte Hitler am 25. August — die militärischen Vorbereitungen für den Überfall auf Polen liefen bereits auf vollen Touren — England ein, wie er meinte, »großzügiges Angebot«. Er werde, nach der Lösung der deutsch-polni-

schen Frage und wenn er freie Hand im Osten habe, den Bestand des Empire garantieren. Ob Hitler wirklich glaubte, daß England so »dumm und blind« war, um darauf noch einzugehen, ist fraglich. Immerhin verschob er den Angriffstermin und ließ intensive diplomatische Verhandlungen mit dem Ziel führen, England doch noch am Eingreifen zu hindern. Dies war erfolglos und mußte es sein. Am 31. August gab er den Angriffsbefehl: »Nachdem alle politischen Möglichkeiten erschöpft sind, um auf friedlichem Wege eine für Deutschland unerträgliche Lage an seiner Ostgrenze zu beseitigen, habe ich mich zur gewaltsamen Lösung entschlossen.«

Am nächsten Morgen um 4.45 Uhr begann das zu einem Freundschaftsbesuch in Danzig liegende Linienschiff »Schleswig-Holstein« die polnische Garnison auf der Westerplatte zu beschießen. Am 3. September erklärten England und Frankreich Deutschland den Krieg.

Hitler soll sehr niedergeschlagen und bestürzt reagiert haben. Hatte er noch geglaubt, daß England sich aus dem europäischen Krieg heraushalten werde und zu einem Bündnis mit Deutschland bereit sei?

England zeigte keinerlei Bereitschaft, zu irgendeiner Übereinkunft mit Hitler zu gelangen. Winston Churchill, der seit dem 10. Mai 1940 Premierminister war, hat immer wieder kompromißlos betont, daß der Krieg bis zur völligen Niederlage Hitler-Deutschlands geführt werden müsse. Auch Hitler selbst hat keinen Zweifel daran gelassen, daß der am 1. September begonnene Krieg kein normaler, sondern der von ihm angestrebte »Weltanschauungs- und Rassenkrieg« war. Dies zeigen bereits die unmittelbar nach Kriegsausbruch ergriffenen Maßnahmen gegen Juden, Sinti und Roma, »Asoziale« und »Erbkranke«, vor allem aber der

Ein Wegweiser 100 km vor Moskau im November 1941, als Deutschland fast ganz Europa erobert hatte.

Verlauf des Kriegs gegen Polen, der von Anfang an ein »Rassenkrieg« war. Dies hatte Hitler schon am 22. August 1939 den Befehlshabern der Wehrmacht unmißverständlich klar gemacht. »Größte Härte« sei notwendig, und es würden sich in Polen »Dinge ereignen, die nicht den Beifall der deutschen Generale finden würden«. Daher wolle er »nicht das Heer mit den notwendigen Liquidationen belasten«, sondern sie »durch die SS vornehmen lassen«. Tatsächlich folgten die neu gebildeten fünf Einsatzgruppen der SS den kämpfenden Einheiten auf dem Fuß und begannen sofort mit den »Liquidationen« von Angehörigen der polnischen Führungsschicht und von Juden.
Der Krieg endete mit der von Hitler ebenfalls schon am 22. August geforderten »restlosen Zertrümmerung Polens«. Unter Hinweis auf das »Recht des Stärkeren« wurde der polnische Staat völlig zerschlagen. Deutschland annektierte Danzig und die durch den Versailler Vertrag an Polen abgetretenen westpreußischen und oberschlesischen Territorien, darüber hinaus das Gebiet um Lodz, den Bezirk Zichenau (Ciechanów) und Teile Galiziens. Während Ostpolen, in das die sowjetische Armee am 17. September einmarschiert war, gemäß dem Hitler-Stalin-Pakt an die Sowjetunion fiel, erklärte Hitler die restlichen Gebiete Polens zum »Generalgouvernement«, das nach der schon am 12. Oktober erfolgten Auflösung der Militärverwaltung einem »Generalgouverneur«, Hans Frank, unterstellt wurde. Schon die Bezeichnungen deuten darauf hin, daß Polen wie eine Kolonie behandelt werden und als Lieferant von Rohstoffen und Arbeitssklaven für die deutsche Rüstungswirtschaft dienen sollte. Tatsächlich waren die Verhältnisse im »Generalgouvernement« noch schlechter als in den afrikanischen und asiatischen Kolonien der europäischen Mächte. Unter Leitung von »Generalgouverneur« Frank und von Himmler, der am 7. Oktober 1939 zum »Reichskommissar für die Festigung deutschen Volkstums« ernannt worden war, begannen die schon erwähnten Terrorakte gegen Angehörige der polnischen Oberschicht und gegen Juden sowie »Umsiedlungsaktionen« im großen Stil. Juden wurden aus den annektierten Gebieten vertrieben und im »Generalgouvernement« in Ghettos zusammengepfercht. Um Platz für die »Volksdeutschen« aus der Sowjetunion und den von ihr annektierten baltischen Staaten zu schaffen, jagte man die polnischen Bewohner ganzer Dörfer und Regierungsbezirke aus ihren Häusern und »siedelte« sie um.
All diese Maßnahmen zielten nicht nur auf eine Vernichtung der von England garantierten Souveränität Polens, sondern auf eine völlige Versklavung, weitgehende »Umsiedlung« und »rassische Siebung« des polnischen Volks. Obwohl England und Frankreich im September 1939 nichts taten, um den polnischen Bundesgenossen zu unterstützen, konnten sie dies genauso wenig hinnehmen wie die Ergebnisse der militärischen Aktionen des Jahres 1940.
Am 9. April 1940 überfiel die Wehrmacht Dänemark, das sich kampflos ergab, und Norwegen, das gegen die deutschen Invasionstruppen einen erbitterten, aber erfolglosen Kampf führte. Anlaß für diese Überfälle waren wehrwirtschaftliche und strategische Überlegungen vor allem der deutschen Marineleitung. Sie befürchtete, daß durch eine Landung der Engländer in Norwegen die deutsche Flotte vom Zugang zum Atlantik, die deutsche Rüstungswirtschaft dagegen von den schwedischen Erzlieferungen, die größtenteils über den norwegischen

Nach dem Luftangriff auf Dresden, 13. Februar 1945.

Hafen Narvik liefen, abgeschnitten würde. Die Angriffe auf Dänemark und Norwegen waren daher weder in Hitlers außenpolitischem Programm vorgesehen, noch ideologisch motiviert, denn Dänen und Norweger waren in den Augen der nationalsozialistischen Ideologen »rasseverwandte« Völker. Dies hat die deutschen Okkupanten nicht daran gehindert, in Dänemark und vor allem in Norwegen jede Regung von Protest und Widerstand erbarmungslos im Keim zu ersticken. Die Nationalsozialisten haben zwar intensiv darum geworben, daß Dänen und Norweger den europäischen Freiwilligenverbänden der Waffen-SS beitraten, zugleich aber beide Länder skrupellos ausgebeutet und — Dänemark erst 1943 — einem harten Besatzungsregime unterworfen.

Am 10. Mai begann der »Blitzkrieg« gegen die Niederlande, Belgien und Frankreich, der am 22. Juni 1940 mit der Kapitulation Frankreichs endete. Ein großer Teil des englischen Expeditionskorps konnte sich jedoch, unter Zurücklassung nahezu aller Waffen, nach England retten. England war noch keineswegs besiegt und entschied in den folgenden Monaten die »Luftschlacht um England« zu seinen Gunsten. Da es der deutschen Luftwaffe nicht gelungen war, die Luftüberlegenheit zu erringen, fehlte die entscheidende Voraussetzung für eine Invasion Englands. Der Krieg war damit noch nicht verloren, aber auch nicht gewonnen. Hitler scheint dies relativ frühzeitig erkannt zu haben. Er reagierte, indem er gewissermaßen die Flucht nach vorn antrat und seit dem Juli 1940 Pläne für einen »Blitzkrieg« gegen die Sowjetunion ausarbeiten ließ.

Ziel dieses Kriegs sollte — gemäß Hitlers »Weisung Nr. 21« vom 18. Dezember 1940 — es sein, »vor Beendigung des Krieges gegen England Sowjetrußland in einem schnellen Feldzug niederzuwerfen«. Dann würde, so Hitler bereits am 31. Juli 1940, folgende Situation eintreten: »Wenn [in England] [die] Hoffnung auf Rußland wegfällt, fällt auch Amerika weg, weil [nach dem] Wegfall Rußlands eine Aufwertung Japans in Ostasien in ungeheurem Maße erfolgt.« Bereits ein Jahr später, Ende 1941, war klar, daß keins dieser Ziele erreicht und der Krieg nicht mehr zu gewinnen war.

Der auf dem Prinzip kurzfristiger »Breitenrüstung« basierende Blitzkrieg gegen Rußland scheiterte, weil die deutschen Truppen vor Moskau zum Stehen kamen. Somit konnte England weiterhin auf Rußland hoffen, mit dem es am 12. Juli 1941 ein Bündnis geschlossen hatte. Und auch Amerika war nicht »weggefallen«: Neben England unterstützte es die Sowjetunion, noch bevor es im Dezember 1941 nach Hitlers Kriegserklärung selbst in den Krieg eintrat. Japan schließlich, auf das Hitler so große Hoffnungen setzte, hatte zwar die USA angegriffen, hielt sich aber an den am 13. April 1941 mit der Sowjetunion abgeschlossenen Neutralitätspakt, um keinen Zweifrontenkrieg führen zu müssen.

Im Jahr 1941, noch vor dem Kriegseintritt der USA, mit dem Hitler für das Jahr 1942 rechnete, gelang es Deutschland nicht, »alle kontinentalen Probleme« zu lösen, was Hitler selbst noch im Dezember 1940 für notwendig gehalten hatte. Nach der Unterwerfung Jugoslawiens und Griechenlands im Frühjahr 1941 kämpften auf deutscher und italienischer Seite Ungarn, Rumänien, die Slowakei, Finnland, Bulgarien und Kroatien; von den übrigen europäischen Ländern blieb neben der Schweiz, Schweden, Irland und Portugal auch das Spanien Francos neutral, obwohl es dem Antikominternpakt beigetreten war. Die Sowjetunion

und England dagegen konnten sich nicht nur verteidigen, sie gingen im Lauf des Jahres 1942 zum Gegenangriff über und errangen bei El Alamein und vor allem in Stalingrad die ersten großen Siege über Hitler-Deutschland, das spätestens seit diesem Zeitpunkt den Krieg verloren hatte, aber gleichwohl weiterkämpfte.
Schon am 19. November 1941 gab Hitler zumindest indirekt zu, daß der Krieg in der vorgegebenen Form nicht zu gewinnen sei. Er setzte daher seine Hoffnung darauf, »daß die Erkenntnis, daß die beiden Feindgruppen sich nicht vernichten können, zu einem Verhandlungsfrieden führt«. Doch wie sollte dies möglich sein? Aus verschiedenen Äußerungen, die Hitler 1942 machte, läßt sich folgender Gedankengang entnehmen: Während Japan die amerikanischen Kräfte in Ostasien band, würde ein deutscher Vorstoß über den Kaukasus in Richtung Indien England zu einem Sonderfrieden nötigen. Dies war noch unrealistischer als die Hoffnungen von 1939/40, durch »großzügige Angebote« und »letzte Friedensappelle« England zum Aufgeben zu bewegen. Hinzu kommt, daß Hitlers eigene Worte und Taten zeigen, daß er im Grunde selbst an die Möglichkeit eines »Verhandlungsfriedens« nicht glaubte. Er hatte ja den Krieg vor allem im Osten zu einem beispiellos grausamen »Rassenkrieg« gemacht, dessen oberstes Ziel die Versklavung und Vernichtung ganzer Völker war. Hitler hat sich nicht gescheut, dies mehr als einmal offen auszusprechen, so etwa in der sogenannten Kriegserklärung an die »jüdische Rasse« vom 30. Januar 1939: »Wenn es dem internationalen Finanzjudentum in und außerhalb Europas gelingen sollte, die Völker noch einmal in einen Weltkrieg zu stürzen, dann wird das Ergebnis nicht die Bolschewisierung der Erde und damit der Sieg des Judentums sein, sondern die Vernichtung der jüdischen Rasse in Europa.«
Hitler hat diese Drohung während des Kriegs häufig fast wörtlich wiederholt, aber — vermutlich mit Absicht — fälschlich auf den 1. September 1939 datiert. Am 8. November 1942 sagte er: »Sie werden sich noch der Reichstagssitzung [gemeint ist die vom 1. September 1939] erinnern, in der ich erklärte: Wenn das Judentum sich etwa einbildet, einen internationalen Weltkrieg zur Ausrottung der europäischen Rassen herbeiführen zu können, dann wird das Ergebnis nicht die Ausrottung der europäischen Rassen, sondern die Ausrottung des Judentums in Europa sein. Man hat mich immer als Propheten ausgelacht. Von denen, die damals lachten, lachen heute Unzählige nicht mehr, und die jetzt noch lachen, werden es vielleicht in einiger Zeit auch nicht mehr tun.«
So umstritten die Frage ist, ob Beginn und Ausführung des Völkermords an den Juden und an den Zigeunern bis ins Detail hinein einen planmäßigen Charakter hatten, so nachdrücklich bleibt festzustellen, daß der Zweite Weltkrieg ein Rassenkrieg war und aufgrund der erwähnten programmatischen Vorstellungen Hitlers auch werden sollte. Für dieses dogmatische Ziel wurde alles aufs Spiel gesetzt, selbst die Existenz Deutschlands und des deutschen Volks. Auch dies hat Hitler deutlich genug angekündigt. Schon am 27. November 1941 sagte er in einem Gespräch mit dem dänischen Außenminister Scavenius: »Wenn das deutsche Volk einmal nicht mehr stark und opferbereit genug sei, sein eigenes Blut für seine Existenz einzusetzen, so soll es vergehen und von einer anderen, stärkeren Macht vernichtet werden. Es verdiene dann nicht diesen Platz, den es sich heute errungen habe.«

DEUTSCHER ORDEN

Die Straße der Ordensritter

Im ersten Band von »Mein Kampf« erörtert Hitler die mögliche Alternative der künftigen deutschen Außenpolitik. Er kommt zu folgendem Ergebnis: »Wollte man in Europa Grund und Boden, dann konnte dies im großen und ganzen nur auf Kosten Rußlands geschehen, dann mußte sich das neue Reich wieder auf der Straße der einstigen Ordensritter in Marsch setzen, um mit dem deutschen Schwert dem deutschen Pflug die Scholle, der Nation aber das tägliche Brot zu geben.«

Wer waren die von Hitler hier zum Vorbild erklärten »Ordensritter«? Gemeint sind ganz offensichtlich die Ritter des Deutschen Ordens.

Der Deutsche Orden ist aus einer 1190 im Heiligen Land gegründeten Hospitalsgenossenschaft hervorgegangen, deren Mitglieder sich »Brüder vom Hause des St.-Marien-Hospitals der Deutschen zu Jerusalem« nannten. Die Ritter des Deutschen Ordens, wie er bald abkürzend genannt wurde, obwohl die nationale Zugehörigkeit und die adlige Herkunft zunächst keineswegs vorgeschrieben waren, widmeten sich der Krankenpflege und dem Kampf gegen die Heiden. Sehr bald verfügte der Deutsche Orden über zahlreiche Besitzungen. Sie lagen in Palästina, in Sizilien, Süditalien und in anderen Gebieten am Mittelmeer.

Im Jahr 1226 wandte sich der polnische Fürst Konrad von Masowien an den Deutschen Orden und bat um Hilfe gegen die heidnischen Prußen, die sein Land ständig überfielen. Der Hochmeister des Ordens, Hermann von Salza, sicherte das Unternehmen jedoch zunächst politisch ab, bevor er Ordensritter nach Preußen sandte. In langen Verhandlungen, die erst 1230 abgeschlossen wurden, ließ er sich von Konrad von Masowien das Kulmer Land abtreten, das an das Gebiet der Prußen grenzte. Bereits 1226 erhielt Hermann von Salza die ideelle Unterstützung Kaiser Friedrichs II., der in der Goldenen Bulle von Rimini dem Deutschen Orden das Recht zuerkannte, die Prußen gewaltsam zu bekehren und ihr Gebiet zu behalten.

Dem Lauf der Weichsel folgend, drangen die Kreuzfahrer und Ordensritter in das Land der Prußen ein. Die Erwerbungen wurden durch den Bau von Burgen und befestigten Plätzen, aus denen sich dann Städte wie Kulm, Thorn, Marienwerder und Elbing entwickelten, gesichert. Bauern, Bürger und Adlige aus Deutschland und Polen siedelten sich an, angelockt durch Versprechungen, Schenkungen und großzügige Privilegien. Bereits 1249 unterwarfen sich die meisten prußischen Stämme, die der baltischen Völkerfamilie angehörten.

Das gute Einvernehmen mit Polen, das noch im gesamten 13. Jahrhundert geherrscht hatte, änderte sich, als der Orden 1309 Danzig und Pommerellen besetzte, um das sich Polen und Brandenburger stritten. Nach der Vereinigung mit Litauen im Jahr 1386 fühlte sich Polen stark genug, den Kampf mit dem scheinbar unbesiegbaren Deutschen Orden aufzunehmen. Es kam zum Krieg, der 1410 mit der vernichtenden Niederlage des Ordensheeres in der Schlacht von Tannenberg endete, die von den Polen nach dem Ort Grunwald benannt wird. Die Schlacht von Tannenberg hatte den Nimbus der Unbesiegbarkeit des

Ordensstaats zerstört. Der Orden war gezwungen, höhere Steuern zu erheben, war aber nicht bereit, die preußischen Stände an der Regierung zu beteiligen. Daraufhin schlossen sich die Stände 1440 zu einem »bund vor gewalt« zusammen und kündigten 1453 ihrem Landesherrn, dem Orden, den Gehorsam auf. Es kam zu einem verheerenden Bürgerkrieg, der 1466 mit der Teilung des Ordensstaats endete. Der westliche Teil mit dem reichen und mächtigen Danzig an der Spitze unterstellte sich dem polnischen König. Der verbliebene östliche Teil des Ordensstaats wurde von den in Königsberg residierenden Hochmeistern des Deutschen Ordens regiert, bis sich 1525 der Hochmeister Albrecht aus dem Hause Hohenzollern zum Protestantismus bekannte, dem polnischen König unterwarf und zum Dank mit dem polnischen Herzogtum Preußen belehnt wurde. Im Jahr 1618 kam dieses Herzogtum auf dem Weg der Erbnachfolge an das ebenfalls von Hohenzollern regierte Brandenburg; 1660 gelang es dem brandenburgischen Kurfürsten und Herzog von Preußen, die polnische Lehnsoberhoheit abzuschütteln; 1701 krönte sich der brandenburgische Kurfürst Friedrich III. in Königsberg zum König (Friedrich I.) in Preußen; 1772 gewann bzw. annektierte König Friedrich II. von Preußen den Rest des ehemaligen Ordensstaats (außer Danzig, das bei der zweiten Teilung Polens 1793 gewonnen wurde). Im Verlauf dieser Entwicklung spielte die Erinnerung an den Deutschen Orden kaum eine Rolle. Im Gegenteil! Gerade die Danziger Bürger protestantischer Konfession und deutscher Sprache und Kultur haben immer wieder mit Stolz auf die »große Rebellion« ihrer Vorväter gegen den Ordensstaat (1453) zurückgeblickt. Die brandenburgischen Kurfürsten und preußischen Könige, allen voran Friedrich der Große, waren weit davon entfernt, sich zur Tradition des bei Tannenberg geschlagenen Deutschen Ordens zu bekennen. Ein katholischer Ritterorden, dessen Aufgabe es gewesen war, »mit Feuer und Schwert« Heiden zum Christentum zu bekehren, das war und konnte kein Vorbild für einen Monarchen sein, der sich rühmte, daß in »seinem« Staat »jeder nach sein façon seelig« (aber nicht unbedingt frei) werden konnte.
Dies änderte sich im 19. Jahrhundert. Preußische Historiker (wie Johannes Voigt) feierten den Ordensstaat als Vorläufer Preußens und als deutsches kulturbringendes »Bollwerk« gegen die polnische und slawische »Unkultur« und »Undankbarkeit«. 1848 wandte sich der liberale Abgeordnete Jordan in der Paulskirche an seine bis dahin polenfreundlich eingestellten Gesinnungsgenossen mit der Mahnung, Polen nicht in den Grenzen von 1772 wiederherzustellen, weil erst die Deutschen die »Kultur«, und zwar mit »Schwert und Pflug«, in diese Territorien gebracht hätten. Die Polen würden dies nicht anerkennen, ja, statt dessen wie bei der »Tannenberger Völkerschlacht« die Deutschen bekämpfen und nach der »Botmäßigkeit« über »deutsche Länderstrecken« streben. Der ebenso wortgewaltige wie politisch einflußreiche Historiker Heinrich von Treitschke pries dann die vom Deutschen Orden geführten »schonungslosen Rassenkämpfe« gegen die »barbarischen« und »halbbarbarischen« Prußen und Litauer sowie gegen den »Todfeind Polen« als eine »große Lehrzeit für die aggressiven Kräfte unseres Volkes«. Unter Hinweis auf die Schlacht von Tannenberg und unter Vorwegnahme der nationalsozialistischen »Blut-und-Boden-Ideologie« formulierte er: »Es lebt ein Zauber über jenem Boden, den das edelste

deutsche Blut gedüngt hat im Kampf für den deutschen Namen und die reinsten Güter der Menschheit.«
Der Ordensstaat war damit endgültig zum Mythos, die Erinnerung an ihn zu einer Ideologie geworden. Er wurde als autoritärer Militärstaat, als, wie sich Treitschke ausdrückte, »Staat der bürgerlichen Unterordnung« gefeiert, der zugleich im Namen und im Auftrag Deutschlands mit »Schwert und Pflug« die Kultur nach Osten getragen und Deutschlands Grenzen im Osten erweitert habe. Diese Ideologie wurde in zahllosen Werken der Historiographie, der Publizistik, der Literatur und der bildenden Kunst verbreitet und popularisiert. Es ist nicht möglich, anzugeben, ob Hitler Treitschkes Essay, Gustav Freytags Romane oder andere Werke über den Ordensstaat gelesen hat. Doch dies ist auch gar nicht nötig, wenn man bedenkt, wie zahlreich und weit verbreitet die Literatur gerade über den Ordensstaat war. Hitler konnte diese Kenntnisse auch bei seinen Lesern voraussetzen. Jeder wußte, daß mit der »Straße der Ordensritter« der »deutsche Drang nach Osten«, daß mit »Schwert und Pflug« die kulturbringende Mission der Deutschen im Osten gemeint war. Der Staat des Deutschen Ordens galt allgemein als Vorbild und Legitimation des deutschen Ostimperalismus.
In der Weimarer Republik war der Ordensstaat (ähnlich wie das alte Preußen) darüber hinaus als Modell und Vorbild eines neuen, eines »Dritten Reiches« gepriesen worden. So hatte Arthur Moeller van den Bruck dazu aufgerufen, den »männlichen« preußischen und den »weiblichen« deutschen Geist in der Synthese eines »Dritten Reiches« zu vereinigen, in dem ähnlich wie in Preußen und im Ordensstaat die Einzelinteressen »unter das Wohl der Gemeinschaft« gestellt werden müßten. Oswald Spengler hat in seinem 1920 veröffentlichten, viel gelesenen Buch »Preußentum und Sozialismus« ähnliche Vorstellungen vertreten. Im Unterschied zum kapitalistischen »Wikingergeist« der Engländer bilde der »Ordensgedanke«, wie man ihn im Staat des Deutschen Ordens und in Preußen antreffe, die besten Voraussetzungen für den Aufbau eines echten, eines »preußischen Sozialismus«. Dabei könne man an das »Rätesystem« des Freiherrn vom Stein anknüpfen, bei dem der »Ordensgedanke« eine »moderne Fassung« erhalten habe.
In der Weimarer Republik wurde nicht nur der Staat, sondern auch die Institution des Deutschen Ordens als politisches Vorbild gefeiert. Verschiedene, überwiegend antidemokratisch ausgerichtete Organisationen nannten sich Orden, um sich auf diese Weise von den verhaßten parlamentarischen Parteien abzugrenzen und um den hohen ideologischen Symbolwert des Deutschen Ordens für sich zu reklamieren. Dies gilt für verschiedene Jugendbünde, für den antidemokratisch und antisemitisch orientierten, zugleich aber antinationalsozialistisch eingestellten Jungdeutschen Orden und für drei »Bünde« bzw. »Orden«, die in ideologischer und selbst personeller Hinsicht als unmittelbare Vorläufer der NSDAP anzusehen sind:
Gemeint ist einmal der »Artamanenbund«, der neben der Gewinnung von neuem Siedlungsland im Osten die Hochzüchtung des germanischen Menschen propagierte. Diesem Artamanenbund gehörten unter anderem Heinrich Himmler und der spätere Kommandant von Auschwitz, Rudolf Höß, an. Gemeint ist

zweitens der »Neutemplerorden« des offensichtlich geistesgestörten ehemaligen Zisterziensermönchs Adolf Lanz, der sich Lanz von Liebenfels nannte. Dieser Lanz gab unter anderem die rassistisch orientierten, ebenso primitiven wie abstrusen »Ostara-Hefte« heraus, zu deren Leserkreis auch Hitler in seiner Wiener Zeit gehörte. Ebenfalls vom Ordensgedanken beeinflußt war der »Germanenorden« in München, der sich dann »Thulegesellschaft« nannte und einen nicht unwichtigen politischen und vor allem finanziellen Einfluß auf die DAP und selbst noch auf die NSDAP ausgeübt hat.

Hitler selbst scheint zumindest mit dem Gedanken gespielt zu haben, derartige Ordensideologien in Politik und Propaganda zu verwenden. Nach dem (allerdings nicht zuverlässigen) Zeugnis Hermann Rauschnings soll Hitler ihm mitgeteilt haben, er plane die Gründung eines »Ordens«. Auf dem Nürnberger Parteitag 1936 hat er die NSDAP als »Orden« bezeichnet. Damit wollte er offensichtlich ausdrücken, daß diese Partei eine Elite des deutschen Volks zu sein habe. Im Jahr 1942 hat Hitler dann beim Staatsbegräbnis für den verunglückten Todt verkündet: »Ich habe schon vorher den Entschluß gefaßt, einen Deutschen Orden zu stiften, der, auf den Grundzeichen unserer Bewegung errichtet, in einigen Klassen die höchsten Verdienste ehren soll, die ein Deutscher sich für sein Volk erwerben kann.« Ein »Goldenes Kreuz des Deutschen Ordens« ist noch am 20. April 1945 an den Nürnberger Gauleiter Karl Holz verliehen worden.

Andere und weitergehende Aussagen Hitlers über den Deutschen Orden oder den Ordensgedanken überhaupt sind nicht überliefert. Dies mag daran liegen, daß sich verschiedene seiner Unterführer intensiv mit derartigen Ordensgedanken und Ordensmythen beschäftigt haben.

Dies gilt vor allem für Heinrich Himmler. Er hat »seine« SS wiederholt als »Orden« charakterisiert. So erklärte er 1935 auf dem Reichsbauerntag in Goslar: »So sind wir angetreten und marschieren nach unabänderlichen Gesetzen als ein nationalsozialistischer, soldatischer Orden nordisch bestimmter Männer und als eine verschworene Gemeinschaft ihrer Sippen den Weg in eine ferne Zukunft und wünschen und glauben, wir möchten nicht nur sein die Enkel, die es besser ausfochten, sondern darüber hinaus die Ahnen spätester, für das ewige Leben des deutschen germanischen Volkes notwendiger Geschlechter.«

Aus dem Zitat wird bereits deutlich, daß hier der Begriff »Orden« keine bloße Umschreibung des Elitegedankens ist: Dieser Orden ist nicht nur angetreten, um seinen Führer zu schützen, sondern von ihm soll die rassische Erneuerung Deutschlands ausgehen. Noch deutlicher wird dies in einer Rede Himmlers vom 7. September 1940: »Das gesamte Ziel ist für mich, seit den 11 Jahren, seit ich Reichsführer SS bin, unverrückbar dasselbe gewesen: einen Orden guten Blutes zu schaffen, der Deutschland dienen kann.«

Während Hitler in »Mein Kampf« noch von »deutschen Bauerngeschlechtern« gesprochen hatte, die im Osten »kraftvolle Söhne zeugen können«, wollte Himmler seine SS schon im Frieden auf dieses Ziel vorbereiten. Beide stimmten jedoch darin überein, daß das deutsche Volk nur dann mit Erfolg rassisch erneuert werden könne, wenn im Osten genügend Boden erobert sei.

Die Vorstellung von einer rassischen Versuchsanstalt verband Himmler mit dem Elitegedanken und dem sehr viel älteren Postulat von der deutschen Ostexpan-

»Antreten zum Appell« vor der Ordensburg Sonthofen im Allgäu. Aufnahme aus dem Jahr 1939.

sion. Bei der Propagierung dieser Ziele, die neben dem Antisemitismus und Antikommunismus zweifellos zu den zentralen Punkten der nationalsozialistischen Ideologie gehörten, berief sich Himmler dezidiert auf den Deutschen Orden. Seine SS sollte die Tradition dieses Ordens aufnehmen und eine »tadellose Organisation« aufbauen, die »den Führer schützt, die Deutschland schützt, und die, wenn es sein muß, mit brutalster Gewalt und brutalster Energie zu jeder Zeit der Krise im Inneren dasteht und niemand aufkommen läßt«.

Um der SS gegenüber anderen Organisationen eine herausgehobene Position zu verleihen, hat Himmler sie als »neuen Orden« bezeichnet: »Es wird nun die Frage aufgeworfen, die SS sagt, sie sei ein Orden. Die Partei sagt auch, sie sei ein Orden. Das schließt sich gegenseitig gar nicht aus. Wir sind, ganz klar ausgesprochen, ein nationalsozialistischer Orden — und nun kommt die rassische Bestimmung — nordisch bestimmter Männer und eine verschworene Gemeinschaft ihrer Sippen. Wir sind erstens ein soldatischer Orden, nicht ›der‹, sondern ›ein‹ nationalsozialistischer Orden, zuchtmäßig, blutmäßig gebunden an das nordische Blut, eine Sippengemeinschaft, wenn Sie es wollen. Früher hätte man gesagt, eine Adelsgenossenschaft. Diesen Ausdruck nehme ich jedoch absichtlich nicht. Ich will aber damit sagen, unsere Aufgabe geht ins Menschenzüchterische, während die Aufgabe des politischen Ordens in das politische Führungsmäßige geht.«

Mit dieser Charakterisierung der SS als Orden, wobei wiederum eine allerdings

schwache Assoziation an den Deutschen Orden zu beobachten ist, wollte sich Himmler offenbar von den Versuchen anderer nationalsozialistischer Führer distanzieren, innerhalb der Partei einen »politischen Orden« zu schaffen.
Damit war vor allem Alfred Rosenberg gemeint, der in einer späteren Ausgabe des »Mythus des 20. Jahrhunderts« geschrieben hatte, daß es die Aufgabe eines »neuen Staatsgründers« sei, einen »Männerbund, sagen wir einen deutschen Orden zu gestalten, der sich aus Persönlichkeiten zusammensetzt, die führend an der Erneuerung des deutschen Volkes teilgenommen haben«. Die Beeinflussung durch die politischen Ideen der Bünde und Orden der Weimarer Republik ist hier nicht zu übersehen. Deutlich werden aber auch die partiellen und persönlichen Interessen Rosenbergs, der sich sicherlich als eine solche »führende Persönlichkeit« betrachtete, aber erleben mußte, daß sein Einfluß innerhalb der Partei und dann des Dritten Reichs immer geringer wurde. Um diese Entwicklung aufzuhalten oder rückgängig zu machen, propagierte Rosenberg in seiner Marienburger Ansprache vom 27. April 1934 nach italienischem Vorbild die Errichtung eines »Großen Faschistischen Rates«. Dabei scheute er jedoch eine offene Sprache und wählte den Deutschen Orden als historisches Beispiel. Es zeige sich, erklärte Rosenberg, »daß Deutschland hineinwächst in eine ganz neue Form, die wir heute hier in der Marienburg zugleich als uralt empfinden: in die Form eines deutschen Ordensstaates. Das bedeutet, daß die nationalsozialistische Bewegung entschlossen ist, aus der Gesamtheit der 70 Millionen einen Kern von Menschen auszulesen und zusammenzufügen, der die besondere Aufgabe der Staatsführung übertragen erhält!«
Mit deutlichen Seitenhieben auf seine Konkurrenten und mit versteckter Kritik an der für ihn persönlich unbefriedigenden Machtverteilung erklärte Rosenberg, daß im Dritten Reich »lebendiges Leben« nicht von einer »Hierarchie oder einer Kaste oder einem abstrakten Vorsatz« unterdrückt werden dürfe. »Autorität ohne Caesarismus, Volksverbundenheit ohne chaotische Demokratie, blutvolles Leben anstatt tötender Hierarchie« seien aber nur gewährleistet, wenn die Institution eines »Ordensstaates« oder »Senats der Bewegung« geschaffen würde. Hier mündet die Kritik am faschistischen System, wie sie von einem Anhänger der Konservativen Revolution nicht besser formuliert werden könnte, wieder in die Forderung ein, den faschistischen Großrat des italienischen Regierungssystems zu übernehmen, wobei man sich allerdings an die eigenständige nationale Tradition, eben an die Struktur des Ordensstaats, halten solle.
Offensichtlich durch seine eigene Courage erschreckt, schränkte Rosenberg seine Forderungen aber sofort wieder ein: »Wir werden Adolf Hitler in keiner Weise vorgreifen, nur er wird zu entscheiden haben, ob das Ordensprinzip unserer Zeit den Anfang nehmen wird in der Form, daß der Führer des Deutschen Ordens schon zu Lebzeiten seinen Stellvertreter bestimmt, und dieser dann immer selbständig nach Ableben des Führers an seine Stelle tritt, oder ob der Führer testamentarisch einen, wenn auch autoritären Vorschlag hinterläßt und der Ordensrat den kommenden dann wählt.«
Auf diesem ideologischen, in die Geschichte transponierten Feld der Auseinandersetzung wird der nie geschlichtete Kampf um Einfluß und Kompetenzen, den

die NS-Größen untereinander in einer beinahe anarchischen Art und Weise führten, besonders deutlich. Wenn nicht die Kernpunkte der Ideologie wie Antisemitismus, Rassismus, Antimarxismus oder das von Hitler besonders beachtete Gebiet der Kunst und Architektur entscheidend tangiert wurden, war es im Dritten Reich ohne weiteres möglich, historische Ereignisse tendenziell und graduell unterschiedlich zu interpretieren, und, wie das Beispiel Rosenbergs zeigt, sie sogar als historische Vorbilder für persönliche politische Zwecke zu benutzen. Dies gilt im ideologisch-organisatorischen Bereich auch für die Ordensburgen, die neben der mit fragwürdigem Erfolg betriebenen politischen Indoktrinierung der Ordens-»Junker« auch dem Zweck dienten, den persönlichen Einfluß Robert Leys innerhalb der nationalsozialistischen Hierarchie zu verstärken. Untersucht man das ideologische Konzept der Ordensburgen, die besonders im Ausland sehr beachtet wurden, so fällt wiederum auf, wie äußerlich und oberflächlich die Anlehnung an den historischen Deutschen Orden war. Obwohl die propagierten pädagogischen Ziele mehr an den Sparta-Kult erinnern, wollte man zugleich auf den hohen politisch-ideologischen Symbolwert des »Deutschen Ordens« nicht verzichten. Auch die Marienburg sollte neben Sonthofen, Crössinsee und Vogelsang als Ordensburg in diesem pervertierten Sinne verwendet werden.
Wenn sich Himmler, Rosenberg und Ley auf den historischen Deutschen Orden beriefen, um ihre persönliche Machtstellung zu steigern, so stärkten sie damit zugleich die Anziehungskraft des nationalsozialistischen Regimes auf jene Kreise, die sich bereits in der Weimarer Republik an ähnlich verschwommenen Ordensvorstellungen orientiert hatten. Und wenn Hitler seine Lebensraumpolitik mit dem Hinweis auf die »Straße der Ordensritter« und unter Anlehnung an bestimmte Ordensstaatsvorstellungen historisch begründete, so konnte er sich dabei die Vorarbeit zahlreicher Historiker, Literaten und Publizisten zunutze machen, die ähnliches schon im Kaiserreich gefordert und mit historischen Argumenten legitimiert hatten. Dabei wurde übersehen, daß Hitlers Konzeption der »Ostpolitik« nicht nur mit den revisionistischen Zielen der Weimarer Republik brach, sondern darüber hinaus primär auf rassenideologischen, unhistorischen Überlegungen beruhte.
Doch Hitler verstand es, dies zu verschleiern und sich und seine Bewegung als Erbe und Verkörperung der auf Preußen und den Ordensstaat zurückreichenden positiven Traditionen innerhalb der deutschen Geschichte darzustellen.

Die Tage von Tannenberg

Am 21. März 1933 veranstalteten die Nationalsozialisten anläßlich der Eröffnung des am 5. März gewählten Reichstags den »Tag von Potsdam« — laut Friedrich Meinecke die »Potsdamer Rührkomödie«. Ähnliche und, wie zu ergänzen wäre, ähnlich wirkungsvolle, aber bis heute wenig bekannte »Rührkomödien« wurden 1933, 1934 und 1935 vor der Kulisse des »Reichsehrenmals Tannenberg« inszeniert. Die Geschichte dieses »Siegesdenkmals« nach einem verlorenen Krieg ist in mehr als einer Hinsicht interessant und aufschlußreich. Zeigt sie doch, wie sehr das Dritte Reich zumindest in der ideologischen Tradition der deutschen Rechten steht und wie geschickt gerade Hitler diese Tradition für seine Zwecke ausgenützt hat.

Ende August 1914 wurde die tief nach Ostpreußen vorgedrungene russische Armee unter dem Oberbefehl General Samsonows von deutschen Truppen geschlagen, eingekesselt und zur Kapitulation gezwungen. Es war ein großer deutscher Sieg, der unter dem Kommando Generals Paul v. Hindenburg und seines Generalstabschefs Erich Ludendorff errungen wurde. Es war jedoch ein Sieg an der falschen Front. Der dem deutschen Aufmarsch und Angriff zugrundeliegende Schlieffenplan hatte nämlich Entscheidungsschlachten im Westen und nicht im Osten vorgesehen. Doch dies konnte der deutschen Begeisterung keinen Abbruch tun, die auch nach dem verlorenen (Ersten) Weltkrieg keineswegs nachließ. Schon dies ist ebenso merkwürdig wie bemerkenswert.

Merkwürdig-bemerkenswert ist auch der Name dieser Schlacht. Schlachten der Geschichte werden nach den Orten, Schlachtendenkmäler dagegen nach den jeweiligen Siegern benannt. Die Sieger von 1914 waren Hindenburg und Ludendorff, die diesen Siegermythos auch und gerade in der Weimarer Republik zu wahren und auszunützen wußten. Da die Schlacht auf einem sehr ausgedehnten Areal stattgefunden hatte, kamen mehrere Namen in Frage. Die zeitgenössische deutsche Presse sprach in der Regel von der Schlacht an den Masurischen Seen. Dies scheint nicht den Beifall Ludendorffs gefunden zu haben. Er entschied sich auch nicht dafür, die Schlacht nach den nächstgelegenen Städten Ortelsburg oder Gilgenburg zu nennen, sondern wählte das kleine Dorf Tannenberg zum Namenspatron. In seinen »Kriegserinnerungen« hat er dies mit folgenden Worten begründet:

»Die Schlacht wurde auf meinen Vorschlag die Schlacht von Tannenberg benannt, als Erinnerung an jenen Kampf, in dem der Deutsche Ritterorden den vereinigten litauischen und polnischen Armeen unterlag. Wird der Deutsche es jetzt wie damals zulassen, daß Litauer und namentlich der Pole aus unserer Ohnmacht Nutzen ziehen und uns vergewaltigen? Soll Jahrhunderte alte deutsche Kultur verloren gehen?«

Was hatten die Schlachten von 1410 und 1914 miteinander gemeinsam? Die Antwort ist schlicht und einfach: nichts. 1914 siegten deutsche (darunter auch deutsche Staatsbürger polnischer Nationalität) über russische Truppen. Im Jahr 1410 dagegen unterlagen Ritter des Deutschen Ordens einem Heer des Königs von Polen und Litauen. In beiden Heeren kämpften — teilweise gegen Sold — Deutsche und Polen. Im Ordensheer waren es außerdem noch Tschechen (Böhmen), im polnisch-litauischen Heer Russen aus Smolensk und, was die Ordenspropaganda besonders übel vermerkte, heidnische Tataren. Alle, seien es Deutsche, Polen, Litauer, Tschechen, Russen und Tataren, kämpften, töteten und wurden getötet, weil sie dafür Geld bekamen oder weil sie dazu ihrem jeweiligen Lehns- und Landesherrn gegenüber verpflichtet waren. Von einer, wie Ludendorff genau 504 Jahre später meinte, nationalen Entscheidungsschlacht zwischen Deutschen und Polen oder gar, wie man 1914 häufig lesen konnte, zwischen dem »Germanen- und dem Slawentum« konnte also überhaupt nicht die Rede sein. Doch gerade dieser ideologische Zusammenhang war, wie bereits geschildert wurde, von vielen deutschen Historikern, Publizisten und Literaten hergestellt worden. Der Ordensstaat im allgemeinen, die Schlacht von Tannenberg von 1410 im besonderen waren zu Ideologien geworden. Folglich wurde es keineswegs als unhistorisch oder gar lächerlich empfunden, wenn die Schlacht von 1914 als »Revanche« für die 1410 verlorengegangene ausgegeben wurde. Daran hatte sich auch nach dem trotz des Siegs von Tannenberg verlorenen Weltkrieg nichts geändert. Tannenberg (und zwar beide Schlachten) und der Staat des Deutschen Ordens insgesamt wurden in der Zeit der Weimarer Republik zu historischen Mythen mit einer eindeutig revanchistischen und antidemokratischen Funktion. Ein besonderes Interesse fand dabei das »blutgedüngte« Schlachtfeld selbst.

Im Jahr 1922 besuchte der Sieger von 1914, Hindenburg, das Schlachtfeld. Dieses »Ereignis« fand große Beachtung. Die schon während des Kriegs erwogenen Pläne, bei und für Tannenberg ein Denkmal zu errichten, wurden erneut diskutiert. Ein Denkmalsausschuß wurde gegründet und bereits zwei Jahre später (1924) der Grundstein für das »Nationaldenkmal Tannenberg« gelegt. Anlaß genug, eine nationalistische Feier zu veranstalten, bei der auch Ludendorff anwesend war, der am Hitler-Putsch teilgenommen hatte und gerade (im Februar/März 1924) von der Anklage des Hochverrats freigesprochen worden war.

Im Jahr 1925 wurde ein Denkmal-Wettbewerb ausgeschrieben, den die Architekten Walter und Johannes Krüger gewannen. Ihr Entwurf war monumental: ein gewaltiges Mauerachteck mit acht Türmen auf einer Grundfläche von je 9 mal 9 Metern. Die Brüder Krüger hatten sich nach eigenen Angaben dabei an dem fälschlich als urgermanisch geltenden keltischen Kultheiligtum Stonehenge orientiert. Hinzu kamen Assoziationen an das Castel Del Monte Kaiser Friedrichs II. und an die Ordensburgen. Damit waren drei historische Epochen oder Phänomene angesprochen, die sich innerhalb des »antidemokratischen Denkens« der Weimarer Republik und des hier nahtlos anschließenden Dritten Reichs großer Beliebtheit erfreuten: die germanische Vorzeit, das mittelalterliche Deutsche Reich und der Ordensstaat. Auch architektonisch nahmen die Brüder Krüger vieles von dem vorweg, was dann die Kult- und Weihestätten des Dritten Reichs kennzeichnen sollte, so vor allem die Verbindung von Toten-Gedenkstätte und Versammlungsort der geordneten, uniformierten »Volksgemeinschaft«.

Als Versammlungsort des, wie man damals sagte, »nationalen Deutschland« diente das »Nationaldenkmal« bereits 1927, als es den 80. Geburtstag Hindenburgs und die (Teil-)Einweihung zu feiern galt. 80 000 Menschen, meist Mitglieder der »vaterländischen Verbände«, nahmen an der Feier teil. Vom Denkmalsverein waren sie mit folgenden Worten zur Teilnahme aufgerufen worden: »In unserer rings vom Slawentum umbrandeten Ostmark soll das Denkmal das Bewußtsein schärfen, daß unser Volk nur dann angesehen und frei dastehen kann, wenn jeder Deutsche die Taten der Väter ehrt und selbst entschlossen ist, wie es die Helden von Tannenberg getan, für die Verteidigung der Heimat sein Leben einzusetzen.«

Was mit dieser geschichtlichen Sinnstiftung gemeint war, verdeutlichte ausgerechnet der Ehrengast, Sieger von Tannenberg und (seit 1925) Präsident der demokratischen Republik von Weimar, Hindenburg. Er wandte sich in einer gerade im Ausland viel beachteten und — zurecht — kritisierten Rede gegen die sogenannte Kriegsschuldlüge: »Die Anklage, daß Deutschland schuld sei an diesem größten aller Kriege, weisen wir, weist das deutsche Volk in allen seinen Schichten einmütig zurück!«

Zugleich ermahnte Hindenburg seine Zuhörer, »einig in der Liebe und in der Treue zum gemeinsamen Vaterlande« zu sein. Daher »möge«, wie Hindenburg formulierte, «an diesem Erinnerungsmale stets innerer Hader zerschellen«. Ohne auf die Frage einzugehen, ob und wie »Hader« an einem Totendenkmal »zerschellen« kann, ist darauf hinzuweisen, daß die von Hindenburg beschworene Einigkeit und »Treue zum gemeinsamen Vaterlande« schon damals — 1927 — begrenzt wurde. Einem Rabbiner wurde zum Leidwesen des so nationaldeutsch gesonnenen »Reichsbundes jüdischer Frontsoldaten« nicht gestattet, Worte des Gedenkens an die 1914 für ihr »deutsches Vaterland« gefallenen jüdischen Soldaten zu sprechen.

Schon dieser skandalöse Vorfall, der auf die Verhältnisse im Dritten Reich vorverwies, hätte den demokratischen Kräften im Reich und vor allem in Preußen mehr als zu denken geben sollen. Tatsächlich hat die SPD, und zwar offensichtlich sie allein, den nationalistischen Totenkult in und um Tannenberg nicht mitgemacht. Reichstagspräsident Paul Löbe (SPD) hat mit der Begründung, daß er generell gegen Schlachtendenkmäler sei, jede finanzielle Unterstützung für den Denkmalsverein abgelehnt. Eine Entscheidung, die auch vom preußischen Wohlfahrtsminister vertreten wurde. Der preußische Ministerpräsident Otto

Das »Reichsehrenmal Tannenberg« in Ostpreußen.
Aufnahme aus dem Jahr 1935.

Braun und Innenminister Carl Severing (beide SPD) haben ostentativ nicht an der Feier von 1927 teilgenommen. Nicht klar ist, ob Sozialdemokraten danach überhaupt noch zu weiteren Tannenbergfeiern eingeladen worden sind.

Weitere Feiern fanden 1929 statt. Im Mai wurde in einem der acht Türme des Kriegerdenkmals eine Jugendherberge eingeweiht. Deutlicher und zugleich makabrer konnte man wohl nicht auf die eigentliche Funktion dieses Siegesdenkmals nach einem verlorenen Krieg hinweisen. Am 25. August 1929 wurden 60 Ehrentafeln für die an der Schlacht von 1914 beteiligten Truppenteile eingeweiht. Weitere Feiern konnten nicht mehr stattfinden, weil es nach dem Ausbruch der Weltwirtschaftskrise dem rührigen Denkmalsverein nicht gelang, das notwendige Geld für den weiteren Ausbau des »Nationaldenkmals« Tannenberg aufzutreiben.

Es war dann der Reichskanzler Adolf Hitler, der die finanziellen Mittel für die Fertigstellung des Denkmals beschaffte und noch einige architektonische Änderungen anbringen ließ. Zum ersten Mal hatte der »verhinderte« Künstler Hitler damit die Gelegenheit, als Architekt und Baumeister tätig zu werden. Doch dies allein veranlaßte ihn nicht, die möglichst umgehende Fertigstellung des Denkmals anzuordnen. Hitler wußte, welch hohen symbolischen Wert Tannenberg für viele Deutsche, allen voran Reichspräsident v. Hindenburg, besaß. Im Jahr der »Machtergreifung« war beides wichtig. Einmal, um den zwar schon senilen, aber gegenüber dem »böhmischen Gefreiten« Hitler immer noch mißtrauischen Hindenburg zu gewinnen. Zum andern, um wieder einmal durch Propaganda den gleichzeitig ausgeübten Terror zu ergänzen bzw. von ihm abzulenken.

Diesen politisch-propagandistischen Zielen diente der »erste Tag von Tannenberg«. Er fand am 27. August 1933 statt, dem 19.(!) Jahrestag der Schlacht von 1914. Mehrere tausend Menschen, darunter allein 1 500 Autofahrer, die zu einer »Ostlandtreuefahrt« aufgebrochen waren, versammelten sich im und um das »Nationaldenkmal Tannenberg«. Die Nationalsozialisten nutzten die Feier für einen Appell an den, wie sich Gauleiter Erich Koch ausdrückte, »Mythos Hindenburg«. Der als »Alter vom Preußenwalde« bezeichnete und so mit Bismarck verglichene Hindenburg erhielt vom preußischen Ministerpräsidenten Göring die Domäne Langenau und den Forst Preußenland zur »dauernden Vereinigung mit dem angrenzenden Altbesitz Neudeck«. Reichskanzler Hitler versprach darüber hinaus, daß dieser ansehnliche Besitz steuer- und abgabefrei sein werde, so lange er »durch einen männlichen Erben mit dem Namen Hindenburg verbunden bleiben wird«. Hindenburg, Junker wie er war, schien davon beeindruckt zu sein. Er grüßte die aufmarschierenden Kolonnen der SA und SS mit den Worten: »Wir wollen treu zusammenhalten.«

Nachdem Hindenburg am 2. August 1934 gestorben war, nutzten die Nationalsozialisten die Gelegenheit, um einen neuen, den »zweiten Tag von Tannenberg« zu veranstalten. Am 7. August wurde Hindenburg im »Nationaldenkmal Tannenberg« beigesetzt. Das Ritual verlief ähnlich wie beim »ersten Tag von Tannenberg«: Die Kolonnen der alten »preußischen« Regimenter und die der SA und SS traten an. Die alten preußischen »ruhmreichen« und die neuen nationalsozialistischen Hakenkreuz-Fahnen wehten zusammen im Wind. Wie bei solchen Gelegenheiten in Preußen-Deutschland üblich, sang man den Choral »Ein feste Burg ist unser Gott«. Danach sprach Hitler. Er würdigte Hindenburg als »Schirmherren der nationalsozialistischen Revolution und damit der Wiedergeburt unseres Volkes«. Mit den Worten: »Toter Feldherr, geh nun ein in Walhall!« verabschiedete er sich von Hindenburg. Nur wenige (vor allem Mitglieder der Bekennenden Kirche) stellten sich die Frage, was der preußische Generalfeldmarschall, Präsident der ersten deutschen Republik und gläubige Protestant Hindenburg in dem von Hitler beschworenen germanischen Walhall zu suchen hatte.

Am 2. Oktober 1935 – an diesem Tag hätte Hindenburg Geburtstag gehabt – wurde sein Sarg im neuen Ehrenhof des nun »Reichsehrenmal Tannenberg« genannten Denkmals beigesetzt. Dies war der dritte und zugleich der letzte Tag von Tannenberg. Danach wurde es stiller um das »Reichsehrenmal«. Eine Touristenattraktion blieb es jedoch allemal. Im Januar 1945 waren die deutschen Truppen und Behörden zwar nicht bereit und in der Lage, die Zivilbevölkerung rechtzeitig zu evakuieren, dafür fanden sie aber genügend Zeit, um den Sarg Hindenburgs vor der anrückenden Roten Armee zu »retten« und zwei der insgesamt acht Türme des »Reichsehrenmals Tannenberg« in die Luft zu sprengen.

FASCHISMUS

Hitlers und Mussolinis Faszismus

Zu den wenigen politischen Erscheinungen und Personen, die Hitler in »Mein Kampf« positiv erwähnt, gehören der italienische Faschismus und sein »duce« Mussolini. Für Mussolini, den »großen Mann südlich der Alpen«, hat Hitler 1922/23 die »tiefste Bewunderung« gefaßt. Im Vergleich zu Mussolini erschienen ihm die »deutschen Auch-Staatsmänner« »jämmerlich zwergenhaft«. Dennoch wagten es diese »Nullen«, den »tausendmal Größeren zu kritisieren«. Dies sei besonders »schmerzhaft« in einem Land, »das vor kaum einem halben Jahrhundert noch einen Bismarck seinen Führer nennen durfte«.
Einen ausländischen Staatsmann und noch dazu einen Italiener mit Bismarck zu vergleichen, das bedeutete schon etwas in Deutschland mit seinem Bismarckkult, der nach der Entlassung des »eisernen Kanzlers« immer größere und merkwürdigere Formen angenommen hatte. Man tut daher gut daran, Hitlers Bewunderung für Mussolini ernstzunehmen, die er an dieser Stelle mit der Bemerkung — »ich gestehe es offen« — noch unterstreicht.
Doch was war für Hitler so bewundernswert an Mussolini? Zunächst und vor allem zweifellos dessen erfolgreicher »Marsch auf Rom«, den Hitler mit seinem Putsch am 8./9. November 1923 kopieren wollte. Doch dazu äußert sich Hitler verständlicherweise an dieser Stelle nicht. Hitler lobt einmal Mussolinis »heiße Liebe zu seinem Volk«. Sodann dessen Entschlossenheit, nicht »mit den inneren Feinden Italiens« zu paktieren, sondern »auf allen Wegen und mit allen Mitteln« ihre »Vernichtung« anzustreben. Als »Feinde Italiens« werden hier der »Marxismus« und der »Internationalismus« genannt.
Damit sind zugleich auch Hitlers Feinde angesprochen. Noch deutlicher wird dies an einer anderen Stelle in »Mein Kampf«. Hitler lobt hier, daß das »faszistische Italien gegen die drei Hauptwaffen des Judentums« vorgegangen sei, und zwar durch das »Verbot der freimaurerischen Geheimgesellschaft«, die »Verfolgung der übernationalen Presse« und den »dauernden Abbruch des internationalen Marxismus«. Alle diese Behauptungen sind unwahr. Weder in Italien noch in anderen Ländern standen die Freimaurer, die »internationale Presse« und die marxistisch orientierte Arbeiterbewegung unter jüdischem Einfluß. Die italienischen Faschisten haben diese Erscheinungen (jedenfalls damals) auch nicht deshalb verfolgt. Hitler weiß das natürlich. Er hilft sich, indem er die Vermutung äußert, daß das »faszistische Italien« die erwähnten »drei Hauptwaffen des Judentums« »vielleicht im tiefsten Grunde unbewußt« bekämpft habe, doch dies könne er »persönlich nicht glauben«.
Tatsächlich hat das faschistische Italien damals nicht »vielleicht«, sondern ganz sicher keine antisemitische Politik verfolgt. Unter den faschistischen Terrorbanden, den Squadren, gab es sogar mehrere Juden. In Italien sind niemals — jedenfalls nicht von Italienern — Synagogen geschändet und niedergebrannt worden. Erst relativ spät, nämlich 1938, und unter deutschem Druck hat das faschistische Italien antisemitische Maßnahmen ergriffen, die dem Rahmen entsprachen, der in Deutschland bereits 1935 mit den Nürnberger Gesetzen abge-

steckt worden war. Damit soll indes der antidemokratische Charakter der faschistischen Diktatur in Italien nicht verharmlost werden. Nichts ist schlimmer als eine verharmlosende Aufrechnung nach dem Muster: der Faschismus in Italien war doch längst nicht »so schlimm« wie das nationalsozialistische Deutschland. Die Bewunderung Hitlers für Mussolini und das »faszistische Italien« führte zwar dazu, daß er viele Dinge in der Politik und vor allem in der Propaganda imitierte, aber sie ging niemals so weit, daß er dieses politische System völlig kopierte. Den Ähnlichkeiten im Erscheinungsbild der uniformierten, zum Teil bewaffneten, hierarchisch gegliederten faschistischen und nationalsozialistischen Parteien stehen Unterschiede in der Herrschaftspraxis und der Herrschaftsstruktur gegenüber.

Gleichwohl haben gerade die entschiedensten Gegner Hitlers ihn und seine Partei seit Ende 1922 als »faschistisch« charakterisiert, unter Aufgabe der noch von Hitler verwandten, am italienischen Sprachgebrauch (fascismo) orientierten Schreibweise »faszistisch«. Hitler selber hat diese Charakterisierung zwar niemals übernommen, aber sie auch nicht mit politisch-propagandistischen Methoden bekämpft. Einmal sicher deshalb, weil er das faschistische Italien bewunderte. Zum andern aber vermutlich auch, weil er wußte, daß seine Gegner in den Reihen der KPD und SPD ihn und seine Bewegung damit unterschätzten. Daher gehört die Geschichte und Entwicklung der kommunistischen und sozialistischen Faschismusdiskussion zur Geschichte des Aufstiegs Hitlers, der nicht zuletzt die Folge seiner Unterschätzung war.

Hitlers Vorbild: der »Duce« auf dem Forum Mussolini in Rom, 24. Mai 1934.

Faschismusbegriff von KPD und SPD

»Vielleicht wäre es korrekt, von Faschismus nur dann zu sprechen, wenn sich die in Frage kommende Bewegung in allen wesentlichen Zügen mit dem italienischen Faschismus deckt. Es hat sich aber bei uns schon ein viel freierer Gebrauch des Wortes eingebürgert.«

Mit diesen Sätzen wies der Sozialdemokrat Georg Decker 1930 auf einen wissenschaftlich wie politisch schwerwiegenden Mangel hin, der sowohl die Faschismusdiskussion der SPD als auch der KPD kennzeichnete. Die Generalisierung und Übertragung der Selbstbezeichnung der Partei Mussolinis auf andere nicht-italienische Bewegungen und Regime, vor allem die NSDAP, wurde nämlich innerhalb der sozialdemokratischen und kommunistischen Faschismusdiskussion so gut wie gar nicht in Frage gestellt und überprüft.

Der Faschismusbegriff ist auf die NSDAP bereits Ende 1922 sowohl von der sozialdemokratischen als auch der kommunistischen Publizistik übertragen worden. Der österreichische Sozialist Julius Braunthal sah in einem Ende 1922 publizierten Aufsatz im (italienischen) »Faszismus« eine »internationale Erscheinung«. Ähnlich äußerte sich der deutsche Kommunist A. Jacobsen in einem ebenfalls Ende 1922 veröffentlichten Aufsatz über den »Faszismus«. Er sei keine »national-italienische, sondern eine internationale Erscheinung«. Hans Tittel wies im Dezember 1922 auf die »faszistische Gefahr in Süddeutschland« hin, womit er die NSDAP Hitlers meinte, die von Paul Böttcher als »deutscher Faszismus« charakterisiert wurde.

Kommunisten und Sozialdemokraten haben es in der Folgezeit jedoch unterlassen, die Frage zu prüfen, ob der »deutsche Faschismus« wirklich dem italienischen Vorbild glich und wie dieser gewaltsam, durch einen Putsch, zur Macht kommen wollte. Gerade dieses Ziel und diese Taktik hatte Hitler jedoch nach seinem 1923 schon an der Münchner Feldherrnhalle fehlgeschlagenen »Marsch auf Berlin« zugunsten einer — zumindest temporären und partiellen — Legalitätstaktik aufgegeben. Doch dies war nicht die einzige Fehleinschätzung der Ziele und der Politik Hitlers innerhalb der kommunistischen und sozialdemokratischen Faschismusdiskussion.

Die *kommunistischen* Faschismustheoretiker haben zunächst vereinzelt und dann ausschließlich versucht, das Wesen des »Faschismus« mit dem Hinweis auf seine prokapitalistische soziale Funktion zu erklären. Obwohl vor allem Clara Zetkin und Karl Radek noch zu Beginn der 20er Jahre davor gewarnt hatten, alle autoritären Regime und Parteien als faschistisch zu bezeichnen, und dazu aufriefen, auch die mittelständisch geprägte soziale Basis des Faschismus zu beachten, hat die Kommunistische Internationale bereits 1924 auf ihrem V. Weltkongreß im Faschismus das bloße »Kampfinstrument der Großbourgeoisie gegen das Proletariat« sehen wollen. Die soziale Zusammensetzung der Anhänger- und Wählerschaft faschistischer Parteien wurde ebenso vernachlässigt wie eine gründliche Auseinandersetzung mit den Bestandteilen und der Wirkungsweise der faschistischen Ideologie. Als »faschistisch« galten bald alle Parteien und Regime, die dem Kapitalismus angeblich nützten und dem Kommunismus schadeten.

Bereits 1924 hatte Stalin in der Sozialdemokratie den »Zwillingsbruder« und

»Flügel« des Faschismus sehen wollen, weil die Sozialdemokraten die parlamentarische Demokratie verteidigten und damit zu einer Festigung des kapitalistischen Systems beitrügen. Diese Sozialfaschismusthese wurde 1928 auf dem VI. Weltkongreß sanktioniert und in der Folgezeit noch verschärft. Daher lehnten die Kommunisten es auch ab, mit der Sozialdemokratie ein Bündnis gegen den Nationalsozialismus zu schließen. Statt dessen forderte man die einfachen Mitglieder der sozialdemokratischen Parteien auf, sich einer kommunistisch geleiteten Einheitsfront einzuordnen.

Während die Sozialdemokratie als Sozialfaschismus und die NSDAP als »Nationalfaschismus« nach Auffassung der Theoretiker der Kommunistischen Internationale den »Faschismus von unten« verkörperten, sah man in den Kabinetten des Sozialdemokraten Hermann Müller sowie Brünings, Papens und Schleichers den »Faschismus von oben«, der unter tätiger Mithilfe der Nationalsozialisten und Sozialdemokraten eine zunehmende »Faschisierung« Deutschlands betreibe. Dies galt wiederum als Beweis für die These, daß das kapitalistische System weltweit vor dem Zusammenbruch stehe und mit dem Faschismus gewissermaßen seine »letzte Karte« ausspiele.

Selbst nach der Machtergreifung Hitlers haben die Theoretiker der Kommunistischen Internationale an dieser Zusammenbruchthese ebenso festgehalten wie an der Sozialfaschismusthese. Erst auf dem VII. Weltkongreß von 1935 hat Georgi Dimitroff diese Auffassungen als falsch zurückgewiesen und zu einer Sammlung

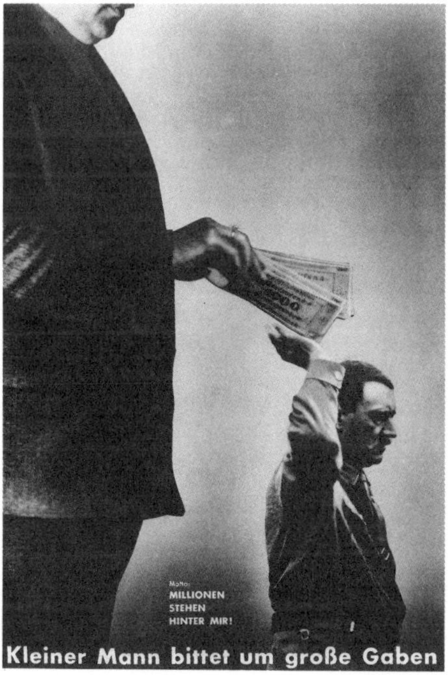

»Millionen stehen hinter mir« — Fotomontage von John Heartfield, 16. Oktober 1932. Viele Kommunisten und Sozialisten sahen in Hitler nur den »Agenten« einflußreicher Geldgeber.

aller antifaschistischen Kräfte aufgerufen. An der instrumentalistischen Definition des Faschismus selber, die diesen Thesen zugrunde gelegen hatte, hielt er jedoch fest. Die Auffassung des XIII. Plenums des Exekutivkomitees der Kommunistischen Internationale vom Dezember 1933, wonach der Faschismus nichts anderes sei als die »offene terroristische Diktatur der am meisten reaktionären, chauvinistischen und imperialistischen Elemente des Finanzkapitals«, wurde bekräftigt.

Im Unterschied zur mehr oder minder einlinigen und monokausalen kommunistischen weist die *sozialdemokratische* Faschismusdiskussion verschiedene Tendenzen und Interpretationsansätze auf. Bis zu den Septemberwahlen von 1930, als die NSDAP mit einem Schlag zur zweitstärksten Partei Deutschlands wurde, behaupteten sozialdemokratische Theoretiker, daß der Faschismus eine spezifisch italienische und nicht auf andere Länder übertragbare Angelegenheit sei. Nach 1930 ist diese singularisierende Betrachtung allerdings völlig fallengelassen worden. Im Mittelpunkt des Interesses stand nun die Frage nach der sozialen Basis des Faschismus, wobei Autoren wie Theodor Geiger, Svend Riemer, Carlo Mierendorff auf den alten und neuen Mittelstand als Trägerschicht des Faschismus hinwiesen.

Während von einigen Autoren jedoch fälschlich behauptet wurde, der Faschismus stelle die Partei dieses Mittelstands dar, haben andere zu Recht auf die zugleich prokapitalistische soziale Funktion des Faschismus hingewiesen. Julius Braunthal, Otto Bauer, Oda Olberg, Georg Decker, Rudolf Hilferding, Arkadij Gurland und andere Autoren haben dagegen versucht, das ambivalente Verhältnis zwischen der kleinbürgerlichen Basis und der großbürgerlichen sozialen Funktion zu erklären, indem sie sich auf die Bonapartismustheorie von Marx und Engels stützten.

Da es der Faschismus mit Hilfe seiner demagogischen Ideologie verstanden habe, Anhänger aus den Mittelschichten und selbst aus der Arbeiterschaft zu gewinnen, müsse er als eigenständige politische Kraft und nicht als bloßer Handlanger der herrschenden kapitalistischen Kreise angesehen werden. Zur Macht werde er jedoch nur in der Situation eines Gleichgewichts der Klassenkräfte gelangen, und zwar dann, wenn die in sich gespaltenen und zerstrittenen Parteien und Schichten der Bourgeoisie nicht mehr, das Proletariat hingegen noch nicht in der Lage sei, die politische Macht zu behaupten. In einer solchen Situation könne es zu einer Verselbständigung der Exekutive kommen, wobei die Bourgeoisie zugunsten des Faschismus auf die weitere Ausübung der politischen Macht verzichte, um ihre soziale Gewalt, die Verfügung über die Produktionsmittel, zu retten.

Einige Autoren meinten jedoch, daß der Faschismus an der Macht eine Eigendynamik entwickeln werde. Er sei daher eher mit dem Bolschewismus, mit dem er die Feindschaft gegenüber der Demokratie und terroristische Herrschaftspraktiken gemeinsam habe, zu vergleichen und gleichzusetzen. Diese sozialdemokratische Version einer Totalitarismustheorie kann als Antwort auf die kommunistische Sozialfaschismusthese angesehen werden.

Die anderen Interpretationsrichtungen haben sich ebenfalls auf die Strategie und Taktik des sozialdemokratischen Antifaschismus ausgewirkt. Dies gilt nicht nur

für die Versuche, die Mittelschichten durch den Einsatz gewisser nationalistischer und antiparlamentarischer Forderungen zu gewinnen, sondern auch für die Hoffnung, durch antifaschistische Schutzformationen wie das Reichsbanner Schwarz-Rot-Gold bürgerliche und faschistische Kreise davon abzuhalten, in der Situation eines Gleichgewichts der Klassenkräfte die parlamentarische Demokratie zu beseitigen. Dies erwies sich als ebenso zweifelhaft wie die Erwartung, daß die bürgerlichen Parteien bereit sein müßten, die Demokratie zu verteidigen, weil die Bourgeoisie doch bei einem Sieg des Faschismus ihre politische Macht verlieren werde.
So richtig und wichtig einige Thesen und Beobachtungen der kommunistischen und sozialdemokratischen Faschismustheoretiker in wissenschaftlicher Hinsicht auch waren, so fragwürdig, ja, teilweise hilflos waren sie in politischer, »antifaschistischer« Hinsicht. Die Machtergreifung Hitlers war nicht nur die größte politische Niederlage der deutschen Arbeiterbewegung, sie war auch die Folge ihrer verfehlten Faschismusdiskussion und der Beweis dafür. Abgesehen von der mehr oder minder ungeprüften Übertragung des Faschismusbegriffs auf die deutschen Verhältnisse sind in diesem Zusammenhang vor allem die Unterschätzung der Wirkung und Anziehungskraft der nationalsozialistischen »Weltanschauung« und ihres Schöpfers und Repräsentanten Adolf Hitler zu nennen, der von Kommunisten wie Sozialdemokraten allgemein als eine, wie sich August Thalheimer ausgedrückt hat, »ordinäre« und austauschbare »Blechfigur« eingeschätzt worden ist.

DIE FRAU

Die Frau als Hüterin der Rasse

Im Register der späteren Ausgabe von Hitlers »Mein Kampf« sucht man das Stichwort »Frau« vergebens. Mit keinem Wort äußert sich Hitler zur Geschichte der Frauenbewegung, zur Frage des 1919 eingeführten Frauenwahlrechts oder zur Frauenemanzipation überhaupt. Dafür geht er am Ende seiner weitschweifigen Ausführungen über die Schul- und Jugenderziehung ganz allgemein auch auf die Erziehung der »Mädchen« ein: »Analog der Erziehung des Knaben kann der völkische Staat auch die Erziehung des Mädchens von den gleichen Gesichtspunkten aus leiten. Auch dort ist das Hauptgewicht vor allem auf die körperliche Ausbildung zu legen, erst dann auf die Förderung der seelischen und zuletzt der geistigen Werte. Das Ziel der weiblichen Erziehung hat unverrückbar die kommende Mutter zu sein.«

In der Literatur wird meist nur der zweite Satz zitiert und als Beweis für Hitlers frauenfeindliche Einstellung angesehen. Dies mag aus heutiger Sicht richtig sein. Doch Hitlers Reduzierung der Rolle der Frau auf ihre biologische Funktion als Mutter haben viele Zeitgenossen, Männer und Frauen, als selbstverständlich und notwendig empfunden. Ähnliche Sätze konnte man in den Programmen und Zeitungen nahezu aller Parteien lesen.

Hitler begnügt sich indes nicht mit der damals sehr verbreiteten konservativen Vorstellung von der eigentlichen Rolle der Frau als Hausfrau und Mutter. Er fordert, daß die deutschen Frauen Mütter von möglichst vielen »artgesunden« Kindern werden sollen. Dem globalen Ziel der »Erhaltung, Pflege und Entwicklung der besten rassischen Elemente« des deutschen Volkes ist alles untergeordnet, auch die »Erziehung des Mädchens«, die nach den »gleichen« rassenideologischen Gesichtspunkten zu erfolgen habe wie die »Erziehung des Knaben«. Auch bei der Mädchenerziehung solle man vor allem auf die »körperliche Ausbildung« achten. Erst dann käme die »Förderung der seelischen und zuletzt der geistigen Werte«. Damit spricht sich Hitler zugleich für eine grundsätzliche Gleichbehandlung der Mädchen aus.

Dies kann man, wie Hitlers Forderung, auch Mädchen hätten Sport zu treiben, in gewisser Weise als modern bezeichnen. Immerhin war es in den 20er Jahren nicht selbstverständlich, daß Mädchen und Frauen überhaupt Sport trieben und treiben konnten. Doch diese scheinbar modern wirkende Forderung Hitlers steht ganz im Zeichen des zutiefst antimodernen und inhumanen Rassengedankens. Frauen sind für Hitler im Grunde nur die notwendigen Mittel zum Zweck der »Vermehrung und Erhaltung der Art und Rasse«. Selbst die Ehe, bei der die Frau ohnehin nur der »passive Teil« sei, dürfe nicht »Selbstzweck« sein, sondern müsse dem rassenzüchterischen Ziel dienen. Dies schließe die »Unterbindung der Zeugungsfähigkeit« mit ein, wenn eine zu diesem Zweck gebildete »Rassekommission« dies für nötig erachte. Rassenzüchtung und Rassenvernichtung seien die Hauptaufgabe des »völkischen Staates«, der »die Rasse in den Mittelpunkt des allgemeinen Lebens« zu setzen habe: »Er hat, was irgendwie ersichtlich krank und erblich belastet und damit weiter belastend ist, zeugungsunfähig zu erklären. Er hat umgekehrt dafür zu sorgen, daß die Fruchtbarkeit des gesunden Weibes nicht beschränkt wird ...«

Doch nicht alle Frauen sind für Hitler Instrumente der Rassenpolitik. Es gibt eine Gruppe von Frauen, die er für äußerst gefährlich hält, vor denen er eine geradezu panisch wirkende Angst hat: die Prostituierten. Auf sie kommt Hitler zum ersten Mal im scheinbar biographischen Kapitel zu sprechen, wo er seine Wiener Erfahrungen und seine »Wandlung zum Antisemiten« beschreibt. Wenn er »abends so durch die Straßen und Gassen der Leopoldstadt lief«, war er, »auf Schritt und Tritt, ob ich wollte oder nicht, Zeuge von Vorgängen« geworden, »die dem Großteil des deutschen Volkes verborgen geblieben waren, bis der Krieg den Kämpfern an der Ostfront Gelegenheit gab, Ähnliches ansehen zu können, besser gesagt, ansehen zu müssen«. Was dies war und was er überhaupt abends in den Straßen der Leopoldstadt zu suchen hatte, dazu sagt Hitler nichts.

Statt dessen versucht er, für die Prostitution und überhaupt für die im damaligen Wien gesunkene »allgemeine Sitte und Moral« die Juden schlechthin verantwortlich zu machen. Juden seien vor allem in der Prostitution und im Mädchenhandel tätig; »schwarzhaarige Judenbengel« lauern an »jeder Ecke« mit »satanischer Freude« im Gesicht auf »ahnungslose«, »arische Mädchen«, um sie zu verführen und damit die »arische Rasse« zu verderben. Frauen sind in Hitlers Augen also zugleich auch Instrumente, mit denen die Juden versuchten, die »Rassenreinheit« des deutschen Volkes zu verderben.

Die Prostituierten sind in Hitlers Augen deshalb gefährlich, weil sie die Syphilis verbreiten. Den »Kampf gegen die Syphilis und ihre Schrittmacherin, die Prosti-

Mahnmal des NS-Hilfswerks »Mutter und Kind« auf dem Hauptmarkt in Dresden, 1939. Im Widerspruch zu ihrer Ideologie waren die Nationalsozialisten zu diesem Zeitpunkt jedoch bereits bemüht, Frauen in den Arbeitsprozeß einzugliedern. Die Frau hatte sich nicht mehr auf ihre Rolle als Mutter möglichst vieler »gutrassiger« Kinder zu beschränken.

tution«, bezeichnet Hitler als »eine der ungeheuersten Aufgaben der Menschheit«. Sie seien »das Ergebnis einer Erkrankung der sittlichen, sozialen und rassischen Instinkte« des Volkes. Folglich entwirft Hitler ein umfassendes Programm der Bekämpfung, das von der »unbarmherzigen Absonderung der (an Syphilis) unheilbar Erkrankten« über das allgemeine »Reinemachen unserer Kultur« bis hin zu seinen Ausführungen über die »körperliche Ausbildung« und »eiserne Abhärtung« der männlichen Jugend reicht, die auf diese Weise von zu frühen »sinnlichen Befriedigungen« ferngehalten werden soll.
Hitlers Ausführungen über Mädchen, Mütter und Prostituierte zeigen, daß Frauen für ihn nur Objekte und Instrumente seiner Rassenpolitik sind. Frauenfeindlicher und inhumaner kann man sich kaum äußern. Um so erstaunlicher ist es, daß neben vielen Zeitgenossen auch viele Historiker diesen Aspekt seiner »Weltanschauung« so wenig beachtet und kritisiert haben.

Nationalsozialistische Frauenpolitik

»In meinem Staat ist die Mutter die wichtigste Staatsbürgerin« — erklärte Hitler im Jahr 1933, und sein Bewunderer, Gehilfe und Propagandachef Goebbels sekundierte: »Den ersten, besten und ihr gemäßesten Platz hat die Frau in der Familie, und die wunderbarste Aufgabe, die sie erfüllen kann, ist die, ihrem Land und Volk Kinder zu schenken.«
Diese und viele andere Äußerungen zeigen, daß die führenden Nationalsozialisten aus ihrer Frauenfeindlichkeit kein Hehl gemacht haben. Dennoch oder vielleicht gerade deshalb haben die nationalsozialistischen Propagandisten immer wieder Bilder und Filme von zufriedenen, ja begeisterten, ihrem »Führer« frenetisch zujubelnden Frauen gezeigt. Diese Bilder und Filme sollen suggerieren, daß es gerade die deutschen Frauen waren, die Hitler besonders verehrt, ja, wie vielfach immer noch zu hören und zu lesen ist, die ihn überhaupt an die Macht gebracht haben.
Letzteres ist eindeutig falsch. Allerdings beruhen unsere Kenntnisse über das Wahlverhalten der Frauen in der Weimarer Republik auf eher bruchstückhaften Fakten. Meinungsumfragen gab es bekanntlich noch nicht, und verläßliche Daten liegen nur aus einigen Städten vor, wo die Stimmzettel von Männern und Frauen getrennt ausgezählt wurden. Aufgrund dieser Angaben läßt sich sagen, daß zunächst weit mehr Männer als Frauen die NSDAP gewählt haben. Allerdings glich sich dieses Verhältnis einander an, denn bei den Reichstagswahlen des Jahres 1932 und vor allem bei der kaum noch frei zu nennenden Wahl vom 5. März 1933 scheinen genauso viel Frauen wie Männer die Partei Hitlers gewählt zu haben. Bei der Interpretation dieses erstaunlichen Tatbestands ist zunächst einmal zu bedenken, daß die Weimarer Republik zwar das Stimmrecht für Frauen eingeführt, aber längst nicht alle Benachteiligungen und Diskriminierungen der Frauen im sozialen und wirtschaftlichen Bereich beseitigt hatte. Alle Parteien der Weimarer Republik wurden mehr oder minder ausschließlich von Männern repräsentiert. Frauenspezifische Themen und Fragen spielten in allen Wahlkämpfen der Weimarer Republik eine untergeordnete Rolle. Der extrem frauen-

feindlichen NSDAP standen also keineswegs betont frauenfreundliche demokratische Parteien gegenüber. Während die sozialdemokratischen Frauenorganisationen zur Zeit der Weimarer Republik eine zahlenmäßige und politische Schwächung erlitten, verfocht das demokratisch orientierte Zentrum in der Frauen- und Familienpolitik Ziele, die auf den ersten Blick von denen der NSDAP gar nicht so weit entfernt waren. Beide haben gemeinsam die Kampagne gegen das sogenannte Doppelverdienertum geführt. Schon 1932 wurden verheiratete Beamtinnen (meist Lehrerinnen) aus ihren Stellen verjagt, um männlichen Bewerbern Platz zu machen.

Wenn sich Frauen bei ihrer Stimmabgabe an der Haltung der Parteien zur sogenannten Frauenfrage orientierten, dann waren und konnten die nichtnationalsozialistischen Parteien nur das kleinere Übel sein. Doch frauenspezifische Fragestellungen und Probleme scheinen das Wahlverhalten der Frauen in ganz geringem Ausmaß geprägt zu haben. Allgemeine politische, soziale und wirtschaftliche Motive erschienen wichtiger als frauenspezifische. Hinzu kommt, daß sich wahrscheinlich viele Frauen in ihrem Wahlverhalten an dem ihrer Männer, Väter und Brüder orientierten und daß die NSDAP insgesamt kein ausgearbeitetes frauenpolitisches Programm besaß. Dennoch hielten weder die frauenfeindlichen Äußerungen führender Nationalsozialisten noch die Versuche von SPD und KPD, diese antifeministischen Äußerungen zu kritisieren, viele Frauen davon ab, die NSDAP zu wählen oder gar in sie einzutreten.

Als Reaktion auf die antinationalsozialistische Propaganda der SPD und KPD, in der vor allem der extrem frauenfeindliche Satz Gottfried Feders, die Frau habe »Magd und Dienerin des Mannes« zu sein, aufgegriffen und kritisiert wurde, beschäftigten sich die Nationalsozialisten intensiver mit frauenpolitischen Problemen. Während sie einerseits das ideologische Grundpostulat bekräftigten, wonach es kein gleichgeordnetes Verhältnis zwischen den Geschlechtern geben könne, verstärkten sie andererseits ihre Anstrengungen, auch Frauen parteipolitisch zu erfassen. Im Jahr 1931 wurden die schon 1923 und 1926 auf lokaler Ebene und aufgrund privater Initiative ins Leben gerufenen Parteigliederungen wie der »Deutsche Frauenorden Rotes Hakenkreuz« und der »Deutsche Frauen-Kampfbund« zu einer einheitlichen Frauenorganisation verschmolzen, der »NS-Frauenschaft«.

Schon die Tatsache, daß es innerhalb der frauenfeindlichen NSDAP eine Frauenorganisation gab und daß Frauen überhaupt Mitglieder der Partei werden konnten — 1933 waren es 4 Prozent der gesamten Mitgliederschaft —, ist bemerkenswert. Noch bemerkenswerter ist das Programm der NS-Frauenschaft. Hier heißt es zwar, daß Ehe, Familie und Mutterschaft der »nächstliegende Dienst am Volksganzen« seien, betont wurde aber zugleich, es sei Aufgabe der NS-Frauenschaft, »die Ausbildung und Eingliederung aller Frauenkräfte zum Besten der Nation zu fördern«. Dies hieß, daß die nationalsozialistischen Funktionärinnen, von denen die meisten weit jünger waren als ihre Kolleginnen in den anderen Parteien, offensichtlich nicht daran dachten, den Emanzipationsprozeß rückgängig zu machen. Im Gegenteil — einige Nationalsozialistinnen wie zum Beispiel Lydia Gottschewski, die 1932 im Alter von 26 Jahren »Reichsführerin des Bundes Deutscher Mädel« geworden war, erhofften sich sogar von der NSDAP eine För-

derung der politischen Rolle der Frau im nationalsozialistischen Staat, wobei sie sich gleichzeitig scharf von der Frauenpolitik der demokratischen Parteien der Weimarer Republik distanzierten. Lydia Gottschewski hat sich mit ihren Forderungen nicht durchsetzen können. Nicht sie, sondern die beflissene und überzeugte Nationalsozialistin Gertrud Scholtz-Klink wurde Leiterin der NS-Frauenschaft, nachdem die übrigen Frauenverbände entweder aufgelöst worden waren oder sich mehr oder minder freiwillig der NS-Frauenschaft und dem Frauenwerk angeschlossen hatten.
Gründung und Ausbau der Frauenschaft, der 1939 mehr als 3,2 Millionen Frauen angehörten, zeigen klar und eindeutig, daß die extrem männerbündischen Vorstellungen eines Rosenberg oder Bäumler nicht verwirklicht wurden. Frauen wurden im Dritten Reich keineswegs völlig aus dem politischen Leben ausgeschlossen. Allerdings handelte es sich um das politische Leben in einem totalitären System, das die totale Erfassung und Kontrolle aller seiner Bürger, auch der Frauen, anstrebte. Diese Kontrolle und Erfassung begann spätestens mit dem 10. Lebensjahr. Wie es Hitler in »Mein Kampf« angekündigt hatte, mußten seit 1936 auch Mädchen in die Hitlerjugend eintreten. Mit 14 Jahren wechselten sie von den »Jungmädeln« zum »Bund Deutscher Mädchen«. Mit 18 Jahren konnten sie dann dem 1938 gegründeten BDM-Werk »Glaube und Schönheit« und mit dem 21. Lebensjahr der NS-Frauenschaft beitreten. Pflicht war zumindest seit 1939 die Ableistung eines halbjährigen Arbeitsdienstes und/oder eines sogenannten Pflichtjahrs in der Haus- oder Landwirtschaft.
In allen Organisationen und auf allen Ebenen standen die politische Kontrolle und die rassenideologische Indoktrination im Vordergrund. Dies wurde jedoch nicht von Anfang an und auch nicht von allen Mädchen und Frauen so empfunden. Wie viele Jungen und Männer waren auch viele Mädchen und Frauen vom Angebot der NS-Organisationen und der in ihnen gepflegten »Kameradschaft« angetan. Dies galt vor allem für Mädchen und junge Frauen aus behüteten bürgerlichen Elternhäusern, die durch den Beitritt zum BDM die Möglichkeit hatten, der Obhut von Müttern, Vätern und Verwandten zu entfliehen. Glaubt man Erinnerungsberichten, so haben einige Frauen und Mädchen die Mitgliedschaft in den NS-Frauenorganisationen auch deshalb geschätzt, weil sie hier Selbstbewußtsein gewinnen und Führungsaufgaben ausüben konnten.
Doch, um es noch einmal zu wiederholen, diese, wenn man will, modernisierenden Aspekte der nationalsozialistischen Frauenpolitik standen unter dem Primat des Rassegedankens und des Bestrebens, alle Volksgenossen und Volksgenossinnen einer totalen Kontrolle zu unterwerfen.
Obwohl sich die Rassenpolitik des Dritten Reichs gegen Frauen und Männer gleichermaßen richtete, hatte sie in einigen Bereichen einen gewissen geschlechtsspezifischen Charakter. So ist das »Gesetz zur Verhütung erbkranken Nachwuchses« vom 14. Juli 1933 besonders rigide auf Frauen angewandt worden: Eine unordentliche Haushaltsführung, mehrere uneheliche Geburten oder häufige Wechsel der Sexualpartner konnten die »Erbgesundheitsgerichte« als Anzeichen »sozialen Schwachsinns« werten und als Grund für eine Zwangssterilisation angeben, was auch häufig geschah. Ähnliche Verhaltensweisen bei

»Arbeitsmaiden« des Reichsarbeitsdienstes beim Weben, 1935. Wenige Jahre später mußten viele Frauen Granaten für den »Endsieg« drehen.

Berliner Tankwartin, kurz nach Kriegsausbruch im September 1939. Der Fotoreporter schrieb zu diesem nicht »artgemäßen« Arbeitseinsatz einer Frau: »In der Zeit, in welcher der deutsche Mann seine Pflicht für das Vaterland tut, bewährt sich auch die deutsche Frau, die ohne zu zögern den verlassenen Arbeitsplatz einnimmt.«

Männern dagegen sah man als läßliche Sünden an. Das »Gesetz zur Änderung des Gesetzes zur Verhütung erbkranken Nachwuchses« vom 26. Juni 1935 richtete sich sogar fast ausschließlich gegen Frauen. Es legalisierte die Zwangsabtreibung (und zwar bis zum 6. Schwangerschaftsmonat) bei Frauen, die von einem Erbgesundheitsgericht als »erbkrank« eingestuft worden waren.

Rassenideologische Aspekte hatten auch andere familienpolitische Maßnahmen der Nationalsozialisten. So etwa das »Gesetz zur Verhinderung der Arbeitslosigkeit« vom 1. Juni 1933, das zinslose Darlehen von maximal 1 000 RM für junge Ehepaare vorsah, wobei sich allerdings die Frauen verpflichten mußten, keinen Beruf auszuüben. Die Darlehensschuld verminderte sich pro Kind um ein Viertel. Für diese Praxis prägte der Volksmund den Begriff »abkindern«. Während 1937 der Passus gestrichen wurde, wonach die Ehefrauen keinen Beruf ausüben durften, verlangte man nun detaillierte Angaben über die »Erbgesundheit« der Ehepartner, besonders wieder der Frauen, wenn sie ein Ehestandsdarlehen beantragten. Die »arische« Bevölkerung wurde auf diese Weise statistisch erfaßt, sogenannte Fremdrassige blieben von vornherein ausgeschlossen. Ähnliche rassistische Klauseln enthielten Verordnungen und Gesetze über die Steuerbegünstigungen kinderreicher Familien, über die Einführung von Kindergeld und — seit 1942 — von Mutterschutzurlaub bei vollem Lohnausgleich. Alle diese Maßnahmen, die sehr populär waren, hatten integrative und rassenpolitische Ziele: nämlich die quantitative Vermehrung und, in rassischer Hinsicht, qualitative Verbesserung des deutschen Volks.

Tatsächlich stieg die Geburtenrate bis 1939 auf 20,4 pro 1 000 Einwohner. Sie lag damit genauso hoch wie 1924. Nach der Überwindung der Wirtschaftskrise wurden in Deutschland wieder mehr Ehen geschlossen, jedoch keineswegs mehr Kinder geboren. Im Gegenteil: kamen in den 1920 geschlossenen Ehen durchschnittlich noch 2,3 Kinder zur Welt, so waren es 1940 nur noch 1,8. Der Trend zur »Zwei-Kinder-Ehe« konnte auch in der NS-Zeit nicht aufgehalten werden. Die geschilderten finanziellen und ideellen Anreize und Belohnungen, wie etwa die Verleihung des Mutterkreuzes, änderten daran nichts.

Daß diese Familienpolitik rassistisch motiviert war und eine mehr oder minder deutliche frauenfeindliche Tendenz aufwies, wurde kaum bemerkt und noch weniger kritisiert. Erst als während des Kriegs die Pläne führender Nationalsozialisten wie Himmler und Bormann bekannt wurden, die Institution der christlich-bürgerlichen Ehe zu verändern oder gar abzuschaffen, regten sich Widerspruch und Widerstand. Kritisiert wurde vor allem das Bestreben, die Polygamie zu legalisieren und in »Lebensbornheimen« die Geburt von — möglichst vielen und »rassisch wertvollen« — unehelichen Kindern zu fördern. Die Nationalsozialisten gaben in beiden Punkten nach. Die Ehegesetze blieben in Kraft, und die Lebensbornheime wurden nicht, wie man vielfach munkelte, in Zuchtanstalten umgewandelt. Während des Kriegs dienten sie allerdings nicht nur dazu, unverheirateten schwangeren Frauen die Geburt und die anschließende Adoption ihrer Kinder zu erleichtern, sondern auch zur Aufzucht von »rassisch wertvollen« Kindern, die ihren Eltern in Polen und der Sowjetunion geraubt worden waren.

Ein weiterer Aspekt der nationalsozialistischen Frauenpolitik ist durch das Bestreben gekennzeichnet, gerade die Frauen durch Überredung und Zwang in die »Volksgemeinschaft« zu integrieren. Hitlers vielzitierter Ausspruch: »Einen November 1918 wird es in der deutschen Geschichte nicht wieder geben« hat nämlich auch einen gewissen frauenspezifischen Aspekt; denn 1918 waren es zuerst und vor allem auch viele Frauen, die nicht mehr bereit waren, die Belastungen und Drangsale der »Heimatfront« zu ertragen. Beide Momente, das rassenideologische und das integrative, haben sich entscheidend auf das vielleicht wichtigste Feld der nationalsozialistischen Frauenpolitik ausgewirkt: die Beschäftigungspolitik.

Gemäß ihren Ankündigungen haben die Nationalsozialisten unmittelbar nach der »Machtergreifung« versucht, Frauen aus dem Berufsleben generell, vor allem aber aus den qualifizierten Berufen zu verdrängen. Diesem Ziel diente das schon erwähnte »Gesetz zur Verminderung der Arbeitslosigkeit«, das die Gewährung von Ehestandsdarlehen nur dann vorsah, wenn die Frau nicht arbeitete. Im Zuge der schon in der Weimarer Republik begonnenen Kampagne gegen das »Doppelverdienertum« wurden in den ersten Jahren des Dritten Reichs verheiratete Beamtinnen entlassen. Im Staatsdienst beschäftigte Frauen erhielten weniger Gehalt als ihre männlichen Kollegen, für die auch alle höheren und leitenden Positionen reserviert waren. Nur ein Viertel der Studienreferendare durfte weiblichen Geschlechts sein, an den Hochschulen durften nur 10 Prozent der Studienanfänger Frauen sein. Seit 1936 war es Frauen ausdrücklich untersagt, Richterinnen oder Staatsanwältinnen zu werden.

Doch die meisten dieser diskriminierenden Maßnahmen wurden bald fallen gelassen. Seit 1937 erhielten Ehepaare auch dann die begehrten Ehestandsdarlehen, wenn die Frau einen Beruf ausübte. Der frauenspezifische Numerus clausus an Universitäten war bereits 1935 wieder aufgehoben worden. Im Wintersemester 1943/44 waren über 60 Prozent der Studierenden Frauen. Dies war natürlich vor allem eine Kriegsfolge. Dennoch ist die Zahl bemerkenswert: An den Oberschulen für Mädchen wurde nämlich kein Latein gelehrt, die Voraussetzung für das Studium zahlreicher Fächer. Mädchen, die statt des sprachlichen den hauswirtschaftlichen Zweig (ein naturwissenschaftlicher wurde gar nicht angeboten) gewählt hatten, waren mit ihrem »Puddingabitur« überhaupt nicht berechtigt, auf eine Universität zu gehen. Dennoch haben es die knapp 27 500 Studentinnen, die im Wintersemester 1943/44 studierten, offensichtlich geschafft, jene Hemmnisse zu überwinden. An diesem Beispiel wird deutlich, daß die Frauen nicht, wie man aufgrund der frauenfeindlichen Gesetze und Verordnungen annehmen könnte, aus dem Berufsleben verdrängt worden sind. Zwischen 1933 und 1939 stieg die Erwerbsquote der Frauen von 35,5 Prozent auf 37,1 Prozent. Betrug der Anteil von weiblichen Beschäftigten 1933 in Industrie, Handel und Dienstleistungsgewerbe 23,9 Prozent, so stieg er bis 1939 auf 25,3 Prozent. In absoluten Zahlen ausgedrückt: Im Jahr 1933 arbeiteten 4,3 Millionen, im Jahr 1939 5,1 Millionen Frauen in diesen Wirtschaftszweigen. 1939 waren von den insgesamt 14,6 Millionen erwerbstätigen Frauen 1,2 Millionen verheiratet.

Nach Kriegsausbruch haben Repräsentanten der Wirtschaft, der Wehrmacht und der Partei, allen voran Göring und Speer, immer eindringlicher die Mobilisierung der »weiblichen Reservearmee« für die Wirtschaft und die Rüstungsindustrie gefordert. Sie haben sich damit jedoch nicht durchsetzen können, denn von 1939 bis zum September 1944 stieg die Zahl der beschäftigten Frauen von 14,6 nur auf 14,9 Millionen, nachdem sie 1941 sogar auf 14,1 Millionen zurückgegangen war. Das totalitäre Dritte Reich hat nicht wie das demokratische England 1941 eine allgemeine Dienstverpflichtung für Frauen eingeführt. Dafür waren nicht nur ideologische oder frauenfeindliche Motive maßgebend. Den immer größer werdenden Mangel an Arbeitskräften versuchte man nämlich durch »Fremdarbeiter« zu beheben. Insgesamt mehr als 7 Millionen Fremdarbeiter wurden in Italien sowie in den von den deutschen Truppen besetzten Ländern angeworben oder zur Zwangsarbeit nach Deutschland deportiert.

Die Anwesenheit eines Millionenheers von »Fremdarbeitern« und die Abwesenheit von Millionen deutscher Männer bot vielen Frauen die Möglichkeit, besser qualifizierte und besser bezahlte Berufe zu ergreifen. Dies haben die Nationalsozialisten ebenso in Kauf genommen wie die Millionen von Ausländern, unter denen vor allem Polen und Russen als politisch gefährlich und »rassisch minderwertig« galten. Kontakte zwischen Ausländern und deutschen Frauen wurden als eine »volkstumspolitische« Gefahr angesehen. Mit außergewöhnlicher Härte ging man gegen Frauen vor, die das Kontaktverbot übertraten. Zunächst herrschten willkürliche und unkoordinierte Bestrafungsmethoden vor: Deutsche Frauen, die mit Ausländern sexuell verkehrt hatten, stellte man an den Pranger, ihre ausländischen Freunde und Geliebten wurden öffentlich ausgepeitscht und in zahlreichen Fällen gehängt bzw. gelyncht. Schließlich erließen die Behörden, vor allem die Gestapo und die Sondergerichte, Sonder-Strafbestimmungen mit drakonischen Strafen für sexuelle Kontakte und errichteten Straflager für die »Delinquenten«.

All dies hatte eine klar erkennbare rassistische Motivation, von der wiederum besonders Frauen betroffen waren. Dies gilt einmal für alle Fremdarbeiterinnen, die schwanger wurden. Während die Betriebe zunächst Schwangere kurz vor der Geburt aus Kostengründen nach Hause schickten, nahmen sich bald die Rassenpolitiker dieses Problems an. Schwangere Polinnen, Russinnen und Ukrainerinnen wurden in besondere Entbindungsheime gebracht. Sofern die Kinder gesund zur Welt kamen, was angesichts der hygienischen Verhältnisse und wegen des ungenügend geschulten Personals nicht immer der Fall war, wurden sie einer Selektion unterzogen. Stufte man ein Kind aufgrund verschiedener scheinwissenschaftlicher Kriterien als »rassisch wertvoll« und »eindeutschungsfähig« ein, wurde es der Mutter weggenommen und einem Lebensbornheim übergeben. Bestand das Kind den rassischen »Eignungstest« nicht, wurde es häufig sofort oder durch Verhungernlassen getötet.

Deutsche Frauen, die gegen das Kontaktverbot verstießen, wurden vor Sondergerichte gezerrt und danach meist in Konzentrationslager eingewiesen. Im Jargon der Häftlinge, etwa im KZ Ravensburg, hießen sie die »Bettpolitischen«. Trotz aller drakonischen Strafen wurde der »Kontakt mit Fremdvölkischen« zu einem Massendelikt, das gerade den Verfassern der »Meldungen aus dem Reich des Sicherheitsdienstes der SS« immer größere Sorgen zu bereiten schien. Doch was man auch gegen diese »rassenpolitische Gefahr und Bedrohung« unter-

nahm, das »Problem« ließ sich nicht aus der Welt schaffen. Die »Reservearmee« der 1 Million ledigen Frauen und der 5,4 Millionen kinderlosen Ehefrauen wollte man 1939 jedoch nicht in den Arbeitsprozeß integrieren.
Dies geschah offenbar auch aus volkswirtschaftlichen Erwägungen. Eine stärkere Einbeziehung von Frauen in den Arbeitsmarkt hätte nämlich erhebliche Folgekosten im sozialen Bereich — Werkskantinen, Werkswaschräume, Kinderkrippen und Kindergärten — nach sich gezogen. Den Nationalsozialisten war die volkswirtschaftliche Bedeutung der (unbezahlten) und angesichts der Versorgungslage auch effektiven Hausarbeit der Frauen bewußt. Die vielfältigen Kampagnen gerade der NS-Frauenschaft, intensiv alle möglichen Produkte — bis hin zu Wildkräutern — zu nutzen und kosten- und energiesparend zuzubereiten, sind daher unter diesen volkswirtschaftlichen Aspekten keineswegs so skurril, wie sie auf den ersten Blick wirken.
Noch wichtiger war das politisch-integrative Moment: Der Generalbevollmächtigte für den Arbeitseinsatz Sauckel hatte nicht so unrecht, als er sagte, »ein Übel« werde »nicht dadurch verbessert, daß man es bis zur letzten Konsequenz verallgemeinert und über alle heraufbeschwört«. Die mit indirektem und direktem Druck versuchte stärkere Einbeziehung von Frauen in den Arbeitsprozeß im Zeichen des »totalen Krieges« war äußerst unpopulär. Auf erstaunlich vielfältige Kritik nicht nur der betroffenen Frauen stieß die 1943 eingeführte Meldepflicht für alle Frauen zwischen 17 und 45, dann sogar bis 50 Jahren. Die Verordnung enthielt jedoch so viele Ausnahmebestimmungen und wurde in der Praxis auch so nachsichtig ausgeführt, daß bis Ende 1943 nur 500 000 Frauen tatsächlich für den »totalen Krieg« mobilisiert wurden. Aus den SD-»Meldungen aus dem Reich« geht hervor, daß sich viele Frauen mit halb und eindeutig illegalen Methoden, zum Beispiel durch das Eingehen von Scheinarbeitsverhältnissen, der Meldepflicht entzogen. Anzeichen von »Defätismus« und Opposition unter den Frauen nahm gerade der SD besonders ernst. Aus Frankfurt am Main wurde in diesem Zusammenhang gemeldet, daß man unter Frauen den Spruch höre: »Wenn sich alle Frauen zusammentäten, hätte der Wahnsinn bald ein Ende.« Doch der »Wahnsinn« hatte erst ein »Ende«, als sich sowjetische und amerikanische Soldaten bei Torgau an der Elbe trafen.
Eine eigenständige nationalsozialistische Frauenpolitik hat es im Grunde nicht gegeben. Dafür war sie viel zu sehr von rassenideologischen, politisch-integrativen und ökonomischen Aspekten bestimmt.

DER FÜHRER

Führermythos

»Mensch, der hat a Gosch'n, den kunnt ma braucha!« Mit diesen Worten kommentierte Anton Drexler einen Diskussionsbeitrag, den der Gefreite Adolf Hitler am 12. September 1919 auf einer Versammlung der Deutschen Arbeiter-Partei (DAP) hielt. Brauchen konnte diese kleine und kaum beachtete Splitterpartei in der Tat einen Propagandisten, einen »Trommler«. Doch gerade weil Hitler ein so geschickter Propagandist war, blieb er nicht der bloße »Trommler«, wie er sich selber noch bis 1924 sah und wie es einige seiner Parteifreunde geplant hatten. Der ursprünglich nur als Propagandaredner engagierte Hitler wurde zum Vorsitzenden der Partei und zum, wie er seit Ende 1921 häufig angesprochen wurde, »Führer«. Seine Vorstellungen prägten die Doktrin und den Aufbau der NSDAP. Aus dem »Trommler« wurde der »Führer«. Die NSDAP wurde zur Partei Hitlers.

Ob und wieweit dies bereits vor dem fehlgeschlagenen Putsch vom November 1923 der Fall war, ist in der Forschung umstritten. Fest steht jedoch, daß gerade der Putsch und der Prozeß des Jahres 1924 Adolf Hitler überall in Deutschland bekannt machten. Dazu trug bereits die ausführliche Berichterstattung in der Presse bei. Sie war zwar meist negativ, aber eben doch eine Propaganda für die NSDAP und vor allem für Hitler, der nun nicht nur in den Augen seiner Anhänger, sondern auch der Öffentlichkeit als Repräsentant und als »Führer« der NSDAP galt. Hinzu kam, daß die ideologischen Vorstellungen Hitlers, wie er sie vor allem in seinem während der Haft geschriebenen Buch »Mein Kampf« niederlegte, die politische Doktrin der NSDAP zu bestimmen begannen. Die Parteipropaganda verherrlichte Hitler als personifizierte Alternative zum verhaßten Weimarer »System«. Der »Führer«-Mythos ging in die nationalsozialistische Propaganda ein und kompensierte die Uneinheitlichkeit und Unklarheit der nationalsozialistischen Ideologie. Die propagandistische Verherrlichung des »Führers« nahm sehr bald pseudoreligiöse Züge an. Seit 1926 grüßten NSDAP-Mitglieder mit dem Hitler-Gruß.

Auch organisatorisch wurde die NSDAP zur »Hitler-Bewegung«, wie sie von Freund und Feind meist genannt wurde, obgleich es bis 1933 immer wieder zu innerparteilichen Konflikten kam. Dabei beriefen sich nicht nur die konkurrierenden Unterführer, sondern selbst die Kritiker und Opponenten Hitlers auf die Worte und den Willen des »Führers«. Dies erleichterte Hitler die Durchsetzung seines Führungsanspruchs. Nach dem Prinzip des »Teile und Herrsche« spielte er tatsächliche oder potentielle Konkurrenten gegeneinander aus. Das »Führerprinzip« erschwerte die Hierarchisierung des scheinbar geschlossenen, bürokratisch aufgebauten Parteiapparats: Es gab keine klar abgegrenzten Kompetenzen, keine nach rationalen Kriterien orientierte eindeutige Über- und Unterordnung. Das sogenannte »Führerprinzip« beruhte geradezu auf innerparteilichen Auseinandersetzungen.

Insgesamt läßt sich sagen, daß die NSDAP bis 1933 propagandistisch, ideologisch und organisatorisch die Partei Adolf Hitlers wurde. Um so überraschender ist es, daß weder die Konkurrenten und späteren Bundesgenossen Hitlers noch die erbitterten Feinde und späteren Opfer des Nationalsozialismus diesen grundlegenden Tatbestand erkannt und entsprechend gehandelt haben. Die Konservativen und Liberalen schwankten zwischen Ablehnung und Zustimmung. Sie waren sich nicht darüber einig, ob Hitler und seine Partei als Konkurrenten oder als Bundesgenossen im Kampf gegen den Marxismus und für eine nationalpolitische Stärkung Deutschlands zu betrachten seien. Die Diskussion dieser Frage stand natürlich vor allem im Zeichen der sich wandelnden tagespolitischen Ereignisse. Maßgebend war jedoch auch die Beurteilung der Person Hitlers und der von ihm geschaffenen, verkündeten und weitgehend verkörperten »Weltanschauung« mit ihren nationalistischen, antimarxistischen und — nicht zuletzt — rassistisch-antisemitischen Elementen. Auch hier war das Bild keineswegs einheitlich. Die Person Hitlers wurde in den Reihen der Konservativen und Liberalen verherrlicht und verdammt. Beispielhaft für eine kritische Einstellung zu Hitler ist der Ausspruch des Historikers Otto Hintze: »Dieser Mensch gehört ja eigentlich gar nicht zu unserer Rasse. Da ist etwas ganz Fremdes an ihm, etwas wie eine sonst ausgestorbene Urrasse, die völlig amoralisch noch geartet ist.« Solch kritische Äußerungen indes wurden im Lager der Konservativen und Liberalen seltener. Zweifellos zog Hitler schon vor 1933 Personen an, die nicht oder noch nicht bereit waren, seine Partei zu wählen und zu unterstützen. Dies lag einmal daran, daß es unter den damaligen deutschen Politikern kaum einen gab, der die Menschen so faszinierte wie Hitler und der die charismatischen Eigenschaften besaß, die ihm zuerkannt werden müssen. Doch gerade einen charismatischen »Führer« ersehnten viele Konservative und auch Liberale, um mit den Problemen der »grauen«, innerlich meist abgelehnten Republik fertig zu werden.

Hitlers »Mein Kampf« als Bibel — ein Geschenk der »deutschen Beamtenschaft«.
Der Band war von Hand auf Pergament geschrieben,
hatte 965 Seiten und wog 70 Pfund.

Führerstaat oder Kompetenzanarchie?

Hat Hitler über eine geschlossene und programmatische Weltanschauung verfügt, die er dann mehr oder minder planmäßig verwirklichte, oder war er nur einer von vielen historischen Faktoren, ja, gar ein »schwacher« Diktator (Hans Mommsen)? Die Fragen werden innerhalb der Forschung ebenso intensiv wie kontrovers diskutiert.

Dabei stehen diejenigen Historiker, die sich eher als Sozialhistoriker verstehen, für einen allgemeinen, aber differenzierten Faschismusbegriff plädieren und dem polykratischen Charakter des Dritten Reichs entscheidende Bedeutung zuerkennen, jenen gegenüber, die eher politische Geschichte treiben, am Totalitarismusbegriff festhalten und bei aller Anerkennung der polykratischen Züge den Staat Hitlers als im Kern monokratisch strukturiert und seine Politik als intendiert und planmäßig betrachten.

Dies sind Grundpositionen in dem seit etwa zehn Jahren intensiv und häufig auch polemisch geführten Streit zwischen den sogenannten Traditionalisten und den Revisionisten. Tatsächlich sind beide jedoch innerhalb ihrer konkreten Forschung gar nicht so weit voneinander entfernt, wie dies ihre Thesen teilweise zu suggerieren scheinen. Bezeichnend ist bereits die Tatsache, daß auch Historiker wie Bracher, Hildebrand, Hillgruber und andere, die als »Traditionalisten« die grundsätzliche Möglichkeit des biographischen Ansatzes betonen, selber keine Biographien über Hitler geschrieben oder gar »hitleristische Konzeptionen« vertreten, sondern auch strukturgeschichtliche Faktoren in ihre Analysen einbezogen haben. Andererseits leugnen auch »Revisionisten« wie Martin Broszat, Hans Mommsen, Peter Hüttenberger und andere nicht die Bedeutung des »Faktors Hitler«. Bedeutungsvoller, aber nicht prinzipiell unvereinbar sind die Positionen der Revisionisten und Traditionalisten bei der Darstellung und Bewertung einiger grundsätzlicher Probleme der Hitler- und Nationalsozialismusforschung, so zum Beispiel bei der Einschätzung der Hitlerschen Weltanschauung, der inneren Struktur »seines« Staates, der Außenpolitik und der Rassenpolitik. Behaupten die deshalb auch als »Programmologen« bezeichneten Traditionalisten, daß Hitler über eine geschlossene Weltanschauung verfügte, die er dann konsequent und geradezu »fahrplanmäßig« verwirklichte, so sehen die Revisionisten in dieser Weltanschauung kein Programm, sondern eine inhaltlich verschwommene und vornehmlich integrativen Zwecken dienende Propaganda. Werfen die Revisionisten den Traditionalisten vor, unter dem Eindruck der nationalsozialistischen Propagandaformel »ein Reich, ein Volk, ein Führer« das Dritte Reich zu überrationalisieren, meinen die Traditionalisten, daß trotz der auch von ihnen erkannten und betonten Ambivalenz polykratischer und monokratischer Elemente am Primat der Politik und der allein entscheidenden Machtstellung Hitlers nicht zu zweifeln sei.

Eine Beachtung gerade dieser Ambivalenz mono- und polykratischer Strukturen durch die Traditionalisten und das Eingeständnis der Revisionisten, daß der ideologische, terroristische und damit totalitäre Grundcharakter des Dritten Reichs durch Kompetenzkämpfe und polykratische Züge nicht wesentlich vermindert wurde, würde zu einer Annäherung beider Positionen beitragen.

SA und SS auf dem Reichsparteitag in Nürnberg, 1935.

Besonders kontrovers scheint dagegen die Debatte über die Ziele, den Verlauf und die Bewertung der nationalsozialistischen Außenpolitik zu sein. Die Traditionalisten meinen, daß Hitler, gestützt auf das in »Mein Kampf« und anderen Schriften niedergelegte Programm, zielstrebig eine Dominanz im europäischen und möglicherweise sogar globalen Rahmen angestrebt habe. Die Revisionisten dagegen bezweifeln energisch, daß die Außenpolitik nach einem vorher gefaßten, ideologisch geprägten »Stufenplan« abgelaufen sei. Auch die nationalsozialistische Außenpolitik sei meist improvisiert worden, je nach den Interessen verschiedener Machtgruppen innerhalb der Partei, der Wirtschaft und des Militärs, vor allem auch durch das Bestreben, mit Hilfe außenpolitischer Erfolge die Bevölkerung gesellschaftspolitisch zu integrieren.

Eine Annäherung dieser kontroversen Positionen könnte erreicht werden, wenn man zwischen den einzelnen Phasen, Zielen und Objekten der nationalsozialistischen Außenpolitik stärker als bisher unterscheiden würde.

So waren für die Intervention des nationalsozialistischen Deutschland in den Spanischen Bürgerkrieg nicht rassenideologische, sondern ökonomische (Sicherung bestimmter Bodenschätze), militärische (Erprobung der neuen Luftwaffe) und allgemein machtpolitische Motive maßgebend: Die Unterstützung Francos schwächte die außenpolitische Position Englands und Frankreichs und stärkte das noch ungefestigte Bündnis mit dem Italien Mussolinis. Auch für den von der Marine geforderten Angriff auf Norwegen und Dänemark waren wirtschaftliche und militärstrategische, keine rassenideologischen Motive maßgebend.

Anders war es beim Überfall auf die Sowjetunion, der entscheidend im Zeichen des rassenideologisch geprägten Ziels stand, »Lebensraum« und gleichzeitig »Vernichtungsraum« im Osten zu gewinnen.

Die Deutung der nationalsozialistischen Rassenpolitik mit ihrer rassenvernichtenden und rassenzüchterischen Komponente ist zwischen Traditionalisten und Revisionisten ebenfalls umstritten. Dabei geht es jedoch wohlgemerkt um Deutungsfragen; das Faktum des Völkermords an den Juden wird von keinem ernstzunehmenden Historiker bestritten. Während Historiker wie Bracher, Hildebrand, Hillgruber, Nolte und viele andere die These vertreten, daß die nationalsozialistische Judenpolitik primär, ja, fast ausschließlich vom Dogma des Rassenantisemitismus geprägt und nach einem vorgeformten Konzept mehr oder minder planmäßig verwirklicht worden sei, meinen die sogenannten Revisionisten, zu denen vor allem Uwe Dietrich Adam, Martin Broszat und Hans Mommsen zu zählen sind, daß die nationalsozialistische Judenpolitik nicht nach einem ideologisch geprägten und relativ feststehenden Plan ausgeführt worden sei. Statt dessen hätten sich die konkurrierenden Interessen verschiedener um Macht und Einfluß ringender Instanzen von Staat und Partei auf die Planung und Realisierung der judenfeindlichen Maßnahmen ausgewirkt. Der schließlich mit brutaler und bürokratischer Konsequenz durchgeführte Massenmord an den Juden trage ebenfalls einen mehr improvisierten als intentionalen Charakter. Die »Endlösung der Judenfrage« sei daher nicht allein auf den Willen Hitlers zurückzuführen, sondern die mehr oder minder notwendige Konsequenz der Kompetenzanarchie und des dadurch entstandenen Chaos gerade in den besetzten Gebieten im Osten; beides habe zu einer fortschreitenden »kumulativen

Radikalisierung« der Judenpolitik geführt bis hin zur physischen Ausrottung. Besonders wichtig und bemerkenswert ist, daß die Anhänger dieser revisionistischen Deutung der nationalsozialistischen Judenpolitik nicht beabsichtigten, Hitler in irgendeiner Weise zu entlasten. Sie meinen nur, daß die Verantwortung für den schließlich erfolgten Völkermord nicht nur bei Hitler, Himmler oder Heydrich, sondern auch bei verschiedenen anderen, scheinbar untergeordneten Personen und Institutionen lag, die einen sehr wesentlichen und freiwilligen Beitrag zur Verwirklichung der nationalsozialistischen Judenpolitik geleistet haben. Die sogenannten Traditionalisten können dies nicht leugnen; denn gerade die intensivere Erforschung der einzelnen Stadien nationalsozialistischer Judenpolitik ergab, daß sie tatsächlich in entscheidendem Maß auch durch Vorschläge und Maßnahmen von Personen und Institutionen geprägt und radikalisiert wurde, die im Kartell des nationalsozialistischen Machtgefüges relativ untergeordnete Positionen und Machtbefugnisse innehatten.

Doch so planlos gerade die Politik gegenüber den deutschen Juden auch erscheint, so planmäßig und »effektiv« mutet sie aus der Rückschau an. Erst nachdem die deutschen Juden aus der »Volksgemeinschaft« ausgegrenzt, nachdem sie entrechtet und weitgehend ausgeplündert worden waren, konnten sie ohne große bürokratische und politische Schwierigkeiten deportiert werden. Die Deportation und die nachfolgende Ermordung sind dann jedoch nicht durch irgendwelche machtpolitischen, etwa auf die Integration der Bevölkerung zielenden Kalküle zu erklären, sondern vielmehr durch das rassenideologische Dogma des Nationalsozialismus.

GESCHICHTE

Hitler und die Geschichte

In seinem sogenannten »Zweiten Buch« bezeichnet Hitler die »Geschichte« als die »geeignetste Lehrmeisterin für unser eigenes politisches Handeln«. Geschichte ist also für ihn nicht um ihrer selbst willen wichtig. Sie dient nicht oder zumindest nicht allein der Aufklärung und Darstellung, wie es »eigentlich gewesen ist«. Sie ist vor allem deshalb wichtig, weil sie eine politische Funktion hat und haben muß. In »Mein Kampf« drückt Hitler diesen Gedanken noch deutlicher und offener aus: »Denn man lernt eben nicht Geschichte, nur um zu wissen, was gewesen ist, sondern man lernt Geschichte, um in ihr eine Lehrmeisterin für die Zukunft und für den Fortbestand des eigenen Volkstums zu erhalten.«

Das Zitat steht am Ende einer Kritik des Geschichtsunterrichts. Hitler hält ihn für unzureichend. Eine Folge davon sei die »gänzlich ungenügend[e] geschichtliche Bildung« der Parlamentarier. Doch Hitler geht es hier offensichtlich um mehr als nur um eine (vielleicht sogar berechtigte) Kritik der »bisherigen Unterrichtsmethode im Geschichtsunterricht«, die er ändern möchte. Er kritisiert die Methoden und Aufgaben der Geschichtswissenschaft. Jede um Objektivität bemühte Geschichtsschreibung, keineswegs nur die im Zeichen des Historismus stehende, lehnt er ab. Geschichte ist für ihn die Magd der Politik. Damit widersprach Hitler den Zielen und Methoden nahezu aller deutschen Historiker.

Hinzu kommt ein zweiter Gedanke. Hitler hielt nur wenige Epochen innerhalb der Geschichte für wichtig und lehrreich. Innerhalb der deutschen Geschichte seien es »nur drei Erscheinungen«, nämlich:

»1. Die hauptsächlich von Bajuwaren betätigte Kolonisation der Ostmark,
2. die Erwerbung und Durchdringung des Gebietes östlich der Elbe und
3. die von den Hohenzollern betätigte Organisation des brandenburgisch-preußischen Staates als Vorbild und Kristallisationskern eines neuen Reiches.«

Wichtig und lehrreich seien diese Erscheinungen, weil man an sie außenpolitisch und volkstumspolitisch anknüpfen könne. Eine derartige rein gegenwartsbezogene Geschichtsbetrachtung und Geschichtsauswahl ist unhistorisch. Sie ist sogar ahistorisch, wenn man bedenkt, daß Hitler den »Fortbestand des eigenen Volkstums« mit rassistischen, also biologischen Maßnahmen wahren wollte. Doch die Gesetze und Methoden der Biologie sind nicht auf die Geschichtswissenschaft übertragbar. Eine biologistisch-sozialdarwinistische Geschichtsschreibung ist bestenfalls Ideologie. Die von Hitler geforderte »Weltgeschichte ..., in der die Rassenfrage zur dominierenden Stellung erhoben wird«, ist unmöglich und ein Widerspruch in sich. Geschichte wird nicht von Rassen, sondern von Menschen gemacht, die sich in Parteien, Staaten, allenfalls Klassen und Nationen, aber niemals »Rassen« vereinen oder vereint werden. Kurz — eine auf der »Rassenfrage« basierende Geschichtswissenschaft gibt es nicht bzw. darf es nicht geben. Sie wäre keine Wissenschaft. Auch dann nicht, wenn man statt des Hitlerschen einen anderen, enger gefaßten Rassenbegriff verwendet.

Aus diesem Gedankengang ist die Folgerung zu ziehen, daß Hitlers »Weltanschauung« nicht historisch geprägt war. Sie hatte im Kern einen ahistorisch-biologistischen Charakter. Ihr Ziel war die Versklavung der slawischen und die Vernichtung der »jüdischen Rasse« sowie die Herstellung einer »rassereinen« Welt. Ein zutiefst inhumanes und barbarisches Ziel, das darüber hinaus an einem Zustand orientiert war, der, so Ernst Nolte, »vor aller Geschichte« lag. Für Hitlers ahistorisch-biologische »Weltanschauung« und Politik konnte die »Geschichte« keine »Lehrmeisterin« sein.

Geschichtswissenschaft im Dritten Reich

In »Mein Kampf« hatte Hitler der Geschichtswissenschaft zwei Aufgaben übertragen: Sie sollte eine politische Funktion als »Lehrmeisterin für die Zukunft und für den Fortbestand des eigenen Volkstums« übernehmen und die »Rassenfrage zur dominierenden Stellung« erheben. Die deutsche Geschichtswissenschaft im Dritten Reich hat die erste Aufgabe zum Teil, die zweite dagegen, von wenigen Ausnahmen abgesehen, nicht erfüllt. Berücksichtigt man beide Aspekte, besteht weder Anlaß, globale Verdammungsurteile zu fällen noch nach apologetischen Rechtfertigungen zu suchen. Die Rolle, die die Geschichtswissenschaft im Dritten Reich gespielt hat, war sehr ambivalent. Dies hatte politisch-institutionelle und politisch-ideologische Ursachen.
Zunächst einmal brauchten die nationalsozialistischen Machthaber die deutsche Geschichtswissenschaft nicht zu «säubern« oder »gleichzuschalten«, weil dies angesichts der politischen Einstellung der meisten deutschen Historiker gar nicht notwendig war. Vor 1933 waren zwar nur sehr wenige Historiker Mitglied der NSDAP, aber auch nur sehr wenige lehnten die Partei ab und bekämpften sie. Der bekannteste NS-Gegner war der Althistoriker und zeitweilige kommunistische Reichtstagsabgeordnete Arthur Rosenberg, der sich wegen seiner politischen Überzeugung und jüdischen Herkunft gezwungen sah, 1933 nach Amerika zu emigrieren. Die meisten anderen Historiker, die 1933 emigrierten — nach Schätzungen waren es etwa 15 Prozent der gesamten Historikerschaft — haben dies nicht wegen ihrer politischen Haltung, sondern aus »rassischen« Gründen tun müssen. Zu den Ausnahmen gehörten der Historiker der deutschen Arbeiterbewegung Gustav Mayer, der liberale Veit Valentin sowie mehrere damals noch junge Historiker wie Hans Rosenberg, Hajo Holborn und Georg Hallgarten.
Auch viele Historiker, die wegen ihrer jüdischen Herkunft entlassen wurden, waren politisch ähnlich national-konservativ gesinnt wie die meisten ihrer im Lande verbliebenen Kollegen. Hans Rothfels und Ernst Kantorowicz können hier als Beispiele genannt werden. Gleichwohl war gerade Kantorowicz zu irgendwelchen Kompromissen nicht bereit. Am 20. April 1933 gab er dem preußischen Minister für Wissenschaft, Kunst und Volksbildung mit folgenden Worten seinen Entschluß bekannt, auf eine weitere Lehrtätigkeit an der Universität Frankfurt am Main zu verzichten: »Obwohl ich als Kriegsfreiwilliger vom August 1914, als Frontsoldat während der Dauer des Krieges, als Nachkriegskämpfer gegen Polen, Spartacus und Räterepublik in Posen, Berlin und München

eine Dienstentlassung wegen meiner jüdischen Abstammung nicht zu gewärtigen habe, [. . .], obwohl meine jenseits aller Zeitströmungen und Tagesereignisse begründete, grundsätzlich positive Einstellung gegenüber einem national regierten Reich auch durch die jüngsten Geschehnisse nicht hat ins Wanken kommen können [. . .], sehe ich mich als Jude dennoch gezwungen, aus dem Geschehenen die Folgerungen zu ziehen und im kommenden Sommersemester meine Lehrtätigkeit ruhen zu lassen.«

Das Schicksal von Ernst Kantorowicz und anderen Kollegen, die aus »rassischen Gründen« ihre Ämter verloren und, so weit dies möglich war, emigrierten, hat die meisten deutschen Historiker nicht daran gehindert, ihre uneingeschränkt »positive Einstellung gegenüber einem national regierten Reich« zu bekunden. Mit ihren ebenso peinlichen wie entlarvenden Ergebenheitsadressen in Briefen, Artikeln, Aufsätzen und Vorworten von Büchern gaben sich die nationalsozialistischen Machthaber zufrieden und verzichteten auf weitere Eingriffe im politisch-institutionellen Bereich. Sieht man von den erwähnten Entlassungen aus meist rassischen Gründen ab, so blieb die Struktur des Wissenschaftsbetriebs in Instituten und Universitäten erhalten. Bei den Berufungen und Ernennungen wurden von den zuständigen staatlichen Instanzen in der Regel die Vorschläge der jeweiligen Fakultäten und Institute berücksichtigt. Nur wenige Institute wurden von den Nationalsozialisten neu gegründet.

Die meisten deutschen Historiker waren nicht einmal, wie Friedrich Meinecke, »Vernunftrepublikaner« und blieben auch nach 1933 ihrer national-konservativen Überzeugung treu. Dies war einigen Nationalsozialisten nicht genug. Zu ihnen gehörte der Referent in der Dienststelle Rosenberg, Walter Frank.

Am 3./4. Februar 1935 veröffentlichte Frank im »Völkischen Beobachter« einen haßerfüllen Artikel: »L' Incorruptible. Eine Studie über Hermann Oncken«. Anlaß war ein Vortrag, den der Berliner Historiker Oncken am 10. Januar 1935 über »Wandlungen des Geschichtsbildes in revolutionären Epochen« gehalten hatte. Hier hatte Oncken unter anderem ausgeführt, daß sich gerade in revolutionären Epochen gewisse Neuerer fänden, »denen auch die Nationalgeschichte nur ein beliebiges Projektionsfeld für die Ideale und Forderungen der Gegenwart« sei. Zu dieser »dilettantischen Spielerei« geselle sich häufig eine »fanatische Wollust umwühlender Zerstörung«. Frank bezog diese Ausführungen Onckens, bei dem er übrigens promoviert hatte, auf sich und die nationalsozialistische Sache und warf Oncken politische Unzuverlässigkeit vor. »Statt sich unter die Größe der Ereignisse zu stellen«, schrieb Frank in seinem holprigen Stil, würde Oncken versuchen, »sich zum Richter über die Bewegung aufzuwerfen«. Damit nicht genug, attackierte Frank die auf dem Prinzip der historischen Objektivität basierende Methode Onckens und der meisten seiner Historiker-Kollegen. »Echte Objektivität« sei, so Frank, jedoch nur bei der »nationalsozialistischen Wissenschaft« zu finden, die sich bewußt und dezidiert zu politisch-ideologischen Zielen bekenne. Dies fehle der gesamten »alten liberalen Geheimrats-Klique«. Sie sei eine »Historiker-Bourgeoisie in Rankes Hermelin«.

Am 6. Februar begab sich Frank in das von Rust geleitete Reichserziehungsministerium und forderte im Auftrag Rosenbergs die Entlassung Onckens, weil dieser die »stärkste Säule der liberalen Opposition« sei. Rust gab nach, Oncken

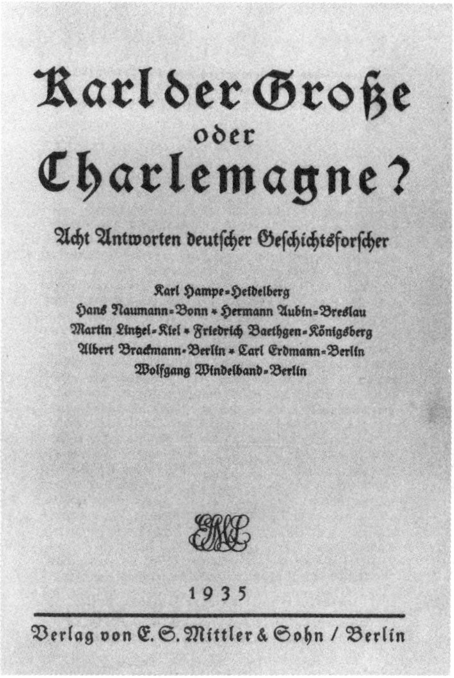

Karl der Große
oder
Charlemagne?

Acht Antworten deutscher Geschichtsforscher

Karl Hampe-Heidelberg
Hans Naumann-Bonn * Hermann Aubin-Breslau
Martin Lintzel-Kiel * Friedrich Baethgen-Königsberg
Albert Brackmann-Berlin * Carl Erdmann-Berlin
Wolfgang Windelband-Berlin

1935

Verlag von E. S. Mittler & Sohn / Berlin

Heinrich Himmler legte am 2. Juli 1936 einen Kranz am Grab Heinrichs I. im Quedlinburger Dom nieder (links). Anlaß war der 1000. Todestag des Königs. Rechts: Titelblatt einer Streitschrift acht deutscher Historiker. Sie wandten sich gegen die These Rosenbergs, Karl der Große verdiene als »Sachsenschlächter« keine Verehrung.

wurde entlassen, und Frank für seine Denunziantenrolle belohnt. Er wurde zum Präsidenten des neu errichteten »Reichsinstituts für die Geschichte des neuen Deutschlands« ernannt. Doch wenn Frank wirklich geglaubt haben sollte, mit Hilfe dieses Amts eine »Beaufsichtigung des gesamten Faches Geschichte« durchführen zu können, ja, zum »verantwortlichen Führer der deutschen Geschichtswissenschaft« zu werden, so sah er sich getäuscht. Frank und seine überwiegend jungen Mitarbeiter veröffentlichten zwar verschiedene Arbeiten im, wie sie meinten, nationalsozialistischen Geist, mußten es dann jedoch erleben, daß diese Werke von den Vertretern der Zunft mit fachwissenschaftlichen Argumenten kritisiert wurden. (Über Franks Buch »Kämpfende Wissenschaft« schrieb der Altmeister Meinecke eine geradezu vernichtende Rezension.) Nicht einmal dagegen konnte sich Frank wehren, weil sein Einfluß auf die historischen Institute und Seminare der Universitäten von Anfang an gering war. 1941 verlor Frank sogar sein Amt. Sein mit einem so pompösen Titel ausgestattetes Institut wurde bedeutungslos. Frank und seinem Förderer Rosenberg war es nicht gelungen, sich gegen konkurrierende Gruppen und Personen innerhalb des national-

sozialistischen Partei- und Staatsapparats durchzusetzen. Bemerkenswerterweise hat Hitler in diese Auseinandersetzungen nicht eingegriffen.
Die deutschen Fachhistoriker hatten also keinen Grund, den Fall Franks als ihren Sieg zu feiern. In poitischer Hinsicht haben sie viele Kompromisse mit dem Regime machen müssen und freiwillig gemacht. Von vornherein verzichteten sie darauf, an den neuen Geschichtsbüchern mitzuarbeiten. Dies überließen sie beflissenen Lehrern und jungen Historikern, die Karriere machen wollten. Das neue parteioffiziöse und in vieler Hinsicht unwissenschaftliche Geschichtsbild konnte somit ungehindert und, von der Historikerzunft auch unkritisiert, verbreitet werden. Hinzu kommt, daß die Fachhistoriker sowohl die Säuberungen des Jahres 1933 wie die Entlassung von Kollegen tolerierten, die sich wie Oncken oder wie Franz Schnabel und Otto Hoetzsch bei den nationalsozialistischen Machthabern wegen ihrer historischen Arbeiten unbeliebt gemacht hatten.
Teilweise nahmen die Geschichtsprofessoren selber Entlassungen aus politischen und »rassischen« Gründen vor, noch bevor dies von den offiziellen Stellen überhaupt verlangt worden war. Dies gilt etwa für den Hinauswurf der jüdischen Mitarbeiter der »Historischen Zeitschrift«. Unter ihnen befand sich die äußerst qualifizierte Hedwig Hintze, die mit Otto Hintze verheiratet war. Friedrich Meinecke, der als Herausgeber der »Historischen Zeitschrift« offensichtlich meinte, durch derartige Zugeständnisse die wissenschaftliche Qualität und Objektivität dieser Zeitschrift wahren zu können, mußte dann jedoch sein Amt an den Parteigenossen und frühen Hitler-Förderer Karl Alexander v. Müller abgeben. Unter v. Müllers Leitung wurde in der »HZ« die geradezu berüchtigte »Abteilung über die Judenfrage« eingerichtet. Wenn Hans Rothfels nach 1945 gemeint hat, daß »nur« 101 der insgesamt 339 Artikel, die während der Leitung Müllers in der »HZ« veröffentlicht wurden, einen pronazistischen Charakter hatten, dann heißt dies (sofern man der Zahlenangabe von Rothfels überhaupt zustimmen will), daß ein Drittel der Artikel einen nationalsozialistischen, das heißt ideologischen und unwissenschaftlichen Charakter hatten. Es besteht kein Anlaß, dies zu rühmen.
Im politisch-institutionellen Bereich gab es also eine zwar nicht spannungsfreie, aber doch funktionierende Zusammenarbeit der national-konservativen Historiker mit dem Regime. Deswegen und weil sich die interessierten Gruppen und Personen im Partei- und Staatsapparat nicht auf ein gemeinsames Vorgehen einigen konnten, wurde auf eine grundlegende Veränderung des Wissenschaftsbetriebs verzichtet. In geschichtsideologischen Fragen zeigten sich die meisten deutschen Historiker allerdings nicht so kooperationsbereit. Sie waren weder bereit, der Rassenideologie eine »dominierende Stellung« einzuräumen noch generell auf die Prinzipien der Objektivität und Wissenschaftlichkeit zu verzichten, wie dies etwa Walter Frank verlangt hatte. Bei historisch-fachwissenschaftlichen und historisch-ideologischen Fragen konnte es zum Dissens kommen.
Bereits vor 1933 hatten zum Beispiel nationalsozialistische Ideologen wie Alfred Rosenberg Karl den Großen wegen seiner Unterwerfung der »germanischen« Sachsen scharf kritisiert und ihn als »Sachsenschlächter« beschimpft. Zur Abwehr dieser Thesen veröffentlichten 1935 acht namhafte deutsche Historiker ein populär gehaltenes Buch unter dem Titel »Karl der Große oder Charlema-

gne?« Einige von ihnen begnügten sich nicht damit, die Belege für den Massenmord an den Sachsen quellenkritisch in Frage zu stellen oder wie Martin Lintzel auf die kaum zu leugnende Tatsache hinzuweisen, daß Karl dem Großen das »Ideal einer völligen geistigen und körperlichen Reinerhaltung der germanischen Rasse« nicht bekannt sein konnte, sondern machten mit politisch-ideologischen Argumenten auf die Folgen aufmerksam, die eine Verdammung Karls des Großen als »Sachsenschlächter« hätte. Dann würden sich nämlich die Franzosen Karl den Großen aneignen und sich, wie Wolfgang Windelband in seinem Aufsatz über »Charlemagne in der französischen Ausdehnungspolitik« ausführte, bei ihren Expansionsbemühungen nach Osten noch mehr als bisher auf die »Karlstradition« berufen. Hermann Aubin argumentierte auf einer anderen, ebenfalls ideologischen Ebene. Er kam nach Studien über die »Herkunft der Karlinger« (statt Karolinger!) zu dem beruhigenden Ergebnis, daß Karl der Große »moselfränkischer Abkunft« gewesen und als »ein von irgendwelcher Romanisierung noch gänzlich unberührter Germane« anzusehen sei. Karl dem Großen wurde damit gewissermaßen der »Ahnenpaß« ausgestellt, der genauso gut germanisch war wie der seines Widersachers, des Sachsenherzogs Widukind. Der Germanist Hans Naumann bezweifelte in dem Band jedoch die rein germanische Abkunft Karls des Großen mit der folgenden, noch abstruseren Begründung: Man könne die »Bluttaten« unmöglich auf das »germanische Konto Karls des Großen setzen«, denn: »Germanien kannte Blutdurst und Grausamkeit nicht.«
Diese Beispiele zeigen zur Genüge, daß Historiker zur Abwehr der ideologischen und unwissenschaftlichen »Sachsenschlächter«-These ebenfalls ideologisierte und unwissenschaftliche Argumente verwandten — ein hoher Preis. Doch der Streit um die Deutung Karls des Großen, in den Hitler wiederum nicht eingriff, verlor an Bedeutung. Die Division der Waffen-SS, in der französische Freiwillige, wie es die nationalsozialistischen Propagandisten nannten, »Europa vor dem Bolschewismus verteidigten«, wurde »Charlemagne« genannt. Die erwähnten Historiker, die so vehement den »germanischen« Karl den Großen für Deutschland reklamiert hatten, erhoben dagegen keine Einwände.
Noch bemerkenswerter als die Auseinandersetzung mit Rosenberg über Karl den Großen ist der Streit, den der Historiker Carl Erdmann mit Heinrich Himmler über die Deutung Heinrichs I. austrug. Himmler hatte 1936 das Grab Heinrichs I. in Quedlinburg ausgraben lassen. Er wollte im Dom der Stadt eine Kult- und Wallfahrtsstätte der SS errichten. Grab und Person Heinrichs I. wurden von Himmler pathetisch in seinen, des »Reichsführers SS«, Schutz genommen. Warum wurde gerade diesem König und nicht etwa einem anderen mittelalterlichen Herrscher wie Otto dem Großen, Friedrich Barbarossa oder Friedrich II. jene Ehre zuteil? Einmal, weil sich Heinrich Himmler allen Ernstes als eine Art Wiedergeburt Heinrichs I. ansah. An diesem »deutschen Führer« schätzte Himmler ferner die Abkunft aus dem »Land des unvermischten Germanentums«: Niedersachsen. Die Sachsen hätten als »Führerstamm des deutschen Volkes« mit der Thronbesteigung Heinrichs I. im Jahr 919 die »Krone des Reichs in ihre Obhut« genommen und so dafür gesorgt, daß die Geschichte des deutschen Mittelalters einen germanischen Charakter trage.
Gegen diese abstruse ideologische Inbesitznahme Heinrichs I. führte Erdmann

in einem 1941 veröffentlichten Aufsatz verschiedene nüchtern-fachwissenschaftliche Argumente ins Feld. Himmler habe, erklärte Erdmann kühl, nicht das Grab eines »deutschen Führers«, sondern eines mittelalterlichen Heiligen in seinen Schutz genommen. Mit seinem Aufsatz hatte Erdmann Himmler als historischen Dilettanten bloßgestellt. Himmler reagierte, indem er die Quedlinburg-Pläne fallen ließ und statt dessen die Wewelsburg bei Paderborn mit Hilfe von KZ-Häftlingen zur zentralen SS-Kultstätte ausbaute. Erdmann selbst wurde zur »Bewährung an die Front« gesandt, wo er umkam.

Noch klarer als Carl Erdmann hat sich Heinrich Dannenbauer bereits 1934/35 gegen die »Überschätzung des germanischen Elements« innerhalb der deutschen Geschichte gewandt. Das deutsche Volk sei aus der Verschmelzung von germanischen und »Volkssplittern sehr verschiedener Art« entstanden. Diese, »von auswärts aufgenommenen Bestandteile als verdammungswürdiges Fremdes wieder zu entfernen«, um so zu einem »reinen Germanentum« zurückkehren zu wollen, sei »reiner Studierstubendoktrinarismus«. Damit wandte sich Dannenbauer gegen die Anwendung der Rassenideologie auf die Geschichte und bekannte sich zugleich zum »Grundsatz der voraussetzungslosen Forschung«. Wissenschaft im allgemeinen, historische Wissenschaft im besonderen, vertrage keinen »Zwang«, sie könne und müsse sich nur »nach ihren eigenen Gesetzen fortentwickeln«. In den »Nationalsozialistischen Monatsheften« wurde Dannenbauer daraufhin vorgeworfen, eine »volksvergessene Verfälschung und Verächtlichmachung des Germanentums« begangen und die von Alfred Rosenberg geforderte »Umwertung der deutschen Geschichte« kritisiert zu haben. Doch weder Rosenberg noch Historiker wie Otto Westphal, die wegen ihrer Versuche, »deutsche Geschichte auf rassischer Grundlage« zu schreiben, von Dannenbauer ebenfalls scharf angegriffen worden waren, gelang es, diesen ebenso unbequemen wie mutigen Kritiker aus dem Amt zu entfernen.

Nur sehr wenige Historiker haben sich so klar und unmißverständlich gegen die Rassenideologie und für die Freiheit der Wissenschaft eingesetzt. Die meisten anderen vertraten zwar keine rassistischen Positionen und hielten trotz der Kritik einiger Nationalsozialisten an ihrer historischen Geschichtsauffassung fest. Dies hat sie jedoch nicht daran gehindert, anderen Elementen der nationalsozialistischen Ideologie zuzustimmen. Nationalistische, autoritäre, antisozialistische, antidemokratische und, allerdings im geringeren Maße, antisemitische Ideologeme findet man in ihren Werken ebenso wie das Bestreben, den nationalsozialistischen Staat und seine Ziele historisch zu legitimieren. Bismarck, Friedrich der Große und Luther dienten dazu, Hitlers »Führertum« zu rechtfertigen und ihn selbst als Höhepunkt der deutschen Geschichte zu verherrlichen. Die mittelalterliche deutsche Ostsiedlung wurde zu einem Vorläufer der Lebensraumpolitik Hitlers verfälscht, lange bevor diese realisiert wurde. Das Heilige Römische Reich Deutscher Nation galt als Vorbild und Rechtfertigungsgrund für die von Hitler angestrebte und fast erreichte Vormachtstellung des »Dritten Reichs« in Europa usf. Deutsche Historiker haben in ideologischer Hinsicht nicht nur Hitlers »Weltanschauung« beeinflußt und ihm gewissermaßen einige seiner Ideen gegeben, sondern auch für die Akzeptanz und Verbreitung dieser »Weltanschauung« unter den Deutschen gesorgt.

Einige Historiker haben darüber hinaus die Politik des Dritten Reichs direkt unterstützt, etwa in der sogenannten Judenfrage und in der Ostpolitik. Mit ihren »Forschungen« leisteten sie einen Beitrag zur Unterdrückung der slawischen Minderheiten in Deutschland sowie der slawischen Völker in den von deutschen Truppen besetzten Ländern. Die schon 1933 ins Leben gerufene »Nord- und Ostdeutsche Forschungsgemeinschaft« unter Albert Brackmann sowie das 1940 auf Veranlassung des Generalgouverneurs Hans Frank in Krakau gegründete »Institut für Deutsche Ostarbeit« beteiligten sich unmittelbar an der deutschen Besatzungspolitik in Osteuropa. Dies gilt auch für die am 20. April 1941 eröffnete »Reichsuniversität Posen«. Sie sollte Unterlagen für die »Bereinigung völkischer Mischzonen«, das heißt für die Volkstums- und Umsiedlungspolitik bereitstellen.
Die »Ostforschung« war direkter Bestandteil der nationalsozialistischen »Lebensraumpolitik«, auch wenn einige der daran beteiligen Historiker gemeint haben, »nur« an der Revision der durch den Versailler Vertrag gezogenen Ostgrenze zu arbeiten. Die meisten dieser »Ostforscher« sind politisch nicht zur Rechenschaft gezogen worden und konnten in der Regel ihre wissenschaftliche Karriere fortsetzen; gleichwohl tragen auch sie historische Verantwortung für diesen Teil der nationalsozialistischen Politik.
Aktiven Widerstand gegen das nationalsozialistische Regime haben nur sehr wenige Historiker geleistet: Gerhard Ritter zum Beispiel, der enge Kontakte zu Goerdeler unterhielt, oder der junge Osteuropahistoriker Georg Sacke, Privatdozent in Leipzig. Wegen seiner »marxistischen Auffassung historischer Probleme« und »positiven Einstellung zur Sowjetunion« wurde Sacke 1933 entlassen, 1934 kam er ins KZ, weil er Kontakte zu einer kommunistischen Widerstandsgruppe hatte. Wieder freigelassen, konnte er 1940 — während des Hitler-Stalin-Pakts! — am »Hamburger Welt-Wirtschafts-Institut« eine Stelle als Osteuropa-Referent antreten. 1944 verhaftete man ihn jedoch erneut und verschleppte ihn in das KZ Neuengamme, wo er kurz vor Kriegsende ermordet wurde.

DER JUDE

Hitlers Antisemitismus

»Siegt der Jude mit Hilfe seines marxistischen Glaubensbekenntnisses über die Völker dieser Welt, dann wird seine Krone der Totenkranz der Menschheit sein, dann wird dieser Planet wie einst vor Jahrmillionen menschenleer durch den Äther ziehen.«

Dieser unerträglich pathetisch formulierte Satz aus Hitlers »Mein Kampf« mutet auf den ersten Blick rein rhetorisch an. Dennoch enthält er all das, was Hitler über »den Juden« dachte. Hitler unterschied nicht wie viele andere Antisemiten zwischen deutschen und ausländischen, reichen und armen, liberal, konservativ, sozialistisch oder zionistisch eingestellten, religiösen und nichtreligiösen, getauften und nicht getauften Juden. Für ihn gab es nur »den Juden«. »Der Jude« versuche, die Herrschaft über alle Völker zu erringen. Er setze dabei als seine wirksamste Waffe den Marxismus ein, wobei Hitler keinen Unterschied zwischen der kommunistischen und sozialistischen Variante machte. Sollte »der Jude« diesen Kampf gewinnen, dann wäre nicht nur der Untergang des deutschen, sondern aller Völker, ja, der ganzen Welt die Folge. »Der Jude« repräsentiert das Böse schlechthin. Er ist damit das, was für viele Christen der Teufel ist. Es ist kein Zufall, daß Hitler in diesem Zusammenhang den religiösen Begriff »Glaubensbekenntnis« verwendet und generell die Bosheit und Gefährlichkeit »des Juden« mit apokalyptischen Wendungen beschreibt. Für Hitler ist der Kampf gegen »den Juden« — wie der Kampf gegen das Böse für einen überzeugten Christen — gerecht, notwendig und gottwohlgefällig: »So glaube ich heute im Sinne des allmächtigen Schöpfers zu handeln: Indem ich mich des Juden erwehre, kämpfe ich für das Werk des Herrn.« Fast alles, was er später in weiteren Schriften und in Reden über die Juden sagt, ist Wiederholung und Variation der einen Grundmaxime: »Der Jude« ist die Verkörperung des absolut Bösen, der Kampf gegen ihn gut und gerecht.

Wie überall auf der Welt, so Hitler, sind auch in Deutschland die Juden Verfechter und Führer des »Marxismus« und der »Diktatur des Proletariats« sowie der »Demokratie« und ihres »Mehrheitsprinzips«, das wiederum die »Diktatur des Proletariats« vorbereiten soll. Juden waren für den Kriegsausbruch, für die »Preußenhetze« während des Kriegs und für den »Zusammenbruch« Deutschlands 1918 verantwortlich. Sie waren die »Drahtzieher der deutschen Revolution«, die »Väter der Weimarer Verfassung«. Und sie üben nun »nach der Revolution« einen vorherrschenden Einfluß in nahezu allen Parteien, in der »Reichsverwaltung«, in den »Wirtschaftsbetrieben«, in »Presse« und Kultur, in den »Aktiengesellschaften« und an der »Börse« aus.

Aber auch alle übrigen Länder sind für Hitler entweder jüdisch beherrscht, wie etwa das »jüdisch-bolschewistische« Rußland, oder von Juden beeinflußt, die dabei ihre führende Stellung innerhalb der »internationalen Weltfinanz« ausnützen. Nur Japan und Italien leisteten dem jüdischen Machtstreben noch Widerstand. Daher würden besonders Juden versuchen, die von Hitler propagierte »deutsch-italienische Verständigung« zu hintertreiben. Kurz: das »internatio-

nale Judentum« sei der Verwirklichung seiner »Weltherrschaftspläne«, wie sie in den »Protokollen der Weisen von Zion« niedergelegt seien, schon sehr nahe gekommen. Um dieses Ziel zu erreichen, würden die Juden verschiedene Methoden anwenden, vom »Bolschewismus« über die »Demokratie« bis zur versuchten Einführung der »jüdischen Universalsprache« Esperanto.
Ebenso abstrus wie die Vermutung, die Einübung des Esperanto würde es dem »Judentum« leichter machen, die Völker zu beherrschen, ist die Ansicht Hitlers, daß Juden die »Prostitution« und den »Mädchenhandel« beherrschten, was er schon in seiner Wiener Zeit beobachtet haben will. Doch diese Vermutung ist nicht nur ein weiteres Beispiel für die antijüdische Verschwörungstheorie Hitlers. Die Verknüpfung der Prostitutions- mit der Judenfrage hat eine große Bedeutung, weil Hitler auf diese Weise die beiden zentralen Elemente seiner »Weltanschauung« — den Antisemitismus und den Rassismus — miteinander verbindet.
Zunächst einmal sah Hitler in der Prostitution die »Schrittmacherin« der Syphilis. Für Hitler war die »Bekämpfung der Syphilis ... die Aufgabe der Nation«. Im Kapitel 10 des ersten Bands von »Mein Kampf« äußert er sich auf fast 20 Seiten über die Syphilis, die Prostitution und die »seelische Prostituierung des Volkes«, wozu er auch verschiedene Aspekte der modernen Kunst zählt. All diese medizinischen und seelischen »Verfallserscheinungen« hätten entscheidend zum deutschen »Zusammenbruch« beigetragen. Doch nicht nur deshalb bezeichnet Hitler den »Kampf gegen die Syphilis und ihre Schrittmacherin, die Prostitution«, als »eine der ungeheuersten Aufgaben der Menschheit«. Jener Kampf sei nämlich zugleich der »Prüfstein des Rassenwertes« eines Volks. Die »Rasse«, welche diese »Probe« nicht bestehe, werde »sterben oder gesünderen oder doch zäheren und widerstandsfähigeren den Platz räumen«. Folglich entwickelt Hitler einen ganzen Katalog von Maßnahmen, der von der »unbarmherzigen Absonderung« und »Sterilisation unheilbar Erkrankter« über die Forcierung der »körperlichen Ausbildung« und »eisernen Abhärtung« der männlichen Jugend, die so weniger das »Bedürfnis sinnlicher Befriedigung« verspüre, bis hin zur »Ermöglichung einer frühen Verehelichung der kommenden Generation« reicht, wobei Hitler auch an verschiedene soziale Förderungsmöglichkeiten denkt.
Damit ist er bei seinen Rassenzüchtungsplänen angelangt. Wichtig ist in diesem Zusammenhang, daß Hitler »den Juden« sowohl für die »seelische Verprostituierung« des deutschen Volks, die er daher auch als »Verjudung unseres Seelenlebens« bezeichnet, als auch für die Prostitution selbst verantwortlich macht. Doch »der Jude« trägt nicht nur auf diese eher indirekte Weise zu einer Verschlechterung der biologischen Substanz des deutschen Volks bei. Er strebt auch direkt eine »rassische Zersetzung«, »Bastardierung« und »Blutvergiftung« des deutschen »Volkskörpers« an: durch ehelichen und außerehelichen Geschlechtsverkehr zwischen »Juden« und »Ariern«. Dieser Gedanke wird in beispiellos abstoßender und deutlicher Weise folgendermaßen ausgedrückt: »Der schwarzhaarige Judenjunge lauert stundenlang, satanische Freude in seinem Gesicht, auf das ahnungslose Mädchen, das er mit seinem Blute schändet und damit seinem, des Mädchens, Volke raubt. Mit allen Mitteln versucht er, die rassischen Grundlagen des zu unterjochenden Volkes zu verderben.«

Hitlers Antisemitismus besteht somit aus zwei Komponenten: der Verschwörungstheorie, wonach »der Jude« nach der Herrschaft über alle Völker strebe, und der rassistischen Furcht, daß die »rassisch minderwertigen« Juden die »rassischen Grundlagen« des deutschen und anderer Völker »verderben« wollten. Hitler ist es damit gelungen, alle bekannten Varianten der religiös, sozial und rassisch motivierten Judenfeindschaft miteinander zu verbinden und zu radikalisieren. »Der Jude« ist das Böse schlechthin. Daher sind alle Methoden der Abwehr und Bekämpfung gerecht und notwendig.

Eberhard Jäckel hat in seinem wegweisenden Buch über »Hitlers Weltanschauung« mit Recht darauf aufmerksam gemacht, daß Hitler zunächst noch relativ zurückhaltend von der »Entfernung der Juden« gesprochen hat. Im 25-Punkte-Programm der NSDAP, das von Hitler am 24. Februar 1920 verkündet worden war, wurde «nur« die Ausweisung von »Nicht-Deutschen« gefordert, womit vor allem die »Ostjuden« gemeint waren, die seit dem Beginn des Weltkriegs nach Deutschland eingewandert waren. Weitere Ausweisungen von »Angehörigen fremder Nationen« sollten dann erfolgen, wenn sie nicht mehr ernährt werden könnten. Die Punkte 4 bis 6 regelten die Aberkennung der staatsbürgerlichen Rechte der deutschen Juden, die unter »Fremdenrecht« gestellt werden sollten, ohne jedoch Deutschland verlassen zu müssen. Aber schon am 13. März 1921 rief Hitler im »Völkischen Beobachter« zu einer Verhinderung der »jüdischen Unterhöhlung unseres Volkes« auf, und zwar »wenn notwendig durch die Sicherung ihrer Erreger in Konzentrationslagern«. Immer radikaler und brutaler wurden schließlich die Maßnahmen, die Hitler zur Bekämpfung der Juden vorschlug. Nachdem er schon im 7. Kapitel des ersten Bands von »Mein Kampf« erklärt hatte: »Mit dem Juden gibt es kein Paktieren, sondern nur das harte Entweder-Oder«, forderte er im letzten Kapitel des zweiten Bands ganz offen die Ermordung von »zwölf- oder fünfzehntausend dieser hebräischen Volksverderber«. Dies ist mehr als deutlich. Gleichwohl muß auf den Kontext des Zitats hingewiesen werden, denn hier ist ausschließlich vom Ersten Weltkrieg die Rede. In dieser Ausnahmesituation wäre es nach Hitlers Meinung möglich und legitim gewesen, 15 000 der insgesamt 560 000 deutschen Juden zu vernichten.

Zwei Argumente sprechen indes dafür, daß Hitler bereits an die Ausrottung aller Juden dachte. Einmal die Tatsache, daß er die »Judenfrage« mit dem Krieg verknüpft und so zumindest andeutet, die »Lösung der Judenfrage« könnte zu den Zielen eines künftigen Kriegs gehören. Zum anderen, daß er die Juden in »Mein Kampf« durchgängig als »Schmarotzer«, »Parasiten«, »Spaltpilze«, »Ratten«, »Blutegel«, »Bazillen«, besonders »Tuberkelbazillen« usf. charakterisiert. Damit wird den Juden ihr Menschsein abgesprochen und allein durch die Begriffswahl signalisiert, was mit ihnen zu machen sei: Sie sollen vernichtet werden. Innerhalb der antisemitischen Literatur war nämlich die Verwendung der Parasiten-Metapher für Juden untrennbar mit der Vernichtungsforderung verbunden. Am deutlichsten ist dies bei Paul de Lagarde, der 1887 ebenfalls Juden mit »Trichinen und Bazillen« verglich und in diesem Zusammenhang den viel zitierten Satz schrieb, daß man mit »Trichinen und Bazillen« nicht verhandeln könne, sie würden auch nicht erzogen, »sie werden so rasch und gründlich wie möglich vernichtet«.

Aus »Mein Kampf« und anderen Schriften und Reden Hitlers geht unmißverständlich hervor, daß Hitler in den Juden die Verkörperung des absolut Bösen sah und sie mit allem ihm zu Gebote stehenden Methoden vernichten wollte. Damit ist die Frage jedoch noch nicht beantwortet, ob die Judenpolitik des Dritten Reichs nach diesem Konzept mehr oder wenig planmäßig verwirklicht wurde.

Die nationalsozialistische Judenverfolgung

»Hätte man zu Kriegsbeginn und während des Krieges einmal zwölf- oder fünfzehntausend dieser hebräischen Volksverderber so unter Giftgas gehalten, wie hunderttausend unserer allerbesten deutschen Arbeiter aus allen Schichten und Berufen es im Felde erdulden mußten, dann wäre das Millionenopfer der Front nicht vergeblich gewesen. Im Gegenteil: Zwölftausend Schurken zur rechten Zeit beseitigt, hätte vielleicht einer Million ordentlicher, für die Zukunft wertvoller Deutschen das Leben gerettet ...«
Das Zitat aus »Mein Kampf« beweist, daß Hitler lange vor der »Machtergreifung« aus seinem fanatischen Judenhaß keinen Hehl gemacht hat. Doch beweist dieses Zitat auch, daß die nach 1933 verfolgte nationalsozialistische Judenpolitik planmäßig nach einem Konzept realisiert worden ist, dessen Grundzüge schon in Hitlers programmatischer Schrift »Mein Kampf« zu finden sind?
Die Frage wird innerhalb der Forschung unterschiedlich beantwortet. Historiker wie Bracher, Friedländer, Hildebrand, Hillgruber, Jäckel, Nolte und viele andere vertreten die These, daß die nationalsozialistische Judenpolitik primär, ja, fast ausschließlich vom Dogma des Rassenantisemitismus Hitlers geprägt, intendiert und nach einem ebenfalls von Hitler vorgeformten Konzept ausgeführt worden sei. Andere Historiker, zu denen Uwe Dietrich Adam, Martin Broszat und Hans Mommsen zählen, meinen dagegen, daß es keine einheitliche und planmäßige nationalsozialistische Judenpolitik gegeben habe. Sie sei eher improvisiert als intendiert gewesen. Konkurrierende Interessen und Absichten verschiedener um Macht und Einfluß ringender Organisationen von Partei und Staat hätten die Judenpolitik geprägt und zugleich radikalisiert.
Zur Beurteilung dieser Kontroverse und zum Verständnis des verbrecherischen Charakters des Dritten Reiches sind fundierte Kenntnisse der wichtigsten Phasen und Ergebnisse der nationalsozialistischen Judenverfolgung notwendig.

Die erste Phase: 1933-1938. Unmittelbar nach der sogenannten Machtergreifung haben sich viele Nationalsozialisten nicht mehr damit begnügt, die ihnen so verhaßten Juden »nur« verbal zu attackieren. In einigen Städten wurden Warenhäuser demoliert, die sich in jüdischem Besitz befanden, jüdische Richter und Anwälte wurden aus den Gerichten gewaltsam ausgeschlossen. Zu den ersten Opfern, die von den zu Hilfspolizisten ernannten SA- und SS-Banden in die »wilden« Konzentrationslager eingeliefert wurden, gehörten neben Kommunisten und Sozialisten auch viele Juden. SA-Schergen folterten Juden besonders grausam, vor allem dann, wenn sie kommunistischen oder sozialistischen Parteien angehört oder sich auf andere Weise am Kampf gegen den Nationalsozialismus beteiligt hatten. Eine bis heute unbekannte Zahl jüdischer Bürger wurde in jenen »wilden« Konzentrationslagern ermordet oder starb an den erlittenen Mißhandlungen. In der Regel verfolgten weder Polizei noch Justiz die Täter. Um so ausführlicher und entrüsteter berichtete die ausländische Presse über den Terror der SA-Männer. Die nationalsozialistische Parteiführung nahm diese Berichte zum Anlaß, am 1. April 1933 gegen die »Greuelpropaganda« einen »Judenboykott« zu inszenieren; nahezu alle jüdischen Geschäftsleute hatten darunter zu leiden.

Die ebenso verlogene wie propagandistisch geschickte Behauptung der Nationalsozialisten, man müsse sich gegenüber der angeblich von Juden gesteuerten »Greuelpropaganda« zur Wehr setzen, hat damals bei vielen Deutschen Erfolg gehabt. Dennoch haben sich zahlreiche Menschen trotz der drohenden Haltung der SA-Posten nicht davon abhalten lassen, in den boykottierten jüdischen Geschäften einzukaufen. Von einer allgemein verbreiteten aggressiven Judenfeindschaft konnte zu diesem Zeitpunkt nicht gesprochen werden. Doch haben die nationalsozialistischen Machthaber gegenüber dem Ausland und gegenüber ihren konservativen Bündnispartnern in Deutschland betont, daß sie mit dem Judenboykott nur auf die »Stimme des Volkes« Rücksicht nehmen wollten.

Weitaus bedeutsamer war das »Gesetz zur Wiederherstellung des Berufsbeamtentums« vom 7. April 1933. Es richtete sich in erster Linie gegen tatsächliche und vermeintliche Gegner des Regimes, aber auch gegen jene jüdischen Beamten, die nicht als ehemalige Frontkämpfer anerkannt wurden. Mit der Entlassung dieser jüdischen Beamten wurde einmal die in vielen Städten von Nationalsozialisten lautstark geforderte und begonnene Vertreibung von jüdischen Richtern, Staatsanwälten, Lehrern, Verwaltungsbeamten nachträglich »legalisiert«, zum anderen diente das Gesetz als pseudolegale Rechtfertigung dafür, Juden auch aus anderen Berufen zu verdrängen und ihren Tätigkeitsbereich einzugrenzen.

So verbot man schon am 22. April 1933 jüdischen Ärzten, für Krankenkassen zu arbeiten. Am gleichen Tag schränkte das »Gesetz gegen die Überfüllung der Hochschulen« die Zahl der jüdischen Studenten ein. Am 4. Mai wurden nach den Beamten auch alle »nichtarischen« Arbeiter und Angestellten der Behörden entlassen. Am 6. Mai verfügte die Reichsregierung, daß die wegen der Frontkämpferklausel noch im Amt verbliebenen Beamten nicht mehr befördert werden durften. Am 2. Juni untersagte man jüdischen Zahnärzten und Zahntechnikern die Tätigkeit für Krankenkassen. Am 17. Mai 1934 wurde dieses Verbot auch auf Mediziner ausgedehnt, die mit »nichtarischen« Ehepartnern verheiratet waren. Seit dem 11. Januar 1934 durften Juden nur noch in Ausnahmefällen promovieren, seit dem 26. Juli konnten sie nicht mehr als wissenschaftliche Assistenten eingestellt werden, vom 8. Dezember 1934 an wurden jüdische Pharmaziestudenten nicht mehr zur Prüfung zugelassen und seit dem 13. Dezember konnten sich Juden nicht mehr habilitieren. In der ersten Hälfte des Jahres 1935 folgten weitere Zulassungsbeschränkungen und Berufsverbote gegen Juden, die in akademischen Berufen tätig waren. Während diese Maßnahmen eine deutlich erkennbare ökonomische Zielrichtung hatten, sollten andere judenfeindliche Gesetze und Verordnungen, die ebenfalls bereits im Zeitraum von 1933 bis September 1935 erlassen wurden, die Juden aus der »Volksgemeinschaft« ausgrenzen.

Straßenschild in Braunschweig, 1935. Solche Schilder gab es überall in Deutschland. Während der Olympischen Spiele 1936 wurden sie vorübergehend entfernt.

So etwa das Gesetz vom 14. Juli 1933, mit dessen Hilfe alle zwischen dem 9. November 1918 und dem 30. Januar 1933 erfolgten Einbürgerungen wieder rückgängig gemacht werden konnten: Vor allem Ostjuden entzog man daraufhin die bereits erworbene deutsche Staatsbürgerschaft wieder. Oder der »Arierparagraph«, den man in verschiedene Gesetze einfügte: in das Erbhofgesetz vom 27. September 1933, das Schriftleitergesetz vom 4. Oktober 1933, das »Gesetz zur Ordnung der nationalen Arbeit« vom 20. Januar 1934, das Wehrgesetz vom 31. Mai 1935 (Juden durften nicht mehr Offiziere werden), das Gesetz über den Reichsarbeitsdienst usw. Diese Gesetze schlossen Juden ausdrücklich von den damit verbundenen Pflichten und Rechten aus. Bemerkenswerterweise erließen aber auch Institutionen, die von der Partei noch nicht kontrolliert wurden, »Arierparagraphen«. Die Reichswehrführung zum Beispiel verbot bereits am 7. August 1933 allen Armeeangehörigen, jüdische Frauen zu heiraten, und schloß am 28. Februar 1934 jüdische Soldaten aus der Armee aus. Selbst Teile der evangelischen Kirche forderten die Einführung des »Arierparagraphen« — und handelten danach.

Mehr der Diffamierung als der Ausgrenzung der Juden dienten vor allem Maßnahmen der Partei und SA: die Bücherverbrennungen vom 10. Mai 1933, wobei auch Werke von »Nichtariern« in die Flammen geworfen wurden; die Anordnung, daß Mitglieder der NSDAP bei Gerichten, Behörden usw. keine Hilfe von Juden in Anspruch nehmen durften, sowie die Anbringung judenfeindlicher Plakate und sogenannter »Judenkästen«, in denen der »Stürmer« ausgehängt wurde, in nahezu allen Städten und Dörfern. Im engen Zusammenhang mit dieser hemmungslosen antisemitischen Propaganda — besonders bekannt war die berüchtigte »Ritualmord«-Sondernummer des »Stürmer« vom Mai 1934 — standen Ausschreitungen von Angehörigen der NSDAP und ihrer Gliederungen gegen einzelne Juden, gegen jüdische Geschäfte und Synagogen überall im Reich.

Vor diesem Hintergrund sind das »Reichsbürgergesetz«, das den Juden die staatsbürgerlichen Rechte entzog, und das »Blutschutzgesetz« zu sehen, das Eheschließung und außerehelichen Geschlechtsverkehr zwischen Juden und »Ariern« verbot: die »Nürnberger Gesetze« vom 15. September 1935. Sie stellten fortan die pseudolegale Basis für die judenfeindliche Gesetzgebung des Dritten Reichs dar. Die wichtigsten der nun folgenden antijüdischen Maßnahmen wurden als »Durchführungsverordnungen zum Reichsbürgergesetz« bzw. »Blutschutzgesetz« deklariert. Mit den Nürnberger Gesetzen versuchten die Nationalsozialisten auch, den »wilden« Terror gegen die Juden zu unterbinden. Der staatlich sanktionierte Terror war indes weitaus effektiver als der »wilde«, den er weitgehend verdrängte. Brutalität und Perfektion dieses bürokratischen Terrors wurden auch nicht dadurch verringert, daß nach den Nürnberger Gesetzen die Kompetenzkämpfe unter denjenigen Ministerien und Institutionen andauerten, die direkt und indirekt an der Judengesetzgebung beteiligt waren. Nur wenn man die einzelnen judenfeindlichen Gesetze und Maßnahmen in zeitlicher Reihenfolge aufzählt, kann der Eindruck entstehen, die nationalsozialistische Judenpolitik sei insgesamt zumindest zeitweise plan- und ziellos gewesen. Wendet man indes ein systematischeres Gliederungsprinzip an, wie es in diesem Überblick geschieht, erscheint die nationalsozialistische Judenpolitik in der Rückschau als konsequent und planmäßig.

Nach dem Erlaß der Nürnberger Gesetze und der in diesem Zusammenhang fast ebenso wichtigen Durchführungsverordnung zum Wehrgesetz vom 25. Juli 1935, die die Juden vom Wehrdienst »befreite«, glich die staatsrechtliche Lage der Juden der vor der Emanzipation. Sie waren wieder zu Bürgern »zweiter Klasse« geworden. Unter Berufung auf die Nürnberger Gesetze wurden den deutschen Juden nun alle Positionen wieder genommen, die sie während und nach der Epoche der Emanzipation in Staat und Gesellschaft erreicht hatten. Vom 14. November 1935 an erkannte ihnen die erste Durchführungsverordnung zum Reichsbürgergesetz das Wahlrecht ab. Gleichzeitig entließ man nun auch jene jüdischen Beamten, die bisher noch durch die Frontkämpferklausel geschützt worden waren. Die zweite Durchführungsverordnung zum Reichsbürgergesetz vom 21. Dezember 1935 dehnte das Berufsverbot auf alle jüdischen Notare, Ärzte, Professoren und Lehrer im Staatsdienst aus. Weitere Beschränkungen und partielle Berufsverbote trafen Ärzte, Rechtsanwälte, Apotheker, bis schließlich Ende 1938 ein umfassendes Berufsverbot für alle jüdischen Akademiker verkündet werden konnte.

Wenn die mit den Nürnberger Gesetzen bereits 1935 grundsätzlich beschlossene radikale Rückgängigmachung der Judenemanzipation erst 1938 in allen Bereichen des staatlichen und gesellschaftlichen Lebens verwirklicht worden war, so lag dies auch daran, daß man in den Jahren 1936 und 1937 das Tempo der antisemitischen Gesetzesmaschinerie gedrosselt hatte. Außenpolitische Interessen des Dritten Reichs waren die Ursachen hierfür. Während der Olympischen Spiele in Berlin 1936 wurden zum Beispiel sogar judenfeindliche Schilder und Transpa-

rente vorübergehend aus den Straßen entfernt. Dennoch herrschte in den Jahren 1936 und 1937 nur eine trügerische, relative Ruhe. Denn »Durchführungsverordnungen« zu den Nürnberger Gesetzen wurden verkündet und verwirklicht, welche die Juden aus der »Volksgemeinschaft« und dem Berufsleben ausgrenzten: Seit dem 26. März 1936 durften Juden keine Apotheken mehr pachten; seit dem 3. April wurden jüdische Tierärzte und mit »nichtarischen« Ehegatten verheiratete Veterinärmediziner nicht mehr zugelassen; am 29. Juni 1936 erhielten jüdische Devisenberater, am 16. Juli 1936 Bautechniker, am 26. Januar 1937 Viehhändler und am 13. Februar Notare Berufsverbot. Eine scheinbar banale Bedeutung hatten die diskriminierenden Bestimmungen, wonach seit dem 7. Dezember 1936 mit Juden verheiratete Personen nicht mehr die Staatsflagge zeigen durften; die zweite Ausführungsverordnung zum Reichsjagdgesetz vom 5. Februar 1937, die unter anderem Juden den Jagdschein entzog; und das am 4. November 1937 erlassene Verbot des »deutschen Grußes» für Juden.
Weitaus folgenreicher war der Geheimerlaß des Chefs der Sicherheitspolizei Reinhard Heydrich vom 12. Juni 1937, wonach Menschen, die wegen eines Verstoßes gegen das »Blutschutzgesetz« verurteilt worden waren und ihre Strafe abgebüßt hatten, in Konzentrationslager einzuliefern seien. Das kam der Todesstrafe für »Rassenschänder« gleich, über die in der gleichgeschalteten Presse ausführlich und in widerlicher Form berichtet wurde. Derartiges hatte es seit Menschengedenken nicht mehr gegeben.
Eine große und in die Zukunft weisende Bedeutung hatten auch die Beratungen vom September 1936 über den Vierjahresplan. Nicht nur galt es, Armee und Wirtschaft in vier Jahren kriegsfähig zu machen, sondern — so wies Hitler darüber hinaus an — »das gesamte Judentum« sollte für alle Schäden haften, »die durch einzelne Exemplare dieses Verbrechertums der deutschen Wirtschaft und damit dem deutschen Volk zugefügt werden«. Die Verknüpfung der »Judenfrage« mit wirtschaftlichen und militärischen Problemen prägte dann die 1938 beginnende Verschärfung der Judenpolitik des Dritten Reichs.
Im Frühjahr des Jahres 1938 wurden alle für das Reich erlassenen antijüdischen Gesetze und Verordnungen auf das am 12. März annektierte Österreich übertragen. Gleichzeitig ergriffen die Nationalsozialisten eine Reihe von Maßnahmen, um die Juden auch aus dem Wirtschaftsleben auszuschließen. Berufsverbote wurden am 20. Januar 1938 für jüdische Vermessungsingenieure erlassen, am 18. März für jüdische Waffenhändler, am 6. Juli für Makler, Detektive, Heiratsvermittler, Hausverwalter, Fremdenführer und im Wandergewerbe Beschäftigte; am 27. September folgte das endgültige Berufsverbot für alle jüdischen Rechtsanwälte, am 28. September für alle Krankenpfleger, am 31. Oktober für die Patentanwälte, am 21. Dezember für alle jüdischen Hebammen usw. Im Jahr 1938 erreichten die »Arisierungen« jüdischer Betriebe, das heißt die Enteignungen und Aufkäufe (weit unter dem tatsächlichen Wert!) ihren Höhepunkt. Ökonomisch motiviert und zugleich in die Zukunft weisend war die Verordnung vom 26. April 1938, die vorsah, daß Juden ihr Vermögen, soweit es über 5000 RM betrug, bei den Behörden anmelden mußten.
Dem Ziel der Diskriminierung und Demütigung dienten zudem die Bestimmungen, daß Juden bestimmte Kurorte nicht mehr besuchen durften (11. Juli 1938);

daß nach Juden benannte Straßen umbenannt werden mußten (27. Juli 1938); daß sie bestimmte Parkbänke nicht mehr benutzen durften, sowie die Verordnung vom 17. August 1938, wonach Juden vom 1. Januar 1939 an die zusätzlichen Zwangsvornamen Sara bzw. Israel führen mußten. Diese besondere Kennzeichnung und die Verordnung vom 5. Oktober 1938, wonach die Reisepässe der Juden einzuziehen und mit einem aufgedruckten roten »J« zu versehen seien, erwiesen sich später als wesentliche Voraussetzung für die Deportation und Vernichtung.
Im Jahr 1938 stand jedoch noch ein anderes Ziel im Vordergrund: das schon seit 1933 zu beobachtende Bestreben der Nationalsozialisten, die Juden zur Auswanderung zu zwingen; allerdings nun mit der immer deutlicher werdenden Absicht verbunden, den zur Auswanderung bereiten oder gezwungenen Juden vorher ihr Vermögen zu nehmen. Schließlich durften jüdische Auswanderer nur noch 10 RM pro Person mitnehmen. Auch aus diesem Grund erklärten sich immer weniger Länder bereit, die — weitgehend mittellosen — deutschen Juden aufzunehmen. Dies bot wiederum Anlaß für die nationalsozialistische Propaganda, hämisch auf diese Reaktion des Auslands hinzuweisen, der aber nur zum Teil antisemitische Motive zugrunde lagen.
Die jüdische Auswanderung aus Deutschland wurde zu einem internationalen Problem. Am 3. August 1938 trat in Evian eine zwischenstaatliche Flüchtlingskommission zusammen, deren Ziel es war, möglichst vielen Juden nicht nur die Auswanderung, sondern auch die Mitnahme wenigstens eines Teils ihres Vermögens zu gestatten. Die Vertreter der Reichsregierung lehnten dies entschieden ab und forderten im Gegenzug, daß die Juden in- und außerhalb Deutschlands Devisen zur Verfügung stellten, mit denen deutsche Einfuhren bezahlt werden sollten. Das Ausland sollte dem Dritten Reich gewissermaßen eine Kopfprämie für jeden Juden bezahlen, dem erlaubt wurde, seine deutsche Heimat zu verlassen. Wie nicht anders zu erwarten, kam es in Evian zu keiner Einigung. Daraufhin griffen die Nationalsozialisten zu anderen Maßnahmen.
Am 28. Oktober 1938 wurden etwa 17000 Juden polnischer Staatsangehörigkeit, die meist schon seit Jahrzehnten in Deutschland lebten, in Zwangstransporten an die polnische Grenze gebracht, wo sie tagelang umherirrten, weil sich die polnischen Behörden weigerten, sie aufzunehmen. Unter diesen bedauernswerten Menschen befanden sich auch Verwandte und Freunde Herschel Grynszpans, der aus Verbitterung und Verzweiflung am 7. November 1938 den Legationssekretär der deutschen Botschaft in Paris, Ernst vom Rath, durch Schüsse so verletzte, daß er kurz darauf starb. Das Attentat war für die Nationalsozialisten willkommener Anlaß, jenes Pogrom auszulösen, das auch heute noch unter der verharmlosenden Bezeichnung »Reichskristallnacht« bekannt ist. Am 9. und 10. November wurden jedoch keineswegs nur Fensterscheiben zertrümmert und Geschäfte (insgesamt 7000) geplündert: In Deutschland brannten fast alle Synagogen, 30000 Juden wurden in Konzentrationslager eingeliefert, 91 Personen ermordet.

Die zweite Phase: 1939-1941. Das Pogrom vom 9. November 1938 stellt einen deutlichen Einschnitt in der nationalsozialistischen Judenpolitik dar. Einmal deshalb, weil die von Goebbels initiierten Ausschreitungen in ganz Deutschland

vor aller Augen stattfanden, ohne daß sich die Bevölkerung, von einigen Ausnahmen abgesehen, gewehrt und ihr deutliches Mißfallen zum Ausdruck gebracht hätte. Dieses Verhalten zeigte den nationalsozialistischen Machthabern, daß die »Volksgenossen« in ihrer überwiegenden Mehrheit zwar keine fanatischen Antisemiten waren — nur relativ wenige hatten die Plünderungen und Ausschreitungen der »Parteigenossen« und SA-Banden unterstützt —, daß das deutsche Volk aber offensichtlich weder fähig noch willens war, sich gegen die Judenpolitik der Nationalsozialisten aufzulehnen, die hier zum ersten Mal Züge einer geplanten und in Kauf genommenen Vernichtung der jüdischen Minderheit annahm. Diese Passivität, ja, dieses Versagen kann und darf nicht mit dem Hinweis auf die inzwischen erreichte Perfektion des nationalsozialistischen Terrorapparats erklärt und entschuldigt werden. Von ganz wenigen Ausnahmen abgesehen, blieben die Repräsentanten beider Kirchen stumm, obwohl sie zu diesem Zeitpunkt noch in der Lage gewesen wären, zumindest ein deutliches Wort des Protests und der Anklage zu sprechen. Von entschiedenen öffentlichen Reaktionen derjenigen Personen, die sich dann in den bürgerlich-militärischen Widerstandskreisen zusammenfanden, ist ebenfalls nichts bekannt.
Wiederum konnten die nationalsozialistischen Machthaber sich auf die angebliche, tatsächlich jedoch geschürte »Stimme des Volkes« berufen, wenn sie nunmehr judenfeindliche Gesetze erließen, die weit über das bisherige Ziel hinausgingen, die Emanzipation wieder rückgängig zu machen. Jetzt wurde die nahezu völlige Entrechtung und Ausplünderung der jüdischen Minderheit in Angriff genommen: zeitlich wie sachlich die notwendige Voraussetzung für den Holo-

»Reichskristallnacht«, 9./10. November 1938: Die ausgebrannte Synagoge Ohel Jakob in der Herzog-Rudolf-Straße in München. Die Feuerwehrleute hatten hier wie überall in Deutschland die Anweisung, nur die umliegenden Häuser zu schützen.

caust. Ob diese Gesetze nun aufgrund eines lange vorbereiteten Plans ergingen oder ad hoc erfolgten, ist dabei, um es noch einmal zu wiederholen, sekundär. Am 12. November 1938 wurden auf einer von Hermann Göring geleiteten Besprechung verschiedene judenfeindliche Gesetze und Verordnungen beschlossen, die in ihrer Gesamtheit ebenso konsequent wie brutal wirken, obwohl das Sitzungsprotokoll auf einen eher chaotischen Verlauf der Diskussion hindeutet. Zunächst einmal machte man die deutschen Juden kollektiv für das Attentat auf Ernst vom Rath haftbar. Als »Sühneleistung« sollten sie eine Milliarde RM an die nationalsozialistische Regierung zahlen. Außerdem wurden sie durch die »Verordnung über die Wiederherstellung des Straßenbildes« dazu gezwungen, die während der Pogromnacht von den Nationalsozialisten angerichteten Schäden zu beseitigen; und noch mehr Geld wollte man von den deutschen Juden erpressen, deren Geschäfte und Synagogen man gerade geplündert und zerstört hatte! Die Nationalsozialisten scheuten sich nicht, auch noch die Versicherungsgelder zu beschlagnahmen, auf die die jüdischen Bürger Anspruch hatten!

Obgleich volkswirtschaftlich gesehen nutzlos, ja schädlich, war die ebenfalls am 12. November 1938 erlassene »Verordnung zur Ausschaltung der Juden aus dem deutschen Wirtschaftsleben« vor allem ökonomisch begründet. Die Schließung jüdischer Geschäfte und Handwerksbetriebe sowie weitere Berufsverbote

In Wien wurden Juden am 13. November 1938 gezwungen, unter Aufsicht von Hitlerjungen mit Tüchern und Bürsten die Straßen zu scheuern.

befriedigten kurzfristige Beutegelüste der nationalsozialistischen Machthaber: Man brauchte das Geld der »legal« ausgeplünderten Juden, um die ökonomischen Ziele des Vierjahresplans zu erreichen.
Auf der Besprechung vom 12. November erörterte man indes noch andere judenfeindliche Maßnahmen. Den bereits erwähnten »Arisierungen« jüdischer Geschäfte und Handwerksbetriebe folgten die am 3. Dezember 1938 erlassene Verordnung, wonach Juden Wertpapiere, Juwelen, Schmuck und Kunstgegenstände nur an den Staat (und unter Wert) verkaufen durften; die am 5. Dezember 1938 angeordnete Verkürzung der Pensionen von entlassenen jüdischen Beamten; die am 21. Februar 1939 verkündete Verpflichtung, daß Juden alle in ihrem Besitz befindlichen Edelmetalle abzuliefern hätten; die Aufhebung des Mieterschutzes für Juden am 30. April 1939 usw. Lauter Verordnungen, die dazu geeignet waren, Juden möglichst rasch und reibungslos deportieren zu können. Ähnliches gilt für Verordnungen, welche Juden scheinbar »nur« diskriminieren sollten: das am 29. November 1938 ausgesprochene Verbot, Brieftauben zu halten; der Einzug der Führerscheine jüdischer Bürger am 3. Dezember 1938; die Verhängung des »Judenbannes« vom 6. Dezember 1938 über das Regierungsviertel in Berlin, das Juden nicht mehr betreten durften; und die in der Folgezeit immer weiter verschärften Verbote des Besuchs von Theatern, Konzerten, Kinos und der Benutzung von Hotels, Schlafwagen, Bänken, öffentlichen Anlagen ...
Liest man diese und andere Verordnungen und Zusatzverordnungen, so kann man in der Tat den Eindruck gewinnen, sie seien improvisiert gewesen oder gar mit dem Geltungsdrang und Karrierestreben der verschiedenen Judenreferenten in den einzelnen Ministerien und Ämtern zu erklären. Doch so chaotisch auch die Diskussionen und Entscheidungsprozesse in den beteiligten Ämtern und Behörden des Staats und der Partei anmuten, so konsequent war die Wirkung dieser judenfeindlichen Maßnahmen: Sie sollten die Juden diskriminieren, ihnen die Menschenwürde absprechen, sie von der nicht-jüdischen Bevölkerung isolieren und völlig aus dem Wirtschafts- und Berufsleben verdrängen. So zynisch es klingt: die Verhaftung, die Einweisung in sogenannte Sammellager und schließlich die Deportation von Menschen, die rechtlos waren, die keine eigene Wohnung, kaum noch Hab und Gut besaßen, ließ sich ohne große technische und bürokratische Schwierigkeiten abwickeln.

Der Holocaust. Gegen die These, daß die Judenvernichtung vor der Holocaust-Phase geplant gewesen sei, spricht jedoch die Tatsache, daß die Nationalsozialisten noch in den ersten beiden Kriegsjahren erwogen, die Juden, die sich im deutschen Machtbereich befanden, in sogenannte Reservate umzusiedeln.
Für diese »Lösung der Judenfrage« hatte sich vor allem der Chef der Sicherheitspolizei und des SD, Reinhard Heydrich, eingesetzt. Unter seiner Regie hatte man Pläne ausgearbeitet, die Juden nach Madagaskar zu deportieren, wo sie unter deutscher Aufsicht in einer jüdischen Kolonie arbeiten sollten. Als sich indes nach Kriegsausbruch zeigte, daß dieser barbarische Plan nicht zu verwirklichen war — zumal der Krieg einen erheblichen Rückgang der Auswanderung bewirkte (bis September 1939 hatten sich 185000 Juden aus dem Reich retten können) —, dachte man im Reichssicherheitshauptamt daran, im eroberten Ostpo-

len ein jüdisches Reservat aufzubauen. Tatsächlich begann man schon im Herbst und Winter 1939/40 mit einer groß angelegten Zwangsumsiedlung von Juden aus der Tschechoslowakei und den annektierten polnischen Gebieten (»Gau Wartheland«) ins »Generalgouvernement«. Am 12. und 13. Februar 1940 rollten die ersten Deportationszüge mit Juden aus Deutschland nach Osten, und zwar aus den Bezirken Schneidemühl, Stettin und Stralsund.

Doch bereits im März 1940 ließen die Nationalsozialisten den Plan eines »Judenreservats« in Ostpolen wieder fallen. Statt dessen konzentrierten sie vor allem die polnischen Juden in scharf bewachten Ghettos, die unmittelbar nach dem Polenfeldzug errichtet wurden. Seit dem 29. Oktober 1939 bestand Arbeitszwang für alle Juden im besetzten Polen, vom 23. November 1939 an mußten sie den gelben Stern tragen. Aber nicht genug der Deportationen und Zwangsumsiedlungen: man ermordete, ebenfalls unmittelbar nach dem Überfall auf Polen, Tausende von Juden. Nach dem Angriff auf die Sowjetunion begannen vier SS-Einsatzgruppen mit dem systematischen Massenmord. Bis 1942 hatten sie bereits über eine Million Juden in den besetzten sowjetischen Territorien erschossen, verbrannt, mit Äxten, Eisenstangen, Spaten oder Hacken erschlagen. Dennoch scheinen die nationalsozialistischen Machthaber diese Form der Massenvernichtung nicht für effektiv gehalten zu haben. Heydrich, der bereits am 31. Juli 1941 von Göring mit der Ausarbeitung eines »Gesamtentwurfs über die organisatorischen, sachlichen und materiellen Maßnahmen zur Durchführung der angestrebten Endlösung der Judenfrage« beauftragt worden war, ließ vom Judenreferat des Reichssicherheitshauptamts bürokratisch perfekte Pläne für die »Endlösung« ausarbeiten.

Am 20. Januar 1942 stellte er sie im Gebäude der deutschen Dienststelle der Internationalen Kriminalpolizeikommission (Interpol), am Großen Wannsee Nr. 56/58 in Berlin, den Vertretern und Referenten des Justizministeriums für die besetzten Ostgebiete und der Partei- und Reichskanzlei vor. Auf dieser Besprechung, bekannt geworden unter dem Namen »Wannsee-Konferenz«, schlug Heydrich unter anderem vor: »Unter entsprechender Leitung sollen nun im Zuge der Endlösung die Juden in geeigneter Weise im Osten zum Arbeitseinsatz kommen. In großen Arbeitskolonnen unter Trennung der Geschlechter werden die arbeitsfähigen Juden straßenbauend in diese Gebiete geführt, wobei zweifellos ein Großteil durch natürliche Verminderung ausfallen wird. Der allfällig endlich verbleibende Restbestand wird, da es sich bei diesem zweifellos um den widerstandsfähigsten Teil handelt, entsprechend behandelt werden müssen, da dieser, eine natürliche Auslese darstellend, bei Freilassung als Keimzelle eines neuen jüdischen Aufbaues anzusprechen ist. (Siehe die Erfahrung der Geschichte.) Im Zuge der praktischen Durchführung der Endlösung wird Europa von Westen nach Osten durchgekämmt ...«

Die Vertreter der Ministerien waren damit einverstanden, daß die »praktische Durchführung der Endlösung« von der SS und dem Reichssicherheitshauptamt zu leiten sei, stimmten dem Plan Heydrichs in allen Punkten zu und trugen nur verschiedene »Verbesserungsvorschläge« vor, wie Europa noch »effektiver« nach Juden »durchgekämmt« werden könne. Relativ ausführlich diskutierten sie vor allem über die Frage, ob und in welchem Umfang auch »Mischlinge« in die »Endlösung« einbezogen werden sollten.

Selektion an der Rampe in Auschwitz-Birkenau, 1944.

Auf der Wannsee-Konferenz wurde nicht, wie man häufig lesen kann, die »Endlösung« beschlossen: Mit der Ausrottung der europäischen Juden, deren Zahl Experten des Reichssicherheitshauptamts auf 11 Millionen schätzten, hatte man längst begonnen. Es ging lediglich um die Koordinierung der verschiedenen Behörden, die mit der »Judenfrage« zu tun hatten, und um die möglichst effektive »praktische Durchführung der Endlösung«. Auf weiteren Besprechungen, die vor und nach dem 20. Januar 1942 stattfanden, legte man fest, wie die Ausplünderung der europäischen Juden, wie die Sammlung und Deportation technisch und finanziell »durchzuführen« sei. Einen Teil der benötigten Gelder mußten die zur Vernichtung bestimmten Juden selbst aufbringen — man raubte sie einfach aus, preßte ihnen ihr letztes Hab und Gut in den Zwangsarbeitslagern ab. Verschiedene zivile und militärische Behörden und Institutionen wurden um »Amtshilfe« gebeten: so etwa die Beamten des Reichsverkehrsministeriums, die Eisenbahnwaggons bereitstellen und Transportrouten festlegen sollten; die jeweiligen Oberfinanzpräsidenten, die Ratschläge für den Raub der Vermögenswerte deutscher Juden zu geben hatten; Vertreter des Auswärtigen Amts, mit denen die Ausplünderung der ausländischen Juden besprochen wurde. Verschiedene Konferenzen fanden auch mit Repräsentanten deutscher Wirtschaftsunternehmen statt. Sie setzten sich nachhaltig dafür ein, so viele jüdische Arbeitssklaven wie möglich für ihre Betriebe und Werke zu bekommen, die sich, wie in Auschwitz, oft in unmittelbarer Nähe der Konzentrationslager befanden.
Doch die SS, die die Juden gewissermaßen als ihr Eigentum betrachtete, zeigte sich immer weniger geneigt, die Wünsche der Industriellen zu berücksichtigen: Zum einen wollte man die jüdischen Arbeitssklaven in den eigenen Betrieben einsetzen, zum anderen aber hatte die Vernichtung des europäischen Judentums für Himmler und die SS unbedingte Priorität. Bereits vor der Wannsee-Konferenz war Adolf Eichmann zu der Überzeugung gelangt, daß die von den Einsatzgruppen im Osten angewandten Vernichtungsmethoden nicht »effektiv« genug seien. Nach mehreren »Experimenten« mit Kohlenmonoxyd entschied man sich um die Jahreswende 1941/1942 dafür, das in der Schädlingsbekämpfung eingesetzte Gas Zyklon B für die Massenvernichtung der Juden zu verwenden, die — eine makabre Analogie — von den Nationalsozialisten schon immer als Schädlinge und Parasiten bezeichnet und bekämpft worden waren.
Seit Juni 1942 wurde diese Vernichtungsmethode in den Lagern Auschwitz/Birkenau (errichtet am 8. Oktober 1941), Chełmno (errichtet am 8. Dezember 1941), Bełzec (errichtet am 17. März 1942), Sobibór (errichtet am 3. Mai 1942), Majdanek (im Mai 1942 zum Vernichtungslager umgewandelt), Treblinka (Beginn der Massenvernichtung am 23. Juli 1942) und anderen Orten des Schreckens angewandt. Der Ausbeutung und, wie es zynisch hieß, »Vernichtung durch Arbeit« dienten zahlreiche andere Konzentrationslager und Nebenlager in Deutschland und in den von deutschen Truppen besetzten europäischen Ländern. Hier setzte man den Massenmord bis zur Befreiung der KZs durch alliierte Truppen fort. Insgesamt sind etwa sechs Millionen Juden vergast, erschossen, erschlagen oder dem Hungertod preisgegeben worden.

DIE MACHT

Hitler, die Legalität und die Macht

»Und wenn wir die Macht haben, dann werden allerdings Köpfe in den Sand rollen, dann werden wir ein Revolutionstribunal, einen deutschen Staatsgerichtshof errichten! Und ausweisen, nichts als ausweisen!«
Offene Worte Adolf Hitlers am 25. September 1930 vor dem Leipziger Reichsgericht. Doch die Richter scheinen dem einschlägig als politischer Gewalttäter vorbestraften Zeugen Hitler sehr gewogen gewesen zu sein. Sie haben ihn weder verhaften lassen noch zu einer Ordnungsstrafe verurteilt. Der Vorsitzende faßte sogar die Aussagen Hitlers dahingehend zusammen, »daß die Errichtung des Dritten Reiches auf verfassungsmäßigem Wege erstrebt« würde. Eine eigenwillige Interpretation. Noch merkwürdiger ist, daß auch die Historiker diese Gewalt verherrlichenden und offen Gewalt androhenden Aussagen Hitlers als »Legalitätseid« bezeichnen.
Hitler und seine Gefolgsleute haben diesen angeblichen »Legalitätseid« vor dem Leipziger Prozeß und unzählige Male danach gebrochen. Der nationalsozialistische Terror begann nicht erst am 30. Januar 1933! Einen (und keineswegs den einzigen) Beweis ihrer terroristischen, ja, sadistischen Fähigkeiten gaben einige SA-Männer in der Nacht vom 9. auf den 10. August 1932, als sie in dem schlesischen Ort Potempa den Bergmann Konrad Pietrzuch in seiner Wohnung überfielen und vor den Augen seiner Mutter buchstäblich zu Tode trampelten. Der Fall Potempa ist deshalb so bekannt geworden, weil die nationalsozialistischen Täter aufgrund einer kurz zuvor erlassenen Verordnung des Reichspräsidenten Hindenburg »gegen politischen Terror« zum Tode verurteilt worden sind. Sie wurden jedoch nicht hingerichtet und 1933 freigelassen. Hitler stellte sich öffentlich und uneingeschränkt vor diese »Kameraden« und fühlte sich ihnen »in unbegrenzter Treue verbunden«.
Der »Fall« Potempa war nur einer von vielen. Es gab auch vor 1933 zahlreiche andere nationalsozialistische Morde und Gewalttaten. Diese Tatsache wird durch den Hinweis auf Gewaltakte der Gegenseite nicht entkräftet. Im Gegenteil: es war ein deutliches Zeichen der Schwäche, ja, der Kapitulationsbereitschaft der führenden Politiker der Weimarer Republik, daß sie nicht einmal das staatliche Gewaltmonopol wahren und die nationalsozialistischen Gewalttaten verhindern konnten.
Damit hatten die Nationalsozialisten ein wesentliches propagandistisches Ziel erreicht. Hatten sie doch zeigen können, daß die verhaßte Republik schwach, sie dagegen stark und in der Lage waren, »Ordnung« zu schaffen.
Dennoch war es Hitler ernst mit diesem »Legalitätseid«. Er hatte nach 1923, nach dem bereits an der Münchner Feldherrnhalle gescheiterten »Marsch auf Berlin«, seine Lektion gelernt. So sehr er Mussolini und den italienischen Faschismus bewunderte, so wenig war er doch bereit, dem faschistischen Vorbild in dieser Hinsicht zu folgen. Sein Ziel war nicht mehr die gewaltsame Machtergreifung, sondern die »legale« Machtgewinnung, um dann allerdings uneingeschränkt von der so gewonnenen »Macht« Gebrauch zu machen.

Hitler hat seinen ambivalenten Legalitätskurs gegen den schärfsten innerparteilichen Widerstand durchgesetzt. So vor allem gegen die »Arbeitsgemeinschaft der nord- und westdeutschen Gaue«. Angeführt von Gregor Strasser, hatten diese Gauleiter die Münchner Parteiführung nicht nur deshalb angegriffen, weil sie betont antikapitalistische Ziele vertraten, sondern auch weil sie sich zugleich gegen den neuen Legalitätskurs aussprachen. Doch Hitler hat seine Strategie und zugleich seine Machtstellung auf der Bamberger Führertagung von 1926 durchsetzen können. Ähnliches gilt angesichts der Kritik, die wiederholt aus den Reihen der SA kam.

Um so erstaunlicher ist es, daß gerade die Gegner des Nationalsozialismus Hitler diesen Kurswechsel einfach nicht zutrauen wollten.

Die kommunistischen »Antifaschisten« wollten unter Hinweis auf das Lehrstück der faschistischen Machtergreifung in Italien der »faschistischen« Gewalt Gegengewalt entgegensetzen. Das führte zu der später kritisierten Direktive: »Schlagt die Faschisten, wo ihr sie trefft!« Die sozialdemokratischen Antifaschisten hatten ein ganz besonderes Konzept erdacht, die »Machtergreifung« der »deutschen Faschisten« zu verhindern. Falls es zu einem »Marsch auf Berlin« kommen sollte, würde das sozialdemokratische Reichsbanner zusammen mit der sozialdemokratisch geführten preußischen Polizei dem faschistischen Spuk ein jähes Ende bereiten. Doch dieses antifaschistische Konzept hatte zwei entscheidende Fehler: Zum einen dachten die Nationalsozialisten gar nicht an eine derartige gewaltsame Machtergreifung. Zum andern stand die preußische Polizei nach dem 20. Juli 1932 nicht mehr unter sozialdemokratischer Kontrolle. Das Reichsbanner wurde von der SPD-Führung nicht mehr als »antifaschistische« Waffe eingesetzt.

Noch verhängnisvoller war indes, daß alle Hitler-Gegner, auch die innerhalb der bürgerlichen Parteien und der Kirchen, den zweiten Teil seines »Legalitätseides« nicht ernst genug genommen haben. Gemeint ist Hitlers wiederholte Ankündigung, rücksichtslos von der ihm einmal übertragenen Macht Gebrauch zu machen.

Die Machtergreifung

Reichspräsident v. Hindenburg ernannte am 30. Januar 1933 Adolf Hitler zum Reichskanzler. War dies eine »Machtergreifung«, und wurde sie an diesem Tag vollendet?

Wohl kaum, denn dem neuen Kabinett gehörten außer Hitler nur noch zwei Nationalsozialisten an: Wilhelm Frick, der Reichsinnenminister wurde, und Hermann Göring, der als Reichsminister ohne Geschäftsbereich fungierte, gleichzeitig aber als kommissarischer preußischer Innenminister die Polizei in diesem weitaus größten Reichsland befehligte. Daher war es mehr als kurzsichtig, wenn der ebenso ehrgeizige wie naive Vizekanzler von Papen meinte, er und seine konservativen Gesinnungsgenossen würden »in zwei Monaten . . . Hitler (so) in die Ecke gedrückt (haben), daß er quietscht«. In »die Ecke gedrückt« wurden schließlich nicht die Nationalsozialisten, sondern ihre konservativen Steigbügelhalter und Bundesgenossen, die dennoch zunächst keine Veranlassung sahen, zu »quietschen«. Schließlich benutzten die Nationalsozialisten ja die ihnen erteilte Macht, um die Parteien und Organisationen der Arbeiterbewegung zu unterdrücken. Die konservativen Bündnispartner der NSDAP, das Militär und die Kirchen, die damals noch über die politische und moralische Autorität verfügten, um gegen den Vernichtungsfeldzug gegen Kommunisten und Sozialisten zu protestieren, bewahrten überaus wohlwollende Neutralität.

Bei der »Machtergreifung« handelte es sich also nicht um einen einmaligen »revolutionären« Akt, sondern um einen Prozeß, in dem die Nationalsozialisten Schritt für Schritt ihre Macht im Reich, in den Ländern und — nicht zuletzt — auf der Straße sicherten und ausbauten. Dabei lassen sich, grob gesehen, zwei »Machtergreifungsprozesse« unterscheiden. Der eine fand in den Ministerien und Parlamenten des Reichs und der Länder sowie in den Rathäusern der großen Kommunen statt. Diese weitgehend scheinlegal verlaufene Machtergreifung »von oben« war untrennbar mit der eindeutig illegalen Machtergreifung »von unten« verbunden, mit dem Terror der Nationalsozialisten gegen ihre politischen Gegner, der die »Machtergreifungen« in den Regierungen, Parlamenten und Rathäusern vorbereitete und ergänzte.

Nach der Auflösung des Reichstags am 1. Februar 1933 nutzten die Nationalsozialisten skrupellos die ihnen erteilten staatlichen Machtpositionen aus, um ihren mit gewaltsamen und propagandistischen Methoden geführten Wahlkampf zum Erfolg zu führen. Aufgrund von zwei Erlassen (11. und 22. Februar)

30. Januar 1933: eines der wenigen authentischen Fotos vom Fackelzug der Nationalsozialisten und anderer »nationaler Verbände« in Berlin.

Terror der SA nach der »Machtergreifung«: das Foto wurde vermutlich im »Gutschowkeller« in der Berliner Friedrichstraße 234 Ende März 1933 aufgenommen.

wurden in Preußen 40000 SA- und SS-Leute zu Hilfspolizisten ernannt. Am 17. Februar forderte Göring die Polizei auf, bei der Verfolgung politischer Gegner unerbittlich von der Schußwaffe Gebrauch zu machen. Noch in der Nacht des Reichstagsbrands vom 27. Februar wurden Tausende von Kommunisten nach vorbereiteten Listen verhaftet. Einen Tag später wurde diese beispiellose Verhaftungswelle durch die »Verordnung des Reichspräsidenten zum Schutz von Volk und Staat« nachträglich »legalisiert«: alle Grundrechte der Weimarer Reichsverfassung waren außer Kraft gesetzt. Die Mitglieder der KPD waren damit faktisch für vogelfrei erklärt, obwohl die Partei selbst sich noch an den Reichstagswahlen vom 5. März beteiligen konnte. Die 81 Mandate der KPD wurden jedoch am 13. März 1933 annuliert.
Bei den Reichstagswahlen vom 5. März 1933, die wegen der Verfolgungen von Kommunisten und Sozialisten schon nicht mehr frei genannt werden können, errang die NSDAP 43,9 Prozent der abgegebenen Stimmen. Zusammen mit den 8 Prozent der mit ihr verbündeten »Kampffront Schwarz-Weiß-Rot« (ein Zusammenschluß von DNVP und Stahlhelm) verfügte die nationalsozialistisch geführte Regierung nun über die absolute Mehrheit im Reichstag. Ein weiterer Schritt zur totalen Macht war die »Gleichschaltung« der Länderregierungen. Am 31. März wurden entsprechend dem »Gesetz zur Gleichschaltung der Länder mit dem Reich« die Länderparlamente nach dem Ausgang der Reichstagswahl vom 5. März neugebildet, ohne daß Neuwahlen stattgefunden hätten. Am 7. April setzte die Reichsregierung in den Ländern »Reichsstatthalter« ein; Länderregierungen und -parlamente waren damit faktisch ausgeschaltet. Am 30. Januar 1934 wurden

die Länderparlamente schließlich aufgelöst, die Hoheitsrechte der Länder gingen auf das Reich über.
Bereits am 23. März 1933 wurde durch das sogenannte Ermächtigungsgesetz auch der Reichstag ausgeschaltet; die nationalsozialistische Regierung konnte nun ohne Mitsprache und Mitwirkung des Reichstags und des Reichsrats auch verfassungsändernde Gesetze erlassen. Dabei verfügte sie nach der Annulierung der kommunistischen Mandate ohnehin schon über die absolute Mehrheit im Reichstag. Nur die noch nicht verhafteten oder geflüchteten SPD-Reichstagsabgeordneten stimmten gegen das »Gesetz zur Behebung der Not von Volk und Reich«.
Seit Ende Februar führten die Nationalsozialisten gleichzeitig einen Vernichtungsfeldzug gegen die Parteien und Organisationen der Arbeiterbewegung, wobei sie auch terroristische Methoden anwandten. Terror ging vor allem von den Schlägerbanden der SA und SS aus, die Kommunisten und Sozialisten, aber auch viele Juden verhafteten, folterten und häufig zu Tode prügelten. Die staatlichen Institutionen (Polizei, Justiz, Reichswehr) duldeten, ja unterstützten mehr oder minder offen diese brutalen, ungesetzlichen Aktionen. Erst als der Terror der SA außer Kontrolle zu geraten schien, griff die nationalsozialistische Regierung ein. Sie tat dies jedoch nicht um der Opfer willen, sondern um den Terror bürokratisch zu kontrollieren. Immer mehr übernahm die Gestapo die Verfolgung der Gegner des Regimes.
Am 1. April 1933 boykottierten Partei und SA die jüdischen Geschäfte in Deutschland. Am 7. April schloß die Reichsregierung aufgrund des »Gesetzes zur Wiederherstellung des Berufsbeamtentums« politische Gegner und alle Juden aus dem Staatsdienst aus, sofern sie nicht den Status von Frontkämpfern hatten. Am 2. Mai wurden die Gewerkschaften aufgelöst, ihre Häuser besetzt und ihre Vermögen zu Gunsten der am 10. Mai gebildeten »Deutschen Arbeitsfront« (DAF) eingezogen. Die DAF war eine Zwangsvereinigung von Arbeitern, Angestellten und Unternehmern, die keinerlei Ähnlichkeit mit einer Gewerkschaft hatte. Am 22. Juni folgte schließlich auch das Verbot der SPD. Ihre Funktionäre wurden verhaftet, sofern sie nicht schon in den zahlreichen Konzentrationslagern saßen oder emigriert waren. Nachdem sich im Juni und Juli auch noch die übrigen bürgerlichen Parteien selbst aufgelöst hatten, bestimmte die Reichsregierung durch das Gesetz vom 14. Juli 1933, daß die NSDAP von nun an die einzige Partei Deutschlands sei.
Von diesem Zeitpunkt an verfügten außerhalb der NSDAP nur noch die Reichswehr und die Kirchen über eine zumindest potentielle und moralische Macht. Doch beide Institutionen waren weder willens noch in der Lage, energisch und wirksam gegen den Nationalsozialismus vorzugehen. Die Reichswehr hatte sich bereits durch ihre wohlwollende Neutralität besonders während des Massenmords anläßlich des sogenannten Röhm-Putsches am 30. Juni 1934 kompromittiert und war objektiv zum Komplizen der nationalsozialistischen Gewaltherrscher geworden. Mit den beiden Kirchen kam es in der Folgezeit zwar noch zu Auseinandersetzungen und Kompetenzkämpfen, die jedoch, von einigen Ausnahmen abgesehen, nie den Charakter eines prinzipiellen Widerstands annahmen, sondern nur Eingriffe in das kirchliche Leben abwehren sollten.

PREUSSEN

Die Vorbildfunktion

Adolf Hitler war Österreicher, seine Partei wurde in München gegründet, ihr Aktionsradius blieb bis 1923 im wesentlichen auf diese Stadt und auf Bayern beschränkt. Dennoch hat Hitler von Anfang an den Anspruch erhoben, keine nur bayerische, sondern eine Partei mit einem gesamtdeutschen Anspruch zu führen.

Dieser Anspruch war nur dann aufrechtzuerhalten, wenn er sich zur einstigen Führungsmacht und zum immer noch bei weitem größten Reichsland Preußen im positiven Sinne äußerte. Hitler hat dies, glaubt man seinen eigenen Berichten, frühzeitig getan. Derartiges war (und ist bis heute) in Bayern keineswegs populär. Hitler gibt dies in »Mein Kampf« freimütig zu. Er habe mit seinem »damaligen Widerstand gegen die Preußenhetze« »eine unpopuläre Sache begonnen«. Doch Hitler wäre nicht Hitler gewesen, wenn es ihm, jedenfalls vor seinen Anhängern, nicht gelungen wäre, diese »unpopuläre Sache« zu verteidigen.

Geschickt verzichtet er auf eine langatmige Verteidigung des Preußentums und diffamiert jede Kritik an Preußen als »Preußenhetze«: Hetzerisch müsse die Kritik schon deshalb sein, weil sie zunächst und vor allem ein Produkt englischer und französischer Kriegspropaganda gewesen sei. Engländer und Franzosen hätten die »alte Kluft zwischen Nord und Süd« wieder aufgerissen, wobei Hitler suggeriert, daß es die »Kluft« zwischen Nord- und Süddeutschen, zwischen protestantischen Preußen und katholischen Bayern, an sich gar nicht mehr gegeben habe.

In einem nächsten Argumentationsschritt wirft er die »Verhetzung des Süddeutschen gegen den Norddeutschen« jenen vor, die zielgerichtet auf den »drohenden Zusammenbruch« Deutschlands hingearbeitet hätten. »Preußenhetze« ist also auch ein Werk derjenigen, die dem siegreich kämpfenden Heer den »Dolch in den Rücken gestoßen« hätten, also der »Revolutionäre« von 1918. Daß diese Revolution auch in München (Hitler meint sogar, zuerst) gegen das »angestammte Königshaus« ausbrach, sei gewissermaßen die Strafe dafür gewesen, daß auch königstreue Bayern, ja, selbst die »bayerischen Kommandostellen« im Weltkrieg die »Preußenhetze« gar nicht ungern gesehen hätten.

Doch, so Hitler in einem dritten und letzten Argumentationsschritt, Nutznießer und Drahtzieher der gesamten »Preußenhetze« sei »der Jude« gewesen, und zwar die jüdischen Kriegsgewinnler, die »natürlich« ebenfalls jüdischen Repräsentanten der »Kriegsgesellschaften« in Berlin und die jüdischen Revolutionäre von 1918, allen voran der »internationale Jude Kurt Eisner«. Folgerichtig wird Eisner nicht nur die Revolution, sondern auch der Versuch vorgeworfen, »Bayern gegen Preußen auszuspielen«. Diese Argumentation ist natürlich Unsinn, aber, wie gesagt, nicht ungeschickt. Ein Meisterstück in der propagandistischen Verdrehung der Tatsachen vollbringt Hitler, wenn er darauf hinweist, daß die »Beseitigung der (Münchner) Räterepublik« von den »bolschewistischen (das heißt jüdischen) Agitatoren« als »preußisch-militaristischer Sieg gegen das ›antimilitaristisch‹ und ›antipreußisch‹ gesinnte bayerische Volk« hingestellt werde.

Den Zulauf zu den linken Parteien in Bayern, besonders zur »Kommunistischen Partei«, führt Hitler ebenfalls auf diese »Preußenhetze« zurück.
Hitler hatte offensichtlich das Gefühl, daß diese Agitation gegen die »Preußenhetzer« und ihren »Schlachtruf«: »Lieber bayerisch sterben als preußisch verderben« ausreiche. Nachdem er schon vorher geradezu beiläufig die zur Staatsbildung notwendigen »ideellen Tugenden« Preußens gelobt und den »Bruderzwist« zwischen Österreich und Preußen als ebenso »tragisch« wie unnötig bezeichnet hat, weil Österreich und Preußen eben »von vornherein hätten zusammengelegt werden müssen«, erhebt er schließlich in dem wichtigen Kapitel über »Ostorientierung und Ostpolitik« den brandenburgisch-preußischen Staat zum »Vorbild« und »Kristallisationskern eines neuen Reiches«.
Preußen teilt sich indes diese Vorbildfunktion mit der Ostsiedlung, der »Erwerbung und Durchdringung des Gebietes östlich der Elbe« und der »hauptsächlich von Bajuwaren betätigte(n) Kolonisation der Ostmark«. Mit anderen Worten: Hitlers Heimat Österreich und die damalige Stätte seines politischen Wirkens — Bayern — gehen »nicht leer« aus. Er verehrt Preußen nicht ungeteilt, nicht einmal unbeschränkt. Indirekt kritisiert er es, weil die »deutsche Kaiserkrone« nicht in den Kämpfen von Paris (1870), sondern »in Wahrheit auf dem Schlachtfelde von Königgrätz geholt« worden sei. Im Unterschied zu vielen borussischen Historikern des 19. Jahrhunderts zweifelt Hitler sogar am »deutschen Beruf« Preußens. Es sei nicht vorhersehbar gewesen, daß Preußen und nicht Habsburg »Gründer und Lehrer des neuen Reiches« geworden sei. Preußens Erfolg beruhe nicht auf seiner Mission, sondern einzig und allein auf der »natürlichen Entwicklung«, wonach eben immer der »Kräftigste« zum Sieger werde. Zumindest indirekt leugnet Hitler damit die von vielen Historikern, Publizisten und Literaten immer wieder beschworene preußische Sendung, die Ideen des »Preußentums«.
Zusammenfassend kann zweierlei festgehalten werden. Hitler lehnte es offensichtlich von Anfang an ab, innerhalb seiner Agitation und Propaganda einen, wie immer gearteten, antipreußischen Akzent zu verwenden. (Was ihn und seine Gefolgsleute aber nicht gehindert hat, gerade in der Weimarer Republik über das sozialdemokratisch geführte »rote Preußen« und vor allem über das »rote« und zugleich verkommene und »verjudete« Berlin herzuziehen.) Zum andern war Preußen für Hitler zumindest nicht das wichtigste oder überhaupt einzige Vorbild. Dies unterscheidet ihn wesentlich von vielen preußisch-protestantischen Konservativen in der Weimarer Republik. Einige Repräsentanten jenes preußisch-protestantischen (teilweise zugleich »revolutionären«) Konservativismus haben ihm diese Einstellung sogar zum Vorwurf gemacht. Für Ernst Niekisch zum Beispiel war Hitler schon deshalb ein »deutsches Verhängnis«, weil er sich nicht uneingeschränkt zum Preußentum bekannt habe und sich statt dessen am römisch-katholischen Faschismus orientiere. Dennoch wurde der Appell an das »Preußentum« einer der wichtigsten und zugleich erfolgreichsten Bestandteile der nationalsozialistischen Propaganda.

Preußentum in der nationalsozialistischen Propaganda

Die nationalsozialistischen Propagandisten haben schon vor der »Machtergreifung« versucht, ihre Bewegung als eine Verkörperung des Preußentums darzustellen. Wenn sie auf das Preußentum im allgemeinen und auf Friedrich den Großen im besonderen hinwiesen, dann geschah dies einmal, um die Repräsentanten der Weimarer Republik wie Friedrich Ebert und Gustav Stresemann mit »dem großen Preußen« zu vergleichen und verächtlich zu machen. Der Hinweis auf Friedrich den Großen diente aber auch dem Ziel, die Mitglieder der NSDAP, die in den 20er Jahren ja nur eine Splitterpartei war, aufzumuntern: Das Schicksal Friedrich des Großen zeige nämlich, daß es möglich sei, durch Entschlußkraft und Willensstärke über einen überlegenen Gegner zu triumphieren.
Im Jahr 1932 waren die Nationalsozialisten diesem Ziel sehr nahe gekommen. Im Bewußtsein des bevorstehenden Siegs erklärte Joseph Goebbels bereits im April 1932: »Der Nationalsozialismus darf mit Fug und Recht von sich behaupten, daß er Preußentum sei. Wo immer wir Nationalsozialisten auch stehen, in ganz Deutschland sind wir die Preußen.« Und im gleichen Jahr hatte der SA-Führer Graf Helldorf Friedrich den Großen gar zum »ersten Nationalsozialisten« ernannt.
Im Dritten Reich haben die Nationalsozialisten dann wiederholt versucht, sich als die wahren Erben Preußens darzustellen. Dies wurde in vielen Reden, Propagandaveranstaltungen, Bildern und Dokumenten zum Ausdruck gebracht. Auf einer im März 1933 veröffentlichten Postkarte konnte man unter Bildnissen von Friedrich dem Großen, Bismarck, Hindenburg und Hitler den Satz lesen: »Was der König eroberte, der Fürst formte, der Feldmarschall verteidigte, rettete und einigte der Soldat!«
Uns erscheinen derlei Propagandamachenschaften als banal und leicht durchschaubar. Bei den Zeitgenossen, vor allem im Bürgertum, ist diese Propagandamasche aber offensichtlich sehr erfolgreich gewesen. Das gilt besonders für den berühmten »Tag von Potsdam« am 21. März 1933. Auf Goebbels' Idee hin wurde der am 5. März gewählte Reichstag mit einem Staatsakt in der Potsdamer Garnisonkirche eröffnet, der Grabstätte Friedrichs des Großen. Am selben 21. März, 62 Jahre zuvor (1871), hatte Bismarck den ersten deutschen Reichstag eröffnet. Und Goebbels übernahm auch die Regie der Feierlichkeiten, wobei ihm zum ersten Mal der staatliche Rundfunk uneingeschränkt zur Verfügung stand.
Die Weimarer Republik war, wie Hermann Göring stolz verkündete, »überwunden«. Der »Geist von Potsdam«, der Preußengeist, triumphierte. In vielen deutschen Städten und Dörfern fanden ähnliche Feiern statt. Überall beteiligten sich auch die Kirchen an dieser Versöhnung von Nationalsozialismus, Preußentum und, was häufig betont wurde, Protestantismus. Fast alle Deutschen schienen begeistert zu sein; auch solche, die später zum bürgerlich-militärischen Widerstand stoßen sollten.
Danach trat die Berufung auf das Preußentum in der nationalsozialistischen Propaganda zurück, ohne jedoch völlig zu verstummen. Vor allem nach dem »Anschluß« Österreichs war Preußen offenbar zu klein für das neue »Großdeut-

Von Friedrich dem Großen über Bismarck und Hindenburg zu Hitler: mit solchen Propagandabildern beriefen sich die Nationalsozialisten auf die Traditionen des »Preußentums«.

sche Reich« geworden. Am 1. September 1939 indes, am Tag des Angriffs auf Polen, berief sich Hitler in seiner Reichstagsrede wieder dezidiert auf Preußen und seinen großen König: »Wenn irgend jemand aber meint, daß wir vielleicht einer schweren Zeit entgegengehen, so möchte ich bitten, zu bedenken, daß einst ein Preußenkönig mit einem lächerlich kleinen Staat einer der größten Koalitionen gegenübertrat und in drei Kämpfen am Ende doch erfolgreich bestand, weil er jenes gläubig starke Herz besaß, das auch wir in dieser Zeit benötigen.«
Die Berufung auf das Herz Friedrichs des Großen und auf das preußische Beispiel schlechthin zieht sich wie ein roter Faden durch die nationalsozialistische Kriegspropaganda. Wiederholt wurde das Ausland gewarnt, nicht wie 1918 mit einer deutschen Kapitulation zu rechnen, weil man, wie es Hitler ausdrückte, im Dritten Reich ein »friderizianisches Deutschland« vor sich habe. Nach der Zerschlagung Polens und der Okkupation Norwegens und Dänemarks erklärte Hitler jedoch in einem Anflug von »Bescheidenheit«, daß seine »Erfolge« im Vergleich zu denen Friedrichs des Großen noch klein seien. Unter Hinweis auf das Bild Friedrichs des Großen, das in seinem Arbeitszimmer hing, sagte Hitler zu Rosenberg: »Er [gemeint ist Friedrich der Große] verfügte ja nicht über die Machtmittel, die heute in unserer Hand sind.« In den folgenden Jahren hat Hitler wiederholt die Bemerkung gemacht, daß Friedrich dem Großen im Siebenjährigen Krieg mit seinen 3,7 Millionen Preußen eine Koalition von 50 Millionen Menschen gegenübergestanden habe. Daher habe man im nationalsozialistischen Deutschland kein Recht, Vergleiche mit der friderizianischen Zeit zu ziehen: »Wir haben die stärkste Armee der Welt. Wir haben die stärkste Luftwaffe der Welt. Friedrich der Große mußte gegen eine Übermacht kämpfen, die geradezu erdrückend war.«

Nachdem eine dieser »stärksten Armeen der Welt«, die 6. nämlich, in Stalingrad kapituliert hatte, griffen die Nationalsozialisten dann doch in zunehmendem Maße auf das Beispiel Friedrichs des Großen zurück. Am 18. Februar 1943 wandte sich Goebbels im Berliner Sportpalast mit der Suggestivfrage an seine Zuhörer, ob sie bereit seien, »es ihm [gemeint war Friedrich der Große], wenn die Stunde es einmal gebieten sollte, gleichzutun?« Dies wurde ebenso begeistert bejaht wie die gleichzeitig gestellte Frage: »Wollt ihr den totalen Krieg?«
Je totaler der Krieg und je auswegloser die Situation für die Nazis wurde, um so mehr klammerte man sich an das Vorbild Friedrichs des Großen, der ja schließlich auch eine ausweglos scheinende Situation gemeistert habe. Die nationalsozialistische Propaganda hämmerte den Deutschen ein, daß die nun eingetretene »friderizianische Krise« durch ein »Wunder oder durch eine höhere Schicksalsfügung« überwunden werden könne. Dabei dachte man offensichtlich an den Tod der Zarin Elisabeth 1762, der zum unerwarteten Ausscheren Rußlands aus der antipreußischen Koalition und zum erfolgreichen Abschluß des — an sich schon verlorenen — Siebenjährigen Krieges geführt hatte.
Die Berufung auf Preußen und das Preußentum wurde nun zur Durchhaltepropaganda. Schließlich glaubten die Nationalsozialisten sogar selbst an ihre Propaganda. Als am 13. April 1945 im Berliner Führerbunker die Nachricht eintraf, Präsident Roosevelt sei gestorben, soll Goebbels nach dem Zeugnis von Albert Speer »wie besessen« auf Hitler zugegangen sein und erklärt haben: »Hier haben wir das große Wunder, das ich immer vorhergesagt habe . . . Der Krieg ist nicht verloren.«
Am 25. Februar 1947 verkündeten die Alliierten einstimmig das Kontrollratsgesetz Nr. 46, die Auflösung Preußens: »Der Staat Preußen, der seit jeher Träger des Militarismus und der Reaktion in Deutschland gewesen ist, hat in Wirklichkeit zu bestehen aufgehört.« Das Dritte Reich war für die Siegermächte mehr oder weniger folgerichtiges Endprodukt einer Kontinuitätslinie, die von Hitler über Wilhelm II. und Bismarck bis zu den preußischen Königen im allgemeinen und Friedrich dem Großen im besonderen zurückreichte. Die Anklage gegen Preußen und das Preußentum rief unter den deutschen Historikern eine lebhafte und bis heute anhaltende Debatte über den »deutschen Sonderweg« und das Kontinuitätsproblem innerhalb der deutschen Geschichte hervor.
Wie verlogen und falsch es war, wenn sich die Nationalsozialisten auf Preußen und Friedrich den Großen beriefen, hätte indes schon den Zeitgenossen, deutschen und nichtdeutschen, auffallen können. »Das Volk«, so Goebbels über das Wesen des Preußentums, »ist nicht für die Organe des Staates, die Organe des Staates sind für das Volk da . . . Die Justiz ist eine Pflegestätte der Gerechtigkeit. Sie hat sich freizuhalten von parteipolitischen Einflüssen und muß unbeirrbar urteilen gegen Hoch und Niedrig . . .«
Doch wie sah die Realität im angeblich »preußischen« Dritten Reich aus? Das Volk war für den Führer da, nicht umgekehrt; die Justiz war von einer »Pflegestätte der Gerechtigkeit« zu einem furchtbaren Instrument des nationalsozialistischen Terrors geworden. Im angeblich »preußischen« Dritten Reich stand über dem Eingangstor des KZs Buchenwald der Wahlspruch des preußischen Schwarzen Adlerordens: »Jedem das Seine.« Eine zynischere Pervertierung der altpreußischen Ideale läßt sich nicht vorstellen!

Übersehen hat man auch, daß nicht nur die Nationalsozialisten sich auf Preußen und das Preußentum beriefen, sondern auch viele Gegner des Nationalsozialismus. Henning v. Tresckow, Widerstandskämpfer des 20. Juli 1944, schrieb, daß »vom wahren Preußentum . . . der Begriff Freiheit niemals zu trennen« sei: Nur in der »Synthese zwischen Bindung und Freiheit« liege die »deutsche und europäische Aufgabe des Preußentums, liegt der ›preußische Traum‹«. Eine unüberhörbare Kritik am sogenannten Preußentum der Nationalsozialisten.
Henning v. Tresckow stand mit dieser Kritik und seiner Interpretation des »preußischen Traums« nicht allein. Auch viele andere Angehörige des bürgerlich-militärischen Widerstands gegen Hitler haben sich auf preußische Traditionen und Friedrich den Großen berufen. Allerdings hatten viele von ihnen lange gebraucht zu erkennen, daß das angeblich »preußische« oder »friderizianische« Dritte Reich verbrecherisch, die Berufung auf das Preußentum und den Mythos vom großen Friedrich ein Propagandatrick war.
Auch in den Reihen des Arbeiterwiderstands begnügte man sich nicht, die Berufung der Nationalsozialisten auf das Preußentum zu kritisieren, man legitimierte vielmehr den eigenen Widerstand gegen dieses angeblich »preußische« Dritte Reich mit dem Hinweis auf bestimmte Elemente des »Preußentums«. Die Sozial-

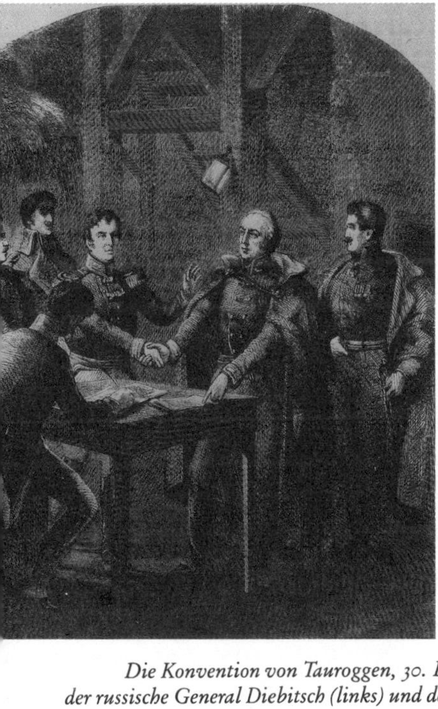

Die Konvention von Tauroggen, 30. Dezember 1812 (linkes Bild): der russische General Diebitsch (links) und der preußische General Yorck (rechts) reichen einander die Hand. — Peter Graf Yorck von Wartenburg vor dem Volksgerichtshof am 7. August 1944 (rechtes Bild).

demokraten verwiesen auf das Preußen der Weimarer Republik, die freiheitlich-demokratischen Traditionen Preußens. Anders die Kommunisten. Schon vor dem 30. Januar 1933 verglichen sie ihren »Befreiungskampf« mit dem historischen Vorbild der Befreiungskriege gegen Napoleon, verkündeten 1930 ein »Programm zur nationalen und sozialen Befreiung des deutschen Volkes«, an dem sie auch im Untergrund und im Exil noch festhielten. »Preußische«, ja, nationalistische Akzente sind auch in den Verlautbarungen des »Nationalkomitees Freies Deutschland« und des »Bundes Deutscher Offiziere« anzutreffen, Organisationen, die in der Sowjetunion von kommunistischen Funktionären und gefangenen deutschen Offizieren gegründet wurden.

Vorbild dieser »roten« Preußen war General Yorck v. Wartenburg, der sich 1812 von Napoleon losgesagt und Rußland angeschlossen hatte. Die Fahne eines von der Nazibarbarei befreiten Deutschland sollte die schwarz-weiß-rote sein, das Symbol des preußisch-deutschen Reichs von 1871.

Wie dem auch sei: Hitlers Weltanschauung war im Kern ahistorisch-biologistisch geprägt. Sein utopisch-reaktionäres, mit barbarisch-bürokratischer Konsequenz und Gründlichkeit verwirklichtes Ziel einer Neuordnung der Welt nach rassenideologischen Kriterien konnte im Grunde weder mit der Berufung auf das preußische Beispiel noch überhaupt mit irgendwelchen historischen Vorbildern legitimiert werden.

PROPAGANDA

Propaganda als Waffe

Hitlers »Mein Kampf« ist als der ungelesenste Bestseller bezeichnet worden. Die in diesem Buch enthaltenen »Maximen« seien, wie der Historiker Karl Lange meint, »unbeachtet« geblieben. Ist es berechtigt, dies den Zeitgenossen inner- und außerhalb Deutschlands vorzuwerfen? Wenn man dies tut, sollte man zweierlei bedenken. Einmal, daß man erst im nachhinein entscheiden kann, ob in Hitlers »Mein Kampf« tatsächlich »Maximen« seiner späteren Politik zu finden sind. Zum andern, daß Hitlers Buch nicht nur in einem gräßlichen, sondern auch in einem sehr unpräzisen, mehr räsonierenden als argumentierenden Stil geschrieben ist.

Beide Bemerkungen treffen indes nicht auf ein Kapitel zu, das sehr präzise geschrieben ist und sehr konkrete Aussagen enthält, die man schon in der Zeit der Weimarer Republik mit der von Hitler tatsächlich betriebenen Politik hätte vergleichen können. Gemeint ist das Kapitel 11 (im zweiten Buch von »Mein Kampf«) über »Propaganda und Organisation«.

Wichtig ist bereits die Überschrift. Für Hitler hat der Begriff »Propaganda« offenbar keinen negativen Beiklang. Sie sei ebenso wichtig wie notwendig. Propaganda ist allerdings nicht gleichbedeutend mit »Theorie« oder Ideologie. Propaganda ohne Propagandaapparat, ohne »Organisation« nützt gar nichts. Sie ist wichtiger als die »Organisation« der Partei, die sich der Propaganda anpassen müsse. Daher habe er (Hitler) bei seinem »Eintritt in die Deutsche Arbeiterpartei ... sofort die Leitung der Propaganda« übernommen.

Hitler verfälscht dabei jedoch die Geschichte. Die DAP hat in Hitler keineswegs den künftigen Leiter der Propaganda oder gar ihren »Führer«, sondern allenfalls einen »Trommler« für ihre Ideen gesehen. Sie meinte, in Hitler einen Mann gefunden zu haben, der vom Ideologen der Partei und Mentor Hitlers, Dietrich Eckart, folgendermaßen beschrieben wurde: »Ein Kerl muß an die Spitze, der ein Maschinengewehr hören kann. Das Pack muß Angst in die Hosen kriegen. Einen Offizier kann ich nicht brauchen, vor denen hat das Volk keinen Respekt mehr. Am besten wäre ein Arbeiter, der das Maul auf dem richtigen Fleck hat [...] Verstand braucht er nicht viel, die Politik ist das dümmste Geschäft auf der Welt, und so viel wie die in Weimar weiß bei uns in München jedes Marktweib [...].«

Nun, Hitler scheint doch etwas mehr von Politik, auf jeden Fall aber von Propaganda verstanden zu haben als die Münchner Marktweiber. Seine Bemerkung, er habe sehr bald seine eigene Propaganda gemacht, ist weitgehend richtig. Der Aufstieg der DAP und dann NSDAP ist ohne Hitler nicht vorstellbar. Sein Rednertalent, aber auch sein Interesse für Fragen der Propaganda, und zwar auch für scheinbare Details, waren ihm dabei behilflich: zum Beispiel für Details wie die Anschaffung einer »Adler-Schreibmaschine«, eines »Kassenschranks« und einer »Kartothek«. Tatsächlich zeichneten sich Organisation und Propaganda der NSDAP sehr bald durch moderne Effizienz aus, was Hitler mit der Bemerkung unterstreicht: »Es wurde gearbeitet wie in einem Privatbetrieb.«

Die von Hitler in »Mein Kampf« beschriebene und in der Folgezeit perfektionierte Propaganda der NSDAP hat entscheidend zu ihrem Aufstieg beigetragen. Was unterschied die nationalsozialistische von der Propaganda der übrigen Parteien in der Weimarer Republik?
Hier ist zunächst und vor allem das quantitative Moment zu erwähnen. Die nationalsozialistische Propaganda konnte schon deshalb massenhaft und massenwirksam sein, weil es die NSDAP schon relativ früh, nämlich 1928/29 (also noch vor ihren ersten großen Wahlerfolgen), verstanden hatte, ein dichtes Netz von Stützpunkten und Ortsgruppen in ganz Deutschland aufzubauen. Sicher — die NSDAP war noch 1930, ja selbst noch 1933 in ländlich-katholischen Regionen und in einigen Industriestädten unterrepräsentiert, aber sie war auch hier präsent. Dies unterschied die NSDAP von allen übrigen Parteien. Die untereinander verfeindeten Arbeiterparteien, SPD und KPD, waren auf dem platten Land, in katholischen und evangelischen Gebieten, so gut wie gar nicht vertreten. Das katholische Zentrum war zwar soziologisch gesehen eine Volkspartei, aber eben nur in katholischen Regionen stark und präsent. Die übrigen Parteien — DDP, DVP, DNVP — waren von vornherein weder bereit noch in der Lage, einen ähnlich großen und gut organisierten Parteiapparat aufzubauen und zu unterhalten. Teilweise glichen sie noch den Honoratiorenparteien des Kaiserreichs. Die nach ihrem Verbot 1925 wieder zugelassene NSDAP hatte mit ihrem systematisch und nahezu »flächendeckend« aufgebauten Parteiapparat einen unschätzbaren Vorteil gegenüber allen anderen Parteien.
Sie konnte fast überall Parteigenossen aufbieten, um für kleinere lokale oder größere, von der jeweiligen Gauleitung oder gar der Parteispitze »organisierte« Propagandaveranstaltungen zu werben; die bloße Präsenz uniformierter SA-Leute trug bereits zu ihrem Erfolg bei. Wenn es im lokalen Bereich nicht genügend aktive und bereitwillige Parteigenossen gab, dann konnte man andere aus der näheren und weiteren Umgebung mit Lastkraftwagen, Autos, Schiffen herbeischaffen. Auf diese Weise gelang es der NSDAP, auch in den abgelegensten Gegenden Propagandaveranstaltungen zu inszenieren. Sie erreichte damit Menschen, die etwas Derartiges noch nie in ihrem Leben gesehen hatten. Die sichtbare Präsenz von uniformierten Mitgliedern der Partei, die, wie interne Dienstpläne zeigen, bereit waren, mehrere Stunden, ja Tage der Parteiarbeit zu opfern, war von entscheidender Bedeutung. Gewannen doch viele Menschen, die bisher die bürgerlichen Parteien, das Zentrum, die SPD und KPD (oder gar nicht) gewählt hatten, den Eindruck, als stünden hinter Hitler tatsächlich Millionen von Deutschen, die bereit waren, ihrem »Führer« bedingungslos zu folgen.
Die Wirkung der nationalsozialistischen Propaganda beruhte jedoch außer auf ihrer Massenhaftigkeit vor allem auf ihrer Modernität und Vielseitigkeit. Die nationalsozialistischen Propagandaveranstaltungen — vom Einzelbesuch über kleinere und größere Wahlveranstaltungen, Kundgebungen, Propagandamärsche bis hin zu den Massenveranstaltungen der Parteitage und Hitler-Reden — waren ebenso vielfältig wie abwechslungsreich. Jede — auch die kleinste — dieser Veranstaltungen war sorgfältig nach festen Richtlinien und Anweisungen vorbereitet. Über Erfolge und Mißerfolge wurden interne, sehr gewissenhafte und ehrliche Berichte an die jeweils höhere Parteiinstanz geschrieben. In dieser

Hinsicht hatte die NSDAP ihre großen »Vorbilder«, SPD und KPD, rasch eingeholt und überflügelt, obwohl die Arbeiterparteien auch über »Agitprop«-Abteilungen, Rednerschulungen und andere Hilfsmittel der Propaganda verfügten. Einen bald kaum noch einholbaren Vorsprung gegenüber den Arbeiterparteien erlangte die NSDAP auch im Hinblick auf die Verwendung neuer, moderner Propagandatechniken und anderer technischer Hilfsmittel. Die Nationalsozialisten waren — mit dem scheinbar Banalen zu beginnen — zunächst einmal schneller und mobiler als ihre Konkurrenten und Feinde. Erinnert sei hier an die von Hitler sofort nach seiner Haftentlassung angeschafften mehrzylindrigen Kraftwagen, vor allem der Firma Daimler-Benz, und schließlich an die 1932/33 gecharterten Flugzeuge, die es ihm erlaubten, in schneller Folge an verschiedenen Orten Deutschlands, ja, wie es in einem Filmbericht (heute würde man »Werbespot« sagen) hieß, »über Deutschland« zu sein. Was Hitler recht war, konnte seinen Unterführern und Funktionären lieb, aber nicht billig sein. Aus Erinnerungsberichten der später so genannten »Alten Kämpfer« (die übrigens teilweise aussagekräftiger sind als verschiedene, zwar gute und richtige, aber leider sehr »abgehobene« antifaschistische Theorien) geht hervor, wie wichtig und für motorsportbegeisterte NS-Aktivisten faszinierend der Gebrauch starker und schneller Motorräder und Autos war.
Doch nicht nur die Hilfsmittel, auch Präsentation und Aufmachung der nationalsozialistischen Kundgebungen und Aufmärsche waren modern. Diesen Propagandastil hatten die Nationalsozialisten ebenfalls von den Arbeiterparteien und von den italienischen Faschisten übernommen, aber doch wesentlich modernisiert, perfektioniert und auf die Bedürfnisse der Deutschen aus verschiedenen sozialen Schichten und Regionen zugeschnitten. Dabei gingen Form und Inhalt eine enge, ja, untrennbare Verbindung ein.
Dies gilt einmal für die Verknüpfung von »Masse« und »Führer«. Besonders Hitler verstand es, die sehr unterschiedlich motivierten Sehnsüchte vieler Deutscher nach einem »Führer« auszunutzen und aufzupeitschen. Der »Führer«-Mythos war der wichtigste und zugleich der erfolgreichste Bestandteil der nationalsozialistischen Propaganda. Insofern war der Aufstieg der NSDAP tatsächlich Hitlers »Kampf«.

Propaganda im Dritten Reich

In ihrem wegweisenden und fesselnden Buch über »Elemente und Ursprünge totaler Herrschaft« vertritt Hannah Arendt die These, der Totalitarismus des 20. Jahrhunderts sei zwar durch den Antisemitismus und Imperialismus des 19. Jahrhunderts vorbereitet worden, seine konkrete Erscheinungsform sei aber durch die Atomisierung und Vermassung der Gesellschaft des 20. Jahrhunderts geprägt gewesen. In einer allgemeinen Krise hätten die Menschen nach einer totalen Welterklärung verlangt. Die Ideologie totalitärer Staaten propagiere diese Welterklärung und verwirkliche sie zugleich durch den Einsatz von Terror. Ideologie und Terror sind daher für Hannah Arendt die Hauptcharakteristika der neuen, der totalitären Staatsform.
Ideologie und Terror waren in der Tat die Hauptcharakteristika des Dritten Rei-

ches. Das eine war die Voraussetzung des anderen. Mit anderen Worten: die nationalsozialistische Ideologie, und damit auch die Propaganda, hatte die Doppelaufgabe, den Terror zu ergänzen und gleichzeitig zu legitimieren.

Propagandainstitutionen. Unmittelbar nach dem 30. Januar 1933 haben die Nationalsozialisten damit begonnen, alle für die Propaganda wichtigen Institutionen in ihren Besitz zu bringen und neue zu gründen. Bereits fünf Tage nach der Ernennung Hitlers zum Reichskanzler, am 4. Februar 1933, wurde der neue Reichsinnenminister Frick (NSDAP) durch eine »Verordnung zum Schutz des deutschen Volkes« ermächtigt, Zeitungen und Zeitschriften zu verbieten, denen vorgeworfen wurde, »unrichtige Nachrichten« verbreitet zu haben. Davon waren in dem nun einsetzenden Wahlkampf vor allem die Zeitungen der KPD und SPD betroffen. Viele konnten entweder gar nicht mehr oder nur noch sporadisch erscheinen. Mit der sogenannten Reichstagsbrandverordnung vom 28. Februar 1933 wurde Artikel 118 der Weimarer Reichsverfassung, das Recht der freien Meinungsäußerung, außer Kraft gesetzt. Spätestens seit diesem Zeitpunkt konnte die Presse zensiert werden.
Mit dieser Aufgabe war vor allem das am 11. März 1933 neu geschaffene »Ministerium für Volksaufklärung und Propaganda« beauftragt. Spätestens seit Juli 1933 wurden Journalisten auf täglich stattfindenden sogenannten Pressekonferenzen von Beamten des Propagandaministeriums mit »Ausrichtungen« und »Sprachregelungen« versorgt. Dieses System der Vorzensur bauten die Nationalsozialisten in der Folgezeit aus. Weitere Gesetze und Verordnungen dienten der Kontrolle und eventuellen Ausschaltung von tatsächlich oder auch nur vermeintlich oppositionellen Journalisten, Schriftstellern, Filmemachern und Künstlern. So wandte man das »Gesetz zur Wiederherstellung des Berufsbeamtentums« vom 7. April 1933 auch (und zwar gegen den Wortlaut des Gesetzes) auf Journalisten und Künstler »nichtarischer« Herkunft oder »staatsfeindlicher« Gesinnung an. Viele von ihnen erhielten Berufsverbot. Formaljuristisch legitimierte man diese Praxis, die mehr oder minder freiwillig auch von privaten Verlagen und Theatern übernommen wurde, durch das Reichskulturkammergesetz vom 22. September 1933. Mitglied der neu geschaffenen »Reichsrundfunkkammer«, »Reichsfilmkammer«, »Reichstheaterkammer«, »Reichsmusikkammer«, »Reichsschrifttumskammer«, »Reichskammer der bildenden Künste« und der »Reichspressekammer« konnten nur Personen mit »arischer Abstammung« werden, die sich dazu verpflichteten, bei ihrer Arbeit alles zu vermeiden, »was geeignet ist, die Kraft des Deutschen Reiches nach außen oder im Innern, den Gemeinschaftswillen des deutschen Volkes, die deutsche Wehrhaftigkeit, Kultur oder Wirtschaft zu schwächen oder die religiösen Empfindungen anderer zu verletzen«. Undeutlicher und damit umfassender konnte man dieses globale Zensurgesetz kaum formulieren.
Mit dem »Reichskulturkammergesetz« sowie mit dem vorangegangenen »Reichsfilmgesetz« vom 14. Juli 1933und dem »Schriftleitergesetz« vom 4. Oktober 1933 war die politisch-rechtliche Kontrolle, die »Gleichschaltung« der wichtigsten Medien, weitgehend vollendet. Goebbels hat dies in bemerkenswert offener Weise zugegeben, als er am 4. Oktober 1933 den Erlaß des »Schriftleitergeset-

zes« mit der Bemerkung begründete: »Es ist das souveräne Recht des Staates, die öffentliche Meinung, um nicht zu sagen zu kontrollieren, so doch wenigstens in ihrer Gestaltung gewissermaßen zu überwachen.«

Ergänzt wurde die politisch-rechtliche »Gleichschaltung« der öffentlichen Meinung durch die Bestrebungen der Nationalsozialisten, die wichtigsten Verlagshäuser (wie Ullstein und Mosse) und Filmgesellschaften (wie die Ufa Hugenbergs) entweder vom Markt zu verdrängen oder aufzukaufen. Dies war vor allem das Werk des Direktors des parteieigenen Eher Verlags, Max Amann. Im Jahr 1939 brachten die parteieigenen Zeitungen zwei Drittel der Gesamtauflage der deutschen Presse heraus, 1944 gehörten 82 Prozent der Reichsauflage dem Amannschen Pressetrust.

Zwischen Amann, dem Präsidenten des »Reichsverbandes der deutschen Presse« Otto Dietrich und Goebbels kam es jedoch immer wieder zu Kompetenzkonflikten, in die schließlich auch der zum »Beauftragten des Führers für die Überwachung der gesamten geistigen und weltanschaulichen Schulung der nationalsozialistischen Bewegung« ernannte Alfred Rosenberg eingriff, allerdings mit wenig Erfolg. Die oft heftigen Kompetenzstreitigkeiten führten zwar zu einer personellen Aufblähung der Propagandaapparate sowie zu Reibungsverlusten, aber dadurch wurde, ähnlich wie beim Terror, die alltägliche Wirkung und Gegenwart der Propaganda nicht wesentlich beeinträchtigt.

»Volksempfänger« und »Volksgemeinschaft«, 1937: der »Volksempfänger« war das meist verbreitete Radiogerät im Dritten Reich. Im Volksmund hieß es auch »Goebbelsschnauze«.

Albert Speers »Lichterdom« auf dem Reichsparteitag in Nürnberg, 1938.

Die Allgegenwart der Propaganda. war bereits durch die Existenz der nationalsozialistischen Massenpartei und ihrer Nebenorganisationen gewährleistet. Nahezu ständig fanden Umzüge und kleinere und größere Aufmärsche statt. Der »Dienst« innerhalb der Partei und auch der SA bestand immer mehr in der Vorbereitung und der Teilnahme an Propagandaveranstaltungen. Wie Dienstpläne und Veranstaltungsberichte zeigen, wurden die »Parteigenossen« ständig in Bewegung gehalten. Darüber hinaus waren sie, wie auch die Angehörigen der SA, der HJ, der DAF, verpflichtet, an Schulungsabenden und unzähligen weiteren Veranstaltungen teilzunehmen, die vom Gauleiter bis hinab zum Zellenleiter einberufen wurden. Auch die Nicht-Parteigenossen konnten der Propaganda kaum entfliehen. Nahezu ständig wurde man auf der Straße oder in der Wohnung von Sammlern aufgesucht, die um eine Spende für das Winterhilfswerk baten. Eine Verweigerung hatte unter Umständen genauso schlimme Folgen wie der Nicht-Besitz oder das Nicht-Heraushängen von Fahnen anläßlich der zahlreichen nationalsozialistischen Feiertage. Die betreffenden »Volksgenossen« mußten damit rechnen, von übereifrigen Blockwarten oder Zellenleitern bei der Partei, aber auch der Gestapo denunziert zu werden. Bei größeren Propagandaveranstaltungen wurden auch die »Volksgenossen« auf Befehl der Partei mehr oder minder genötigt, daran teilzunehmen oder sich zumindest die Radioübertragung anzuhören. Wenn die Partei eine Veranstaltung — etwa eine Reichstagssitzung,

die mit einer Rede Hitlers eröffnet wurde — als besonders wichtig ansah, wurde »Volksempfang« angeordnet, das hieß, jeder »Volksgenosse« mußte Gelegenheit bekommen, die »historische Rede des Führers zu hören«. Der »Volksempfang« fand dann in Sälen, Gaststätten oder in Betrieben statt.
Doch die Propaganda war nicht nur allgegenwärtig, sie wurde auch immer mehr zur Alltäglichkeit. Dazu trugen bereits die zahlreichen nationalen und lokalen Feiern bei, so die Sonderveranstaltungen anläßlich politisch bedeutsamer Ereignisse: des Austritts aus dem Völkerbund, der Wiedereinführung der allgemeinen Wehrpflicht, des Einmarschs in das entmilitarisierte Rheinland, des sogenannten Anschlusses Österreichs, der Annexion des Sudetenlands und schließlich der erfolgreichen Schlachten und Siege der Wehrmacht. Neben diesen Sonderveranstaltungen gab es nationalsozialistische Feiern, die jedes Jahr stattfanden und deren Ritual genau festgelegt war.

Das nationalsozialistische Feierjahr, das übrigens in bewußter Anlehnung und in Konkurrenz zum Kirchenjahr und seinen Feiern inszeniert wurde, begann am 30. Januar. Überall in Deutschland erinnerte man an diesen Tag mit einem Fackelzug und einem Appell der SA sowie der übrigen Parteigliederungen an die sogenannte Machtergreifung. Am 24. Februar gedachte man in ähnlicher Form der Verkündung des Parteiprogramms der NSDAP von 1920. Am 16. März zelebrierte man — an Stelle des »Volkstrauertags« der Weimarer Republik, der im November stattgefunden hatte — einen sogenannten Heldengedenktag. Am jeweils letzten Sonntag im März wurden die zehnjährigen Jungen und Mädchen in feierlicher Form in das Deutsche Jungvolk aufgenommen. Hitlers Geburtstag feierte man am 20. April, den »Tag der nationalen Arbeit« am 1. Mai. Am zweiten, während des Krieges am dritten Maisonntag fand der Muttertag statt: Bei »Mütterehrungsfeiern« wurde das Mutterkreuz an diejenigen Frauen verliehen, die mehr als vier Kinder geboren hatten. Am 21. Juni folgten die Sonnwendfeiern, in der ersten Septemberhälfte die Reichsparteitage. Anfang Oktober wurden wiederum in bewußter Konkurrenz zur Kirche Erntedankfeiern abgehalten. Am 9. November gedachte man des fehlgeschlagenen Putsches von 1923. Besonders diese Feier war in starkem Maße von pseudoreligiösen Begriffen und Ritualen geprägt: Die Anrufung der »Blutzeugen«, die Verleihung des »Blutordens« an verdiente »Alte Kämpfer«, die von der »Blutfahne« angeführte Prozession zur Feldherrnhalle verherrlichten den Tod und die Gewalt um der Gewalt willen. Das nationalsozialistische Feierjahr endete schließlich mit der Wintersonnwendfeier vom 21. Dezember und natürlich mit dem Weihnachtsfest, wobei die Partei »Volksweihnachtsfeiern« veranstaltete.

Drei Hitler-Fotos. Fast alle Fotos von Hitler in zeitgenössischen Publikationen wurden von ihm selbst begutachtet, bevor sie zur Veröffentlichung freigegeben wurden. Sie haben damit gewissermaßen den Rang von offiziellen Dokumenten und sollen etwas ausdrücken, das Hitler und dem Regime genehm ist. Dies ist beim Abdruck von Hitler-Fotos zu beachten. Andernfalls besteht die Gefahr, daß man, gewollt oder ungewollt, nicht die historische Realität, sondern den »Widerschein des Nazismus« (Saul Friedländer) reproduziert.

Auf dem ersten Foto (siehe Seite 141) unterhält sich Hitler mit dem damaligen Führer der SA, Pfeffer von Salomon. Hitler ist leger mit Schlapphut und Trenchcoat gekleidet und vergräbt die Hände in den Manteltaschen. Anders Pfeffer von Salomon. Auch er trägt zwar über seiner Uniform einen zivilen Regenmantel, dennoch nimmt er Hitler gegenüber — Hände an der berühmten »Hosennaht« — eine militärisch-straffe Haltung ein. Pfeffer von Salomons Hab-acht-Stellung wirkt in doppelter Weise unterwürfig. Sie steht im Gegensatz zur lässigen Haltung Hitlers, korrespondiert aber mit der Hundepeitsche, die Hitler um sein linkes Handgelenk gebunden hat.

Viele Bilder zeigen Hitler in der »Kampfzeit« mit einer Hundepeitsche. Das Tragen einer Hundepeitsche vermittelt einen ebenso martialischen wie lächerlichen Eindruck. Dies ist auch schon von Zeitgenossen bemerkt und karikiert worden. Hitler hat dann in der Öffentlichkeit auf das Tragen seiner so geschätzten Hundepeitsche verzichtet. War das nur ein Tick, eine, wie die Berliner sagen, »Macke«? Ich glaube nicht.

Eine Hundepeitsche kann man als Schlaginstrument, als Waffe benutzen. Hitlers Hundepeitsche korrespondiert daher in gewisser Weise mit dem »manganello«, dem Schlagstock der italienischen Faschisten, der keineswegs nur von Antifaschisten als Symbol des gewaltausübenden und gewaltverherrlichenden Faschismus angesehen wurde. Die Faschisten selber, allen voran Mussolini, bekannten sich ebenso offen wie stolz dazu, Gewalt auszuüben und Gewalt zu verherrlichen. Auch sie sahen im »manganello« ein Gewaltsymbol.

Hitlers Hundepeitsche diente aber nicht nur als Symbol der Gewalt. Mit einer Peitsche versuchen manche Hundebesitzer, den bedingungslosen Gehorsam ihrer Hunde zu erzwingen. Die Hundepeitsche auch als Symbol des Anspruchs auf totale Unterordnung und totalen Gehorsam von Menschen? Doch vielleicht ist diese Interpretation zu weit gegriffen.

Das zweite Bild (siehe Seite 141) zeigt Hitler mit einem seiner Hunde, der Schäferhündin Blondi. Hitler hat sich oft mit ihr abbilden lassen. Blättert man zeitgenössische und spätere Publikationen über Hitler durch, so trifft man auf zahlreiche Bemerkungen über Hitlers Verhältnis zu Hunden im allgemeinen, zur Deutschen Schäferhündin Blondi im besonderen.

Alle Berichte stimmen darin überein, daß Hitler tierliebend war. Allerdings liebte er es nicht, wenn dies allzu sichtbar wurde. So berichtet eine seiner Sekretärinnen, daß er sofort seinen Hund davonjagte, wenn er beim Spiel mit ihm von einem Fremden überrascht wurde. Später hat er dann selber ebenso dankbar wie resignierend darauf hingewiesen, daß es neben Eva Braun die Schäferhündin Blondi sei, die ihm bis zuletzt treu geblieben sei. Goebbels hatte sogar die Beobachtung machen wollen, Hitler stehe seine Hündin Blondi näher als irgendein menschliches Wesen. Eine vermutlich richtige, auf jeden Fall aussagekräftige Beobachtung über den Menschen Hitler, dessen Tierliebe mit einer grenzenlosen Menschenverachtung verbunden war. Besonders deutlich wurde dies in den letzten Stunden Hitlers — und Blondis. Joachim C. Fest beschreibt, gestützt auf die Aussagen von Zeitzeugen, die makabere Szene folgendermaßen: »Um Mitternacht (des 29./30. April 1945) wurde Blondi auf die Bunkertoilette gelockt, Feldwebel Tornow, Hitlers Hundebesorger, riß dem Tier das Maul auf, während

Hitler mit Hundepeitsche und der SA-Führer Franz Pfeffer v. Salomon in »Hab-acht-Stellung«, 1927 (links).
Hitler mit seiner Schäferhündin Blondi im Jahr 1938 (rechts).

Professor Haase, der zum ärztlichen Personal gehörte, hineingriff und mit Hilfe einer Zange eine Giftampulle zerdrückte. Kurz darauf betrat Hitler den Raum und blickte einen Augenblick lang ausdruckslos auf den Kadaver. Anschließend bat er die Bewohner der beiden benachbarten Bunker zur Verabschiedung in den Konferenzraum.«

Fest, der als einer der ganz wenigen auf die mit grenzenloser Menschenverachtung gepaarte Tierliebe Hitlers hinweist, schreibt indes zum dritten Bild:

»Unter dem Eindruck der Niederlagen zerbrachen mit dem Nimbus auch alle Stilisierungsenergien: müde und mit vorgezogenen Schultern, den einen Fuß nachschleppend, bewegte Hitler sich durch die Szenerie des Hauptquartiers oder machte, an der Seite seines Schäferhundes, einige ziellose Schritte — ein körperlich verfallender, bitterer und, seinen eigenen Worten zufolge, von Melancholien geplagter Mann: Hitler im Jahre 1944.«

Ein alter, kranker, armer Mann mit seinem treuen Schäferhund — so könnte man den Eindruck zusammenfassen, den Text und vor allem Bild beim Leser und Betrachter hervorrufen. Besonders deshalb, weil Hitler hier mit einem Hund, und zwar einem Deutschen Schäferhund, abgebildet ist. Um zu zeigen, was viele Deutsche damals und heute noch (!) beim Anblick eines Hunds, vor allem eines

Deutschen Schäferhunds, empfinden, soll aus einer Rede zitiert werden, die der Oberbürgermeister Wesermündes (heute Bremerhaven) am 4. Juli 1934, am »Tag des Hunds«, gehalten hat: Als einzige Tierrasse habe sich der Hund seit grauer Vorzeit immer den mannigfaltigen Lebensbedingungen des Menschen angepaßt. Besonders das Wehrhafte im Wesen des Hunds habe sich von jeher der Mensch zunutze gemacht. Über den bloßen Instinkt der Tiere hinaus verfüge der Hund über Verstand und seelische Empfindungen, ja, auch eine gewisse Sprachfähigkeit müsse ihm zuerkannt werden; Humor und Treue, Liebe zum Herrn, Haß gegen dessen Feinde, Geduld mit allen menschlichen Schwächen seien die Merkmale dafür, daß der Hund nicht ein seelenloses Tier, sondern der beseelte Genosse des Menschen sei.
Hunde sind besser als Menschen — diesem Satz hätte auch der Hundebesitzer Hitler zustimmen können. Hunde, aber nur Rassehunde, wurden während des Kriegs besser behandelt als viele Menschen. Sie erhielten auf Marken besondere Rationen. Vor allem solche Hunde, wiederum meist Schäferhunde, die zu »Untermenschen« gestempelte Mitmenschen bewachten. Zum Wirtschaftsimperium der SS gehörte daher auch eine Firma, die Hundefutter herstellte. Sie besaß das Monopol für alle in Konzentrations- und anderen Zwangslagern eingesetzten Hunde. Juden und Zigeunern dagegen war es ausdrücklich verboten, Hunde zu halten. Die Berliner Juden mußten im Mai 1942 alle Hunde im Hof des Jüdischen Krankenhauses in der Schulstraße abliefern. Sicherlich ein kleines, aber nicht unwichtiges Detail in der Rassenpolitik des nationalsozialistischen Regimes.
Für die nationalsozialistischen Rassisten waren Hunde ein besonders geeignetes Anschauungsmaterial, den Nutzen und die Möglichkeiten ihrer »Rassenkunde« zu demonstrieren. Konnte man doch, wie in einem Schulbuch aus dem Jahr 1942 zu lesen ist, am Beispiel der durch Zucht entstandenen »Hunderassen« sehen, daß man »hier ... schon immer Rassenkunde getrieben« habe. Als besonders gut gelungen galt die Neuzüchtung des Deutschen Schäferhunds. Gerade diese Hunderasse sei besonders »wehrhaft«, geradezu widernatürlich aggressiv, und sie sehe aus, als ob es sich um eine uralte Rasse handelte. Tatsächlich ist der Deutsche Schäferhund erst Ende des 19. Jahrhunderts gezüchtet worden. Seine ebenso gelobten wie gefürchteten Eigenschaften — absoluter Gehorsam und absolute Angriffsbereitschaft — sind ebenfalls das Werk menschlicher Dressur. Der Deutsche Schäferhund war auch deshalb so beliebt. In den Augen der nationalsozialistischen »Rassenkundler« war er ein Beweis dafür, daß es grundsätzlich möglich sei, den »arisch-germanischen« Menschen durch »Verdrängungskreuzungen« wieder rein und unverfälscht heranzuzüchten. Dies klingt nicht nur, dies ist primitiv und unmenschlich.

Kohlenklau. Ein Plakat, das zum Energiesparen aufruft? Ein weiterer Beweis für die partielle Normalität und Modernität des nationalsozialistischen Alltags? Zweifellos! Doch dies ist nicht alles. Zunächst einmal ist festzuhalten, daß das »Kohlenklau«-Plakat in Zeitungen und auf Anschlagtafeln überall im Reich so massenhaft verbreitet war, daß die Figur, die es darstellt, eben der »Kohlenklau«, während der Kriegszeit weithin bekannt und geradezu populär wurde. Victor

Klemperer hat dem »Kohlenklau« daher in seiner 1946 veröffentlichten »Lingua Tertii Imperii. Die Sprache des Dritten Reiches« ein eigenes Kapitel gewidmet. Klemperer, Professor für romanische Philologie, war Jude. Er verlor deshalb seine Professur in Dresden, wurde angepöbelt und diskriminiert, mußte den Judenstern tragen, in einem sogenannten Judenhaus wohnen und zusammen mit anderen Leidensgefährten Zwangsarbeit leisten. Über seine Erfahrungen hat er sich Notizen gemacht, wobei ihm als Philologen vor allem die Sprache der Nationalsozialisten auffiel. Vorrangiger, ja eigentlicher Antrieb war jedoch sein Bestreben, trotz allem nicht zu verzweifeln, seinen Lebensmut und seine Würde als Mensch und Jude zu wahren. Klemperers »Notizbuch eines Philologen« ist daher ein Dokument geistigen Widerstands. Sein Buch gehört zugleich zu den wichtigsten und erhellendsten, die über das Dritte Reich geschrieben wurden. Klemperer wurde auf die Figur des »Kohlenklaus« im Frühjahr 1943 aufmerksam, als er als — jüdischer — Zwangsarbeiter bei der »Tee- und Heilbäderfabrik Willy Schlüter« in Dresden beschäftigt war. Während seiner Arbeit im Lagerkeller der Firma ereignete sich folgendes: »Ich half beim Auseinanderzerren und Sortieren der übereinandergekugelten Säcke und bewunderte die Träger, die mit der plumpen und schweren Last auf dem Rücken den schwierigen Kletterweg zu den noch freien Lagerstellen unternahmen. Neben mir lachte eine Kontoristin, die eben mit einem Auftrag heruntergekommen war: ›Kohlenklau ist wieder großartig, er könnte in jedem Zirkus auftreten.‹ Ich fragte einen Kameraden, wen

»Das ist Kohlenklau«. Werbeplakat für die Reduzierung des privaten Energieverbrauchs, 1941.

sie meine, und bekam die etwas mitleidig herablassende Antwort, das müsse doch jeder wissen, der nicht blind und taub sei: ›den Otto natürlich, den Hausdiener, den nennen sie alle so‹. Ich sah mir den mit einem Kinnruck Bezeichneten an, wie er auf einem buckligen Grat des Säckegebirges, gebückt, aber fast laufend, vorwärts schritt, wie er mit Raupenbewegungen des Rückens, der Schultern, des Kopfes den Sack über sich hinaus in eine Lücke der an die Wand gebauten Nachbarreihe brachte, um ihn dann mit weit ausgestreckten Armen ganz einzuschieben. In dieser Stellung hatte er etwas Gorillaartiges, etwas halb Märchenhaftes an sich: Die Arme waren Affenarme, der breite Oberkörper saß auf zu kurzen dicken Schenkeln, die Beine bildeten ein O, die Füße in absatzlosen Schuhen klebten breit und wie quallig angeleimt an ihrem unsicheren Boden. Als er sich nun umdrehte, sah ich, daß er ein froschähnliches Gesicht hatte, daß ihm dunkles Haar in die niedrige Stirn und über die kleinen Augen fiel. Wirklich, eine irgendwie ähnliche Gestalt, Haltung und Visage hatte ich schon wiederholt auf Litfaßsäulen und an Mauern gesehen, ohne bisher ernstlich darauf geachtet zu haben.«

Klemperer sah sich daraufhin das »Kohlenklau«-Plakat genauer an und notierte folgendes in sein Notizbuch: »Wirklich, es bot Neues, es war ein Stück Märchen, ein Stück Gespensterballade, es wandte sich an die Phantasie. In Versailles gibt es einen Brunnen, der von den Metamorphosen Ovids inspiriert ist: die über den Brunnenrand schlüpfenden Gestalten sind zur Hälfte von der Wirkung der Magie erfaßt, ihre menschliche Gestalt beginnt in tierischer Form zu verschwinden. Ganz so ist Kohlenklau geformt; die Füße sind schon in fast amphibischem Zustand, der Rockzipfel scheint ein Schwanzstummel, und die Haltung des davonschleichenden Diebes nähert sich in ihrer Gebücktheit schon der des Vierfüßlers. Zur Märchenwirkung des Bildes trat die glückliche Namenwahl: burschikos volkstümlich und dem Alltag angehörig durch den ›Klau‹ statt des Diebes, wiederum durch die kühne Substantivbildung (vergleiche den Fürsprech!) und die Alliteration deutlich dem Alltag enthoben und poetisiert. Bild und Wort gruben sich in solcher Zusammengehörigkeit ins Gedächtnis wie Wort und Sonderzeichen der SS.«

Wichtig ist zweierlei. Einmal die Feststellung Klemperers, daß das Plakat vom »Kohlenklau« sich geradezu ins »Gedächtnis« eingegraben habe; denn »Kohlenklau« gehörte zum »Alltag« und war ihm zugleich »enthoben« wie »Wort und Sonderzeichen der SS«. Der »Kohlenklau« war also nicht nur ein Energiespar-Plakat, sondern zugleich Manifestation nationalsozialistischer Ideologie. Doch welcher Elemente? Klemperer vergleicht es mit den anderen Plakaten der Nazis, auf denen man gewöhnlich »den gleichen Typ des brutalen und verbissen gestrafften Kämpfers« antreffe: Uniformierte oder auch nackte Männer sollten »Ausdruck der physischen Kraft, des fanatisierten Willens« sein.

»Charakteristika dieser Werbungen für Sport und Krieg und Unterwerfung unter den Führerwillen« waren »Härte und zweifellos Fehlen alles Denkens«.

Klemperer hat recht. Der »Kohlenklau« ist zweifellos das Kontrast- und Gegenbild zum arischen Ideal des physisch und nur physisch starken, seinem Führer fanatisch in Kampf und Tod folgenden »Ariers«. Doch, und hier müssen Klemperers Beobachtungen ergänzt werden, die politisch-ideologische Bedeutung

»Kohlenklaus« erschöpft sich nicht darin, nur Kontrast- und negatives Gegenbild zu sein. »Kohlenklau« hat eine eigenständige ideologische Bedeutung und Funktion. Er ist die Verkörperung des Verbrechers, des »Asozialen«, des »Gemeinschaftsfremden«, der die »Volksgemeinschaft« bedroht.
»Kohlenklau« ist kein Jude, kein Nicht-Arier, weil der Zeichner auf spezifisch »jüdische« Merkmale (Nase, Lippen, Kraushaar) verzichtet hat und weil es damals — 1943 — in Deutschland kaum noch Juden gab, die als Gefahr für die »Volksgemeinschaft« hätten dargestellt werden können. »Kohlenklau« ist auch kein (durch Sowjetstern, Ballonmütze usw. kenntlich gemachter) »jüdisch-bolschewistischer Untermensch«. Bedeutung und Gefährlichkeit des zweifellos noch existierenden Widerstands der Arbeiterbewegung wurden zu dieser Zeit selbst vom SD als gering eingeschätzt. Nein — »Kohlenklau« ist zwar kein »jüdischer« oder »bolschewistischer«, aber dennoch ein »Untermensch«, ein abscheuliches, widerliches Tier, eine schleichende »Hyäne«, die keine Gnade verdient. »Kohlenklau« ist ein Wesen zwischen einem Tier, das, wie Klemperer richtig beobachtet, amphibische Füße und einen »Schwanzstummel« hat, und einem Noch-Menschen, genauer, einem »Asozialen« und Verbrecher; »Typen«, die in sozialer und »rassischer« Hinsicht (weil sie ihre biologisch bedingten schlechten, kriminellen Anlagen an ihre noch dazu zahlreiche Nachkommenschaft vererben) eine Bedrohung der »Volksgemeinschaft« darstellen. Daher die Aufforderung: »Faßt ihn!«
Bedenkenswert ist schließlich die Tatsache, daß die »Volksgemeinschaft« die im wörtlichen Sinne unmenschliche Tendenz des »Kohlenklau«-Plakats offensichtlich weder erkannt, geschweige denn mißbilligt hat. »Kohlenklau« war ebenso populär wie die Agitation der Nazis für die »Volksgemeinschaft« — gegen die »Gemeinschaftsfremden«. Ist dieser Aspekt der »jüngsten Vergangenheit« »bewältigt«?

RASSE

Die Reinheits des Bluts

»Schon die oberflächlichste Betrachtung zeigt als nahezu ehernes Grundgesetz der unzähligen Ausdrucksformen des Lebenswillen der Natur ihre in sich begrenzte Form der Fortpflanzung und Vermehrung. Jedes Tier paart sich nur mit einem Genossen der gleichen Art. Meise geht zu Meise, Fink zu Fink, der Storch zur Störchin, Feldmaus zu Feldmaus, Hausmaus zu Hausmaus, der Wolf zur Wölfin usw.«

Diese Sätze stehen am Anfang des programmatischen Kapitels »Volk und Rasse« in »Mein Kampf«. Hitler selbst nannte diese Erkenntnisse »Binsenweisheiten«. Tatsächlich zeichnen sie sich durch eine geradezu tierische Primitivität aus. Er ging von der Beobachtung aus, daß es innerhalb der Tierwelt nur zu Paarungen »innerhalb der gleichen Art« komme. Dies sei der von der »Natur« gewollte Normalfall. Bei Kreuzungen unterschiedlicher Tierrassen verlören die so entstandenen »Bastarde« entweder die »Zeugungsfähigkeit« oder seien schwächer und weniger widerstandsfähig. Diese Beobachtung bzw. »Binsenweisheit« ist jedoch nicht zutreffend. Durch Kreuzungen entstandene neue Tierrassen müssen nicht schwächer und weniger widerstandsfähig sein. Das Maultier, das über bestimmte Eigenschaften und Fähigkeiten des Esels und des Pferds verfügt, sei hier als Beispiel genannt. Noch unsinniger ist die Übertragung dieser schon im Tierreich nicht zutreffenden »Binsenweisheit« auf die Menschheit.

Dies gilt in mehrfacher Hinsicht. Einmal differenzierte Hitler nicht zwischen Tier- und Menschenrassen. Er verzichtete überhaupt auf eine Definition, was eine Menschenrasse ist und welche es gibt. Zugleich setzte Hitler die Existenz von »höheren« und »niederen« Menschenrassen voraus, ohne anzugeben, nach welchen Kriterien diese unterschiedliche Wertigkeit gemessen wird. Er meinte nur, daß sich unter den Tier- wie Menschenrassen jeweils die Stärksten und »Gesündesten« das »Zeugungsrecht« erkämpften, wodurch es zu einer »Höherzüchtung« käme, die ebenfalls dem »Willen der Natur« entspreche. Schließlich postulierte Hitler, daß es den in der »Natur« angeblich vorhandenen »Trieb zur Rassenreinheit« auch unter den Menschenrassen geben sollte.

Aus all diesen unbewiesenen und unsinnigen Behauptungen leitete Hitler zwei Thesen ab: Rassenvermischungen müßten unbedingt vermieden werden, weil es sonst zu einer »Niedersenkung des Niveaus der höheren Rasse« komme. Und die Vermehrung von schwachen Angehörigen auch der »höheren« Rasse sei unbedingt zu verhindern, weil es sonst nicht zu einer »Höherentwicklung« komme.

Damit sind die wesentlichsten Elemente der Rassenideologie Hitlers genannt. Im weiteren Verlauf des Kapitels »Volk und Rasse« begnügte er sich damit, die Richtigkeit der »Rassengesetze« am Beispiel der Geschichte der »arischen« und »jüdischen Rasse« zu verdeutlichen. Er verzichtete dabei auf jede Begründung, daß es sich bei »Ariern« und »Juden« um zwei »Rassen« handele. »Arier« und »Juden« stünden sich wie Licht und Schatten gegenüber. Den »Ariern« verdanke man alles, »was wir heute an menschlicher Kultur, Wissenschaft und Technik vor uns sehen«. Während der »Arier« der »Prometheus der Menschheit« sei, verkörpere der »Jude« das absolut Böse. Er sei der »Parasit im Körper anderer Völker« und trachte danach, die Herrschaft über sie zu erlangen. Daher sei der kompromißlose Vernichtungskampf gegen »den Juden« ebenso notwendig wie gerechtfertigt. Die Rassenideologie diente demnach zur Legitimation und Vorbereitung der offen angekündigten Judenvernichtung.

Andere rassenideologische Äußerungen in »Mein Kampf« sowie in weiteren Schriften und Reden Hitlers zeigen, daß die Rassenideologie generell im Zentrum seines politischen Programms stand. Im Kapitel »Weltanschauung und Partei« von »Mein Kampf« erklärt Hitler: »Sie [die völkische Weltanschauung] glaubt somit keineswegs an die Gleichheit der Rassen, sondern erkennt mit ihrer Verschiedenheit auch ihren höheren und niederen Wert und fühlt sich durch diese Erkenntnis verpflichtet, gemäß dem eigenen Wollen, das dieses Universum beherrscht, den Sieg des Besseren, Stärkeren zu fördern, die Unterordnung des Schlechteren und Schwächeren zu verlangen.«

Unmißverständlich wird hier das außenpolitische Ziel verkündet: eine hierarchische Rassenordnung, in der die hochwertige »arische Rasse« über Rassen »niederen Werts« herrscht. Noch präziser äußerte sich Hitler über die Verwirklichung seiner rassenideologischen Vorstellungen im Bereich der Innenpolitik. Dabei ging er von der Erkenntnis aus, daß das »deutsche Volkstum ... leider nicht mehr auf einem einheitlichen rassischen Kern« beruhe, weil es im Lauf der deutschen Geschichte zu einer »Zersetzung unseres Blutes« mit »ungermanischen Fremdkörpern« gekommen sei. Es sei aber noch keine »absolute Verschmelzung« eingetreten. Eine »neue Rasse« werde nicht mehr »herausgekocht«. Es gebe noch »große unvermischt gebliebene Bestände an nordisch-germanischen Menschen« in »unserem deutschen Volkskörper«. Notwendig und auch möglich sei es, diese »wertvollsten Bestände an rassischen Urelementen nicht nur zu sammeln und zu erhalten, sondern langsam und sicher zur beherrschenden Stellung emporzuführen«.

Einmal müsse dafür gesorgt werden, daß »das Blut rein erhalten bleibt«. »Rassenmischehen« seien daher zu verbieten. Zum andern müsse man »dafür Sorge tragen, daß nur wer gesund ist, Kinder zeugt«. Die »Verhinderung der Zeugungsfähigkeit bei Syphilitikern, Tuberkulösen, erblich Belasteten, Krüppeln und Kretins« sei unumgänglich. Drittens seien die »sozialen Voraussetzungen einer kinderreichen Familie« zu verbessern. In diesem Zusammenhang schlug Hitler verschiedene Maßnahmen vor, die auf den ersten Blick sozialpolitisch wirken. Doch Kindergeld, der Bau von Sozialwohnungen, die Chancengleichheit im Bildungswesen haben ein primär rassenpolitisches Ziel. Schließlich hielt Hitler den Erwerb von »Randkolonien« für notwendig, »deren Bewohner ausschließlich Träger höchster Rassenreinheit« sein müßten. Ihre Auswahl sei von »eigens gebildeten Rassekommissionen« vorzunehmen, die den als »rassisch wertvoll« eingestuften Bewerbern ein förmliches »Siedlungsattestat« auszustellen hätten.

Mit Hilfe solcher rassenzüchterischen Maßnahmen werde man als »Ergebnis eine Rasse« haben, die »zunächst wenigstens die Keime unseres heutigen körperlichen und damit auch geistigen Verfalls wieder ausgeschieden haben wird«. Nach einer »sechshundertjährigen Verhinderung der Zeugungsfähigkeit und

Zeugungsmöglichkeit seitens körperlich Degenerierter und geistig Erkrankter« sowie bei »bewußter planmäßiger Förderung der Fruchtbarkeit der gesündesten Träger des Volkstums« würde man »die Menschheit nicht nur von einem unermeßlichen Unglück« befreien, sondern auch zu »einer Gesundung« beigetragen haben, die »heute kaum faßbar erscheint«.
Ebenfalls »kaum faßbar« erscheint dieses globale rassenpolitische Programm Hitlers. Dennoch ist es ernst zu nehmen. Hitler hat es in seinen Ausführungen zu verschiedenen Politikbereichen präzisiert. Es wurde weitgehend in die Tat umgesetzt.

Nationalsozialistische Rassenpolitik

Der letzte Satz in Hitlers Testament, sein letzter schriftlich niedergelegter Satz überhaupt, lautet: »Vor allem verpflichte ich die Führung der Nation und die Gefolgschaft zur peinlichen Einhaltung der Rassengesetze und zum unbarmherzigen Widerstand gegen die Weltvergifter aller Völker, das internationale Judentum.«
Hitler war bis zu seinem Ende entschlossen, das gesamte »internationale Judentum« zu vernichten. Dieser Vernichtungskampf war für Hitler 1945 noch nicht beendet. Als ebenfalls nach wie vor notwendig sah er die »Einhaltung« der »Rassengesetze« an.
Gemeint waren zunächst einmal die Nürnberger Gesetze, das heißt das »Gesetz zum Schutz des deutschen Blutes und der deutschen Ehre« und das »Reichsbürgergesetz« mit seinen insgesamt 13 Durchführungs-Verordnungen. Diese und zahlreiche andere Sondergesetze und -verordnungen hatten die Diskriminierung, Ausgrenzung, Ausplünderung und völlige Entrechtung der deutschen Juden zum Ziel. Sie waren Voraussetzung und Bestandteil der nationalsozialistischen *Judenverfolgung*.
Mit den von Hitler erwähnten »Rassengesetzen« waren aber auch noch andere Gesetze und Verordnungen gemeint, die der Rassenvernichtung und Rassenzüchtung dienen sollten. Maßnahmen, deren Ziel es war, andere »fremdrassige« und »fremdvölkische« Gruppen in Deutschland und im deutschen Machtbereich »auszumerzen«: die Sinti und Roma, die Kinder von farbigen Besatzungssoldaten, ethnische und nationale Minderheiten wie Sorben, Kaschuben und Polen sowie die »Fremdarbeiter« aus Polen und der Sowjetunion. Sie alle galten als »fremdvölkisch« oder »fremdrassig« und wurden daher, allerdings in unterschiedlichem Ausmaß, diskriminiert und verfolgt.
Hinzu kamen Gesetze und Verordnungen, die auf eine »Ausmerze« von »minderwertigen Elementen« innerhalb der »arischen« Volksgemeinschaft zielten, von Personen, die nach Auffassung der nationalsozialistischen Machthaber »erbkrank« oder »asozial« waren, und schließlich gesetzliche Maßnahmen, mit denen laut Ministerialrat Arthur Gütt eine »Bevorzugung, Unterstützung und Förderung der erbgesunden und rassisch wertvollen Familien« erreicht werden sollte.
Sinti und Roma wurden und werden in Deutschland »Zigeuner« genannt. Die Herkunft dieses Worts, das in ähnlicher Form auch in anderen europäischen

Sprachen (*zigennare* im Schwedischen, *cigan* im Spanischen) vorkommt, ist umstritten. Fest steht jedoch, daß der Begriff »Zigeuner« in Deutschland eine pejorative Bedeutung hat, weil er die Assoziation von »umherziehenden Gaunern« hervorruft. Daher wollen die in Deutschland lebenden Sinti und Roma nicht als »Zigeuner« angesprochen werden. Dies ist zu respektieren. Fraglich ist allerdings, ob die Namensänderung zu einer Überwindung der »Zigeuner«-Vorurteile beiträgt.

Schon die ersten Sinti und Roma, die Ende des 15. Jahrhunderts in Deutschland eintrafen, stießen auf Vorbehalte und Vorurteile. Zwar waren sie während ihrer Wanderschaft von Indien durch Persien, Kleinasien und die Balkanländer christianisiert worden, gleichwohl warf man ihnen eine unchristliche Lebensweise vor. Die bloße Andersartigkeit der Sinti und Roma, ihr Aussehen, ihre Sprache, ihre Sitten und Gebräuche und ihre, allerdings erzwungene nichtseßhafte Lebensweise lösten Furcht und Ablehnung aus. Man bezichtigte Sinti und Roma der Bettelei, der Betrügerei und des Diebstahls, besonders von Kindern, beschuldigte sie der Hexerei und der Zauberei. Diese Vorurteile waren dann Anlaß und Rechtfertigung für grausame Verfolgungen, die erst im Lauf des 19. Jahrhunderts allmählich aufhörten. Die meisten der in Deutschland lebenden Sinti und Roma wurden formell deutsche Staatsbürger. Von einer Gleichberechtigung konnte allerdings ebenso wenig die Rede sein wie von einem Abbau der Vorurteile.

Daran änderte sich auch in der Zeit der Weimarer Republik nicht viel. In allen deutschen Ländern waren Sinti und Roma im Hinblick auf ihre Bewegungsfreiheit und Berufswahl gesetzlichen Beschränkungen unterworfen, entgegen

Messung der »morphologischen Gesichtshöhe« mit einem »Gleitzirkel«, 1937. Mit derart pseudowissenschaftlichen Methoden wurde die »rassische Zugehörigkeit« bestimmt. Für Juden, Sinti und Roma, für »Fremdvölkische« überhaupt konnte dies lebensentscheidende Bedeutung haben.

Artikel 104 der Weimarer Reichsverfassung, der allen Deutschen die Gleichheit vor dem Gesetz zusicherte. Aufgrund des bayerischen Gesetzes »zur Bekämpfung von Zigeunern, Landfahrern und Arbeitsscheuen« von 1926 konnten auch Sinti und Roma, die die deutsche Staatsbürgerschaft besaßen, »aus Gründen der öffentlichen Sicherheit bis zur Dauer von 2 Jahren in einer Arbeitsanstalt untergebracht werden«, wenn sie »den Nachweis einer geregelten Arbeit nicht zu erbringen« vermochten. In den »Arbeitsanstalten« oder »Arbeitshäusern« unterlagen sie einem Arbeitszwang. Sinti und Roma wurden also einzig und allein deshalb diskriminiert, weil sie »Zigeuner« waren. In Bayern war diese Diskriminierung sogar rassenideologisch motiviert. In den Ausführungsbestimmungen zu dem erwähnten Gesetz von 1926 heißt es nämlich: »Der Begriff ›Zigeuner‹ ist allgemein bekannt und bedarf keiner näheren Erläuterung. Die Rassenkunde gibt darüber Aufschluß, wer als Zigeuner anzusehen ist.« Dabei gehören auch die aus Indien stammenden Sinti und Roma zur indogermanischen Sprachfamilie bzw., wie die Rassenideologen sagen, zur »arischen Rasse«. Das verfassungswidrige bayerische Gesetz von 1926 ist übrigens am 28. Juli 1947 von der amerikanischen Militärregierung aufgehoben worden.
Sinti und Roma wurden also bereits diskriminiert, bevor Hitler zum Reichskanzler ernannt wurde. Im Unterschied zur Situation vor 1933 konnten sich die Sinti und Roma jedoch nun noch weniger gegen zigeunerfeindliche Maßnahmen der Behörden wehren, da im Zuge der »Machtergreifung« auch die Unabhängigkeit der Gerichte, vor allem der Verwaltungsgerichte, eingeschränkt und weitgehend beseitigt worden war. Auch wurde nun ein Teil der neuen Rassengesetze des NS-Staats auf Sinti und Roma angewandt, so vor allem das »Gesetz zur Verhütung erbkranken Nachwuchses« vom 14. Juli 1933 und das am 24. November 1933 erlassene »Gesetz gegen gefährliche Gewohnheitsverbrecher«. Aufgrund beider Gesetze wurden Sinti und Roma zwangssterilisiert oder zwangsasyliert. Diese Praxis war aber weder gesetzlich vorgeschrieben noch von führenden Nationalsozialisten gefordert worden. Hitler selbst hat sich in seinen Schriften kein einziges Mal über die Sinti und Roma geäußert.
Zum ersten Mal ausdrücklich erwähnt wurden sie im Runderlaß des Reichs- und Preußischen Ministers des Innern vom 26. November 1935 über das »Verbot von Rassenmischehen«. Der Minister wies die Standesämter an, »Ehetauglichkeitszeugnisse« nur dann zu verlangen, wenn »infolge der Zugehörigkeit der Verlobten zu verschiedenen Rassen eine für das deutsche Blut ungünstige Nachkommenschaft« zu befürchten sei. Dies sei »z. B. bei einer Eheschließung von deutschblütigen Personen mit Zigeunern, Negern oder ihren Bastarden« der Fall. Obwohl Sinti und Roma in keinem der bisher erlassenen Rassengesetze aufgeführt worden waren, vertraten Stuckart und Globke in ihrem Kommentar zum »Blutschutzgesetz« die Meinung, daß von dem Gesetz neben Juden auch »Zigeuner« betroffen seien. Auch sie seien zu den »Trägern artfremden Blutes« zu rechnen und dürften daher keine Ehen mit »Deutschblütigen« schließen oder mit ihnen Geschlechtsverkehr haben.
Ungeklärt blieb indes die Frage, wer aufgrund welcher »rassischer« Kriterien als »Zigeuner« anzusehen sei. Bei den christlichen Sinti und Roma war es ja nicht möglich, das religiöse Bekenntnis der Großeltern als Indiz für ihre »rassische«

Einordnung zu werten. Diesen »Mißstand« wollte der Tübinger Arzt und Psychologe Dr. Dr. Robert Ritter beseitigen. Mit Hilfe von großangelgten genealogischen und »rassenkundlerischen« Methoden versuchte er folgende Forschungshypothese zu beweisen: Die Sinti und Roma stammten zwar aus Indien und seien daher an sich »Arier«, sie hätten sich jedoch im Lauf der Geschichte sowohl mit Angehörigen anderer »minderwertiger« Rassen wie mit ebenfalls »minderwertigen« und »asozialen« Mitgliedern der »arisch-germanischen Rasse« vermischt. Dies treffe auf die meisten der in Deutschland lebenden Sinti und Roma zu. Die »Zigeunermischlinge« seien »artfremd« und neigten wegen ihrer »rassischen« Eigenschaften zu »asozialen« und kriminellen Verhaltensweisen. Erst nach einer derartigen rassenideologischen Selektion der Sinti und Roma in »Zigeuner« und in die — viel gefährlicheren — »Zigeunermischlinge« sei, wie Ritter selbst schrieb, die »Voraussetzung« für eine »reichseinheitliche Lösung ... der Zigeunerfrage« geschaffen.
Es ist nicht bekannt, wer von den nationalsozialistischen Machthabern auf die Forschungen und Vorschläge dieses Dr. Dr. Robert Ritter aufmerksam wurde. Jedenfalls wurde er im Herbst 1936 Leiter der »Rassenhygienischen und Bevölkerungsbiologischen Forschungsstelle im Reichsgesundheitsamt«, die sich schwerpunktmäßig mit der »Zigeunerforschung« beschäftigte und damit begann, alle der rund 30 000 deutschen Sinti und Roma nach rassenideologischen Kriterien in »Zigeuner« und »Zigeunermischlinge« zu selektieren. Ritters Forschungen hatten sehr bald direkte politische Folgen.
In dem Runderlaß zur »Bekämpfung der Zigeunerplage«, den der Reichs- und Preußische Minister des Innern, Göring, am 6. Juni 1936 erließ, findet man noch keinerlei Hinweise auf eine »Lösung der Zigeunerfrage« nach rassenideologischen Kriterien. Dieser Erlaß übernahm im wesentlichen die Bestimmungen des bayerischen »Zigeunergesetzes« von 1926. Allerdings wurden die Einschränkungen der Lebensführung und Berufsausübung nun reichsweit verbindlich. Die »Zigeunerpolitik« war nicht mehr Sache der Länder, sondern des Reichs bzw. des Reichskriminalpolizeiamts, in dem eine »Reichszentrale zur Bekämpfung des Zigeunerwesens« eingerichtet wurde. Sie wurde bereits am 16. Juli 1937 von Himmler, der seit seiner Ernennung zum »Chef der Deutschen Polizei« auch die Kriminalpolizei befehligte, angewiesen, die »durch rassenbiologische Forschungen gewonnenen Erkenntnisse auszuwerten«. Damit waren zweifellos die »Erkenntnisse« Ritters und seiner Mitarbeiter gemeint. Noch deutlicher wird dies im Runderlaß zur »Bekämpfung der Zigeunerplage«, den Himmler am 8. Dezember 1938 erließ. Einleitend heißt es dort: »Die bisher bei der Bekämpfung der Zigeunerplage gesammelten Erfahrungen und die durch die rassenbiologischen Forschungen gewonnenen Erkenntnisse lassen es angezeigt erscheinen, die Regelung der Zigeunerfrage aus dem Wesen dieser Rasse heraus in Angriff zu nehmen. Erfahrungsgemäß haben die Mischlinge den größten Anteil an der Kriminalität der Zigeuner [...] Es erweist sich deshalb als notwendig, bei der endgültigen Lösung der Zigeunerfrage die rassereinen Zigeuner und die Mischlinge gesondert zu behandeln.«
In den Ausführungsanweisungen zu diesem Runderlaß, die vom Reichskriminalpolizeiamt am 1. März 1939 herausgegeben wurden, hieß es jedoch, daß die

»erforderliche Rechtsgrundlage« zur »Verhinderung der Rassenmischung« sowie der allgemeinen »Regelung der Lebensverhältnisse der reinrassigen Zigeuner und der Zigeunermischlinge« nur durch ein »Zigeunergesetz« geschaffen werden könne. Der Erlaß dieses »Zigeunergesetzes« ist dann zwar mehrfach angekündigt, aber niemals verkündet worden. Nach Kriegsausbruch hielt man dies offensichtlich nicht mehr für notwendig. Am 21. September 1939 fand nämlich in Berlin eine »Zigeunerkonferenz« statt, auf der wahrscheinlich die »Endlösung der Zigeunerfrage« beschlossen wurde. Leider konnte bisher kein Protokoll dieser so wichtigen Konferenz gefunden werden. Doch in einem Schnellbrief des Reichssicherheitsamts vom 17. Oktober 1939 heißt es, daß die «Zigeunerfrage binnen kurzem im gesamten Reichsgebiet geregelt« würde. Daher wurde angeordnet, daß kein »Zigeuner« seinen bisherigen Wohnort verlassen dürfe. Zur gleichen Zeit machte Adolf Eichmann den Vorschlag, die »Zigeunerfrage« zusammen mit der »Judenfrage« zu lösen. An jeden »Judentransport«, der aus Wien ins »Generalgouvernement« abging, sollten einfach »einige Waggon Zigeuner« angehängt werden. Da »diese Transporte gewissermaßen fahrplanmäßig vonstatten gehen«, sei, wie Eichmann bemerkte, eine »reibungslose Durchführung dieser Angelegenheit« zu »erwarten«.
Doch so einfach, wie Eichmann es erwartet hatte, verlief die »Angelegenheit« nicht. Der »Generalgouverneur« Hans Frank wandte sich nämlich am 4. März 1940 gegen den Plan, »neben der Abführung von 100—200 000 Polen« und »einer nach Belieben festzusetzenden Zahl von Juden aus dem Reich« auch noch »30 000 Zigeuner« aufzunehmen. Die ihm unterstehenden Behörden hätten mit den »Umsiedlungen« von Polen und Juden genug zu tun. Himmler nahm darauf Rücksicht. Am 27. April 1940 ordnete er an, daß »nur« 2 500 Sinti und Roma aus den westlichen Gebieten Deutschlands verhaftet, in Sammellager gebracht und von da aus in das »Generalgouvernement« zu deportieren seien. Voraussetzung sei allerdings, daß die betroffenen Personen von Ritter und seinen Mitarbeitern bereits »rassenbiologisch« untersucht wurden. Die erste Massendeportation von Sinti und Roma aus Deutschland fand im Mai 1940 statt.
Doch am 30. Oktober 1940 teilte der Reichsminister des Innern mit, daß weitere Deportationen von »Zigeunern« aufgrund der »Vorstellungen der Regierung des Generalgouvernements« vorerst eingestellt werden müßten. Nach dem Krieg sei eine »andere Regelung der Zigeunerfrage« vorgesehen. Damit waren vermutlich Pläne gemeint, die Heinrich Himmler am 13. Oktober 1942 bekannt gab. Danach sollten die »reinrassigen Sinti« und die »Zigeunermischlinge, die im zigeunerischen Sinne gute Mischlinge sind«, in noch zu bestimmenden Gebieten Deutschlands »nach ihren Sitten und Gebräuchen leben und einer arteigenen Beschäftigung nachgehen können«. Gedacht war offensichtlich an die Errichtung einer Art »Reservats« für »Zigeuner«. Gegen diese Pläne scheint Martin Bormann bei Hitler interveniert zu haben. Himmler gab sie auf und ordnete statt dessen am 16. Dezember 1942 an, alle »Zigeunermischlinge, Ròm-Zigeuner und nichtdeutschblütige Angehörige zigeunerischer Sippen balkanischer Herkunft« in das »Konzentrationslager (Zigeunerlager) Auschwitz« zu deportieren. Dieser Befehl wurde im März 1943 ausgeführt. Obwohl noch in den am 29. Januar 1943 herausgegebenen Ausführungsanweisungen zu diesem Erlaß stand, daß einige Sinti

unter bestimmten Voraussetzungen nicht zu deportieren seien, war damit der schriftliche Befehl zur »Endlösung der Zigeunerfrage« gegeben.

Begonnen hatte die »Endlösung«, das heißt die Vernichtung aller Sinti und Roma, die sich im deutschen Machtbereich befanden, jedoch schon vorher. Im Jahr 1938 waren nämlich deutsche und österreichische Sinti und Roma aufgrund des Himmler-Erlasses zur »vorbeugenden Verbrechensbekämpfung« vom 14. Dezember 1937 in Konzentrationslager eingewiesen worden. Am 18. Juni 1940 ordnete das Reichssicherheitshauptamt an, daß diese »Zigeuner« nicht mehr aus den Konzentrationslagern entlassen werden durften. Am 10. Oktober 1939 hatte Himmler darüber hinaus befohlen, »Zigeunerinnen, die im begründeten Verdacht des Wahrsagens stehen oder gestanden haben«, in »polizeiliche Vorbeugungshaft« zu nehmen und ebenfalls in Konzentrationslager zu bringen. Eine bis heute nicht genau zu ermittelnde Anzahl von Sinti und Roma starb in den Konzentrationslagern an Hunger, Seuchen und den Folgen von medizinischen Versuchen. Spätestens seit Herbst 1941 wurden in der Sowjetunion, aber auch in Jugoslawien neben Partisanen, Kommissaren der Roten Armee und Juden auch Sinti und Roma von den Einsatzgruppen des SD und von Einheiten der Waffen-SS und der Wehrmacht ermordet, ohne daß dafür ein schriftlicher Befehl vorlag. In den Berichten über die Massenmorde hieß es allenfalls, Sinti und Roma seien wegen Spionageverdachts erschossen worden. Dabei handelte es sich um ein Vorurteil, das bereits im 15. Jahrhundert entstanden war, als den Sinti und Roma vorgeworfen wurde, für die Türkei zu spionieren.

Parallel zur physischen »Endlösung der Zigeunerfrage«, der etwa 500 000 Angehörige dieses Volks zum Opfer fielen, verlief die Entrechtung der deutschen Sinti und Roma. Wie bereits erwähnt, hatten die Nationalsozialisten darauf verzichtet, analog zu den antijüdischen Nürnberger Gesetzen ein »Zigeunergesetz« zu erlassen. Diese Unterlassung führte zu grotesk-widersinnigen Verhältnissen. Während nämlich zahlreiche Sinti und Roma bereits in Konzentrations- und »Zigeunerlagern« gefangen gesetzt waren, konnten sich andere in Deutschland noch mehr oder minder frei bewegen, arbeiten, in Organisationen der Partei tätig sein und für ihr »Vaterland« an der Front kämpfen.

Um diese Situation zu beseitigen, wurden nach Kriegsbeginn und nachdem die Entscheidung für eine »Endlösung der Zigeunerfrage« gefallen war, verschiedene Verordnungen erlassen. Sie zeigen, daß die nationalsozialistische »Zigeunerpolitik« noch unkoordinierter verlief als die Judenpolitik. Sie zeigen aber auch, daß die Verfolgung der Sinti und Roma wie die Judenverfolgung rassenideologisch motiviert war. Die Rechtslage der Sinti und Roma wurde an die der Juden angepaßt. So ordnete der Reichsarbeitsminister am 13. März 1942 an, daß die »für Juden erlassenen Sondervorschriften auf dem Gebiete des Sozialrechts ... in ihrer jeweiligen Fassung auf Zigeuner entsprechende Anwendung« finden sollten. Aufgrund eines Erlasses des Reichsministers der Finanzen vom 26. März 1942 mußten »Zigeuner« wie Juden eine »Sozialausgleichsabgabe« zahlen. Die Sondersteuer betrug »neun Zwölftel des Arbeitslohnes«. In der 12. Verordnung zum Reichsbürgergesetz vom 25. April 1943 hieß es dann, daß »Juden und Zigeuner« weder »Staatsangehörige« noch »Staatsangehörige auf Widerruf oder Schutzangehörige« sein könnten.

In einigen Verordnungen wurden Sinti und Roma dagegen einer anderen »rassischen« Minderheit in Deutschland gleichgestellt. Wie bereits erwähnt, waren im Kommentar von Stuckart und Globke über das »Blutschutzgesetz« neben Juden und »Zigeuner« auch »Neger und ihre Bastarde« zu den »Trägern artfremden Blutes« gezählt worden. Reichserziehungsminister Rust scheint sich an diesen Kommentar gehalten zu haben, als er am 22. März 1941 anordnete, daß neben »Zigeunerkindern« auch »Negermischlinge« von der Schule verwiesen werden könnten, wenn sie in »sittlicher oder sonstiger Beziehung für ihre deutschblütigen Mitschüler eine Gefahr bilden« würden.

Bei *Negermischlingen* handelte es sich vor allem um Kinder von farbigen Soldaten der französischen Armee, die nach dem Ersten Weltkrieg einige links- und rechtsrheinische Gebiete besetzt hatte. Diese Kinder hießen in der Presse der Weimarer Republik und des Dritten Reichs allgemein *Rheinlandbastarde*. Nicht nur Rassisten sahen in ihrer Existenz eine Gefahr für die »Reinheit« der »germanisch-deutschen Rasse«. Die bloße Anwesenheit von farbigen Soldaten am Rhein wurde auch von Angehörigen demokratischer Parteien kritisiert und als »schwarze Schmach« bezeichnet. Ein Begriff, der zum Schlagwort wurde. Es blieb allerdings Hitler vorbehalten, in dieser »schwarzen Schmach« und der Existenz der »Rheinlandbastarde« das Werk der Juden zu sehen. Sie hätten, wie er in »Mein Kampf« erklärte, »den Neger an den Rhein gebracht«, um mit der »dadurch zwangsläufig eintretenden Bastardierung die ihnen verhaßte weiße Rasse zu zerstören«.
Gleichwohl stand Hitler mit seiner rassistischen Hetze nicht allein. So erklärte ein gewisser Dr. Rosenberger 1920 in der »Ärztlichen Rundschau«: »Sollen wir schweigend dulden, daß künftig an den Ufern des Rheins statt der hellen Lieder weißer, schöngesichteter, gutgewachsener, geistig hochstehender, regsamer, gesunder Deutscher die krächzenden Laute grauscheckiger, niederstirniger, breitschnauziger, plumper, halbtierischer, syphilitischer Mulatten ertönen?«
Die zuständigen Behörden gingen gegen die rassistischen Tendenzen innerhalb der Publizistik nicht vor, sondern sammelten selbst Materialien über Zahl, Namen und Wohnorte der »Rheinlandbastarde«. Die nationalsozialistischen Machthaber knüpften nahtlos daran an. Schon am 13. April 1933 forderte der preußische Minister des Innern, Göring, die Regierungspräsidenten in Düsseldorf, Köln, Koblenz, Aachen und Wiesbaden auf, eine genaue Statistik über die »Rheinlandbastarde« vorzulegen. Unterlagen über 145 Kinder wurden kurz darauf vom Assistenten am Berliner Kaiser-Wilhelm-Institut für Anthropologie, menschliche Erblehre und Eugenik, Dr. Wolfgang Abel, nach rassenideologischen Kriteren analysiert. Abel kam zu dem — vermutlich erwünschten — Ergebnis, daß sich die »Rheinlandbastarde« nicht nur in ihrem Aussehen, sondern auch in körperlicher, geistiger und sozialer Hinsicht negativ von ihren »gutrassigen« Kameraden unterschieden. Daher appellierte Abel an diejenigen, »in deren Hand es liegt, die Vermehrung des Leidens zu verhüten«.
Was damit gemeint war, sprach ein anderer Wissenschaftler in einer 1933 veröffentlichten Broschüre über »Rassenprobleme im Dritten Reich« offen aus. Die »Schwarze Schmach« sei nur durch die »Sterilisierung der Mulatten« »auszu-

merzen«. Der Verfasser dieser Broschüre, ein gewisser Dr. Hans Macco, forderte zugleich, mit den »Zigeunern« ähnlich zu verfahren. Bereits 1934 wurde die Frage, ob das Zwangssterilisationsgesetz auch auf »Zigeuner« und »Rheinlandbastarde« anzuwenden sei, behördenintern erörtert. Am 11. März 1935 tagte dann eine Arbeitsgemeinschaft des Sachverständigenbeirats für Bevölkerungs- und Rassenpolitik, der am 28. Juni 1933 von Reichsinnenminister Frick ins Leben gerufen worden war. Auf der Sitzung diskutierte man »Wege zur Lösung der Bastardfrage«, womit die »Rheinlandbastarde« gemeint waren. Ihre Zahl wurde auf 500 bis 800 geschätzt. Der Leiter des Rassenpolitischen Amts der NSDAP, Dr. Groß, schlug vor, die »Negerbastarde« nach der Begutachtung durch einen anthropologisch geschulten Arzt zu sterilisieren. Die Mehrheit der Anwesenden war jedoch der Meinung, die Entscheidung, ob eine derartige Zwangssterilisierung gesetzlich geregelt werden solle oder nicht, müsse dem »Führer überlassen bleiben«.

Im Frühjahr 1937 wurde beschlossen — ob von Hitler ist nicht bekannt —, die »Rheinlandbastarde« auch ohne ein entsprechendes Gesetz zu sterilisieren. Die Gestapo bildete eine »Sonderkommission 3« mit Unterkommissionen in Wiesbaden, Ludwigshafen und Koblenz. Neben Vertretern der zuständigen Regierungspräsidenten gehörten ihr die jeweiligen Amtsärzte an. Auf ihre Anweisung hin wurden die betreffenden Kinder ausfindig gemacht und zwangssterilisiert, nachdem vorher ihre »rassische« Zugehörigkeit von einer Expertengruppe festgestellt worden war. Unter den Experten befanden sich der Leiter des Kaiser-Wilhelm-Instituts für Anthropologie, menschliche Erblehre und Eugenik, Prof. Dr. Eugen Fischer, sowie einer seiner Mitarbeiter, der schon erwähnte Dr. Wolfgang Abel, und Dr. Heinrich Schade.

Weitere Maßnahmen gegen die »Rheinlandbastarde« wurden nicht ergriffen. Den Vorschlag, sie einfach auszuweisen, stellte man wegen außenpolitischer Bedenken zurück. Zu einer Zwangsasylierung kam es ebenfalls nicht. Die Nationalsozialisten waren entweder der Meinung, daß die »Bastardfrage« nach den Zwangssterilisationen »gelöst« sei, oder hielten die »Lösung« anderer rassenpolitischer Fragen für wichtiger.

Zu diesen Fragen rechneten die Nationalsozialisten auch die Behandlung der *ethnischen und nationalen Minderheiten* der Kaschuben, Sorben und Polen.

Die *Kaschuben* sind Nachkommen eines slawischen Stammes, dem es bis zum Beginn des 14. Jahrhunderts gelungen war, seine Eigenständigkeit gegenüber Polen und dem Deutschen Orden zu behaupten. Zu Beginn des 14. Jahrhunderts fiel ihr »Staatsgebiet«, das im Deutschen Pommerellen, im Polnischen dagegen Gdànsk-Pomorsze genannt wird, an den Ordensstaat. Im Jahr 1466 wurde es polnisch, nach den Teilungen Polens (1772-1795) preußisch und hieß fortan Westpreußen. Sowohl unter der Herrschaft des Ordens wie Polens und Preußens hielten die Kaschuben an ihrer eigenen Sprache und Kultur fest. Dies stieß im Kaiserreich auf die Kritik der deutschen Behörden, die versuchten, die Kaschuben zu »germanisieren«. Nach 1918 betrieben dann die Polen eine ebenfalls nicht sehr erfolgreiche Polonisierungspolitik. Im Jahr 1939 vereinigte Hitler Westpreußen mit dem Freistaat Danzig zum »Gau Danzig-Westpreußen«. Im Unterschied zu den Polen, die meist ins »Generalgouvernement« vertrieben wurden, durften die

Kaschuben bleiben. Sie wurden jedoch nicht wie die »Volksdeutschen« in die Gruppen 1 und 2 der »Volkslisten« eingruppiert, sondern meist als »Eindeutschungsfähige« der Liste 3 zugeteilt. Die Pflege der kaschubischen Sprache und des kaschubischen Volkstums wurde untersagt. Sofern sich die Kaschuben an diese Verbote hielten und nicht mit ihren früheren polnischen Landsleuten sympathisierten, sind sie jedoch offensichtlich in Ruhe gelassen worden.
Anders und härter war die Politik, die die Nationalsozialisten gegenüber den *Sorben* in der Ober- und Niederlausitz betrieben. Die Sorben sind Nachkommen der slawischen Stämme, die vor der deutschen Einwanderung das Land östlich der Elbe bewohnten. Von den Deutschen wurden sie »Wenden« genannt. Während ihre Sprache und Kultur in den meisten anderen mittel- und ostdeutschen Territorien im Lauf des Mittelalters und der frühen Neuzeit untergingen, war dies in der Ober- und Niederlausitz anders. Hier lebten nach wie vor Slawen. Sie wurden von den Deutschen weiterhin »Wenden« oder nach einem Neologismus, der zu Beginn des 16. Jahrhunderts von den Humanisten gebildet worden war, »Sorben« genannt. In ihrer Sprache bezeichneten und bezeichnen sich diese »Wenden« oder »Sorben« als »serbi«.
Schon während der frühen Neuzeit indes verkleinerte sich das sorbische Siedlungsgebiet. Dies war einmal die Folge kriegerischer Ereignisse. Hinzu kam, daß die Sorben die deutsche Sprache benutzten, um am wirtschaftlichen, kulturellen und religiösen Leben teilnehmen zu können. Die Behörden in Preußen und Sachsen versuchten jedoch darüber hinaus, die Germanisierung zu fördern, indem sie zum Beispiel Lehrer und Pfarrer in sorbischen Dörfern einsetzten, die der sorbischen Sprache nicht kundig waren. Um diesen Tendenzen entgegenzuwirken, gründeten sorbische Intellektuelle zu Beginn des 19. Jahrhunderts Vereine, deren Ziel es war, die sorbische Sprache und Kultur zu pflegen und vor dem Untergang zu retten. Unterstützt wurden sie dabei von tschechischen und polnischen Intellektuellen, die ihren »slawischen Brüdern« helfen wollten.
Dies nahmen wiederum deutsche Publizisten zum Anlaß, vor der »wendischen Gefahr« zu warnen. Hinter den Sorben stünden nämlich Tschechen und Russen, die im Zeichen des »Panslawismus« eine Vereinigung aller Slawen anstrebten, um der deutschen Sache zu schaden. Die Warnungen wurden von den zuständigen Behörden sehr ernst genommen. In der zweiten Hälfte des 19. Jahrhunderts kam es zu einer zielgerichteten Unterdrückung nicht nur der sorbischen Bewegung, sondern auch der sorbischen Sprache und Kultur. Auch wirkte sich der sogenannte Nationalitätenkampf, den die preußisch-deutschen Behörden vor allem in der Provinz Posen mit den Polen ausfochten, auf die »Wendenfrage« verschärfend aus. Antipolnische Sondergesetze wurden auf die Sorben übertragen: eine doppelte Überreaktion. Kontakte zwischen Angehörigen der polnischen und sorbischen Nationalbewegung gab es nicht, auch war die sorbische Nationalbewegung sehr schwach. Der nationalen sorbischen Vereinigung »Domowina«, die erst 1912 gegründet wurde, gehörten nur 2 800 Mitglieder an. Nur wenige von ihnen scheinen die Forderungen des »Sorbischen Nationalausschusses« unterstützt zu haben, der im Dezember 1918 eine »Proklamation« an die Mitglieder der Versailler Friedenskonferenz sandte, in der es hieß: »Der Nationalausschuß fordert auf der Grundlage der Wilsonschen Punkte einen selbständigen lausit-

zisch-sorbischen Staat, denn die Lausitzer Sorben sind ein besonderes slawisches Volk, das wie andere freie Völker das Recht besitzt, sich seine Zukunft selbst zu bauen und sich um sein selbständiges Fortbestehen und seine Entwicklung zu kümmern.«

Die Siegermächte gingen auf diese Forderungen nicht näher ein. Die Behörden der Weimarer Republik indes nahmen die separatistischen Tendenzen einiger weniger Sorben derart ernst, daß sie die schon im Kaiserreich von den Behörden und der Polizei gebildeten »wendischen Abteilungen« bestehen ließen.

Auf die von den »wendischen Abteilungen« gesammelten Unterlagen konnten die Nationalsozialisten zurückgreifen. Zunächst beschränkten sie sich darauf, nationalsorbische Vereinigungen wie die »Domowina« aufzulösen und einige ihrer Funktionäre zu verhaften. Auf weitere rassenpolitische Maßnahmen wurde vorerst verzichtet. Dies ist insofern bemerkenswert, als einige Publizisten schon lange vor der nationalsozialistischen »Machtergreifung« mit rassistischen Argumenten vor der »wendischen Gefahr« gewarnt hatten. So heißt es in einem bereits 1904 veröffentlichten Artikel eines Herrn v. Strantz: »Der Lausitzer Wende ist von Anfang an ein Bastard germanisch-slawischen Geblüts.« Wegen der »Polengefahr« sei es notwendig, an sich »harmlose Volksreste« wie die Sorben aufzusaugen und eine Vermehrung dieses »fremden Blutes« zu verhindern.

Auf einer Konferenz über die »wendische Frage«, die am 26. April 1937 im Reichsministerium des Innern stattfand, meinten die um Rat gebetenen Historiker jedoch, daß die sorbische Sprache ohnehin im Schwinden begriffen sei. Eine »wendische Frage« existiere daher im Grunde gar nicht. Man solle sie auch nicht herbeireden. Manifestationen der wendischen Kultur hätten keinen antideutschen Charakter. Daher könnten sie im gewissen Rahmen geduldet werden. Dies fand nicht den Beifall des SD. Am 30. Mai 1940 erschien in den »Meldungen aus dem Reich« ein Artikel über das »Wendenproblem in der Niederlausitz«. Der Autor kritisierte die »von Staats- und Parteistellen sowie auch von privater Seite noch bis in die jüngste Zeit wiederholt betriebene wendische Volkstumspropaganda in Form von wendischen Volkstumsveranstaltungen«. Nach Meinung des SD müßten »jegliche Betonung und Förderung des wendischen Volkstums« eingestellt werden. »Der Einfluß der außerordentlich dünnen wendischen Intelligenzschicht müßte ausgeschaltet werden.« Dies ließe sich durch »Versetzungen« von Lehrern und Geistlichen erreichen. Weitere »Zwangsmaßnahmen oder politische Herabwürdigung[en]« von Sorben seien jedoch zu vermeiden, weil man dadurch das Ziel, die »wendischen Volkssplitter [. . .] durch friedliche kulturelle Durchdringung« aufzusaugen, eher gefährde. Da sich die meisten Sorben bereits »zum Deutschtum und zum Nationalsozialismus« bekennen und sich im Hinblick auf ihre »rassische Zusammensetzung« nicht von den übrigen Bewohnern der Lausitz unterscheiden würden, sei es möglich, auf diese Weise die »wendische Sprache und Tracht ohne Zwang zum Aussterben zu bringen«.

Himmler teilte diese Ansicht nicht. Er fühlte sich offenbar auch für die »Wendenfrage« zuständig, seitdem er am 7. Oktober 1939 zum »Reichskommissar für die Festigung deutschen Volkstums« ernannt worden war. In einer am 15. Mai 1940 verfaßten Denkschrift über die Behandlung der »Fremdvölkischen« schlug er vor, die Teile der Bevölkerung, »die dieselbe rassische und menschliche Art« wie die Polen hätten, ins »Generalgouvernement« abzuschieben. Dabei dachte er an »Teile z. B. der Sorben und Wenden«. Sie würden zusammen mit den Polen die »minderwertige Bevölkerung« des »Generalgouvernements« bilden. Dieser Umsiedlungsplan wurde jedoch nicht verwirklicht. Die Nationalsozialisten beschränkten sich darauf, einzelne Wortführer der sorbischen Bewegung zu verhaften und in Konzentrationslager zu verschleppen sowie verschiedene »wendische Pfarrer und Lehrer« in andere Gebiete des Reichs zu versetzen. Der Reichsminister für die kirchlichen Angelegenheiten teilte am 14. Oktober 1940 der Evangelischen Kirche der altpreußischen Union mit, daß der »Reichsführer SS und Reichskommissar für die Festigung deutschen Volkstums« die Versetzung von »aktiven Führern des Wendentums« für notwendig halte, weil sonst die »endgültige Lösung des Wendenproblems« verhindert werde. Die Kirchenbehörden wurden zugleich angewiesen, die betreffenden »wendischen Pfarrer« unter keinen Umständen in diejenigen westdeutschen Gebiete« zu versetzen, »in denen fremdvölkische, besonders polnische Minderheitengruppen vorhanden sind (Ruhrgebiet)«.

Die Äußerung deutet darauf hin, daß auch die Angehörigen der *polnischen Minderheit* in Deutschland von den nationalsozialistischen Machthabern aus »volkstumspolitischen« Gründen für gefährlich angesehen wurden. Dies war nicht immer so.

Nach dem Abschluß des Nichtangriffspakts mit Polen im Januar 1934 wurde die Tätigkeit der Polenvereine im Ruhrgebiet und in Berlin ausdrücklich toleriert, wie in den gegenseitigen Minderheitenschutzverträgen vorgesehen. In einer Zeit, in der fast alle übrigen nicht-nationalsozialistischen Vereine, selbst die konfessionellen, aufgelöst oder in ihrer Tätigkeit stark eingeschränkt waren, erlebte das polnische Vereinswesen eine ausgesprochene Blüte. Damit war es nach dem Überfall auf Polen schlagartig vorbei. Die Polenvereine wurden aufgelöst, ihr Vermögen zog man zugunsten des Reichs ein. Einige ihrer Funktionäre wurden verhaftet und in Konzentrationslager verschleppt. Doch diese Maßnahmen trafen nur Personen, die sich zu ihrer polnischen Herkunft bekannten. Die übrigen ließ man in Ruhe. Weitere rassenpolitische Maßnahmen waren offensichtlich geplant. Zu einer Realisierung kam es nicht mehr, weil inzwischen andere Probleme aufgetreten waren, die in »volkstumspolitischer« Hinsicht als noch gefährlicher galten.

So vor allem die Ausländerfrage. Insgesamt 7 Millionen *Ausländer* mußten in Deutschland leben, Kriegsgefangene und Arbeiter, die aus verschiedenen Ländern angeworben worden waren, wobei im zunehmenden Maße auch Zwang eingesetzt wurde. Anlaß für den Masseneinsatz von Ausländern in der deutschen Wirtschaft war ein immer chronischer werdender Arbeitermangel: Einen verstärkten Einsatz von Frauen lehnten die nationalsozialistischen Machthaber aus politischen und rassenideologischen Gründen ab.

Mit allen Mitteln versuchten die Nationalsozialisten, jeden Widerstand der »Fremdarbeiter« im Keim zu ersticken. Widerstand war jede Unbotmäßigkeit gegenüber den deutschen Vorgesetzten und jeder Versuch, sich dem Arbeitszwang zu entziehen. Mit drakonischen Strafen ging man gegen derartige »Arbeitsvertragsbrüche« vor.

Besonders rigoros und hart war die Behandlung der Arbeiter, die aus Polen und der Sowjetunion stammten. Galten *Polen, Russen und Ukrainer* ja als Angehörige einer »minderwerten Rasse«. Anlaß genug für die Nationalsozialisten, die »slawischen Untermenschen« mit äußerster Brutalität zu behandeln. Außerdem stellten sie in den Augen der Nationalsozialisten eine »rassenpolitische« Gefahr dar. Jeder sexuelle Kontakt mit Deutschen wurde verboten.

Die »Polenerlasse« vom März 1940 sahen nicht nur bei »Arbeitsunlust«, »Arbeitsniederlegung«, »eigenmächtigem Verlassen der Arbeitsstätte« und »Sabotagehandlungen«, sondern auch bei Verstößen gegen das strikte Verbot, Kontakte mit Deutschen zu unterhalten, schärfste Strafen vor. Sie reichten von Prügel- und Gefängnisstrafen über die befristete Einweisung in ein »Arbeitserziehungslager« bis hin zur Einlieferung in Konzentrationslager und zur Todesstrafe, die häufig »zur Abschreckung« öffentlich vollzogen wurde. Todesstrafen wurden vor allem dann verhängt, wenn polnische Arbeiter sexuelle Kontakte zu deutschen Frauen unterhalten hatten.

Die polnischen und dann auch russischen Arbeiter wurden zwar aus ökonomischen Gründen gebraucht, gleichzeitig wollte man aber das rassenpolitische Ziel der »Reinerhaltung« der »germanischen Rasse« durchsetzen. Dies hatte zur Folge, daß die polnischen und russischen Arbeitskräfte ökonomisch ausgebeutet und rassisch diskriminiert wurden. Den Polen wurde schon im März 1940 verboten, Gaststätten, kulturelle Veranstaltungen und Kirchen zu besuchen und öffentliche Verkehrsmittel zu benutzen. Außerdem mußten sie an ihrer Kleidung ein sichtbares großes »P« tragen. Ein Jahr später, am 1. September 1941, wurde eine Kennzeichnungspflicht auch für Juden eingeführt, der »gelbe Stern«. Seit Februar 1942 mußten dann auch russische Arbeitskräfte das Abzeichen »Ost« an ihrer Kleidung tragen. Zugleich wurden mit den »Ostarbeitererlassen« weitere diskriminierende Maßnahmen gegen russische und ukrainische Arbeiter in Kraft gesetzt.

Die *»Fremdarbeiterpolitik«* des Dritten Reichs hatte von Anfang an neben ökonomischen und politischen auch rassenpolitische Motive und Merkmale. Im besonderen Maße gilt dies für »P«- und »Ost«-Arbeiterinnen, die in Deutschland schwanger wurden. Zunächst waren sie nach Bekanntwerden der Schwangerschaft noch nach Hause geschickt worden, weil sich ihr »ökonomischer Nutzen« verringert hatte. Dann ging man dazu über, an ihnen Zwangsabtreibungen vorzunehmen. Schließlich kam man auf eine noch grausamere Idee. Für schwangere Arbeiterinnen aus Polen und der Sowjetunion wurden besondere »Ostentbindungsheime« errichtet, wo sie unter äußerst primitiven Bedingungen ihre Kinder zur Welt bringen konnten. Sie wurden dann nach »rassenbiologischen« Kriterien untersucht. Fand man keine Anzeichen »germanischen Bluts«, ließ man die Kinder qualvoll verhungern. Fiel der Test dagegen »positiv« aus, weil man zum Beispiel vermutete, daß der Vater Deutscher war, wurde das Kind der Mutter weggenommen und in ein »Lebensbornheim« gebracht, wo es von einer deutschen Familie adoptiert werden konnte. Die Nationalsozialisten sprachen in diesem Zusammenhang von rassenpolitischen »Fischzügen«. Regelrechte Kinderraubaktionen wurden auch im »Generalgouvernement« unternommen. Polnische Wissenschaftler schätzen, daß noch heute unter uns zahlreiche Perso-

nen leben, die ihren leiblichen Eltern geraubt wurden, ohne dies jemals erfahren zu haben. Dieser Kinderraub war vielen Zeitgenossen nicht bekannt. Jedem bekannt waren aber andere, ebenfalls rassenideologisch motivierte Maßnahmen der nationalsozialistischen »Rassenzüchter« und »Rassenvernichter«.
Die Nationalsozialisten haben unmittelbar nach der »Machtergreifung« keinen Zweifel daran gelassen, daß sie gewillt waren, ihre angekündigten »rassenzüchterischen« Ziele in die Tat umzusetzen. Am 28. Juni 1933 wurde von Reichsminister Frick ein »Sachverständigenbeirat für Bevölkerungs- und Rassenpolitik« konstituiert. Der Beirat konzentrierte sich zunächst darauf, die Vorbereitungen für den Erlaß eines Sterilisationsgesetzes zu koordinieren. Daran war schon in der Weimarer Republik gearbeitet worden. Der noch 1932 vorgelegte Gesetzentwurf sah jedoch vor, daß sich *erbkranke Personen* oder ihre Vormünder mit der Sterilisation einverstanden erklären mußten.
Das am 14. Juli 1933 verabschiedete »Gesetz zur Verhütung erbkranken Nachwuchses«, das am 1. Januar 1934 in Kraft trat, sah jedoch das Prinzip der Freiwilligkeit nicht mehr vor. Außerdem war der Katalog der »erblich bedingten« Krankheiten erweitert worden. Nun konnten Personen zwangssterilisiert werden, denen Ärzte »angeborenen Schwachsinn«, »Schizophrenie«, »manisch-depressives Irresein«, »erbliche Fallsucht«, »erblichen Veitstanz«, »erbliche Blindheit«, »erbliche Taubheit«, »schwere erbliche körperliche Mißbildungen« oder auch »schweren Alkoholismus« attestiert hatten. Fragwürdig in diesem Katalog war, daß eine Reihe der genannten Krankheiten nicht erblich bedingt ist, was schon damals einigen Ärzten bekannt war. Fragwürdig waren ferner die dehnbaren Formulierungen. Wann liegt zum Beispiel »schwerer Alkoholismus« vor? Was hat man unter »angeborenem Schwachsinn« zu verstehen?
Dies zu entscheiden, fiel in die Kompetenz von »Erbgesundheitsgerichten«. Dabei bedienten sie sich unter anderem eines »Intelligenzprüfungsbogens«. Es sollten Rechenaufgaben gelöst und Fragen wie »Wer war Bismarck?« beantwortet werden, aber auch die Frage nach der »gegenwärtigen Staatsform« Deutschlands. Was sollte — und konnte — man darauf antworten? »Terroristische Diktatur«? Außerdem wurden in diesem »Intelligenzprüfungsbogen« sittlich-moralische Einstellungen getestet: »Warum lernt man? Warum und für wen spart man? Was ist Treue, Frömmigkeit, Ehrerbietung, Bescheidenheit?« Wer keine oder den Prüfern nicht genehme Antworten gab, konnte als »schwachsinnig« eingestuft werden, wobei unter »Schwachsinn« auch »moralischer Schwachsinn« verstanden wurde. Auch abweichendes Verhalten galt als schwachsinnig. Dabei beurteilten die »Erbgesundheitsgerichte« abweichendes sexuelles Verhalten bei Männern und Frauen unterschiedlich: Häufig wechselnde Sexualpartner waren nur bei Frauen ein Indiz für »moralischen Schwachsinn«. Entscheidungen der »Erbgesundheitsgerichte« zeigen zudem in aller Klarheit, wie voreingenommen die Gutachter waren. Sehr viele der etwa 400 000 Menschen, die aufgrund des »Gesetzes zur Verhütung erbkranken Nachwuchses« zwangssterilisiert wurden, waren nicht krank und schon gar nicht »erbkrank«. Sie sind als Opfer des nationalsozialistischen Rassismus anzusehen.
Das »Gesetz zur Verhütung erbkranken Nachwuchses« wurde sogar noch verschärft und radikalisiert. Im September 1934 gab Hitler dem Reichsärzteführer

Dr. Wagner die Anweisung, »daß bei erbkranken Schwangeren oder bei einer erbgesunden Frau, die von einem erbkranken Mann geschwängert worden war, die Schwangerschaft unterbrochen werden sollte«. Abtreibungen aus »eugenischen Gründen« waren schon in der Weimarer Republik diskutiert und vereinzelt auch praktiziert worden, obwohl § 218 des Strafgesetzbuchs dies untersagte. Daran änderte sich im Dritten Reich zunächst nichts. Die Strafverfolgung von Verstößen gegen das Abtreibungsverbot wurde sogar verschärft. Auch viele »Erbärzte« wagten es deshalb nicht, Abtreibungen an »erbkranken« Frauen vorzunehmen.

Die nationalsozialistische Staatsführung nahm darauf Rücksicht. Am 26. Juni 1935 wurde das »Gesetz zur Änderung des Gesetzes zur Verhütung erbkranken Nachwuchses« verabschiedet. Es sah vor, daß innerhalb der ersten sechs (!) Schwangerschaftsmonate eine Abtreibung bei solchen Frauen erfolgen sollte, die von einem »Erbgesundheitsgericht« als »erbkrank« eingestuft worden waren. Noch im gleichen Jahr begann die Propaganda für eine Legalisierung der »Euthanasie«. In den Kinos wurde der Pro-Euthanasie-Film »Ich klage an« gezeigt, den der Reichsärzteführer Dr. Wagner in Auftrag gegeben hatte.

Die »Freigabe der Vernichtung lebensunwerten Lebens« hatten der Jurist Karl Binding und der Psychiater Alfred Hoche schon 1920 in ihrem gleichnamigen Buch gefordert und damit eine intensive Diskussion provoziert. Ihre unmenschlichen Forderungen, die auch in einer unmenschlichen Sprache geäußert wurden, waren keineswegs von allen Medizinern, Juristen und Theologen klipp und klar zurückgewiesen worden: ein weiteres Indiz für die schon mehrfach erwähnte Tatsache, daß die Rassenideologie in Gestalt der »Eugenik« schon in der Weimarer Republik weit verbreitet war. Daher konnten es sich die Nationalsozialisten schon in den 20er Jahren leisten, die Ermordung kranker Menschen anzukündigen. Hitler selbst hat dies 1929 auf dem Nürnberger Parteitag offen getan: »Würde Deutschland jährlich eine Million Kinder bekommen und 700 000 bis 800 000 der Schwächsten beseitigen, dann würde am Ende das Ergebnis vielleicht sogar eine Kräftesteigerung sein.«

In der öffentlichen Diskussion stand nach 1933 zunächst die Frage der Zwangssterilisation im Mittelpunkt. Doch Hitler scheint am »Euthanasie«-Plan festgehalten zu haben. Nach den Aussagen des Reichsärzteführers Dr. Wagner soll er schon 1935 gesagt haben, daß er, »wenn ein Krieg sein soll, die *›Euthanasiefrage‹* aufgreifen und durchführen werde«. Ein solches »Problem« sei nämlich »im Kriege zunächst glatter und leichter durchzuführen«. Dies ist nicht der einzige Hinweis dafür, daß die Nationalsozialisten vorhatten, nach dem Ausbruch eines neuen Kriegs, der ja auch ein »Rassenkrieg« sein sollte, »das Problem der Heil- und Pflegeanstalten ... radikal zu lösen«.

Deutlich wird dies am »Fall Knauer«. Anfang 1939 hatte ein Herr Knauer ein Schreiben an Hitler gesandt, in dem er darum bat, daß sein mißgebildetes Kind, das in der Universitätsklinik Leipzig lag, getötet werden sollte. Hitler schickte darauf seinen Leibarzt Dr. Brandt nach Leipzig mit dem Auftrag, den »Fall Knauer« zu prüfen und, falls wirklich ein Fall schwerster Behinderung vorliege, die Tötung zu genehmigen. Dies geschah. Gleichzeitig ermächtigte Hitler Dr. Brandt und den Leiter der Reichskanzlei, Philipp Bouhler, ähnliche Gesuche ebenfalls zu befürworten. Die »Kanzlei des Führers« rief daraufhin einen »Reichsausschuß zur wissenschaftlichen Erfassung von erb- und anlagebedingten schweren Leiden« ins Leben, dem neben den genannten Vertretern der Behörden auch Ärzte angehörten. Die Mitglieder dieses »Reichsausschusses« überprüften Meldungen von Ärzten und Hebammen aus dem gesamten Reich über Fälle von Idiotie, Mongolismus, Lähmungen und anderen Mißbildungen bei neugeborenen Kindern. Wenn alle drei Gutachter ihr Einverständnis für die Tötung eines Kindes erklärt hatten, wurde es in »Kinderfachabteilungen« verlegt und dort umgebracht. Insgesamt sind im Zuge dieser *»Kindereuthanasie«* 5 000 Säuglinge, Kinder und Jugendliche ermordet worden.

Im Oktober 1939 ermächtigte Hitler in einem formlosen und auf den 1. September rückdatierten Schreiben den »Reichsleiter« Bouhler und Dr. Brandt, »die Befugnisse namentlich zu bestimmender Ärzte so zu erweitern, daß nach menschlichem Ermessen unheilbar Kranken bei kritischster Beurteilung ihres Krankheitszustandes der Gnadentod gewährt werden kann«. Mit der Leitung der Massenmordaktion wurde eine »Reichsarbeitsgemeinschaft Heil- und Pflegeanstalten« beauftragt. Sie residierte in der Berliner Tiergartenstraße 4. Die »Euthanasie« erhielt daher den Decknamen »Aktion T 4«. Die »Reichsarbeitsgemeinschaft« arbeitete Fragebogen aus, die an alle Heilanstalten versandt wurden. Dort mußten die Ärzte Angaben über den Krankheitszustand und die jeweilige Arbeitsleistung ihrer Patienten machen. Besonders zu kennzeichnen waren Patienten »nichtdeutschen oder artverwandten Blutes«. Die ausgefüllten Fragebogen gingen an die »Reichsarbeitsgemeinschaft« in der Berliner Tiergartenstraße 4 zurück. Ein Gutachtergremium, dessen Mitglieder die betreffenden Patienten nie gesehen hatten, entschieden nun durch ein + oder ein — über Tod oder Leben der Kranken.

Heimlich gemachte Aufnahme der Vernichtungsanstalt Hadamar, 1941.

Eine eigens zu diesem Zweck gegründete »Gemeinnützige Krankentransport GmbH« (Gekrat) übernahm den Transport der Kranken von den einzelnen Anstalten zu den Heil- und Pflegeanstalten Hadamar, Grafeneck, Bernburg, Brandenburg, Hartheim, Sonnenstein und anderen. Diese früheren Heil- und Pflegeanstalten wurden von einer »Gemeinnützigen Stiftung für Anstaltspflege« geleitet. Ihre Aufgabe war die Ausführung des Massenmords. Die Opfer wurden mit Bussen in die Tötungsanstalten gebracht. Dort wurden sie in Räumen, die als Duschanstalten getarnt waren, zum Teil aber auch in Lastkraftwagen vergast. Die Leichen verbrannte man. Die Angehörigen, denen man zunächst mitgeteilt hatte, daß die Kranken »aus mit der Reichsverteidigung in Zusammenhang stehenden Gründen« verlegt worden seien, erhielten dann die Nachricht über den »unerwarteten Tod« des Patienten und die aus »seuchenpolizeilichen Gründen« erfolgte Einäscherung des Leichnams.
Eine Anzahl von Familienangehörigen schöpfte jedoch bald darauf Verdacht. Teilweise waren ihnen nämlich versehentlich zwei Urnen zugesandt worden, oder man hatte als Todesursache Blinddarmentzündung angegeben, obwohl die Betreffenden gar keinen Blinddarm mehr hatten. Hinzu kam, daß sich auch Mitglieder des Pflegepersonals nicht an die Schweigepflicht hielten. So wurde die »Aktion T 4« immer mehr der Öffentlichkeit bekannt. Angehörige und selbst Insassen von Heil- und Pflegeanstalten wandten sich mit flehentlichen und verzweifelten Bitten an Dienststellen der Partei, des Staats und der Justiz, um das befürchtete Schicksal abzuwehren.
Mitglieder beider Kirchen und einzelne Christen protestierten schriftlich gegen den Massenmord. Der Bischof von Münster, Graf Galen, prangerte darüber hinaus im August 1941 in seinen Predigten die »Euthanasie« öffentlich an. Bis zu diesem Zeitpunkt waren bereits 70 000 Personen ermordet worden. Das nationalsozialistische Regime stellte daraufhin die »Euthanasie«-Aktion offiziell ein. Nicht ganz klar ist, ob dies als Reaktion auf die erwähnten Proteste erfolgte oder weil inzwischen die »Planziffern« erreicht waren. Sicher ist dagegen, daß damit das Morden nicht beendet war. Angehörige der »Aktion T 4« befaßten sich weiterhin mit der Selektierung und Ermordung »lebensunwerter« Häftlinge. Der »Aktion 14 f 13« fielen noch einmal 10 000 Menschen zum Opfer. Ende 1942 wurde die »Euthanasie« an Behinderten, arbeitsunfähig gewordenen »Fremdarbeitern«, Gefängnisinsassen und »jüdischen Mischlingskindern« in einigen Anstalten wie Hadamar und Meseritz-Obrawalde (Provinz Posen) fortgesetzt. Die übrigen Mitarbeiter der »Aktion T 4« »arbeiteten« seit 1942 in den Vernichtungslagern Sobibór, Bełzec und Treblinka. Ihre »Erfahrung« in der technischen Durchführung eines Massenmords wurde nun bei der »Endlösung der Judenfrage« gebraucht.
Zwangssterilisiert wurden, wie bereits erwähnt, auch Personen, denen »sozialer Schwachsinn« von den »Erbgesundheitsgerichten« unterstellt wurde. »Sozialer Schwachsinn« galt ebenfalls als eine »Erbkrankheit«. Betroffen waren *»asoziale«* oder, wie es in der deutschtümelnden Sprache der Nationalsozialisten hieß, »gemeinschaftsfremde« Personen. Auch dies war von Hitler und anderen führenden Nationalsozialisten schon vor 1933 angekündigt worden, so zum Beispiel von Hans Frank im Jahr 1930: »Im Strafrecht vertreten wir die schärfste Form der

Reinerhaltung unseres sittlichen Lebens und der Rasse: Tod dem lebensunwerten Leben! Ausschaltung der Vermehrbarkeit verbrecherischer Charaktersubstanzen ohne jede Rücksicht.« Um das »sittliche Leben« und die »Rasse« reinzuhalten, deutete Frank zwei Wege an: die »Vermehrbarkeit verbrecherischer Charaktersubstanzen« verhindern und möglichst viele von ihnen aus der »Volksgemeinschaft« ausschließen.

Zur Verwirklichung beider Ziele wurde am 24. November 1933 das »Gesetz gegen gefährliche Gewohnheitsverbrecher« erlassen. Personen, die schon zwei Mal wegen krimineller Delikte verurteilt worden waren, konnten fortan als »gefährliche Gewohnheitsverbrecher« in unbefristete Sicherungsverwahrung genommen werden. Maßgebend dafür sowie für eine Sterilisation der Häftlinge war eine Begutachtung nach »kriminalbiologischen« Kriterien.

Damit realisierten die Nationalsozialisten das, was von »Kriminalbiologen« schon lange vorher gefordert worden war. Die von dem Italiener Donoso Lombroso begründete »Kriminalbiologie« ging nämlich von der Grundannahme aus, daß es »geborene Verbrecher« gebe. Ein Begriff, der übrigens auch in Hitlers »Mein Kampf« auftaucht. »Geborene Verbrecher« erkenne man, wie Lombroso meinte, an ihrem Äußeren. Sie würden ihre negativen und kriminellen Eigenschaften an ihre Nachkommen vererben. Bei einer Bekämpfung der Kriminalität nach »kriminalbiologischen« Kriterien müsse man daher versuchen, durch Asylierung, Sterilisation und Kastration die Vermehrung der Kriminellen zu verhindern. So könne man kriminelle Delikte präventiv verhindern, ja auf lange Sicht Kriminalität überhaupt »ausmerzen«.

Die Nationalsozialisten haben sich konsequent an diesen »kriminalbiologischen« Theorien orientiert. Am 30. Januar 1935 wurden die preußischen Vollzugsanstalten angewiesen, kriminalbiologische Untersuchungen vorzunehmen. Die am 22. Januar 1937 erlassene neue Jugendstrafvollzugsordnung schrieb dies für alle jugendlichen Straftäter im Reich vor. Zu diesem Zweck hatte man in Berlin, Freiburg, Münster, Leipzig, Halle, Hamburg und Königsberg »kriminalbiologische Sammelstellen« eingerichtet. Über Streitfragen entschied in letzter Instanz die »Kriminalbiologische Forschungsstelle beim Reichsgesundheitsamt«, die im Juli 1937 eingerichtet wurde. Die nationalsozialistische »Verbrechensbekämpfung« stand also ebenfalls unter rassistischen Vorzeichen.

Völlig rechtswidrig wurden auch Personen bestraft, von denen man aufgrund »kriminalbiologischer« Kriterien annahm, daß sie in Zukunft Delikte begehen würden. Von »Asozialen«, »Arbeitsscheuen«, »Bettlern«, Prostituierten und »Zigeunern« nahm man dies ohnehin an. Angehörige dieser Personenkreise wurden in Bayern schon seit 1933 in Gefängnisse, »Arbeitshäuser« und Konzentrationslager eingeliefert. Nachdem Himmler am 17. Juni 1936 zum »Chef der Deutschen Polizei im Reichsministerium des Innern« ernannt worden war, versuchte er, diese Praxis im gesamten Reich durchzusetzen.

Am 23. Februar 1937 ordnete Himmler an, daß »etwa 2 000 Berufs- und Gewohnheitsverbrecher oder gemeingefährliche Sittlichkeitsverbrecher in polizeiliche Vorbeugungshaft zu nehmen« seien. Diese »polizeiliche Vorbeugungshaft« sollte wie die »Schutzhaft« in Konzentrationslagern »abgebüßt« werden. Die Praxis, »Gewohnheitsverbrecher« und »Asoziale« ohne Gerichtsverfahren in

Konzentrationslager einzuweisen, stieß jedoch innerhalb der Justiz auf Kritik. Daher erließ Himmler am 14. Dezember 1937 den schon mehrfach erwähnten »grundlegenden Erlaß zur vorbeugenden Verbrechensbekämpfung durch die Polizei«. Damit hatte er die ohnehin nur formaljuristischen Bedenken der Justiz ausgeräumt: »Rechtens« war nun, daß folgende Personenkreise ohne Gerichtsverfahren in Konzentrationslager eingeliefert werden konnten:
1. »Personen, die durch geringfügige, aber sich immer wiederholende Gesetzesübertretungen sich der in einem nationalsozialistischen Staat selbstverständlichen Ordnung nicht fügen wollen (z. B. Bettler, Landstreicher (Zigeuner)), Dirnen, Trunksüchtige, mit ansteckenden Krankheiten, insbesondere Geschlechtskrankheiten behaftete Personen, die sich den Maßnahmen der Gesundheitsbehörden entziehen.«
2. »Personen, ohne Rücksicht auf etwaige Vorstrafen, die sich der Pflicht zur Arbeit entziehen und die Sorge für ihren Unterhalt der Allgemeinheit überlassen (z. B. Arbeitsscheue, Arbeitsverweigerer, Trunksüchtige).«
3. »Arbeitsscheue . . . , die nachweislich in zwei Fällen die ihnen angebotenen Arbeitsplätze ohne berechtigten Grund abgelehnt oder die Arbeit zwar aufgenommen, aber nach kurzer Zeit ohne stichhaltigen Grund wieder aufgegeben haben.«
4. Alle Personen, die »durch gemeinschaftswidriges, wenn auch nicht verbrecherisches Verhalten« zeigten, daß sie sich »nicht in die Gemeinschaft einfügen« wollten.
Aufgrund dieser weit gefaßten Kriterien wurden im Mai 1938 in der »Aktion

Höhenflugversuch an einem Häftling des KZ Dachau, 1942. Die Aufnahme stammt von dem SS-Arzt Sigmund Rascher.

Arbeitsscheu Reich« 11 000 Personen in »polizeiliche Vorbeugungshaft« genommen und in Konzentrationslager verschleppt. Darunter befanden sich, wie schon erwähnt, neben Sinti und Roma auch Juden, die, und sei es wegen eines Bagatelldelikts, vorbestraft waren.

Um diese Praxis nachträglich (!) zu »legitimieren«, fanden in der Folgezeit intensive Verhandlungen über ein Asozialen- bzw. »Gemeinschaftsfremdengesetz« statt. Da es immer wieder zu Einsprüchen der Justiz kam, wurde es nicht mehr verabschiedet. Die Einsprüche hatten allerdings kaum etwas mit humanitären Überlegungen zu tun. Anlaß war das Bestreben, weitere Eingriffe Himmlers in den Kompetenzbereich der Justiz zu verhindern. Dennoch fand sich Reichsjustizminister Thierack schon am 18. September 1942 in einem Gespräch mit Himmler bereit, »asoziale Elemente aus dem Strafvollzug« dem »Reichsführer SS zur Vernichtung durch Arbeit« auszuliefern. Zu diesen »asozialen Elementen« wurden neben »Juden, Zigeunern, Russen und Ukrainern, Polen über 3 Jahre Strafe« auch die deutschen »Sicherungsverwahrten« sowie »Tschechen und Deutsche über 8 Jahre Strafe« gerechnet. Daß diese Maßnahmen rassenideologisch motiviert waren, geht aus den »Richterbriefen« vom 1. Juni 1943 hervor. Hier heißt es: »So weit es sich um die Bekämpfung von Schwerverbrechern und Asozialen handelt, hat die Strafe ... in unserer Zeit die volkshygienische Aufgabe einer fortgesetzten Reinigung des Volkskörpers durch rücksichtslose Ausscheidung lebensunwerter Verbrecher zu erfüllen.«

Die »Reinigung des Volkskörpers« von »Schwerverbrechern« und »Asozialen« wurde von den Nationalsozialisten als »volkshygienische«, das heißt rassenpolitische Aufgabe verstanden. Insofern waren auch die in den Konzentrationslagern mit einem grünen Winkel gekennzeichneten »Kriminellen« und die »Asozialen«, die einen schwarzen Winkel tragen mußten, Objekt der nationalsozialistischen Rassenpolitik. Damit ist jedoch die Frage noch nicht entschieden, ob sie wie die Juden, Sinti und Roma, »Fremdvölkischen« und »Erbkranken» auch als Opfer des nationalsozialistischen Rassismus anzusehen sind.

Umstritten ist nach wie vor auch die Frage, ob diese Charakterisierung auf die *Homosexuellen* zutrifft.

In der Weimarer Republik war es zu einer heftigen Diskussion über den Paragraphen 175 (Reichsstrafgesetzbuch) gekommen. Während Mitglieder linker und liberaler Parteien verlangten, homosexuelle Handlungen zwischen erwachsenen Männern nicht mehr zu bestrafen, lehnten Konservative dies energisch ab. Die Nationalsozialisten hielten sich dabei auffallend zurück. Das war kein Wunder, denn einige ihrer führenden Mitglieder wie Ernst Röhm wurden in der »antifaschistischen« Presse wegen homosexueller Neigungen vehement und teilweise sogar unfair angegriffen.

Auch nach dem 30. Januar 1933 griffen die Nationalsozialisten die *Homosexuellenfrage* zunächst nicht auf. Dies änderte sich nach dem 30. Juni 1934 schlagartig. Röhm und anderen ermordeten SA-Führern legte Hitler nun ihre homosexuellen Neigungen zur Last. Teilweise suggerierte man in diesem Zusammenhang sogar, daß sie der eigentliche Anlaß für die Ermordung gewesen seien. So berichtete die »Kölnische Zeitung« am 1. Juli 1934, »der Führer« werde es nun nicht mehr dulden, »daß Millionen anständige Menschen durch anormal veranlagte

Wesen belastet und kompromittiert werden«. Man werde in Zukunft rücksichtslos sowohl gegen » disziplinlose und ungehorsame Subjekte« wie gegen »asoziale und krankhafte Elemente« vorgehen. Der Appell an das »gesunde Volksempfinden« hatte Erfolg. Die Ermordung Röhms und seiner Kumpane wurde allgemein begrüßt, wobei der Hinweis auf ihre Homosexualität eine wichtige Rolle spielte.
Damit nicht genug, forderten nun nationalsozialistische und »gleichgeschaltete« Blätter eine Verschärfung des § 175. »Das Schwarze Korps», die Zeitschrift der SS, veröffentlichte am 22. Mai 1935 einen Artikel mit der Überschrift »Widernatürliche Unzucht ist todeswürdig«. Darin wies der Autor zunächst darauf hin, daß Homosexualität in »nordisch-germanischen« Staaten schärfer bestraft werde als bei den »westlich-romanischen Völkern«. Dies beweise, daß bei den »nordisch-germanischen« Völkern der »Rassegedanke« noch »am reinsten erhalten« sei. Bei der Homosexualität handle es sich nämlich um eine »rassevernichtende Entartungserscheinung«. Man müsse daher wie bei der »Frage der Mischehen zwischen artfremden Rassen zu der altgermanischen Auffassung« zurückfinden und zur »Ausmerzung der Entarteten« übergehen. Den Homosexuellen warf man vor, gewissermaßen indirekt die »arisch-germanische Rasse« zu vernichten, weil sie nicht zu ihrer Vermehrung beitrugen.
Besonders deutlich und brutal äußerte Heinrich Himmler diesen Gedanken in einer Rede im Jahr 1937. Er rechnete vor, daß durch die 2 Millionen Kriegstoten und durch die, wie er schätzte, insgesamt 2 Millionen Homosexuellen der »Geschlechtshaushalt Deutschlands in Unordnung« gebracht werde, weil so insgesamt »vier Millionen ... geschlechtsfähiger Männer« fehlen würden. Dies könne sich ein »gutrassiges Volk« wie das deutsche nicht leisten, weil es, statt die »Anwartschaft auf die Weltmacht und Weltbeherrschung« durchzusetzen, in spätestens 50 Jahren in die »Bedeutungslosigkeit« versinken werde. Aus diesen rassenpolitischen Gründen müsse man mit äußerster Schärfe gegen die Homosexuellen vorgehen. Dabei könne und solle man sich an den germanischen »Vorfahren« orientieren, die Homosexuelle einfach in den Sümpfen versenkt hätten. Homosexuelle Mitglieder der SS würden künftig »nach Abbüßung der vom Gericht festgesetzten Strafe ... in ein Konzentrationslager gebracht« und dann »auf der Flucht erschossen«. Tatsächlich wurde in der »SS- und Polizeigerichtsbarkeit« festgelegt, daß jeder homosexuelle Angehörige der SS und der Polizei mit dem Tode zu bestrafen sei. Diese Bestimmung trat am 15. November 1941 in Kraft.
Davon war in der am 1. September 1935 geänderten Fassung des § 175 noch nicht die Rede. Das neue Gesetz sah lediglich verschärfte Strafbestimmungen vor. Auch bloße Berührungen, ja selbst Blickkontakte galten nun als »unzüchtige« Handlungen und wurden bestraft. Am 10. Oktober 1936 wurde eine »Reichszentrale zur Bekämpfung der Homosexualität und der Abtreibung« eingerichtet, deren Aufgabe es war, die Verfolgung der Homosexuellen zu koordinieren. Die Zahl der wegen Verstöße gegen den verschärften § 175 Verurteilten stieg sprunghaft an. Waren 1934 noch 766 Urteile gefällt worden, so wurden 1936 bereits über 4 000 und 1938 8 562 Homosexuelle zu Gefängnis- und Zuchthausstrafen verurteilt. Hatten sie ihre Strafe verbüßt, lieferte man sie seit 1937 unter

Berufung auf den »grundlegenden Erlaß zur vorbeugenden Verbrechensbekämpfung« vom 14. Dezember 1937 zunehmend in Konzentrationslager ein. Dort mußten sie einen rosa Winkel tragen; von den Angehörigen des Wachpersonals wurden sie besonders drangsaliert. Bei den übrigen Häftlingen fanden sie wenig Solidarität, oft sogar offene Ablehnung und Feindschaft. Nach 1945 wurden Homosexuelle, die die KZ-Haft überlebt hatten, nicht als Opfer des Nationalsozialismus anerkannt. Der 1935 verschärfte Paragraph 175 ist erst 1969 geändert, aber keineswegs völlig abgeschafft worden.
Wie immer man darüber urteilt, sicher ist, daß die Verfolgung der Homosexuellen im Dritten Reich aus rassenideologischen Gründen erfolgte. Deutlich hat dies der Jurist Rudolf Klare in einem 1937 veröffentlichten Buch ausgedrückt. Klare, der eine noch schärfere Homosexuellengesetzgebung und auch die Bestrafung weiblicher Homosexueller forderte, ging von dem Grundsatz aus, daß für die »Verhängung der Strafe« nicht die »sittliche Schuld des Täters, sondern seine Gefährlichkeit für die Gemeinschaft« entscheidend sei. Durch homosexuelle Betätigung würde sogar das »höchste Recht von Volk und Staat« verletzt. Es sei die Pflicht des Staates, »neben der Reinerhaltung der Blutsgemeinschaft um eine planvolle Weiterentwicklung der wertvollen rassischen Bestandteile besorgt zu sein.«
»Reinerhaltung der Blutsgemeinschaft» und »planvolle Weiterentwicklung der wertvollen rassischen Bestandteile« waren in der Tat die wesentlichsten Ziele der nationalsozialistischen Rassenpolitik. Beide Elemente — das rassenzüchterische wie das rassenvernichtende — sind voneinander nicht trennbar. Dies muß man auch bei der Betrachtung von Maßnahmen des Dritten Reichs berücksichtigen, die auf den ersten Blick einen positiven sozial- und gesundheitspolitischen Zweck haben. Sie enthielten nämlich in der Regel Bestimmungen, wonach »fremdartige« und »rassisch minderwertige« Personen ausgeschlossen wurden. Ehestandsdarlehen zum Beispiel wurden nicht gewährt, wenn zu erwarten sei, daß sich einer der Ehegatten nicht »jederzeit rückhaltlos für den nationalen Staat« einsetzen werde und »wenn einer der beiden Ehegatten an vererblichen geistigen oder körperlichen Gebrechen leidet, die seine Verheiratung nicht als im Interesse der Volksgemeinschaft liegend erscheinen lassen«. So die Durchführungsverordnung zum Gesetz vom 1. Juni 1933. Dies hieß, daß neben den (hier nicht eigens erwähnten) Juden auch »Erbkranke« und »Asoziale« nicht in den Genuß von Ehestandsdarlehen kommen sollten. Ähnliche Passagen enthielten auch der Runderlaß des preußischen Ministers des Innern vom 4. Mai 1934 über »Fahrpreisermäßigungen für kinderreiche Familien« und die »Verordnung über die Gewährung von Kinderbeihilfen an kinderreiche Familien« vom 24. März 1936. »Fremdrassige« und »rassisch minderwertige« Personen waren von diesen »Sozialleistungen« ausgeschlossen.
Hinzu kam ein anderes Moment. Personen, die sich um derartige »Sozialleistungen« bewarben, mußten genaue Angaben über ihren gesundheitlichen Zustand, ihre sozialen Verhältnisse und über ihre »rassische« Abstammung machen. Wer heiraten wollte, mußte sich, laut »Gesetz zum Schutze der Erbgesundheit des deutschen Volkes« vom 18. Oktober 1935, um ein »Ehetauglichkeitszeugnis« bemühen. Auch dabei wurde auf soziale, gesundheitliche und »rassische« Krite-

rien geachtet. Auf diese Weise gelangten die nationalsozialistischen Rassenforscher und Rassenpolitiker zu Daten über die »rassische« Zusammensetzung des deutschen Volks. Geplant war offensichtlich eine Untersuchung aller Deutschen nach sozial- und rassenpolitischen Gesichtspunkten. Dies geht deutlich aus einem Runderlaß des Reichsministers des Innern vom 18. Juli 1940 hervor. Darin werden folgende »Richtlinien für die Beurteilung der Erbgesundheit« des deutschen Volks aufgestellt:
»Erbkrank« sind nicht nur Personen, die an den im »Gesetz zur Verhütung erbkranken Nachwuchses« aufgeführten »Erbkrankheiten« leiden, sondern auch Personen, deren Gesundheitszustand zwischen »Schwachsinn und Dummheit« zu charakterisieren ist und die »Ausfälle auf dem Gebiet des Willens und des Trieblebens« aufweisen; dazu zählen »asoziale Personen« und »Angehörige asozialer Familien«, weil »asoziales« Verhalten auf einer »anlagebedingten und daher nicht besserungsfähigen Geisteshaltung« beruhe.
Der dann aufgeführte Katalog »asozialer« Verhaltensweisen geht weit über das hinaus, was dem »grundlegenden Erlaß zur vorbeugenden Verbrechensbekämpfung« vom 14. Dezember 1937 zugrunde liegt. So gilt eine Familie schon dann als »asozial«, wenn einige ihrer Mitglieder »asozial (gemeinschaftsfremd)« sind.
Im Anschluß daran wird die von »Fremdrassigen«, »Erbkranken« und »Asozialen« gereinigte »Volksgemeinschaft« noch einmal nach sozialen und rassischen Kriterien unterteilt. Ganz unten stehen die »noch tragbaren« Familien. Es folgt als zweite Gruppe die »Durchschnittsbevölkerung«. Sie soll in den Genuß aller »Maßnahmen« kommen, die »die Zeugung oder Geburt von weiteren Kindern und ihre Aufzucht und Erziehung mittelbar oder unmittelbar fördern sollen oder können«. Die »erbbiologisch besonders Hochwertigen« bilden die dritte Gruppe. Kriterien dafür sind die »berufliche Leistung« und der »soziale Aufstieg« der »Mehrzahl der in Frage kommenden Familienangehörigen«. Außerdem müssen sie »körperlich und geistig gesund« sein. In ihrer »Blutsverwandtschaft (Großeltern, Eltern und deren Geschwister, eigene Geschwister und eigene Kinder)« dürfen »Erbleiden, insbesondere auch Psychopathie« »nicht in einem Fall aufgetreten« sein. In die vierte Gruppe fallen die Personen, die als »bedingt geeignet« eingestuft worden sind, einen »Neubauern- oder Anliegersiedlerschein« zu erwerben: »Kriegsgeschädigte« und »Bewerberpaare«, die schon einige Jahre verheiratet sind, aber noch keine Kinder haben. Hat die »Frau oder Braut« jedoch bereits das 30. Lebensjahr überschritten und ist bei ihr »keine Schwangerschaft nachzuweisen«, muß der Antrag auf einen derartigen »Neubauern- oder Anliegersiedlerschein« zurückgestellt werden. Eine Eingruppierung in die höchste »rassisch wertvollste« Kategorie kommt nicht in Frage.
Der Runderlaß liest sich wie ein Handbuch zur Hunde- oder Hühnerzucht. Dennoch besteht kein Zweifel, daß die Richtlinien ernst gemeint waren und realisiert werden sollten. Allerdings wurden nach Kriegsausbruch einige der erwähnten Maßnahmen vorläufig ausgesetzt. So wurde 1939 angeordnet, daß »Ehetauglichkeitszeugnisse« nur in besonderen Ausnahmefällen eingeholt werden müßten. Seit dem Erlaß der zweiten »Verordnung zur Durchführung des Erbgesundheitsgesetzes« vom 22. Oktober 1941 reichte es aus, wenn die Verlobten

statt des »Ehetauglichkeitszeugnisses« eine »Eheunbedenklichkeitsbescheinigung« beim Standesamt vorlegten. Die nationalsozialistischen »Rassenzüchter« hatten einsehen müssen, daß der bürokratische Aufwand zur Erlangung eines »Ehetauglichkeitszeugnisses« mitten im Krieg zu hoch war. Außerdem befürchtete man, es würde Heiratswillige von ihrem Vorhaben abschrecken. Da man das unbedingt vermeiden wollte, wurden Maßnahmen erlassen, die eine Eheschließung erleichtern sollten. Die bekannteste war die »Ferntrauung«. All dies geschah einzig und allein zu dem Zweck, ein Absinken der Geburtenrate zu verhindern. Himmler und Bormann beschäftigten sich noch in der letzten Kriegsphase mit Plänen, wie man den kriegsbedingten Verlust von »zeugungsfähigen« Männern ausgleichen könne. Dabei propagierten sie ziemlich unverhüllt die Einführung der Mehrehe. Himmler ging dabei bereits ins Detail. Zunächst sollte es nur Trägern des Ritterkreuzes und des Deutschen Kreuzes in Gold gestattet sein, eine Nebenfrau zu heiraten, später auch Inhabern des Eisernen Kreuzes und der Nahkampfspange.

Die nationalsozialistische Rassenpolitik insgesamt hatte einen ideologisch geprägten, planmäßigen Charakter. Dies gilt sowohl im Hinblick auf die Diskriminierung, Entrechtung und Vernichtung von Angehörigen »minderwertiger Rassen« als auch für die – wie sich Ministerialrat Arthur Gütt 1935 ausdrückte – »Verhinderung des erbkranken und asozialen Nachwuchses« und die »Bevorzugung, Unterstützung und Förderung der erbgesunden und rassisch wertvollen Familien« innerhalb der deutschen »Volksgemeinschaft«.

SCHULE

Hitler als »Schulmeister«

»Jeder Deutsche ist ein Schulmeister oder möchte einer sein« — diese etwas giftige Bemerkung über den angeblichen Nationalcharakter der Deutschen werden wohl viele gemacht haben oder noch machen, wenn sie Hitlers Ausführungen in »Mein Kampf« über die »Erziehungsgrundsätze des völkischen Staates« gelesen haben. Tatsächlich wirken Hitlers Bemerkungen auf den ersten Blick schulmeisterlich-banal. Vieles ist derart banal und trivial, daß man ihm ohne Zögern zustimmen könnte.

Dies beginnt bereits mit seiner einleitenden Forderung, nicht nur die geistige, sondern auch die körperliche Ausbildung der Kinder zu fördern. Wer möchte dem Grundsatz widersprechen, wonach ein »gesunder Geist in einem gesunden Körper« wohne? Wer möchte nicht Hitlers Kritik zustimmen, wonach zwei Sportstunden wöchentlich, deren Besuch auch noch freiwillig ist, zu wenig seien? Ob es allerdings zwei Sportstunden täglich sein müssen, wie er forderte, ist vor allem deshalb zweifelhaft, weil Schulen und Schüler ja auch noch andere Dinge zu tun haben.

Zustimmenswert ist auch Hitlers Forderung, daß die Schule die Charakterbildung der Schüler zu fördern habe. Nennt er doch in diesem Zusammenhang die geradezu klassischen Tugenden »Treue«, »Opferwilligkeit«, »Verschwiegenheit«, »Willens- und Entschlußkraft« sowie »Verantwortungsfreudigkeit«. Offene Ohren wird Hitler auch mit seinem Aufruf gefunden haben, die Lehrpläne der Schulen zu straffen. Hitlers Ansicht, daß nicht alle Schüler »zwei oder drei fremde Sprachen« lernen müßten, ist heute (leider!) in einigen Bundesländern Realität. Andererseits hätte man gern gewußt, wie sich Hitler zum Beispiel einen Französischunterricht vorstellt, in dem diese Sprache »nur in ihren allgemeinen Umrissen, oder besser gesagt, in ihrem inneren Aufriß vermittelt« werden soll.

Zustimmen könnte man dagegen seinen Bemerkungen zum Geschichtsunterricht. Hitler plädiert für eine »Kürzung des Stoffes« zugunsten der »großen Entwicklungslinien« und ihrer »inneren Beweggründe«. Wer will dem widersprechen? Viele der heutigen Geschichtslehrer könnten wohl auch dem Prinzip zustimmen, daß man Geschichte nicht nur deshalb lernen soll, »um zu wissen, was gewesen ist«, sondern um in ihr eine »Lehrmeisterin für die Zukunft zu finden«. Ebenso viele Geschichtslehrer werden, wenn auch aus anderen Gründen, vermutlich die Forderung unterstreichen, daß man sich »im Geschichtsunterricht nicht vom Studium der Antike abbringen lassen« soll.

Schließlich kann man in Hitlers »Erziehungsgrundsätzen des völkischen Staates« auch ein Plädoyer für das, wie wir heute sagen, Prinzip der Chancengleichheit im Bildungswesen sowie für die Förderung von Talenten vor allem in der Kunst erkennen.

Doch alle Forderungen, denen man im einzelnen zustimmen kann, stehen unter dem Primat des Rassegedankens. Ihm ist alles untergeordnet. Daran läßt Hitler keinen Zweifel. Gleich zu Beginn seiner Ausführunen über die künftige Schul-

politik erklärt er: »Wenn wir als erste Aufgabe des Staates im Dienste und zum Wohle seines Volkstums die Erhaltung, Pflege und Entwicklung der rassischen Elemente erkennen, so ist es natürlich, daß sich diese Sorgfalt nicht nur bis zur Geburt des jeweiligen kleinen jungen Volks- und Rassegenossen zu erstrecken hat, sondern daß sie aus dem jungen Sprößling auch ein wertvolles Glied für eine spätere Weitervermehrung erziehen muß.« Hitler will alle »Volks- und Rassegenossen« im Zeichen des Rassegedankens erfassen und erziehen, um die »rassische Qualität« des deutschen Volks zu bewahren und zu bessern. Zu diesem Zweck sollen die »jungen Körper schon in ihrer frühesten Kindheit ... zweckentsprechend behandelt werden«. Das ist die Aufgabe des Sportunterrichts, dem damit eine rassenzüchterische Funktion zugewiesen wird.
Rassistisch motiviert ist auch Hitlers Forderung, nach und neben der körperlichen die »charakterliche« Ausbildung zu fördern. Von ihr sollen von vornherein diejenigen ausgeschlossen werden, die Hitler als »geborene Verbrecher« bezeichnet. Daß neben den »minderwertigen« Angehörigen der eigenen auch Angehörige fremder »Rassen« von der »charakterlichen« Ausbildung ausgeschlossen sind, hält Hitler für so selbstverständlich, daß er es in diesem Zusammenhang nicht besonders betont. Dies tut er dann unmißverständlich bei seinen Vorschlägen, die Lehrpläne der Schulen zu straffen. Seine Forderung, auf die Vermittlung von allzuviel Faktenwissen zu verzichten, begründet er mit der rassistischen Bemerkung, daß man schließlich »reale Wissenschaften« und »mechanische Fertigkeiten« auch einem »Neger« und einem Pudel »andressieren« könne. Einen Afrikaner, für Hitler ein »geborener Halbaffe«, »so lange zu dressieren, bis man glaubt, aus ihm einen Advokaten gemacht zu haben«, sei ein »verbrecherischer Wahnwitz«.
Diese Beispiele zeigen zur Genüge, daß Hitlers auf den ersten Blick banal und teilweise sogar zustimmenswert wirkende »Erziehungsgrundsätze« ganz im Zeichen seiner unwissenschaftlichen und unmenschlichen Rassenideologie stehen. Die Schulpolitik soll sowohl eine rassenvernichtende — »geborene Verbrecher« und Angehörige »minderwertiger« Rassen sollen ausgeschlossen werden — als auch eine rassenzüchterische Aufgabe haben. Nach Absolvierung der Schule und des Militärdiensts erhält der »zum Mann gewordene Knabe« neben einem »Staatsbürgerdiplom« ein »Gesundheitsattest als Bestätigung körperlicher Gesundheit für die Ehe«. Die Schule soll »den Rassesinn und das Rassegefühl instinkt- und verstandesmäßig in Herz und Gehirn der ihr anvertrauten Jugend« hineinbrennen.

Schulpolitik im Dritten Reich

In Sicht- und Hörweite meiner Wohnung im Berliner Stadtteil Nikolassee liegt die Dreilindenschule. Sie wurde 1937 eingeweiht und gehört zu den wenigen Schulen, die in der Zeit des Dritten Reichs gebaut wurden. Die Dreilindenschule ist jedoch nicht nur in der nationalsozialistischen Zeit, sondern zugleich in dem Stil gebaut, den man als typisch nationalsozialistisch bezeichnen könnte: eine monumentale, für den Bau viel zu große, gewaltige Vorderfront im neoklassizistischen Stil, von einem steinernen Adler gekrönt, der heute allerdings kein

	Montag	Dienstag	Mittwoch	Donnerstag	Freitag	Sonnabend
8-9	Geschichte	——	Religion	Geschichte	——	Erdkunde
9-10	Deutsch	Musik	Deutsch	Deutsch	Geschichte	Deutsch
10-11	Rechnen	Deutsch	Rechnen	Rechnen	Rechnen	Religion
11-12	Erdkunde	Deutsch	Turnen	Flugphysik	Naturkunde	Zeichnen
12-13	Naturkunde	Flugmodellbau	Turnen	Turnen	Musik	Turnen
13-14	Turnen	Flugmodellbau				

Stundenplan einer Klasse aus dem Jahr 1940. Drei Stunden in der Woche gab es »Flugmodellbau« und »Flugphysik« — die Deutschen sollten ein Volk der Flieger werden.

Hakenkreuz mehr in seinen Klauen hält; die Hinter- und Nebengebäude im anheimelnd wirken sollenden »Heimatschutzstil«.
Architektur und Ikonographie der Dreilindenschule repräsentieren darüber hinaus in anschaulicher Weise das, was Hitler in »Mein Kampf« über die »Erziehungsgrundsätze des völkischen Staates« geschrieben hat. Links vom pompösen Eingangsportal befindet sich die Aula, rechts, und zwar in gleicher Größe, die Turnhalle: der von Hitler geforderte »Ausgleich zwischem geistigen Unterricht und körperlicher Ertüchtigung«. Die von Hitler betonte Priorität der »körperlichen Ertüchtigung« wird durch Reliefs zum Ausdruck gebracht, die an den beiden Seitenflügeln des langgestreckten, T-förmigen Schulbaus angebracht sind. Sie zeigen Jungen (!) beim Laufen, Springen, Speerwerfen, Fußballspielen und — Boxen. Über den Boxsport hat sich Hitler in »Mein Kampf« besonders lobend geäußert: Er fördere den »Angriffsgeist«, verlange »blitzschnelle Entschlußkraft« und erziehe zu »stählerner Geschmeidigkeit«.
Im Unterschied zu dem von Hitler als Vorbild gepriesenen griechischen Gymnasium sind die Jungen auf den Reliefs jedoch nicht nackt. Sie verdecken ihr Geschlecht. Vielleicht kein Zufall, denn Hitler hat die »körperliche Ertüchtigung« vor allem der männlichen Jugend ja auch aus sexual- und rassenpolitischen Gründen gefordert: »Die übermäßige Betonung des rein geistigen Unterrichts und die Vernachlässigung der körperlichen Ausbildung fördern aber auch in viel zu früher Jugend die Entstehung sexueller Vorstellungen. Der Junge, der in Sport und Turnen zu einer eisernen Abhärtung gebracht wird, unterliegt dem Bedürfnis sinnlicher Befriedigungen weniger als der ausschließlich mit geistiger Kost

gefütterte Stubenhocker.« Zu frühe »sinnliche Befriedigungen« sind in Hitlers Augen vor allem deshalb gefährlich, weil sie den jungen Mann zu Prostituierten und zur Ansteckung mit Syphilis führen könnten. Als Heilmittel empfahl er neben dem Sport die möglichst frühzeitige Heirat. Doch wie der Sport sei auch die Ehe nicht »Selbstzweck«, sondern müsse »dem einen größeren Ziele, der Vermehrung und Erhaltung der Art und Rasse« dienen.

An der Architektur und Ikonographie der Dreilindenschule wird also die rassenpolitische Aufgabe deutlich, die nach Hitlers Vorstellung die Schule vor allem anderen zu erfüllen hat. Tatsächlich standen Schulpolitik und Schulwirklichkeit im Dritten Reich ganz im Zeichen der Rassenideologie, obwohl die Nationalsozialisten darauf verzichtet haben, ein eigenes Fach »Rassenkunde« einzuführen. Die erst am 15. Januar 1935 erlassenen »Richtlinien für Vererbungslehre und Rassenkunde« sahen vor, daß die Rassenideologie fächerübergreifendes Unterrichtsprinzip sein solle. Ob und wieweit dies tatsächlich der Fall war, hing jedoch weitgehend von den Kenntnissen und dem Pflichteifer der einzelnen Lehrer ab. Es gab Schulen, in denen die »Rassenkunde« allenfalls im Biologieunterricht und nicht in den »Gesinnungsfächern« Deutsch und Geschichte behandelt wurde. Dagegen hatte die körperliche Ertüchtigung im Sportunterricht der Schulen und der HJ ein eindeutig rassenpolitisches, genauer gesagt rassenzüchterisches Ziel, das jedoch vielen Zeitgenossen gar nicht so bewußt war.

Das gesamte deutsche Schulwesen diente ferner der Selektion der Deutschen nach rassistischen Kriterien. Schrittweise wurden »fremdrassige« Kinder, besonders Juden, Sinti und Roma, die seit 1942 überhaupt keinen Unterricht mehr erhalten durften, aus den Schulen verdrängt. Darüber hinaus sonderte man auch die »arischen« Kinder nach rassenideologischen Kriterien aus. In besonders krasser und unmenschlicher Form war das in den Hilfsschulen der Fall. So hieß es in einem Artikel, der am 9. April 1936 im »Städtischen Anzeigenblatt« in Frankfurt am Main unter der Überschrift »Hilfsschüler und Unfruchtbarmachung« erschien: »Das Stadtgesundheitsamt teilt mit, daß das Gerücht, wonach alle Hilfsschüler unfruchtbar gemacht werden, nicht zutrifft. Die bisherigen Untersuchungen in Deutschland haben gezeigt, daß fast die Hälfte der Hilfsschüler nicht erbkrank ist und somit auch für die Unfruchtbarmachung nicht in Frage kommt.«

An der Architektur und Ikonographie der Dreilindenschule wird noch ein weiteres Moment sichtbar, das zwar von Hitler in »Mein Kampf« nicht erwähnt wurde, aber die Schulpolitik und Schulwirklichkeit im Dritten Reich ebenfalls prägte: das Nebeneinander von Schule und HJ. Unter den Reliefs an den Außenwänden sind auch Abbildungen von Hitlerjungen zu sehen. Dieses Nebeneinander war keineswegs immer harmonisch. Bis 1936, als die HJ offiziell zur alleinigen Staatsjugend erklärt wurde, der seit 1939 jeder Jugendliche beizutreten hatte, entzündeten sich zahlreiche Konflikte an der Frage, wer — die Schule oder die HJ — für die politische Erziehung der Jugend zuständig sei. Dem Reichsjugendführer Baldur von Schirach gelang es schließlich, sich in dieser Frage gegenüber seinen Konkurrenten, dem Erziehungsminister Rust und dem NS-Lehrerbund, durchzusetzen; die Monopolisierung der politischen Erziehung durch die HJ ermöglichte es wiederum vielen Lehrern, ihren inzwischen erlittenen Autoritätsverlust wieder auszugleichen und die Priorität der Wissensvermittlung zu betonen. Erst im Krieg vermochte die HJ ihren totalen Erziehungsanspruch in und mit den Lagern der »Erweiterten Kinderlandverschickung« durchzusetzen. Inzwischen hatte jedoch die HJ ihre ursprüngliche Anziehungskraft auf viele Jugendliche verloren. Beides — Entfremdung wie Anziehungskraft — wird übrigens ebenfalls an den Reliefs der Dreilindenschule verdeutlicht. Der eine der beiden Hitlerjungen (man hat ihm die Mütze und den oberen Teil des Kopfes abgeschlagen und ihn damit gewissermaßen notdürftig »entnazifiziert«) trägt eine voluminöse Landsknechtstrommel. Sie ist gewissermaßen ein Symbol der antimodernen, an der Vergangenheit orientierten Erziehungsprinzipien, wie sie in Schule und HJ gepflegt wurden. Nach dem Klang derartiger Trommeln mußten die Mitglieder der HJ im Gleichschritt marschieren. Die Jugendbewegung hatte einst das freie Wandern und das Singen zur Klampfe bevorzugt. Wie wir aus Erinnerungsberichten wissen, stieß die paramilitärische Ausbildung in der HJ nach anfänglicher Begeisterung immer mehr auf Kritik. Doch dies war erst am Ende des Kriegs der Fall. Bis dahin wurde das Freizeitangebot der HJ in der Regel als attraktiv empfunden: die Fahrten und Zeltlager vor allem, aber auch die Möglichkeit, das Interesse an der modernen Technik zu befriedigen. Der andere Hitlerjunge auf den Reliefs der Dreilindenschule hält ein Modellsegelflugzeug in der Hand. Der Bau von Segelflugzeugen wurde besonders gefördert.

Der Fahnenträger einer Gruppe des »Jungvolks« beim Marschieren und Singen, 1933.

Die Deutschen sollten nach den Worten Görings »ein Volk von Fliegern« werden.
Die Schulpolitik im Dritten Reich stand somit ganz im Zeichen der nationalsozialistischen Rassenideologie und war von dem nicht immer spannungsfreien Nebeneinander von Schule und HJ geprägt. Moderne und antimoderne, vor allem militaristische Ziele und Erziehungsprinzipien prägten den Schulalltag. Zugleich gab es in der Schulpolitik heftige Kompetenzstreitigkeiten zwischen verschiedenen Institutionen. Diese Konflikte haben sich jedoch eher hemmend als radikalisierend ausgewirkt.
Sieht man von der seit 1935 betriebenen Abschaffung der konfessionsgebundenen Volksschulen ab, so wurden radikale Veränderungen im Schulwesen eigentlich erst nach Kriegsbeginn eingeführt, so vor allem die »Erweiterte Kinderlandverschickung«. Andererseits machte man während des Kriegs auch einige nach der Machtergreifung eingeführte Veränderungen wieder rückgängig, etwa die zunächst forcierte Benachteiligung und Verdrängung der Mädchen aus dem höheren Schulwesen. Nachdem schon Mitte der 30er Jahre der 1933 eingeführte geschlechtsspezifische Numerus clausus — nur 10 Prozent der Studienanfänger durften weiblichen Geschlechts sein — abgeschafft worden war, stellten im Wintersemester 1943/44 die Studentinnen 61,3 Prozent der Studentenschaft. Diesen Studentinnen war es gelungen, die Hochschulreife zu erwerben, was in den hauswirtschaftlichen Zweigen der höheren Mädchenschulen mit ihrem sogenannten Puddingabitur an sich gar nicht, in den sprachlichen Zweigen nur bedingt möglich war; denn hier konnten sie keine zweite Fremdsprache, vor allem kein Latein lernen.
Neuere alltagsgeschichtliche Untersuchungen zur Schulwirklichkeit in einzelnen Schulen zeigen zudem, daß die nationalsozialistische »Gleichschaltung« nicht so perfekt war, wie man lange Zeit angenommen hatte und wie man aufgrund der Lektüre von programmatischen Äußerungen führender Nationalsozialisten annehmen konnte. Die Schulwirklichkeit entsprach keineswegs dem verkündeten Ziel, das ein Lehrer in der NS-Lehrerbund-Zeitung, Gau Berlin, vom 27. April 1933 folgendermaßen beschrieb: »Gleichschaltung ... verlangt ganze Arbeit an Haupt und Gliedern, wenn sie ihrem Wesen nach zur Auswirkung kommen soll. Die Gleichschaltung kennen wir aus der Elektrotechnik, und wir wissen, daß durch sie beispielsweise eine Anzahl Beleuchtungskörper jeder für sich direkt an die Leitung angeschlossen ist und infolgedessen alle mit derselben Helligkeit brennen, ganz gleich, wie weit einzelne von einander entfernt sind, weil sie alle vom gleichen Strom durchflossen sind.«
Auch im Dritten Reich waren — um das unfreiwillig komisch wirkende Bild dieses beflissenen Schulmeisters zu gebrauchen — Lehrer und Schüler keine Glühbirnen, die, »vom gleichen Strom durchflossen«, alle »mit derselben Helligkeit« brannten. Statt dessen gab es von Schule zu Schule, von Lehrer zu Lehrer und von Schüler zu Schüler große Unterschiede im Hinblick auf den Lerneifer und die ideologische Anpassungsbereitschaft. Unverkennbar ist ferner, daß das Schulwesen in der NS-Zeit auch durch gewisse traditionelle Elemente gekennzeichnet war. Zu den tradierenden Elementen zähle ich die Beibehaltung des Fächerkanons und den Verzicht auf die Ausarbeitung einer neuen Pädagogik einerseits,

Medizinstudentin der Berliner Universität, 1936. Ein Jahr zuvor war die 10-Prozent-Klausel für Studienanfängerinnen an den Universitäten aufgehoben worden.

Angestellte einer Fleischerei, die am Reichsberufswettkampf 1935 in Bad Sooden-Allendorf teilgenommen hatten.

die Zementierung des dreigliedrigen Schulsystems — Hauptschule, Mittelschule, Gymnasium — andererseits. Bedenkt man, daß zur NS-Zeit nicht weniger, sondern mehr Schüler, und zwar auch aus der Arbeiterschaft, höhere und weiterbildende Schulen besucht haben, dann wird man der nationalsozialistischen Schulpolitik auch einen gewissen modernisierenden Charakter nicht absprechen können. Im Hinblick auf diese tradierenden und modernisierenden Züge steht die nationalsozialistische Schulpolitik eher in der Kontinuität der deutschen Schulgeschichte. Dem widerspricht nicht, daß die Nationalsozialisten verschiedene sogenannte Elite-Schulen errichteten. So wurden am 20. April 1933 von Kultusminister Rust zunächst in Preußen die »Nationalpolitischen Erziehungsanstalten« (Napolas) eingeführt. 1938 gab es in ganz Deutschland erst 15 dieser Schulen. Sie hatten zudem eine unliebsame Konkurrenz durch die »Adolf-Hitler-Schulen« (AHS) bekommen, die 1937 auf Veranlassung des Leiters der »Deutschen Arbeitsfront« Robert Ley und Baldur v. Schirachs gegründet worden waren. Die AHS sollten ebenfalls wie die Napolas den künftigen »Führer«-Nachwuchs erziehen, der dann auf die »Ordensburgen« gesandt wurde, die wiederum Ley unterstanden. Folglich kam es zwischen Rust, Ley und von Schirach zu heftigen Kompetenzkonfliken, die nicht geschlichtet wurden. Die »Adolf-Hitler-Schulen« wurden zwar dem »Reichsjugendführer« v. Schirach unterstellt, der sie zu einem Experimentierfeld für die von ihm angestrebte »innere Schulreform« machen wollte. Doch konnte v. Schirach noch nicht einmal durchsetzen, daß in jedem Gau zumindest eine AHS errichtet wurde. Hitler hatte sich nämlich statt dessen für einen forcierten Ausbau der Napolas entschieden. Auch dies wurde während des Kriegs aus Kostengründen nur in Ansätzen realisiert. So kam es, daß die mit großem propagandistischen Aufwand gefeierten nationalsozialistischen Elite-Schulen das traditionelle deutsche Schulwesen lediglich ergänzten. Dennoch besteht insgesamt kein Zweifel, daß Ideologie und Terror, die Hannah Arendt als Grundfaktoren totalitärer Herrschaft bezeichnet hat, das Schulwesen in der NS-Zeit geprägt haben. Die Entlassung und Verfolgung von Lehrern und Schülern, die dem Regime aus politischen oder »rassischen« Gründen nicht genehm waren, und die Einführung des Rassenprinzips überhaupt, das der nationalsozialistischen Schulpolitik einen spezifischen Charakter verlieh, beruhte auf den programmatischen Ausführungen in Hitlers »Mein Kampf«.

TERROR UND GEWALT

»Die ewige Erfahrung der Weltgeschichte«

Im Kapitel »Volk und Rasse« in »Mein Kampf« schrieb Hitler:
»So war für die Bildung höherer Kulturen das Vorhandensein niederer Menschen eine der wesentlichsten Voraussetzungen, indem nur sie den Mangel technischer Hilfsmittel, ohne die aber eine höhere Entwicklung gar nicht denkbar ist, zu ersetzen vermochten. Sicher fußte die erste Kultur der Menschheit weniger auf dem gezähmten Tier als vielmehr auf der Verwendung niederer Menschen.
Erst nach der Versklavung unterworfener Rassen begann das gleiche Schicksal auch Tiere zu treffen und nicht umgekehrt, wie manche wohl glauben mögen. Denn zuerst ging der Besiegte vor dem Pfluge — und erst nach ihm das Pferd.«
Natürlich ist es abstrus zu glauben, daß die Menschen, bevor sie lernten, Tiere zu zähmen, Sklaven zur Arbeit eingesetzt hätten. Doch Hitler glaubte an diesen Unsinn. Für ihn waren Geschichte und geschichtlicher Fortschritt ohne Gewalt nicht vorstellbar. Für ihn gab es nicht, wie etwa für Friedrich Engels, »Gewalt in der Geschichte«, Geschichte war für ihn geradezu identisch mit der Ausübung von Gewalt. Übten Völker oder »Rassen« keine Gewalt aus, seien sie dem historischen und biologischen Untergang geweiht. Dies gelte vor allem für die »Arier«. Hätten sie aufgehört, fremde Länder und Völker zu erobern und rücksichtslos zu versklaven, wären ihre »Kulturen und Reiche« zusammengebrochen. Kurz: »Alles weltgeschichtliche Geschehen ist aber nur die Äußerung des Selbsterhaltungstriebes der Rassen im guten oder schlechten Sinne.«
Wie leicht zu erkennen ist, orientierte sich Hitler bei seinen »geschichtsphilosophischen« Überlegungen an Darwins »Kampf ums Dasein«, den der jeweils »Stärkere« gewinnt. Seine so erworbenen kämpferischen Eigenschaften werden dann an die Nachkommen vererbt. Wie viele Sozialdarwinisten vor ihm hat Hitler diese These, die Darwin selbst durch die Beobachtung der Tierwelt entwickelt hatte, auf die Menschen und ihre Geschichte übertragen. Kampf und Gewalt sind für Hitler historisch und biologisch notwendige Phänomene.
Der Gewalt hat Hitler in seiner Rassenideologie, die den Kernpunkt seiner »Weltanschauung« überhaupt darstellt, und in seiner politischen Strategie eine wichtige Funktion zuerkannt. Zur politischen Strategie schrieb Hitler in »Mein Kampf«, eine »Bewegung« könne nur dann erfolgreich sein, wenn sie über eine »Weltanschauung« verfüge und bereit sei, »Gewalt« auszuüben. Beides sei voneinander nicht zu trennen. Ohne Anwendung von »Gewalt« sei eine »Weltanschauung« nutzlos. Die Anwendung von »nackter Gewalt« allein führe ebenfalls nicht zum Ziel: »Jede Gewalt, die nicht einer festen geistigen Grundlage entsprießt, wird schwankend und unsicher sein. Ihr fehlt die Stabilität, die nur in einer fanatischen Weltanschauung zu ruhen vermag.«
Die Verwirklichung einer derartigen »fanatischen Weltanschauung« mit und in Form von Gewalt sei jedoch mit Hilfe einer »Organisation« möglich, deren »Führer« über »Autorität« verfüge. Diese »Autorität« beruhe wiederum auf der »Popularität« und der durch Androhung und Ausübung von Gewalt erreichten »Macht« des »Führers«. Diese These hat Hitler in »Mein Kampf« entwickelt, in

dem Kapitel, in dem er seine »Grundgedanken über Sinn und Organisation der S.A.« vorstellt. Doch bevor er dies tat, schilderte er noch einmal aus seiner Sicht den Verlauf des Kriegs und der »Revolution«, deren »Drahtzieher« der »internationale Jude« sei.
Die »Revolution« wäre verhindert worden, wenn »nur ein einziger Divisionär [General einer Division] den Entschluß gefaßt hätte, mit seiner ihm treu ergebenen Division die roten Fetzen herunterzuholen und die ›Räte‹ an die Wand stellen zu lassen, etwaigen Widerstand aber mit Minenwerfern und Handgranaten zu brechen . . .« Die Freikorps, so Hitler, hätten die Revolution nicht rückgängig machen können, weil sie zwar über »Gewalt«, aber nicht über eine zugkräftige »politische Idee« verfügten. Die »Zusammenarbeit brutaler Macht mit genialem politischen Willen« kennzeichne dagegen die NSDAP. Von ihr werde die »ewige Erfahrung der Weltgeschichte« berücksichtigt, »daß ein von einer Weltanschauung vertretener Terror nie durch eine formale Staatsgewalt gebrochen werden« könne.
Mit der Ausübung dieser »Gewalt« und dieses »Terrors« sei die SA betraut, die im Unterschied zu den Freikorps und Wehrverbänden ein weltanschaulich begründetes politisches Ziel habe. Auch sei die »Disziplin« in der SA besser als in den »Wehrverbänden«; denn die SA sei einer — nämlich Hitlers — »unbedingten Befehlsgewalt« unterworfen. Sie sei und dürfe schließlich auch keine Miliz sein. Sie habe »dem Marxismus beizubringen, daß der künftige Herr der Straße der Nationalsozialismus ist, genau so, wie er einst der Herr des Staates sein wird«. Dies hieß gleichzeitig, daß die SA keine »Geheimorganisation« sei und auf Attentate und die Anwendung individuellen Terrors verzichte. Es sei »lächerlich unlogisch«, einzelne »Landesverräter [. . .] umzubringen«. Diese Aufgabe werden von einem künftigen »deutschen Nationalgerichtshof« viel besser erfüllt. Der werde nämlich »etliche Zehntausend der organisierten und damit verantwortlichen Verbrecher des Novemberverrats und alles dessen, was dazugehört«, aburteilen und hinrichten.
Diese Ausführungen Hitlers haben in mehrfacher Hinsicht programmatischen Charakter. Einmal deshalb, weil die Rolle der SA noch bis zum angeblichen Röhm-Putsch umstritten war. Doch Hitler hat es verstanden, SA-Führer, die sich wie Walther Stennes gegen seine »absolute Befehlsgewalt« stellten, ebenso auszuschalten wie Ernst Röhm, der die SA in eine Miliz umwandeln wollte und der damit zugleich dem absoluten Führungsanspruch Hitlers entgegentrat. Ebenfalls gegen Widerstände aus den Reihen der SA setzte Hitler seine Ansicht durch, daß die SA auf individuellen Terror verzichten und sich auf die Eroberung der Straße konzentrieren solle.
Die Beschränkung der Gewaltausübung auf Saal- und Straßenschlachten war jedoch nicht legal. Dies zeigen die auch in dieser Hinsicht programmatischen Worte Hitlers und die Gewalttaten der SA bereits vor der »Machtergreifung«. Schon deshalb kann von einem »Legalitätskurs« der NSDAP nicht die Rede sein. Hitler selbst hat keinen Zweifel daran gelassen, daß er nach einer »Machtergreifung« seiner Partei schrankenlos »Gewalt« und »Terror« einsetzen werde. Dies hat er nicht nur in »Mein Kampf«, sondern auch während seiner Vernehmung vor dem Leipziger Reichsgericht am 25. September 1930 deutlich ausgesprochen.

Nach dem Bericht der »Vossischen Zeitung« vom 26. September 1930 erklärte Hitler: »Und wenn wir dann die Macht haben, dann werden allerdings Köpfe in den Sand rollen, dann werden wir ein Revolutionstribunal, einen deutschen Staatsgerichtshof errichten! Und ausweisen, nichts als ausweisen!«
Hitlers Bemerkung ist damals in der Öffentlichkeit viel beachtet worden. Die SPD ließ an den Berliner Litfaßsäulen Plakate anbringen, auf denen unter der Überschrift: »Werden Köpfe rollen?« zu einer Kundgebung gegen den Nationalsozialismus aufgerufen wurde. Doch wurden Hitlers Bekenntnisse zu »Gewalt« und »Terror« insgesamt gesehen nicht ernst genug genommen.

Terrorinstitutionen im Dritten Reich

»Der Faschismus ist die offene terroristische Diktatur der am meisten reaktionären, chauvinistischen und imperalistischen Elemente des Finanzkapitals.« An dieser Definition, die im Dezember 1933 auf dem XIII. Plenum des Exekutivkomitees der Komintern formulierte worden war, hält die marxistische Forschung bis heute wie an einem Dogma fest. Sie wird mehr oder minder geschlossen von der sogenannten bürgerlichen Forschung abgelehnt. Dies gilt aber nur für den zweiten Teil des Satzes, in dem »der Faschismus«, und zwar sowohl die Partei wie der Staat, als bloßes Instrument in den Händen von bestimmten »Elementen des Finanzkapitals« angesehen wird. Der Aussage, wonach der Faschismus bzw. der faschistische Staat eine »offene terroristische Diktatur« sei, findet dagegen auch innerhalb der »bürgerlichen Forschung« Zustimmung.
Dies gilt auch für die Anhänger der Totalitarismustheorie. Schon Hannah Arendt hat in ihrem Standardwerk über die »Elemente und Ursprünge totaler Herrschaft« »Ideologie und Terror« als die Hauptcharakteristika der totalitären Staatsform bezeichnet. Carl Joachim Friedrich und Zbigniew Brezinski haben in ihrem idealtypischen Totalitarismusmodel ebenfalls darauf hingewiesen, daß das Vorhandensein eines »Terrorsystems« ein wesentliches Merkmal totalitärer Staaten sei. Historiographen des Dritten Reichs, die sich wie zum Beispiel Karl Dietrich Bracher an derartigen Totalitarismustheorien orientieren, haben den terroristischen Grundzug des nationalsozialistischen Regimes besonders hervorgehoben. Darin ist ihnen zuzustimmen.
Das Dritte Reich war ein Terrorregime. Es hat im Innern und nach Außen nichtlegitimierte Gewalt und damit Terror gegenüber politischen Gegnern und nach rassenideologischen Kriterien ausgewählten Opfern ausgeübt. In der Phase der sogenannten Machtergreifung wurden terroristische Aktionen vor allem von SA und SS ausgeführt. Obwohl einige SA- und SS-Leute den Status von »Hilfspolizisten« hatten, besteht kein Zweifel, daß die von ihnen ausgeübte Gewalt in der Regel terroristisch war.
Nachdem im Sommer 1933 »Machtergreifung« und »Gleichschaltung« weitgehend abgeschlossen waren, wurde der »wilde« Terror der SA von der nationalsozialistischen Führung als dysfunktional und bedrohlich angesehen. Bedrohlich deshalb, weil man fürchtete, den Terror der SA, die auf eine »zweite Revolution« drängte, nicht mehr kontrollieren zu können. Und dysfunktional, weil man

meinte, daß neue und bereits vorhandene Institutionen die Vernichtung der politischen Gegner und die Verfolgung der rassischen Opfer besser und »effektiver« bewerkstelligen könnten.
Zu den Terrorinstitutionen des Dritten Reichs gehören vor allem die Gestapo, der SD und die übrigen von Himmler und Heydrich zum Reichssicherheitshauptamt vereinigten Institutionen; die Konzentrations- und andere nationalsozialistische Zwangslager, die schließlich ebenfalls Himmler unterstanden, und die Justiz mit ihren »normalen« und »Sondergerichten«, allen voran dem »Volksgerichtshof«.

Gestapo, SD, Reichssicherheitshauptamt. In der Sprache der Nationalsozialisten gab es viele Abkürzungen. Viele von ihnen sind heute nicht mehr bekannt und müssen daher erläutert werden. Dies trifft nicht auf das Kürzel Gestapo zu. Gestapo war allen Deutschen und den Einwohnern der von deutschen Truppen besetzten europäischen Länder ein Begriff, der Furcht und Schrecken einflößte. Darauf waren die Angehörigen der Geheimen Staatspolizei sogar stolz. Doch Institution und Abkürzung sind nicht von den Nationalsozialisten erfunden worden. Die Abkürzung Gestapo — oder Gestapa für »Preußisches Geheimes Staatspolizeiamt« — soll ein Postbeamter »erfunden« haben. Die Institution selbst ging aus der Abteilung I A des Berliner Polizeipräsidiums hervor, der 300 der insgesamt 22 000 Polizeibeamten Berlins angehörten. Dabei handelte es sich um ein für politische Angelegenheiten zuständiges Referat, das wiederum der Polizeiabteilung im preußischen Innenministerium unterstand. Innerhalb dieser Polizeiabteilung gab es zwei Referate, die sich mit der Beobachtung von verfassungsfeindlichen Parteien beschäftigten. Der spätere stellvertretende Hauptankläger im Nürnberger Prozeß, Robert Kempner, leitete das für rechtsradikale Parteien (einschließlich NSDAP) zuständige Referat. Der spätere erste »Inspekteur« der Gestapo, Rudolf Diels, war als Referatsleiter für die Beobachtung linksradikaler Parteien, vor allem der KPD, verantwortlich.
Nachdem Reichskanzler v. Papen am 20. Juli 1932 die amtierende preußische Regierung unter dem Sozialdemokraten Otto Braun abgesetzt hatte, kam es zu weitreichenden Veränderunge. Reichskanzler v. Papen übernahm als Staatskommissar das Amt des preußischen Ministerpräsidenten und entließ neben Innenminister Severing (SPD) zugleich mehrere höhere Beamte der preußischen Polizei. In Berlin verloren Polizeipräsident Grzesinski (SPD), Vizepräsident Weiß und der Kommandeur der Schutzpolizei Heimannsberg ihr Amt. Den weiteren Säuberungen innerhalb der preußischen Beamtenschaft fiel auch Kempner zum Opfer. Ohnehin gab es für sein Referat kaum noch etwas zu tun, nachdem schon am 16. Juni 1932 das SA- und SS-Verbot und am 27. Juli 1932 auch das Verbot der Mitgliedschaft von Beamten in der NSDAP aufgehoben worden waren. Nationalsozialisten waren also keine Verfassungsfeinde mehr.
Die KPD wurde dagegen nach wie vor beobachtet. Die gesammelten Daten und Unterlagen standen nach dem 30. Januar 1933 den Nationalsozialisten zur Verfügung. Der neue — zunächst nur kommissarische — preußische Innenminister Göring machte sofort davon Gebrauch. Außerdem setzte er die Säuberung der preußischen Polizei und Verwaltung fort. Entlassene Beamte wurden durch

Mitglieder der Chemnitzer SA demütigten am 9. März 1933 demokratische Politiker. In der Karre der Sozialdemokrat Bernhard Kuhnt, der 1918 an der Novemberrevolution teilgenommen hatte und später Ministerpräsident von Oldenburg war.

Ein Sondergericht in Berlin bei der Verkündung des Urteils gegen Kommunisten. Sie waren angeklagt worden, am 17. Februar 1933 den SS-Scharführer Kurt von der Ahe ermordet zu haben.

Nationalsozialisten oder überzeugte Parteigänger des Nationalsozialismus ersetzt. Zu ihnen gehörte auch der schon erwähnte, erst dreißigjährige Oberregierungsrat Dr. Rudolf Diels. Obwohl Diels noch nicht Mitglied der NSDAP war, blieb er Referatsleiter des preußischen Innenministeriums. Schon am 1. Februar 1933 wurde er von Göring zum Leiter der Abteilung I A im Berliner Polizeipräsidium ernannt.

Diels machte sich schnell »verdient«. Nach den Listen, die er und seine Beamten vorlegten, wurden unmittelbar nach dem Reichstagsbrand in der Nacht vom 27. zum 28. Februar 1933 1 500 kommunistische Funktionäre in Preußen verhaftet. Kurz darauf (etwa am 9. März) bezog die von Diels geleitete Abteilung IA ein neues Quartier, das Karl-Liebknecht-Haus am damaligen Bülowplatz (heute: Rosa-Luxemburg-Platz), in dem sich der Sitz der KPD-Zentrale befunden hatte. Das Gebäude wurde enteignet und in »Horst-Wessel-Haus« umbenannt. Auch die von Diels geleitete Abteilung erhielt einen neuen Namen: »Abteilung zur Bekämpfung des Bolschewismus.« Die Erfolge, die Diels und seine Beamten bei der Suche nach untergetauchten Kommunisten und auch Sozialdemokraten erzielten, scheinen Göring veranlaßt zu haben, der »Abteilung zur Bekämpfung des Bolschewismus« noch mehr Einfluß zu verschaffen.

Am 26. April 1933 erließ der inzwischen zum preußischen Ministerpräsidenten ernannte Göring durch einen einfachen Kabinettsbeschluß das »Gesetz über die Errichtung eines Geheimen Staatspolizeiamtes«: Die »Abteilung zur Bekämpfung des Bolschewismus« wurde als »Geheimes Staatspolizeiamt« (Gestapa) zu einer Landespolizeibehörde. Zu ihren Aufgaben gehörte die Information über »alle staatsgefährlichen politischen Bestrebungen im gesamten (preußischen) Staatsgebiet«. Außerdem durfte das Gestapa, das in jedem Regierungsbezirk »Staatspolizeistellen« errichtete, »alle Polizeibehörden um polizeiliche Maßnahmen ... ersuchen«. Die Beamten des Gestapa begnügten sich jedoch nicht damit, nur Informationen zu sammeln, sondern nahmen selbst Verhaftungen vor. (Schein)rechtlich fixiert wurde diese Praxis erst am 30. November 1933 mit dem »Gesetz über die Geheime Staatspolizei« (Gestapo). Fortan hatte in Preußen das Gestapa allein die Beobachtung und Verfolgung politischer Gegner des Regimes auszuführen. Außerdem wurde die »Geheime Staatspolizei« dem preußischen Ministerpräsidenten (Göring) direkt unterstellt, der sie als »Chef« kommandierte und von einem »Inspekteur« (Diels) leiten ließ.

Unterdessen hatten die zunächst nur 250 Beamten des Geheimen Staatspolizeiamts in Berlin abermals ein neues Domizil bekommen. Anfang Mai 1933 übernahm die Gestapo das ehemalige Kunstgewerbemuseum in der Prinz-Albrecht-Straße 8 und baute es zu ihrer Zentrale um. Die Prinz-Albrecht-Straße wurde in Deutschland und in vielen Ländern Europas zu einem Symbol für die Schreckensherrschaft der Nationalsozialisten schlechthin.

Dies war jedoch selbst Ende 1933 noch nicht absehbar. Zu diesem Zeitpunkt war die Geheime Staatspolizei immer noch nur für Preußen zuständig, und selbst in diesem Land hatten ihr »Chef« (Göring) und ihr »Inspekteur« (Diels) den konkurrierenden Machtanspruch der SA noch nicht auszuschalten vermocht. Besonders kontrovers war die Frage, in welche Zuständigkeit die neuen Konzentrationslager fielen. Auch das war Ende 1933 noch nicht entschieden. So heißt es

zum Beispiel in einem internen Planungspapier vom 29. November 1933, daß die »Kommandanten der Konzentrationslager ... *künftig*« unmittelbar dem Geheimen Staatspolizeiamt unterstehen sollen.
Die SA Röhms war jedoch nicht die einzige Konkurrenz, die Göring in seiner Eigenschaft als »Chef« des Geheimen Staatspolizeiamts zu fürchten hatte. Bis Ende 1933 war nämlich der »Reichsführer SS«, Heinrich Himmler, Kommandeur der Politischen Polizei erst in Bayern, dann in allen anderen Ländern außerhalb Preußens (und des Zwergstaats Schaumburg-Lippe) geworden. Außerdem hatte Reichsinnenminister Wilhelm Frick seinen Anspruch auf die Leitung einer reichseinheitlichen Politischen Polizei angemeldet. In dieser Situation einigten sich Göring und Himmler auf eine Abgrenzung ihrer politischen Einflußsphären. Am 20. April 1934 wurde Himmler anstelle von Diels, der auf das Amt des Kölner Regierungspräsidenten abgeschoben wurde, »Inspekteur« auch des preußischen Geheimen Staatspolizeiamts. Formell unterstand Himmler damit noch dem »Chef« dieses Amts, Göring. Doch Himmler schüttelte innerhalb weniger Monate die Oberhoheit Görings über die Gestapo ab, indem er den Aufbau des preußischen Geheimen Staatspolizeiamts veränderte und in der Prinz-Albrecht-Straße ein »Zentralbüro des Politischen Polizeikommandeurs der Länder« einrichtete. Faktisch war Himmler damit zum Leiter der Politischen Polizei im Reich geworden. Obwohl dies erst am 10. Februar 1936 im dritten Gestapo-Gesetz sanktioniert wurde, war aus dem preußischen Gestapa die für ganz Deutschland zuständige Gestapo geworden.
Zwischen dem Geheimen Staatspolizeiamt, dem »Zentralbüro des Politischen Polizeikommandeurs der Länder« und dem »Sicherheitsdienst des Reichsführers SS« (SD) kam es im April 1934 auch zu einer personellen und räumlichen Verbindung. Der SD war bereits 1931 als innerparteilicher Nachrichtendienst in München gegründet worden. Im Auftrag Himmlers wurde er von Reinhard Heydrich geleitet und zum einzigen Nachrichtendienst innerhalb der NSDAp ausgebaut. Im April 1934 wurde Heydrich vom Gestapa-»Inspekteur« Himmler zum »Leiter des Geheimen Staatspolizeiamtes« ernannt. Daneben hatte Heydrich weiterhin die Leitung des SD-Hauptamts inne, das im gesamten Reich SD-Außenstellen, Leitabschnitte und Oberabschnitte unterhielt. Der Sitz des SD-Hauptamts wurde von München nach Berlin verlegt und im Prinz-Albrecht-Palais in der Wilhelmstraße 102 untergebracht. Das Prinz-Albrecht-Palais lag in unmittelbarer Nachbarschaft der Prinz-Albrecht-Straße.
Seit April 1934 arbeiteten die insgesamt 2 600 Gestapo-Beamten (davon 600 in der Zentrale in der Prinz-Albrecht-Straße) und die Angehörigen des SD, die immer noch allein der Partei (bzw. Himmler) unterstanden und von ihr auch besoldet wurden, eng zusammen. So vor allem bei der Niederschlagung des angeblichen Röhm-Putsches, der von den Nationalsozialisten zum Anlaß genommen wurde, nicht nur die SA zu »säubern«, sondern auch politisch unliebsame Personen zu ermorden, unter ihnen den ehemaligen Reichskanzler v. Schleicher und den Ministerialdirektor im Reichsverkehrsministerium Erich Klausener.
Himmler wurde für seine »Verdienste« bei der Niederschlagung des Röhm-Putsches von Hitler reichlich belohnt. Die SS wurde aus der SA ausgegliedert. Damit war Himmler als »Reichsführer SS« Hitler direkt unterstellt. Diese Posi-

tion nutzte er aus. Nachdem Göring endgültig und offiziell am 20. November 1934 auf alle Kompetenzen über die Gestapo verzichtet hatte, konnte Himmler im folgenden Jahr den Versuch von Reichsinnenminister Frick erfolgreich abwehren, die Gestapo wieder in die allgemeine Polizei einzugliedern und damit dem Reichsinnenminister zu unterstellen. Statt dessen wurde Himmler am 17. Juni 1936 zum »Chef der Deutschen Polizei im Reichsministerium des Innern« ernannt. Damit war zwar eine formelle Unterstellung unter Frick verbunden, doch Himmler schaffte es auch diesmal, diese Bestimmung zu unterlaufen.
Schon neun Tage nach seiner Ernennung zum »Chef« der gesamten Polizei in Deutschland führte Himmler in seinem Amtsbereich eine weitreichende Umgliederung durch. Die Gestapo wurde mit der Kriminalpolizei zum »Hauptamt Sicherheitspolizei« vereinigt, dessen Leitung Heydrich als »Chef der Sicherheitspolizei« übernahm. Die Schutzpolizei wurde zusammen mit der Gendarmerie und der Gemeindepolizei zum »Hauptamt Ordnungspolizei« vereinigt und Kurt Daluege unterstellt.
Als »Reichsführer SS« befehligte Himmler ferner die SS. Sie war seit dem 14. Dezember 1934 in die »Allgemeine SS«, die »SS-Verfügungstruppe« und die »SS-Wachverbände« unterteilt. Zu den »SS-Verfügungstruppen« gehörten die »Politischen Bereitschaften«, die seit 1933/34 von den einzelnen SS-Oberabschnittsführern gebildet worden waren, und die Leibwache des Diktators, die zunächst »Stabswache«, seit September 1933 »Leibstandarte Adolf Hitler« hieß. Aus diesen militärischen Verbänden, die schon während des Röhm-Putsches die Mordbefehle ausgeführt hatten, entwickelten sich dann die Divisionen der späteren Waffen-SS. Die »SS-Wachverbände« bewachten die SS-eigenen, seit Juni 1934 auch die von der SA geleiteten Konzentrationslager. Seit März 1936 wurden sie »SS-Totenkopfverbände« genannt.
Alle SS-Einheiten wurden zunächst von einem »SS-Hauptamt« geleitet, das dann jedoch in weitere »Hauptämter« unterteilt wurde: das schon erwähnte »Sicherheitsdienst-Hauptamt«, das »Rasse- und Siedlungs(haupt)amt«, das »Hauptamt Persönlicher Stab Reichsführer der SS« und schließlich 1939 das »Hauptamt Verwaltung und Wirtschaft«. Dieses Hauptamt war für die Wirtschaftsbetriebe der SS zuständig, die ihre »Arbeitskräfte« aus den Insassen der Konzentrationslager rekrutierten und ihre »Produktionsstätten« meist in den Konzentrationslagern unterhielten.
Himmler gebot somit als »Chef der Deutschen Polizei« über staatliche und als »Reichsführer SS« über parteieigene Ämter und Institutionen. Die Zusammenarbeit dieser Staats- und Parteiämter verlief jedoch nicht immer ungestört. Überschneidungen und Reibungen gab es vor allem zwischen der Gestapo, die zum staatlichen Hauptamt Sicherheitspolizei und dem SD, der zum parteieigenen »Sicherheitsdienst-Hauptamt« gehörte. Beide Institutionen wurden zwar in Personalunion von Heydrich geleitet, dennoch erwies es sich als notwendig, die Kompetenzen von Gestapo und SD voneinander abzugrenzen. Sowohl die Gestapo als auch der SD hatten nämlich bis 1939 Geheimpolizei-Aufgaben erfüllt. Bei der Beobachtung von »Staatsfeinden« war es ständig zu Überschneidungen gekommen. Daher lag es an sich nahe, die Aufgabenbereiche von Gestapo und SD strikter voneinander zu trennen. Himmler entschied sich jedoch

anders. Am 27. September 1939 vereinigte er das staatliche Hauptamt Sicherheitspolizei mit dem parteieigenen »Sicherheitsdienst-Hauptamt« zum »Reichssicherheitshauptamt«.
Die damit vollzogene Vermischung von Staats- und Parteiämtern rief zwar eine ebenso neue wie unübersichtliche Situation hervor, erleichterte aber die angestrebte Verstaatlichung der SS-Ämter und die parteipolitische Durchdringung der Polizeibehörden. Angehörige der SS erhielten staatliche Ämter und Aufgaben, während andererseits Polizeibeamte mehr oder minder automatisch die entsprechenden Dienstränge der SS verliehen verkamen. Außerdem konnten durch interne Verfügungen die Kompetenzen der einzelnen Abteilungen und Referate des Reichssicherheitshauptamts genauer abgegrenzt und die Aufgaben besser verteilt werden.
Aus der Gestapo wurde das für »Gegnerbekämpfung« zuständige Amt IV. Nach außen hin behielt man jedoch die alte Bezeichnung »Geheimes Staatspolizeiamt« bei. Das Amt IV des Reichssicherheitshauptamts war wiederum in verschiedene Abteilungen und Referate unterteilt. Die Abteilung IVA war für die Bekämpfung der »politischen Gegner«, also der Kommunisten, Sozialdemokraten, der Kirchen und Sekten, der Angehörigen der sogenannten Rechtsopposition (vor allem Otto Strassers »Schwarzer Front«) sowie für die Abwehr von Sabotage und Spionage zuständig. Dieses Amt in der Prinz-Albrecht-Straße 8 wertete die monatlichen Berichte der Gestapostellen aus. Die Verhängung von »Schutzhaft«, das heißt die Einweisung in Konzentrationslager, und andere »Sonderaufträge« wurden von anderen Referaten ausgeführt.
Das Amt IV B dagegen war für die Bekämpfung der »weltanschaulich-rassischen Gegner« zuständig. Es war aus der Abteilung II 112 des SD hervorgegangen. Der ursprünglich ebenfalls vom SD eingestellte Adolf Eichmann übernahm schließlich das Referat IV B4, das wesentlich für die »Endlösung der Judenfrage« verantwortlich war. Die »Endlösung der Zigeunerfrage« dagegen wurde nicht vom Amt IV, sondern vom Amt V des Reichssicherheitshauptamts durchgeführt. Die 1936 von München nach Berlin verlegte »Zentralstelle zur Bekämpfung des Zigeunerunwesens« behielt ihre Zuständigkeit. Die »Zentralstelle« wurde in »Reichszentrale zur Bekämpfung des Zigeunerunwesens« umbenannt und dem »Reichskriminalpolizeiamt« eingegliedert, aus dem dann 1939 das Amt V des Reichssicherheitshauptamts hervorging.
Der ohnehin schon komplizierte Aufbau des Reichssicherheitshauptamts wurde im Lauf des Kriegs nahezu undurchschaubar, weil Abteilungen und Referate wiederholt umgegliedert wurden. Besonders wichtig war das neu geschaffene Amt IV D, das für die besetzten Gebiete zuständig war, das heißt für die Überwachung ihrer Einwohner. Dieses Amt wurde in der Folgezeit nicht nach sachlichen, sondern nach regionalen Gesichtspunkten gegliedert. Ebenfalls neu und wichtig war das Amt IV G (Grenzpolizei). Die Bezeichnung Grenzpolizei war insofern irreführend, weil es diese Polizei im Krieg gar nicht mehr gab. Aus ihren Mitgliedern, aus Angehörigen der Gestapo, des SD und aus Polizeireservisten wurden die berüchtigten »Einsatzgruppen« gebildet. Sie führten dann hinter der Front die Massenmorde an Angehörigen der Zivilbevölkerung, vor allem an Juden, Sinti und Roma, durch.

Untrennbar mit diesen beispiellosen Verbrechen verbunden ist die Institution des Reichssicherheitshauptamts als Zentrale des Terrors und des Massenmords.

Konzentrations- und andere Zwangslager. Am 20. März 1933 gab Heinrich Himmler, der kommissarische Polizeipräsident von München, folgende Mitteilung bekannt, die kurz darauf in mehreren Zeitungen zu lesen war: »Am Mittwoch wird in der Nähe Dachaus das erste Konzentrationslager eröffnet. Es hat ein Fassungsvermögen von 5 000 Menschen. Hier werden die gesamten kommunistischen und — soweit notwendig — Reichsbanner- und marxistischen [sozialdemokratischen] Funktionäre, die die Sicherheit des Staates gefährden, zusammengezogen, da es auf die Dauer unmöglich ist, wenn der Staatsapparat nicht zu sehr belastet werden soll, die einzelnen kommunistischen Funktionäre in den Gerichtsgefängnissen zu lassen, während es andererseits auch nicht angängig ist, diese Funktionäre wieder in Freiheit zu lassen.« »Die Schutzhaft« werde »in den einzelnen Fällen nicht länger aufrecht erhalten, als notwendig« sei. Die Zeitungen, die wie das »Dachauer Volksblatt« die Bekanntgabe Himmlers abdruckten, teilten weitere Einzelheiten über die »Konzentrationslager« mit. Unter anderem wurde folgendes berichtet: »Die Bewachungsmannschaft des Lagers besteht zunächst aus einer Hundertschaft Landespolizei, die durch SA-Hilfspolizeiposten noch verstärkt werden soll.«
Bemerkenswert an derartigen Presse-Artikeln über Konzentrationslager, die in den ersten Monaten des Dritten Reichs in zahlreichen Zeitungen erschienen, ist

Öffentliche Hinrichtung, 25. Oktober 1944. Von diesem Foto wurde lange Zeit fälschlich angenommen, es zeige die Hinrichtung von »Edelweißpiraten«.

einmal, wie offen und zugleich wie menschenverachtend hier über Konzentrationslager und ihr »Fassungsvermögen« berichtet wird. Bemerkenswert ist auch, daß die wichtigsten Begriffe »Konzentrationslager«, »Schutzhaft« und »Hilfspolizei« nicht erklärt werden. In der Tat war die Praxis der Nationalsozialisten, Menschen in »Schutzhaft« zu nehmen, sie in »Konzentrationslager« zu sperren und sie von »Hilfspolizisten« bewachen zu lassen, keineswegs neu.
Der Begriff »Schutzhaft«, das heißt die Inhaftierung einer Person zu »ihrem eigenen Schutz«, scheint ein typisches Beispiel der Sprache des Dritten Reichs zu sein. Dennoch gab es Begriff und Sache der »Schutzhaft« schon seit der Mitte des 19. Jahrhunderts. Im preußischen »Gesetz über den Belagerungszustand« vom 4. Juni 1851 wurde der Polizei das Recht eingeräumt, Personen ohne richterliche Anordnung festzunehmen und in »Schutzhaft« zu nehmen. Auch das deutsche Kaiserreich kannte das Institut der »Schutzhaft«. So wurde, um ein Beispiel zu nennen, Rosa Luxemburg während des Ersten Weltkriegs zunächst in »Schutzhaft« genommen, bevor sie dann von einem Gericht zu einer »normalen« Haftstrafe verurteilt wurde. In den ersten Jahren der Weimarer Republik wurden ebenfalls »Inschutzhaftmaßnahmen« gegen Personen verhängt, die im Verdacht standen, kommunistische oder separatistische Bestrebungen zu fördern. Das preußische Polizeiverwaltungsgesetz vom 1. Juli 1931 sah schließlich in § 15 zum Schutz der öffentlichen Ordnung die Verhängung von »Schutzhaft« vor. Allerdings mußte die »Inschutzmaßnahme« von einem Richter überprüft und gegebenenfalls wieder aufgehoben werden.
Diesen Anspruch hatten die »Schutzhäftlinge« nicht, die nach dem Brand des Reichstags am 28. Februar 1933 in die Gefängnisse und, als diese überfüllt waren, in die neuen »Konzentrationslager« eingeliefert wurden. Durch die »Reichstagsbrandverordnung« vom 28. Februar 1933 war nämlich auch das Grundrecht der Freiheit der Person (Art. 114 der Weimarer Reichsverfassung) außer Kraft gesetzt worden. Begründet wurde dies mit dem lapidaren Hinweis auf die notwendige »Abwehr kommunistischer staatsgefährdender Gewaltakte«. Der Begriff »Schutzhaft« wurde jedoch weder in dieser noch in anderen Notverordnungen und Gesetzen erwähnt.
Das Wort »Konzentrationslager« taucht ebenfalls in keiner dieser Verordnungen auf. Gleichwohl rief die Praxis der Nationalsozialisten, »Schutzhäftlinge« auch in eigens zu diesem Zweck errichtete »Konzentrationslager« zu bringen, wenig Kritik und offensichtlich kein Erstaunen hervor. Jeder wußte, was »Konzentrationslager« waren. Konzentrationslager (concentration camps) waren während des Burenkriegs 1899-1902 von den englischen Truppen errichtet worden. In diesen Zwangslagern »konzentrierten« die Engländer Frauen und Kinder der aufständischen Buren, um deren Widerstand zu brechen.
Doch Konzentrationslager gab es vor 1933 auch in Deutschland. Konzentrationslager hießen Ende des Ersten Weltkriegs zum Beispiel Zwangslager für renitente und »arbeitsunwillige« ausländische Arbeiter. Oder die 1921 in Stargard und Cottbus errichteten »Abschiebelager« für unerwünschte Ausländer, vor allem für »Ostjuden«. Nachdem es im Konzentrationslager Stargard zu skandalösen Zuständen gekommen war — Teile der Presse berichteten darüber, im Preußischen Landtag kam es zu einer heftigen Diskussion —, wurden diese Lager

Ende 1923 wieder aufgelöst. Der Begriff selbst geriet nicht in Vergessenheit. Kriminologen erörterten die Frage, ob man zu kriminalpräventiven Zwecken »Konzentrationslager« errichten solle oder nicht. Kommunale »Zigeunerlager«, in die Sinti und Roma zwangsweise gebracht werden sollten, wurden teilweise, zum Beispiel in Frankfurt am Main, ebenfalls »Konzentrationslager« genannt.
Wenn die Nationalsozialisten seit dem 22. Februar 1933, nach einer Anordnung des preußischen Innenministers Göring, aus ihren eigenen Reihen Hilfspolizisten rekrutierten und diese zur Bewachung von Konzentrationslagern einsetzten, konnten sie damit ebenfalls auf Pläne und Erfahrungen zurückgreifen, die in den ersten Jahren der Weimarer Republik von der Reichswehr und den Freikorps gemacht worden waren. Und dennoch war die Errichtung von Konzentrationslagern im Hinblick auf Ausmaß und Brutalität des Terrors der SA beispiellos. Schon im März 1933 gab es allein in Preußen 15 000 Schutzhäftlinge. Im April waren es 13 000. Diese Zahlen stammen aus einem Schreiben des preußischen Innenministers vom Juni 1933. Sie beruhten auf den offiziellen »Unterlagen«, die nicht vollständig waren. Rudolf Diels hat in seinen Memoiren geschätzt, daß es im April 1933 mindestens 30 000 Schutzhäftlinge in Preußen gab. Tatsächlich wird die Zahl der von SA und SS verhafteten Personen weit höher gewesen sein, weil längst nicht alle von ihnen mit einem offiziellen Schutzhaftbefehl in ein staatliches Gefängnis oder ein staatlich »anerkanntes« Konzentrationslager gebracht wurden. Die SA- und SS-Banden, die keineswegs immer den Status von Hilfspolizisten besaßen, verhafteten nämlich nicht nur Funktionäre der KPD und der SPD, die auf den Fahndungslisten der politischen Polizei standen. Sie verfügten zudem meist über eigene Listen von Kommunisten und Sozialdemokraten, die sie kannten und für gefährlich hielten. Darüber hinaus nahmen sie auch Personen aus eher privaten als politischen Gründen fest.
Die meist schon in ihren Wohnungen und auf den Straßen geschlagenen Opfer wurden zunächst einmal in die »Sturmlokale« geschleppt und dort von SA und SS-Leuten gefoltert. Wenn sich die zuständigen Polizeidienststellen weigerten, die Häftlinge aufzunehmen, weil die Gefängnisse überfüllt waren, blieben diese Gefangenen für Stunden, Tage oder Wochen in der Gewalt der SA und SS. Untergebracht waren sie in ehemaligen Kasernen, Fabriken, Brauereien, Wassertürmen, beschlagnahmten Gewerkschafts-, KPD- oder SPD-Häusern, auf Schiffen, in Gaststätten und selbst in Privatwohnungen. Derartige Stätten des Terrors gab es in ganz Deutschland. Allein in Berlin waren es weit über 100. Einige von ihnen dienten nur wenige Tage oder Wochen als Folterstätten. Andere wurden zu »wilden«, dann zu staatlich »anerkannten« Konzentrationslagern ausgebaut. Nahezu überall fanden die brutalsten Folterungen statt. Die Zahl derjenigen Menschen, jungen und alten, Männern und Frauen, die zu Tode gefoltert wurden oder schwere Verletzungen davontrugen, geht in die Tausende. Der Terror fand in dichtbesiedelten Gebieten und mitten in den Großstädten statt. Er war allen bekannt und sollte es auch sein. Die führenden Nationalsozialisten haben dies nicht nur in Kauf genommen, sondern als notwendigen Teil ihrer »Revolution« angesehen.
Am 6. Juli 1933 sprach sich Hitler jedoch dagegen aus, weiterhin »sinnlos darauflos zu revolutionieren«, da sonst Wirtschaft und Verwaltung Schaden nehmen

würden. Es sei notwendig, die nationalsozialistische »Revolution« zu beenden und in eine »Evolution« überzuleiten. Am 10. Juli 1933 erklärte Reichsinnenminister Frick die nationalsozialistische »Revolution« für »abgeschlossen«. Frick und Göring versuchten daraufhin, den SA-Terror einzudämmen und die zahlreichen Folterstätten und »wilden« Konzentrationslager unter staatliche Kontrolle zu bringen. Schon im Juni 1933 hatte Göring in einem Erlaß verkündet, daß nur sechs Konzentrationslager in Preußen offiziell anerkannt und finanziert würden: das »Übungslager Quednau«, die Lager Sonnenburg, Hammerstein, Lichtenburg und die Strafanstalten Werden und Brauweiler. Bis auf das zum Konzentrationslager umgewandelte Zuchthaus Sonnenburg (bei Frankfurt/Oder) und das Lager Lichtenburg (bei Merseburg) würden alle übrigen preußischen Lager geschlossen. Statt dessen sollten die Lager Esterwegen und Börgermoor im Emsland zu zentralen Konzentrationslagern ausgebaut werden.
Göring konnte diesen Plan jedoch gegen den Widerstand der SA und SS nicht durchsetzen. Erst nachdem am 2. August 1933 die SA-Hilfspolizei in Preußen für aufgelöst erklärt worden war, gelang es ihm mit Hilfe der preußischen Polizei, einige Folterstätten und »wilde« Konzentrationslager der SA und SS aufzulösen. Am 14. Oktober 1933 ordnete Göring dann an, daß männliche Schutzhäftlinge nur noch in die »staatlichen Konzentrationslager« Papenburg (Emsland), Sonnenburg, Lichtenburg, Brandenburg sowie die Provinziallandesanstalt Brauweiler bei Köln, weibliche Schutzhäftlinge dagegen in das Provinzialwerkhaus Moringen bei Göttingen einzuliefern seien. Auch diesen Erlaß konnte Göring nicht durchsetzen. Das von der SS unterhaltene KZ Columbiahaus mitten in Berlin sowie das Lager Oranienburg vor den Toren Berlins, das der SA unterstand, existierten nicht nur weiter, sie mußten auf Drängen der SS und SA von Göring sogar als offizielle Konzentrationslager »anerkannt« werden.
Zum Teil noch willkürlicher und unkontrollierter als in Preußen war die Situation in den übrigen Ländern. In Bayern hatten die staatlichen Behörden so gut wie keinen Einfluß auf die Verhaftungen und die Verhältnisse im Konzentrationslager Dachau. Für beides war allein Himmler zuständig. Er ordnete als Leiter der bayerischen politischen Polizei an, wer in Schutzhaft zu nehmen sei, und bestimmte als »Reichsführer SS«, wie die Schutzhäftlinge im KZ Dachau, das von der SS bewacht wurde, zu behandeln seien.
Erst Anfang 1934 versuchten der preußische Innenminister Göring und Reichsinnenminister Frick, Ordnung in das willkürliche System der »Schutzhaft« zu bringen. Sie wiesen im Januar 1934 darauf hin, daß »Inschutzhaftmaßnahmen« nur aufgrund eines schriftlichen Befehls und nur dann vorzunehmen seien, wenn eine »Gefährdung der öffentlichen Sicherheit und Ordnung ernstlich zu besorgen« sei. Am 12. April, also über ein Jahr nach der Einführung der Schutzhaft, erließ der Reichsinnenminister einen detaillierten, allgemein verbindlichen »Schutzhafterlaß«, der am 26. April 1934 ergänzt wurde. Danach durften neben den Ober- und Regierungspräsidenten nur noch die Staatspolizeidienststellen und — in Preußen — die Gestapo Personen, die die »öffentliche Sicherheit und Ordnung« gefährdeten, aufgrund eines schriftlichen »Schutzhaftbefehls« in Schutzhaft nehmen und in die — staatlich anerkannten — Konzentrationslager einweisen.

Erst jetzt, in der ersten Hälfte des Jahres 1934, wurden die meisten wilden Konzentrationslager aufgelöst. Das System der Schutzhaft wurde — wie der Terror überhaupt — bürokratisiert und perfektioniert. Nutznießer und Organisator dieser Entwicklung war Heinrich Himmler. Die weitere Geschichte der Konzentrationslager ist untrennbar mit dem Ausbau des SS-Staats und dem Aufstieg Himmlers verbunden.

Nachdem Himmler am 26. April 1934 auch noch zum Inspekteur des Preußischen Geheimen Staatspolizeiamts ernannt worden war, befehligte er die politische Polizei im gesamten Reich. Damit hing es letztlich von ihm ab, gegen wen aus welchen Gründen und wie lange ein »Schutzhaftbefehl« ausgestellt wurde. Spätestens seit dem Erlaß des Gesetzes über die Geheime Staatspolizei vom 10. Februar 1936 — faktisch jedoch früher — konnte man nämlich gegen die von der Gestapo verhängten Schutzhaftbefehle nicht mehr gerichtlich vorgehen. Himmler sorgte von Anfang an dafür, daß von der Schutzhaft reichlich Gebrauch gemacht wurde. Auf seinen Befehl wurden schon 1934/35 nicht nur politische Gegner, sondern auch andere »volksschädigende Elemente« in Schutzhaft genommen, obwohl dies im Schutzhafterlaß vom 12. bzw. 26. April 1934 ausdrücklich untersagt war. Zu den »volksschädigenden Elementen« zählten neben »gefährlichen Gewohnheitsverbrechern« auch Homosexuelle und Zeugen Jehovas. Sie wurden ebenso in Konzentrationslager eingeliefert wie Personen, die aufgrund von politischen Handlungen oder Äußerungen angeklagt, aber nicht verurteilt worden waren oder die ihre Strafe in einem Gefängnis bereits abgebüßt hatten.

Am 17. Juni 1936 wurde Himmler Chef der gesamten deutschen Polizei, einschließlich der Kriminal- und Ordnungspolizei. Von nun an ließ er weitere Personenkreise in die Konzentrationslager einweisen. Am 23. Februar 1937 ordnete er an, daß von der Kriminalpolizei »etwa 2 000 Berufs- und Gewohnheitsverbrecher oder gemeingefährliche Sittlichkeitsverbrecher in polizeiliche Vorbeugungshaft zu nehmen« seien. Auch diese Personen wurden in Konzentrationslager eingeliefert. Am 14. Dezember 1937 erließ Himmler den »Grundlegenden Erlaß über die vorbeugende Verbrechensbekämpfung durch die Polizei«: Auch Personen, die, »ohne Berufs- oder Gewohnheitsverbrecher zu sein«, durch ihr »asoziales Verhalten die Allgemeinheit gefährden«, seien ebenfalls in »polizeiliche Vorbeugungshaft« zu nehmen und gegebenenfalls wie die politischen »Schutzhäftlinge« in Konzentrationslager einzuweisen. Als »asozial« galten »z. B. Bettler, Landstreicher (Zigeuner), Dirnen, Trunksüchtige, Arbeitsscheue, Arbeitsverweigerer«. Der Schutzhafterlaß vom 25. Januar 1938 sah schließlich vor, daß neben politischen Gegnern auch Personen in Schutzhaft genommen werden konnten, »die durch ihr Verhalten den Bestand und die Zusammensetzung des Volkes und Staates gefährden«. Damit hatte sich die Zusammensetzung der Schutzhäftlinge ebenso grundlegend geändert wie Zahl, Charakter und Funktion der Konzentrationslager.

Begonnen hatte die Entwicklung bereits am 30. Juni 1934, als Himmlers SS die Aufgabe erhielt, auch die der SA unterstehenden Konzentrationslager zu bewachen. Zu diesem Zweck ließ Himmler eigene Wachtruppen aufstellen und aus dem Verband der Allgemeinen SS herauslösen. Leiter dieser »Totenkopf-

verbände« (seit 1936) und »Inspekteur« des gesamten Konzentrationslagerwesens wurde Theodor Eicke. Er führte die von ihm und seinem Vorgänger Wäckerle 1933 in Dachau erlassene »Disziplinar- und Strafordnung« in allen Konzentrationslagern ein. Das »Modell Dachau« sah ein abgestuftes System von Strafen für die Häftlinge vor. Sie reichten von Postverbot und Essensentzug über Arrest und Prügel bis zur Todesstrafe. Das nun fest eingestellte, besoldete und ausgebildete Wachpersonal mußte sich an diese Bestimmungen halten. Die bis dahin ziemlich willkürlichen Mißhandlungen von Häftlingen wurden dadurch eingeschränkt, doch besserten sich die Verhältnisse insgesamt nicht. Das Leben im Lager war nun bis ins Detail hinein geregelt. Zugleich erweiterte Theodor Eicke auch die Zwangsarbeit in den Konzentrationslagern.
Schon 1933 hatten staatliche Behörden eine Auflösung bzw. Zusammenlegung von offiziellen und wilden Konzentrationslagern aus Kostengründen gefordert. Man empfahl, nur solche Lager zu errichten, in denen die Häftlinge auch zur Arbeit eingesetzt werden konnten. Dies war — außer in Esterwegen und Börgermoor, wo die Häftlinge zur Moorkultivierung verwendet wurden — in den meisten Konzentrationslagern nicht der Fall. Theodor Eicke setzte sich nun dafür ein, Konzentrationslager nur dort zu betreiben, wo die Häftlinge Zwangsarbeit verrichten konnten. Außerdem war er der Meinung, daß eine effektive und ordnungsgemäße Leitung nach dem »Modell Dachau« nur in größeren Lagern möglich sei.

Ein Häftling des KZ Auschwitz, der sich in den elektrischen Stacheldraht gestürzt hat. Aufnahme eines SS-Mannes aus dem Jahr 1943.

Daher wurde die Zahl der Konzentrationslager reduziert. Im März 1935 gab es noch sieben: Dachau, Esterwegen, Lichtenburg, Sachsenburg, Columbiahaus, Oranienburg und Fuhlsbüttel bei Hamburg. In den Jahren 1935 bis 1937 wurden auch die Lager Oranienburg, Columbiahaus, Fuhlsbüttel und Sachsenburg geschlossen, das Lager Esterwegen der Justiz übergeben. Im Juli 1938 gab es nur noch vier Konzentrationslager: Dachau, Lichtenburg, das in ein Frauenlager umgewandelt worden war, sowie die neugegründeten Lager Sachsenhausen (bei Oranienburg) und Buchenwald (bei Weimar). Gleichzeitig hatte sich die Zahl der Häftlinge, die 1935/36 auf unter 10 000 abgesunken war, wieder auf 24 000 (im Jahr 1938) erhöht, weil inzwischen neben Kommunisten und Sozialdemokraten auch Zeugen Jehovas, Homosexuelle, Sinti und Roma sowie »Gewohnheitsverbrecher« und »Asoziale« in die Konzentrationslager eingeliefert worden waren. Die Ausweitung des Häftlingskreises veranlaßte die Leitung der Konzentrationslager, die Häftlinge nach unterschiedlichen Kategorien einzuteilen und sie zu zwingen, besondere Abzeichen zu tragen, Stoffdreiecke in verschiedenen Farben: rot für politische Häftlinge, lila für Bibelforscher, schwarz für »Asoziale«, grün für »Kriminelle«, rosa für Homosexuelle und blau für die unerlaubt zurückgekehrten Emigranten. Rückfällige Häftlinge mußten über ihrem Winkel einen Querbalken tragen, Juden, die als politische Häftlinge, als »Rassenschänder« oder nach den »Asozialenaktionen« des Jahres 1938 als »Asoziale« oder »Kriminelle« eingeliefert worden waren, mußten zusätzlich zu ihrem roten, grünen, schwarzen oder blauen Winkel noch ein gelbes Dreieck tragen.
Die Steigerung der Zahl und die Ausweitung der Häftlingskategorien hatte auch ökonomische Gründe. Inzwischen hatte nämlich die SS das System der Zwangsarbeit ausgebaut. Die schon in Sachsenhausen und Buchenwald betriebenen Ziegeleien wurden von der im Frühjahr 1938 gegründeten SS-eigenen Firma »Deutsche Erd- und Steinwerke GmbH« übernommen. Nachdem die Firma in Flossenbürg Granitsteinbrüche erworben hatte, wurde dort im Mai 1938 ein Konzentrationslager errichtet, in das zunächst fast ausschließlich »Berufsverbrecher« und »Asoziale« kamen. Ähnlich war es in Neuengamme, wo die »Deutsche Erd- und Steinwerke GmbH« im Herbst 1938 eine Ziegelei kaufte. Die Häftlinge, die nach der Annexion Österreichs in das ebenfalls neue Konzentrationslager Mauthausen bei Linz kamen, wurden zur Zwangsarbeit in die nahegelegenen Steinbrüche geschickt. Ökonomische Gründe bestimmen auch die Standortwahl für die 1940 errichteten Konzentrationslager Groß-Rosen in Niederschlesien und Natzweiler im Elsaß. Auch hier gab es nahegelegene Steinbrüche. In dem im Mai 1939 in Ravensbrück in Mecklenburg gegründeten zentralen Frauenkonzentrationslager wurden die Insassinnen zur Zwangsarbeit an Textilmaschinen eingesetzt.
Doch so wichtig die ökonomische Funktion der Lager auch war, das seit 1938 zu beobachtende Anwachsen der Zahl der Konzentrationslager und ihrer Häftlinge hatte vor allem politische Gründe. Nach dem Novemberpogrom des Jahres 1938 wurden im gesamten Reichsgebiet 30 000 Juden verhaftet und in die Konzentrationslager Buchenwald, Dachau und Sachsenhausen gebracht. Die Zahl der KZ-Häftlinge stieg damit auf 60 000 Personen. Die meisten der im November 1938 inhaftierten Juden wurden bis Anfang 1939 wieder freigelassen, wenn sie sich ver-

pflichteten, so schnell wie möglich auszuwandern. Doch auch nach ihrer Entlassung sank die Zahl der Häftlinge nur vorübergehend. Nach der Annexion Österreichs, des Sudetenlands, der sogenannten Rest-Tschechei, des Memellands und schließlich Polens wurden immer mehr Personen in die Konzentrationslager eingeliefert. Dadurch veränderten sich Zahl und Zusammensetzung der Häftlinge sowie die Funktion der Konzentrationslager erneut.

Von Kriegsbeginn an bis zum März 1942 stieg die Zahl der Konzentrationslagerhäftlinge auf knapp 100 000. Ein Jahr später waren es schon über 200 000 und 1944 über 500 000 Häftlinge. Maßgebend für die Steigerung der Häftlingszahlen waren Gesetze, Verordnungen und Aktionen, mit denen die Nationalsozialisten die »Reinigung des Volkskörpers« vorantreiben und jeden Widerstand inner- und außerhalb Deutschlands im Keim ersticken wollten.

Schon in den ersten Septembertagen des Jahres 1939 wurde das Strafrecht verschärft und zugleich der Kreis der Personen erweitert, die in Konzentrationslager einzuweisen waren. So verbot die »Verordnung über außerordentliche Rundfunkmaßnahmen« vom 1. September das Abhören von »Feindsendern«. Verstöße dagegen sowie gegen die Verordnungen über die »Kriegswirtschaft«, die Bekämpfung von »Volksschädlingen« und »Gewaltverbrechern« ahndete man in der Regel mit der Einweisung in ein Konzentrationslager.

Der Runderlaß über die »Grundsätze der inneren Staatssicherheit während des Krieges« vom 3. September 1939 ermächtigte die Gestapo, jeden Versuch, »die Geschlossenheit und den Kampfeswillen des deutschen Volkes zu zersetzen ... rücksichtslos zu unterdrücken«. Die Gestapo nahm dies zum Anlaß, neben Personen, die verdächtigt wurden, der illegalen Arbeiterbewegung anzugehören oder mit ihr zu sympathisieren, auch oppositionell eingestellte Angehörige der beiden Kirchen zu verhaften und in die Konzentrationslager einzuweisen. Das gleiche Schicksal erlitten rund 2 000 Angehörige der polnischen Minderheit in Deutschland. »Fremdarbeiter« konnten bei den geringsten Verstößen gegen Bestimmungen des für sie erlassenen Sonderrechts ebenfalls sofort in ein Konzentrationslager kommen.

Mit noch größerer Härte gingen die Nationalsozialisten gegen Widerstandsregungen in den besetzten Gebieten vor. Schon Ende September 1941 ordnete Hitler an, daß Franzosen, Belgier, Holländer und Luxemburger, die des Widerstands gegen Maßnahmen der Besatzungsbehörden auch nur verdächtigt wurden, »bei Nacht und Nebel« zu verhaften und nach Deutschland zu bringen seien. Aufgrund des »Nacht-und-Nebel-Erlasses«, den das Oberkommando der Wehrmacht am 1. Dezember 1941 übernahm, kamen etwa 7 000 dieser »N.N.-Häftlinge« in Konzentrationslager. Ebenfalls in Konzentrationslager — darunter in das Anfang September 1939 errichtete Lager Stutthof bei Danzig — wurden Angehörige der polnischen Führungsschicht und der polnischen Widerstandsbewegung verschleppt. Seit Ende 1941 wurde auch ein großer Teil der sowjetischen Kriegsgefangenen in Konzentrationslager inhaftiert, wo man »SS-Kriegsgefangenen-Arbeitslager« errichtet hatte. Die meisten sowjetischen Kriegsgefangenen sind dann entweder erschossen worden oder an Hunger und Seuchen gestorben.

Ihr Schicksal zeigt, daß die Konzentrationslager spätestens seit Ende 1941 einen

neuen Zweck hatten. Sie dienten nicht mehr nur der Bestrafung und Ausbeutung von politischen Regimegegnern, »Berufsverbrechern« und »Asozialen«, sondern auch der Vernichtung ganzer Personengruppen, die aus »rassischen« Gründen als minderwertig und gefährlich galten. In dem Abkommen, das Himmler und Reichsjustizminister Thierack am 18. September 1942 schlossen, stimmte Thierack zu, ganze Häftlingsgruppen — »Juden, Zigeuner, Russen, Ukrainer, Polen« und »asoziale« Deutsche— aus dem »Strafvollzug« herauszunehmen und dem »Reichsführer SS zur Vernichtung durch Arbeit« zu übergeben.
Zwangsarbeit unter kaum vorstellbaren Bedingungen und »Vernichtung« — dies waren die beiden Hauptzwecke, denen die Konzentrationslager seit 1941/42 dienten. Exemplarisch kann dies an der Geschichte des Konzentrationslagers Auschwitz verdeutlicht werden. Dort war im Juni 1940 ein Konzentrationslager vor allem für polnische Häftlinge errichtet worden. Sie waren in ehemaligen Kasernen untergebracht. Im März 1941 besuchte Himmler das Lager und ordnete seinen Ausbau an. Es sollte 100 000 Häftlinge aufnehmen. Außerdem sollten 40 qkm Land, das polnischen Bauern gehörte, enteignet und zum »Interessengebiet KL Auschwitz« erklärt werden. Gegen diese gigantischen Pläne gab es weder in den Ministerien in Berlin noch im nahen Krakau, dem Sitz des »Generalgouverneurs« Hans Frank, Protest. Die besiegten Polen wurden ohnehin nicht gefragt. Im Oktober 1941 wurde 3 km vom Stammlager Auschwitz entfernt bei dem Ort Birkenau ein neues Konzentrationslager gebaut, ebenfalls für 100 000 Häftlinge. Diese Zahl wurde 1943 erreicht. Die Häftlinge waren in ehemaligen hölzernen Pferdeställen untergebracht und mußten in den Buna-Werken der IG-Farben Zwangsarbeit leisten. Da diese Werke 7 km vom Stammlager entfernt waren, wurde 1942 in unmittelbarer Nähe der Fabrik das Lager Monowitz errichtet. Die zur Zwangsarbeit eingesetzten und unzureichend verpflegten Häftlinge hielten die Schinderei meist nur wenige Monate aus. Man brachte sie tot oder völlig erschöpft und krank nach Birkenau, wo sie schließlich vergast und ihre Leichen in Krematorien verbrannt wurden.
Dieses Schicksal erlitten seit 1942 alle neuen Häftlinge, meist Juden, Sinti und Roma, die von SS-Ärzten auf der Rampe in Birkenau als nicht-arbeitsfähig selektiert wurden: Alte, Kinder und Mütter mit kleinen Kindern, sie kamen sofort in die Gaskammern. Auschwitz war also Zwangsarbeits- und Vernichtungslager zugleich. Die Lager Majdanek, Treblinka, Bełzec, Sobibór und Chełmno wurden ausschließlich für die »Endlösung der Judenfrage« verwandt. Die meist mit der Bahn herangeschafften Menschen, Männer wie Frauen, Erwachsene wie Kinder, wurden sofort umgebracht. In diesen Lagern wurde auf geradezu fabrikmäßige Weise Massenmord so lange betrieben, bis die sowjetischen Truppen die Lager befreiten.
In den anderen Konzentrationslagern dagegen baute die SS auf Veranlassung des SS-Wirtschaftsverwaltungshauptamts, das am 16. März 1942 aus dem SS-Führungsamt herausgelöst worden war, die Zwangsarbeit immer mehr aus. Die KZ-Häftlinge lieh man entweder — wie in Auschwitz-Monowitz an die IG-Farben — an Industriebetriebe aus oder setzte sie in SS-eigenen Betrieben ein. Dies führte dazu, daß überall im deutschen Machtbereich neue Konzentrationslager sowie zahlreiche Außenlager der bereits bestehenden errichtet wurden.

Karten, auf denen die Standorte der Konzentrations- und ihrer Außenlager verzeichnet sind, dokumentieren anschaulich, wie dicht dieses Netz war. Dennoch geben die Karten ein unvollständiges Bild der Realität wieder. Neben diesen Lagern waren nämlich noch andere Zwangslager entstanden; die Unterschiede zwischen den Konzentrations- und ihren Außenlagern auf der einen, den neuen Zwangslagern und den bereits vorhandenen Haftanstalten auf der anderen Seite verwischten sich immer mehr. Beide Aspekte werden auch in neueren Darstellungen zur Geschichte des Dritten Reichs nur am Rande erwähnt.
Daß es im Dritten Reich Bestrebungen gab, die Unterschiede zwischen den Konzentrationslagern und den übrigen Haftanstalten zu verwischen, ist bereits angedeutet worden. Politische Gegner konnten vor, nach und an Stelle einer Inhaftierung in einem Gefängnis oder Zuchthaus in ein Konzentrationslager eingeliefert werden. 1942 vereinbarten Himmler und Reichsjustizminister Thierack, straffällig gewordene Juden, »Zigeuner«, »Fremdvölkische« und »Asoziale« generell nicht mehr in die Haftanstalten der Justiz, sondern in Konzentrationslager einzuweisen. Himmler hatte damit auf Kosten der Justiz weitere Kompetenzen und weitere Arbeitssklaven für seinen »Sklavenstaat« gewonnen. Zugleich waren Funktionen der Haftanstalten auf die Konzentrationslager übergegangen.
Auch wurden die Haftbedingungen in den Gefängnissen, Zucht- und Arbeitshäusern immer schlechter und denen in den Konzentrationslagern angeglichen, bis schließlich in vielen Fällen kaum noch Unterschiede bestanden. Deutlich wird dies, wenn man sich die Geschichte einiger Haftanstalten näher ansieht. In Moringen bei Göttingen zum Beispiel befand sich bis 1933 ein »Provinzialwerkhaus« genanntes Arbeitshaus, in dem wegen kleinerer Delikte mehrfach Vorbestrafte sowie Landstreicher und »Asoziale« durch Arbeit »umerzogen« wurden. Im April 1933 wurde das Provinzialwerkhaus Moringen in ein Konzentrationslager umgewandelt, für männliche Schutzhäftlinge aus der Provinz Hannover; Anfang Juli 1933 kamen dann die ersten weiblichen Schutzhäftlinge. Im November 1933 verlegte man die letzten männlichen Häftlinge von Moringen in das Konzentrationslager Oranienburg, und Moringen blieb bis zum März 1938 das einzige Frauenlager. Danach diente es wieder als Arbeitshaus, bis es im August 1940 in ein »Jugendschutzlager« umgewandelt wurde.

Jugendschutzlager gehörten zu den bereits erwähnten übrigen nationalsozialistischen Zwangslagern. Diese Lager wurden zwar offiziell nicht als Konzentrationslager bezeichnet und unterstanden auch nicht dem SS-Wirtschaftsverwaltungshauptamt, waren aber den Konzentrationslagern sehr ähnlich: Einmal, weil auf die Insassen dieser Lager Zwang ausgeübt wurde. Dann, weil dieser Zwang politisch, vor allem rassenpolitisch motiviert war. Und schließlich, weil die meisten dieser Lager Himmler unterstanden.
In exemplarischer Weise kann man dies an den Zwangslagern für Jugendliche verdeutlichen, den »Jugendschutzlagern«, die im August 1940 in Moringen für männliche, im Juni 1942 in Uckermark bei Ravensbrück für weibliche und Ende 1942 in Lodz für polnische Jugendliche im Alter von 16 bis 21 Jahren errichtet wurden, keineswegs zu ihrem Schutz, sondern zu ihrer Zwangserziehung und Selektion nach rassischen und »kriminalbiologischen« Kriterien.

Die Inititative zur Errichtung dieser Lager ging von Himmler aus, der sie jedoch weder der Gestapo noch dem SS-Wirtschaftsverwaltungshauptamt, sondern der im Mai 1939 gebildeten »Reichszentrale zur Bekämpfung der Jugendkriminalität« im Reichskriminalpolizeiamt unterstellte. Aufgabe dieser Reichszentrale war die »laufende Prüfung der Lebensverhältnisse erblich kriminell belasteter Kinder und Jugendlicher«. Dabei arbeitete sie eng mit dem »Kriminalbiologischen Institut der Sicherheitspolizei« unter Dr. Dr. Robert Ritter zusammen, der in seiner Eigenschaft als Direktor der 1936 gegründeten »Rassenhygienischen und Bevölkerungsbiologischen Forschungsstelle am Reichsgesundheitsamt« die kriminalbiologische Erforschung, Selektion und Vernichtung der Sinti und Roma durchführte. Ritter war es auch, der in den »Jugendschutzlagern«, vor allem in Moringen, die eingewiesenen Jugendlichen nach »kriminalbiologischen« Kriterien selektierte. Die Jugendlichen, die als »kriminell«, »asozial« oder »verwahrlost« galten, wurden von Ritter und seinen Mitarbeitern in Gruppen zusammengefaßt und auf Blöcke verteilt.
Zunächst kamen sie in den B(Beobachtungs)-Block. Hier unterzog man sie umfangreicher kriminalbiologischer Untersuchungen, analysierte ihre geistigen Fähigkeiten und sozialen Verhaltensweisen, ihre Arbeitsleistungen bei der Zwangsarbeit. Vor allem aber durchforsteten die Kriminalbiologen die Familiengeschichten nach Hinweisen auf Krankheiten, kriminelle Delikte und »asoziale« Verhaltensweisen wie »Arbeitsscheu«, Bettelei, Trinken, Prostitution, die ja alle als erbbedingt galten. Aufgrund der von Blockführern und Kriminalbiologen gemeinsam erstellten »Diagnose« wurden die Jugendlichen dann entweder in den U(untauglich)-Block, den S(Störer)-Block, den D(Dauerversager)-Block, den G(Gelegenheitsversager)-Block oder den F(fraglich erziehungsfähig)-Block und den E(erziehungsfähig)-Block eingeteilt. Nur die letzteren, es waren meist nur 6 bis 8 Prozent der Insassen, hatten die Chance, zum Reichsarbeitsdienst oder zur Wehrmacht »entlassen« zu werden. Die übrigen kamen in Konzentrationslager oder in psychiatrische Anstalten. Hier wurden sie zumindest zwangssterilisiert, was in einigen Fällen schon in Moringen geschah. Die meisten fielen jedoch der »Euthanasie« zum Opfer.
Diesem unmenschlichen Selektionsprozeß wurden auch Jugendliche unterworfen, die homosexuelle Handlungen begangen haben sollten und die — das betraf vor allem weibliche Jugendliche — eine »starke sexuelle Gefährdung« darstellten. Schließlich wurden auch Angehörige der sogenannten Swing-Jugend in das »Jugendschutzlager« Moringen eingewiesen. Ihr Vergehen war ihre Begeisterung für moderne Musik, Swing und Jazz. Dies wurde von den Behörden, vor allem von Himmler selbst, als »asoziales« und zugleich politisch abweichendes Verhalten gewertet. Die Insassen und Insassinnen von »Jugendschutzlagern« verrichteten Zwangsarbeit, wurden schlecht verpflegt, vielfach geprügelt und teilweise in den Lagern selbst ermordet. Zwischen den »Jugendschutzlagern« und den Konzentrationslagern bestand auch in dieser Hinsicht kein Unterschied.

Dies trifft auch auf die *Arbeitserziehungslager* zu. Angeregt haben ihre Errichtung jedoch nicht die Nationalsozialisten, sondern Repräsentanten der deutschen Wirtschaft. Seitdem seit etwa 1936 in Deutschland Vollbeschäftigung und Arbeitskräftemangel herrschten, beschwerten sich Arbeitgeber immer häufiger über Fälle von »Ungehorsam und Arbeitsunlust« bei ihren Arbeitnehmern. Gegen derartige »Arbeitsvergehen« ging die Gestapo schon vor Kriegsausbruch mit äußerster Härte vor. »Hartnäckig Arbeitsunlustige« wurden wie »Arbeitsscheue« und »Asoziale« in Konzentrationslager eingewiesen. Nach Ausbruch des Kriegs traf dieses Schicksal vor allem die unter Zwang angeworbenen »Fremdarbeiter«. Sie wurden zu Tausenden von ihren Vorarbeitern und Betriebsleitern bei der Gestapo als faul oder renitent denunziert und wegen »Arbeitsvertragsbruchs« in Konzentrationslager eingeliefert.

Diese Praxis brachte jedoch für die Leiter und Eigentümer der betreffenden Betriebe Nachteile mit sich. Die »Arbeitsvertragsbrüchigen« kehrten in der Regel aus den Konzentrationslagern nicht zurück. Qualifizierter Ersatz war entweder schwer oder gar nicht zu beschaffen. Daher ging man dazu über, »Fremdarbeiter«, denen renitentes Verhalten oder »Arbeitsbummelei« vorgeworfen wurde, innerbetrieblich zu bestrafen bzw. zu »erziehen«. Dies reichte von Verwarnungen über Lohnkürzungen und Prügel bis hin zu Einweisung in eine »Erziehungsabteilung« oder ein »Arbeitserziehungslager«. Derartige Lager wurden bereits Anfang 1940 von der Firma Hochtief in Lüdenscheid und von den Hermann-Göring-Werken in Salzgitter eingerichtet.

Himmler hat dies gut geheißen. Am 8. März 1940 ordnete er an, daß vor allem »Arbeitskräfte polnischen Volkstums« bei »Ungehorsam und Arbeitsunlust« in ein derartiges »Arbeitserziehungslager« einzuweisen seien. Für »hartnäckig Arbeitsunlustige« sei dagegen »zum Beispiel eine Beschäftigung in den Steinbrüchen des Lagers Mauthausen angebracht«. Kurz darauf beschloß Himmler, daß das von der Firma Hochtief errichtete »Erziehungslager für Arbeitsuntreue« in Hunswinkel bei Lüdenscheid von Gestapobeamten zu bewachen sei. Arbeiten mußten die Häftlinge jedoch weiterhin bei der Firma Hochtief.

Auch in anderen Städten kam es im Lauf des Jahres 1940 zur Errichtung von »Arbeitserziehungslagern«. Die Initiative ging meist von Firmen aus. Anders war es in Berlin. Hier schloß die Stapoleitstelle Berlin Anfang 1940 mit der Reichsbahnbaudirektion einen Vertrag. In ihm wurde festgelegt, daß die Gestapo »Arbeitsscheue und Arbeitsverweigerer, die zur Zeit untätig in Polizeihaft sitzen« der Reichsbahnbaudirektion zur Verfügung stellen konnte, damit »diese Leute ... durch geeignete Arbeitsmethoden ... wieder auf den richtigen Weg« gebracht wurden. Ferner mietete die Stapoleitstelle Berlin von der Reichsbahnbaudirektion die »Baracken 12 und 13 im Reichsbahn-Gemeinschaftslager Wuhlheide«. Kurz darauf wurden die ersten »200 Arbeitsscheuen« in dieses Lager im Südosten Berlins eingewiesen, das dann den Namen »Arbeitserziehungslager Berlin-Wuhlheide« erhielt.

»Arbeitserziehungslager« sind also zunächst von Firmen und untergeordneten Behörden errichtet worden. Dies scheint nicht die Billigung Himmlers gefunden zu haben. Er brachte »Ordnung« in das System dieser »Arbeitserziehungslager«. Am 28. Mai 1941 gab er einen neunseitigen, detaillierten Erlaß über die »Errichtung von Arbeitserziehungslagern« heraus, der am 12. Dezember 1941 durch einen weiteren Erlaß ergänzt wurde. Darin hieß es, daß »ausschließlich die

Inspekteure der Sicherheitspolizei und der SD« für die Errichtung derartiger Lager »zuständig« seien. Die Inspekteure konnten »jedoch eine Staatspolizei(leit)stelle ihres Bereichs mit der Errichtung« eines »Arbeitserziehungslagers« beauftragen. Vorher sei bei Himmler ein »Genehmigungsantrag« einzureichen, der Angaben über »Unterkunft«, »Bewachung« und vorgesehene »Beschäftigung« der »Häftlinge« enthalten müsse.
Tatsächlich wurden in fast allen Gestapoleitbezirken, das heißt in fast jedem Regierungsbezirk und fast allen Großstädten, derartige »Arbeitserziehungslager« errichtet. Sie unterstanden also nicht wie die Konzentrationslager dem SS-Wirtschaftsverwaltungshauptamt, sondern der Gestapo, letzlich jedoch ebenfalls dem »Reichsführer SS und Chef der deutschen Polizei«, Heinrich Himmler. Anders als in Konzentrationslagern war in den »Arbeitserziehungslagern« die Haftdauer auf maximal 56 Tage begrenzt. War das »Erziehungsziel« dann nach Ansicht der Lagerleitung immer noch nicht erreicht, erfolgte die Einweisung in ein Konzentrationslager. Die Haftbedingungen in den »Arbeitserziehungslagern« unterschieden sich jedoch, sieht man wiederum von den Vernichtungslagern ab, nicht wesentlich von denen, die in den Konzentrationslagern herrschten. In den »Arbeitserziehungslagern« gab es eine »Lagerordnung«, die am »Dachauer Modell« orientiert war. Himmler hat das Wachpersonal in den Erlassen vom 28. Mai und 12. Dezember 1941 zwar darauf hingewiesen, bei »körperlichen Einwirkungen« auf die Häftlinge Zurückhaltung zu üben, damit ihre Arbeitskraft erhalten bleibe. Von einigen »Arbeitserziehungslagern«, etwa aus dem in Wuhlheide, wird aber berichtet, daß Folterungen an der Tagesordnung waren, die in vielen Fällen zum Tod der Häftlinge führten.
Auch die Anordnung Himmlers, daß die tägliche Arbeitszeit 12 Stunden nicht überschreiten solle, wurde in vielen »Arbeitserziehungslagern« nicht eingehalten. Völlig unzureichend waren Verpflegung und medizinische Versorgung. Daher mutet die Bestimmung im Erlaß vom 28. Mai 1941, daß jeder Häftling »für die Aufrechterhaltung seiner Invaliden- und Angestelltenversicherung selbst zu sorgen« habe, geradezu zynisch an. In der Endphase des Kriegs wurden nicht nur, wie im Erlaß vorgeschrieben, »Arbeitsverweigerer« und »arbeitsunlustige Elemente« aus dem Millionenheer der »Fremdarbeiter«, sondern auch politische Häftlinge und Juden in »Arbeitserziehungslager« eingewiesen. In Berlin-Wuhlheide war zum Beispiel neben Dr. Georg Benjamin, Werner Seelenbinder und verschiedenen Mitgliedern der kommunistischen Widerstandsgruppe um Robert Uhrig auch der Dompropst Bernhard Lichtenberg inhaftiert. Im »Arbeitserziehungslager« Bremen-Farge, das an ein Außenlager des KZ Neuengamme grenzte, befanden sich Ende 1944 auch Juden und Personen, die von den Nationalsozialisten als »Mischlinge« eingestuft worden waren.
Dies unterstreicht, daß die ohnehin nur geringen Unterschiede zwischen den Konzentrationslagern und den »Arbeitserziehungslagern« immer mehr verwischt wurden. Leider haben dies Gerichte und Entschädigungsämter nicht immer berücksichtigt. Auch im Bundesentschädigungsgesetz wird zwischen »Arbeitserziehungs-« und Konzentrationslagern unterschieden. Nicht als nationalsozialistische Zwangslager anerkannt wurden die während des Dritten Reichs errichteten »Zigeunerlager«.

Zigeunerlager entstanden im Dritten Reich auf Initiative untergeordneter Behörden. In Frankfurt am Main zum Beispiel veranlaßten Beschwerden von Anwohnern privater »Zigeunerrastplätze« den Oberbürgermeister, sich im Mai 1935 an den Polizeipräsidenten mit der Frage zu wenden, ob man nicht alle in Frankfurt lebenden »Zigeuner« zwingen könnte, »in dem Konzentrationslager an der Friedbergerlandstraße« zu leben. 1935 wurde diese Frage vom Polizeipräsidenten noch verneint. Im März 1936 dagegen beschlossen Vertreter des Frankfurter Magistrats und des Polizeipräsidenten auf einer »Zigeunerkonferenz« neben verschiedenen anderen »Maßnahmen gegen das Zigeunerunwesen« auch den Transport »sämtlicher verbleibender Zigeuner in das städtische Lager«. Bis Ende 1937 wurden 122 Sinti und Roma in ein »Zigeunerlager« gebracht, das inzwischen an der Dieselstraße errichtet worden war. Es war eingezäunt und wurde ständig von Polizisten bewacht. »Arbeitslose Zigeuner« durften es nur für eine Stunde am Tag verlassen. Die Leitung des Lagers lag in den Händen des städtischen Fürsorgeamts, das im Januar 1938 geradezu höhnisch mitteilte: »Die Tatsache, daß die Zigeuner mit der Lagerunterbringung nicht einverstanden sind, bestätigt die Richtigkeit der von uns getroffenen Maßnahmen.«
Die Einweisung der Frankfurter Sinti und Roma, von denen die meisten die deutsche Staatsbürgerschaft besaßen, in das »Zigeunerlager« an der Dieselstraße geschah nicht nur unter Zwang, sie konnte noch nicht einmal durch ein Gesetz oder eine Verordnung des nationalsozialistischen Unrechtsstaats gerechtfertigt werden. Ähnliches gilt für die Einweisung von Sinti und Roma in das »Zigeunerlager« in Berlin-Marzahn im Sommer 1936. Vorausgegangen waren auch hier Beschwerden von Anwohnern gegen die Anwesenheit von Sinti und Roma in »Zigeunerlagern auf privaten Grundstücken«. Sie hatten die »städtische Hauptwohlfahrtsverwaltung Berlin« veranlaßt, »im engen Einvernehmen mit der Gauleitung der NSDAP, Rassenpolitisches Amt« nach Lösungsmöglichkeiten zu suchen, um der »Zigeunerplage in der Reichshauptstadt Herr zu werden«. Als »erster Schritt« dazu wurde die »Zusammenziehung der Zigeuner in lagermäßiger Form unter möglichst strenger Aufsicht der Polizei« erwogen und schließlich im Sommer 1936, kurz vor der Eröffnung der Olympischen Spiele, auch realisiert. 600 Sinti und Roma wurden von ihren bisherigen Standplätzen vertrieben und unter Polizeibewachung in das »Zigeunerlager« Marzahn gebracht, wo sie zum Teil in Wohnwagen und ausgedienten Baracken des Reichsarbeitsdienstes, zum Teil aber auch im Freien leben mußten. Legitimiert wurde diese Zwangsmaßnahme durch den »Zusatz« zum Runderlaß des Reichs- und Preußischen Ministers des Innern zur »Bekämpfung der Zigeunerplage« vom 6. Juni 1936. In diesem »Zusatz« war der Berliner Polizeipräsident ermächtigt worden, einen »allgemeinen Landesfahndungstag noch vor den Olympischen Spielen« durchzuführen. Daß bei dieser Razzia alle Sinti und Roma von ihren Standplätzen vertrieben und zwangsweise in ein »Zigeunerlager« gebracht werden sollten, das sie auch nach Beendigung der Olympischen Spiele nicht mehr verlassen durften, wurde jedoch weder in dem »Zusatz« noch im Runderlaß selbst erwähnt, geschweige denn vorgeschrieben.
Im September 1939 war die Zahl der Insassen des »Zigeunerlagers« Marzahn auf 852 gestiegen. Dabei handelte es sich überwiegend um Frauen und Kinder, deren

männliche Verwandte aufgrund des Erlasses zur »vorbeugenden Verbrechensbekämpfung« vom 14. Dezember 1937 im Zuge der »Asozialenaktionen« des Jahres 1938 in »Vorbeugehaft« genommen und in Konzentrationslager eingeliefert worden waren. In Marzahn waren die »Wohnverhältnisse«, wie sich das Wohlfahrtsamt ausdrückte, inzwischen katastrophal geworden. Außerdem hatten sich die »Gesundheitsverhältnisse« so verschlechtert, daß die »Gefahr der Übertragung von Krankheiten auf die Bevölkerung von Marzahn« befürchtet wurde. Daher schlug das verantwortliche »Hauptwohlfahrtsamt« dem Berliner Polizeipräsidenten vor, die »bauliche Ausgestaltung« des »Zigeunerlagers« Marzahn voranzutreiben und in ihm eine »straffe Lagerordnung nach Art der Konzentrationslager« einzuführen. Eine »derartige Sonderbehandlung der asozialen Zigeuner« entspreche den »Grundsätzen des Runderlasses des Reichsführers SS und Chefs der deutschen Polizei vom 8. 12. 1938 über die Bekämpfung der Zigeunerplage«.
In diesem Runderlaß hatte Himmler zwar die »Regelung der Zigeunerfrage aus dem Wesen dieser Rasse heraus« angekündigt, doch auch hier wurde die vom Berliner Hauptwohlfahrtsamt verlangte »lagermäßige Zusammenziehung« der Sinti und Roma »nach Art der Konzentrationslager« mit keinem Wort erwähnt. Erst Anfang 1943 wurde ein eigenes Konzentrationslager für Sinti und Roma errichtet, in das auf Befehl Himmlers fast alle noch nicht verhafteten Sinti und Roma aus Deutschland deportiert wurden. Es befand sich in Auschwitz-Birkenau und hieß offiziell »Konzentrationslager (Zigeunerlager) Auschwitz«. Bis zu diesem Zeitpunkt, das heißt bis zur »Endlösung der Zigeunerfrage«, waren die in Frankfurt, Berlin und mehreren anderen Städten entstandenen »Zigeunerlager« nicht in offizielle Konzentrationslager umgewandelt oder in irgendeiner Weise von staatlichen Stellen anerkannt worden. Sie wurden weder dem SS-Wirtschaftsverwaltungshauptamt noch der Gestapo oder dem Reichskriminalpolizeiamt unterstellt, sondern blieben in den Händen kommunaler Behörden. Dies ändert jedoch nichts an der Tatsache, daß die »Zigeunerlager« zu den nationalsozialistischen Zwangslagern zu zählen sind. Ihre Insassen wurden zwangsweise in diese Lager verbracht und auch zwangsweise dort festgehalten. Sie lebten in äußerst schlechten »Wohnverhältnissen«. Die medizinische Versorgung war unzureichend. Zum Teil mußten die Insassen Zwangsarbeit verrichten.
Letzteres trifft vor allem auf das »Zigeunerlager« Lackenbach im Burgenland zu. Es wurde kurz nach dem »Anschluß« Österreichs auf Initiative des Gauleiters Tobias Portschy errichtet. Portschy war 1928 der NSDAP beigetreten und hatte sich schon während seines Studiums in Göttingen mit »Volkstumsfragen« beschäftigt. Dabei war er, wie er selbst sagte, zu der Überzeugung gelangt, daß sich die »Zigeunerfrage« in seiner burgenländischen Heimat als besonders schädlich für das »Deutschtum« erwiesen habe. Im August 1938 verfaßte Portschy eine Denkschrift über »die nationalsozialistische Lösung der Zigeunerfrage«, in der er die »nachhaltige Verminderung der Vermehrung« der Sinti und Roma und ihr »zwangsmäßiges Verhalten [österreichischer Ausdruck für Inhaftierung] in Arbeitslagern« forderte. Portschy kommentierte seine Vorschläge zur »Lösung der Zigeunerfrage« folgendermaßen: »Man mag dies Barbarei nennen,

man mag von Unmenschlichkeit reden. In Wirklichkeit ist es die mildeste, die humanste Lösung der Zigeunerfrage, weil es eben nur diese eine Lösung gibt.« Dies hätten Hitler oder Himmler auch nicht »besser« formulieren können. Portschys Sätze lesen sich fast wie ein Programm der dann tatsächlich betriebenen »Lösung der Zigeunerfrage«. Sie zeigen zugleich, welche Rolle und Funktion die »Zigeunerlager« dabei übernehmen sollten — und übernommen haben. »Zigeunerlager« dienten der zwangsweisen Konzentration, der rassenideologischen Selektion, der Ausbeutung durch Zwangsarbeit und schließlich der unmittelbaren Vorbereitung für die Deportation.

Die Justiz. Am 19. April 1934 verurteilte der 2. Strafsenat des Oberlandesgerichts Kassel 21 Frankfurter Kommunisten zu teils mehrjährigen Gefängnis- und Zuchthausstrafen. Da sie einer »kommunistischen Geheimorganisation« (der verbotenen KPD) angehört, dabei eine »umfangreiche kommunistische Tätigkeit entfaltet« und durch »Herstellung und Verbreitung von Flugblättern« »für die kommunistische Idee« »insbesondere bei den ehemaligen Parteiangehörigen« geworben hätten, wurden sie der »Vorbereitung eines hochverräterischen Unternehmens« für schuldig befunden: »Bei der Strafzumessung ist vor allem zu berücksichtigen, daß die Organisation, für die die Verurteilten tätig waren, wegen ihres Umfanges und wegen der Nachhaltigkeit, mit der in ihr gearbeitet wurde, als ganz besonders staatsgefährlich zu gelten hat, und weiterhin, daß die strafbaren Handlungen in eine Zeit fallen, in der die nationalsozialistische Revolution bereits zum endgültigen Abschluß gekommen und das neue Staatswesen von der Überzeugung des weitaus größten Teiles des deutschen Volkes voll und ganz getragen war.«
Derartige Urteile und Urteilsbegründungen gibt es viele. Sie zeigen, daß auch die *Gerichte* im Dritten Reich jede Widerstandsregung gegen den nationalsozialistischen Unrechtsstaat mit harten Strafen ahndeten, was sie dann noch mit ebenso parteiischen wie peinlichen Ergebenheitserklärungen gegenüber dem Regime und seiner Staatspartei begründeten. Besonders schlimm, ja widerlich lesen sich Urteile und Urteilsbegründungen, die von Gerichten in sogenannten Rassenschandefällen ausgesprochen wurden. Dabei wurden Personen wegen Geschlechtsverkehrs zwischen Juden und Nichtjuden zu mehrjährigen Haftstrafen und teilweise sogar zum Tode verurteilt.
Obwohl sich die »normalen« Gerichte in der Regel als willfährige Vollzugsorgane des nationalsozialistischen Terrors erwiesen, trauten ihnen die führenden Nationalsozialisten, allen voran Hitler, nicht über den Weg. Im Lauf der Zeit kam es zu immer zahlreicheren und schwerwiegenderen Eingriffen der nationalsozialistischen Partei- und Staatsführung in die Justiz. Dies geschah durch den Erlaß von immer neuen und immer drakonischeren Strafbestimmungen, durch die Entlassung von nicht genehmen Richtern und Staatsanwälten, durch die Aufhebung zu »milder« Urteile, durch die Praxis der Gestapo, freigesprochene Angeklagte teilweise noch im Gericht festzunehmen oder sie gar nicht erst der Justiz zu unterstellen, sowie durch die Bildung von neuen Gerichten, wodurch die bestehenden Gerichtshöfe in ihrer Zuständigkeit und Bedeutung eingeschränkt wurden.

Schon am 21. März 1933 wurden mittels einer Notverordnung des Reichspräsidenten in jedem Oberlandesgerichtsbezirk erst eins, später zwei *Sondergerichte* eingerichtet. Ende 1942 gab es insgesamt 74 Sondergerichte. In ihre Zuständigkeit fielen politische Delikte, deren strafrechtliche Verfolgung durch die ebenfalls am 21. März 1933 erlassene Notverordnung »zur Abwehr heimtückischer Angriffe gegen die nationale Erhebung« verschärft oder sogar neu eingeführt worden war. Dazu gehörten neben schwerem Aufruhr und schwerem Landfriedensbruch auch das unbefugte Tragen einer nationalsozialistischen Uniform. Das »Gesetz zur Abwehr politischer Gewalttaten vom 4. April 1933« legte dann neue Strafbestimmungen und Straftatbestände fest, die ebenfalls in die Zuständigkeit der Sondergerichte fielen. Am 20. Dezember 1934 wurde die bisherige Verordnung durch ein »Gesetz gegen heimtückische Angriffe auf Staat und Partei und zum Schutz der Parteiuniform« ersetzt. Roland Freisler beschrieb die Ziele dieses sogenannten Heimtücke-Gesetzes in seinem Kommentar zum »neuen Strafrecht« folgendermaßen: »Der Angriff auf den Führer ist universeller Angriff auf das ganze Volk [. . .]. Jeder Ehrenträger bedarf des Schutzes seiner Ehre [. . .]. Es genügt die Selbstverständlichkeit dieser Anschauung zu unterstellen und die Verleumdung des Deutschen Volkes, den Schutz der Ehre des Deutschen Volkes, seines Reiches, der NSDAP und ihrer Gliederungen gegen unwahre, gröblich entstellte, herabsetzende Behauptungen oder gegen sonstige Beschimpfungen, den Schutz der Ehre des Deutschen Volkes in seiner Geschichte, in seinen Weihestätten, von Ehrenmalen und Thing-Stätten, in der Ehre seiner Rasse, in seinen Organen und in der Ausübung seiner Hoheitsaufgaben, etwa seiner Rechtspflege, ausdrücklich in das Gesetz aufzunehmen.«

Die Sondergerichte konnten nicht nur politische Straftaten, sondern auch bloße Bekundungen eines nicht regimekonformen Verhaltens ahnden. Tatsächlich haben sich die Sondergerichte bis zum Ausbruch des Kriegs mehr mit Meckereien und Schimpfereien als mit politisch motivierten, zielgerichteten Aktionen gegen das nationalsozialistische Regime beschäftigt. Anlaß dieser Verfahren waren meist Denunziationen, denen häufig eher persönliche und geschäftliche Motive zugrunde lagen. Mit Ausnahme der Zeugen Jehovas, von denen viele vor Sondergerichten standen, sind Angehörige des deutschen Widerstands in der Regel von den Gerichten und vom Volksgerichtshof abgeurteilt worden.

Gleichwohl waren die von den Sondergerichten verhängten Urteile zum Teil sehr hart. Die Verfahren selbst entsprachen weder rechtsstaatlichen noch denen, die in der Strafprozeßordnung für normale Gerichte vorgeschrieben waren. Richter durften nur einmal abgelehnt werden. Mündliche Verhandlungen über den Haftbefehl und eine gerichtliche Voruntersuchung fanden in der Regel nicht statt. Der vorsitzende Richter konnte den Verhandlungstermin von sich aus festlegen und die Ladungsfrist auf drei Tage, schließlich sogar auf 24 Stunden verkürzen. Vernehmungsergebnisse wurden nicht in das Verhandlungsprotokoll aufgenommen. Dadurch waren die Verteidigungsmöglichkeiten der Angeklagten stark eingeschränkt. Gegen die Urteile der Sondergerichte konnten keine Rechtsmittel eingelegt werden.

Nach Ausbruch des Kriegs wurden die Verfahrensvorschriften noch rigider, die Verfahren zahlreicher. Maßgebend dafür waren die schon erwähnten neuen

Strafbestimmungen, die durch die Verordnung »über außerordentliche Rundfunkmaßnahmen« vom 1. September 1939, die »Kriegswirtschaftsverordnung« vom 4. September 1939, die Verordnung »gegen Volksschädlinge« vom 5. September 1939, die »Wehrkraftschutzverordnung« vom 25. November 1939 und die Verordnung »gegen Gewaltverbrechen« vom 5. Dezember 1939 in Kraft gesetzt wurden. Jetzt wurden Menschen wegen geringfügiger Delikte, wegen Schwarzschlachtens, Hortens von bestimmten Waren, wegen unerlaubter Weiterbenutzung von Kraftfahrzeugen, Abhörens ausländischer Sender, Erzählens von politischen Witzen usf. von Sondergerichten zu langen Haftstrafen, Einweisung in Konzentrationslager und immer häufiger auch zum Tode verurteilt. Letzteres geschah vor allem unter Berufung auf die »Volksschädlingsverordnung«, die es den Richtern der Sondergerichte erlaubte, nahezu jedes Delikt, bis hin zum Diebstahl einer Wurst oder Tafel Schokolade, als »volksschädigend« zu bezeichnen und den Täter als »Volksschädling« zum Tode zu verurteilen. Sondergerichte wurden nicht zu Unrecht in Justizkreisen als »Standgerichte der inneren Front« bezeichnet und gerühmt.

Eine noch unrühmlichere Rolle spielten die Sondergerichte bei der Verfolgung von »Fremdarbeitern« vor allem aus Polen und der Sowjetunion, die gegen die Bestimmungen des für sie geltenden Sonderrechts verstoßen hatten. In den besetzten Ostgebieten traten die Sondergerichte von Anfang an als unverhüllte Institutionen des Terrors auf, die jedes Verhalten, das von den Nationalsozialisten nicht gebilligt wurde, mit drakonischen Strafen belegten. In Ziffer 1 der am 4. Dezember 1941 erlassenen »Verordnung über die Strafrechtspflege gegen Polen und Juden in den eingegliederten Ostgebieten« hieß es: »Polen und Juden haben sich in den eingegliederten Ostgebieten entsprechend den deutschen Gesetzen und den für sie ergangenen Anordnungen der deutschen Behörden zu verhalten. Sie haben alles zu unterlassen, was der Hoheit des Deutschen Reiches und dem Ansehen des deutschen Volkes abträglich ist.« Polen und Juden konnten bereits verurteilt werden, wenn sie ihrer Gehorsamspflicht gegenüber den deutschen Okkupanten nicht nachkamen.

Die Rolle der Sondergerichte ist bis heute wenig bekannt. Dies liegt auch daran, daß nicht an sie, sondern an den *Volksgerichtshof* die Rolle fiel, die Hitler in »Mein Kampf« dem künftigen »deutschen Nationalgerichtshof« zugewiesen hatte.

Verlauf und Ausgang des Reichstagsbrandprozesses veranlaßten die Nationalsozialisten offenbar, den schon vor 1933 vielfach angekündigten »National«- oder »Volksgerichtshof« einzurichten. Dennoch ist nachdrücklich darauf hinzuweisen, daß der Reichstagsbrandprozeß keine Ruhmestat der deutschen Justiz war. Am 23. Dezember 1933 wurde der Holländer Marinus van der Lubbe vom Leipziger Reichsgerichtshof aufgrund eines am 29. März, also einem Monat nach dem Brand, erlassenen Gesetzes zum Tode verurteilt. Dieses Gesetz und seine Anwendung durch die Richter des Reichsgerichts widersprachen dem schon im Römischen Recht zu findenden Grundsatz: *Nulla poena sine lege* (keine Strafe ohne Gesetz) und waren damit eindeutig rechtswidrig. Die mitangeklagten Kommunisten Dimitroff, Popoff, Taneff und Torgler wurden vom Leipziger Reichsgericht freigesprochen.

Für die Nationalsozialisten war dies eine schwere Schlappe, weil damit ihre Behauptung, Kommunisten hätten den Reichstag angezündet, vor der Weltöffentlichkeit noch mehr ins Wanken geraten war. Außerdem hatte es der ebenso mutige wie geschickte Georgi Dimitroff verstanden, durch seine Fragen den als Zeugen geladenen Göring derart in die Ecke zu drängen, daß dieser fast als eigentlicher Brandstifter dastand. Auch dies war in der ausländischen Presse hämisch und, was das Verhalten Dimitroffs anging, begeistert kommentiert worden. All dies scheint die führenden Nationalsozialisten in ihrem Mißtrauen gegenüber dem Reichsgericht und der Justiz überhaupt bestärkt zu haben, der sie nicht zutrauten, »kurzen Prozeß« mit den Gegnern des Regimes zu machen. Mit dieser Aufgabe wurde der am 24. April 1934 gegründete und am 14. Juli 1934 in Berlin feierlich eröffnete Volksgerichtshof beauftragt.

Die Mitglieder dieses Gerichts, das vorgab, »im Namen des Volkes« zu urteilen, wurden nicht vom Reichspräsidenten, sondern vom Reichskanzler ernannt. Nur der Vorsitzende und ein Beisitzer mußten Berufsrichter sein. Die drei weiteren ehrenamtlichen Richter waren in der Regel SA- und SS-Führer. Die Verteidiger mußten vom Vorsitzenden ausdrücklich genehmigt werden. Außerdem unterstanden sie der Kontrolle ihrer Standesorganisation und der Partei. Sie hatten es ohnehin schwer genug, ihrer Aufgabe gerecht zu werden. Eine vollständige Akteneinsicht wurde ihnen in der Regel vom Gericht nicht gewährt. Nach Kriegsbeginn bekamen sie und ihre Mandanten die Anklageschrift meist erst am Vorabend des Verhandlungstermins in die Hand. Gegen die Eingriffe der Gestapo, die jederzeit Angeklagte in »Schutzhaft« nehmen konnte, und zwar auch dann, wenn sich ihre Unschuld herausgestellt hatte, waren die Verteidiger machtlos.

Angesichts der herrschenden Verhältnisse, die rechtsstaatlichen Normen Hohn sprachen, verwunderte es nicht, daß der Volksgerichtshof sehr »effektiv« und aus der Sicht der Nationalsozialisten auch »erfolgreich« arbeitete. Obwohl dem Gericht bis 1939 nur 17 Richter (und weitere 95 ehrenamtliche Richter) angehörten, war seine »Erfolgsbilanz« beeindruckend. Noch im Jahr seiner Gründung, 1934, erledigte der Volksgerichtshof 60 Hochverrats- und 34 Landesverratsanklagen. 1935 und 1936 waren es jeweils 130 und 150 politische Strafverfahren. Zum Dank wurde den Richtern des Volksgerichtshofs 1936 durch einen Führererlaß das Recht verliehen, wie ihre Kollegen vom Reichsgerichtshof eine rote Robe zu tragen. 1937 wurden sie von Justizminister Gürtner ausdrücklich gelobt und als »Kampftruppe [. . .] zur Niederschlagung und Abwehr aller Angriffe gegen die äußere und innere Sicherheit des Reiches« bezeichnet.

Nach Kriegsausbruch gingen die Mitglieder dieser »Kampftruppe« — 1944 waren es 34 haupt- und 173 ehrenamtliche Richter — noch schneller und radikaler zu Werke. Waren 1935 rund 200 Urteile verkündet worden, wurden im Jahr 1940 400, im Jahr 1943 1 033 und 1944 gar 2 087 Urteile gefällt. Noch »eindrucksvoller« war die Steigerung der Zahl der Todesurteile. Bis 1939 waren es 679, danach noch einmal 2 212 Personen, darunter 1 100 Frauen, die zum Tode verurteilt wurden. 1944 wurden 2 097 der insgesamt 4 379 Angeklagten — also fast jeder zweite — zum Tode verurteilt. Anlaß waren bereits bloße »defätistische« Bemerkungen, die in der Öffentlichkeit oder auch nur im vermeintlich vertraulichen Kreis

Der Präsident des Volksgerichtshofs Roland Freisler (Bildmitte) mit den Beisitzern General Hermann Reinecke (links) und Volksgerichtsrat Lemmle (rechts) bei einer Verhandlung am 15. August 1944.

Gedenkstätte für die Opfer des 20. Juli 1944 in Berlin-Plötzensee. An den Haken waren Teilnehmer des Aufstands erdrosselt worden.

gemacht worden waren. Als »nicht mehr tragbar und grundsätzlich todeswürdig« galten 1944 »Äußerungen« wie: »Der Krieg sei verloren; Deutschland oder der Führer hätten den Krieg sinnlos oder frivol vom Zaune gebrochen und müßten ihn verlieren; die NSDAP solle oder werde abtreten und nach italienischem Muster [gemeint ist der Putsch Badoglios 1943] den Weg zum Verständnisfrieden freimachen; eine Militärdiktatur müsse errichtet werden und werde Frieden schließen können; man müsse langsamer arbeiten, damit Schluß werde; ein Eindringen des Bolschewismus sei nicht so schlimm, wie es die Propaganda schildere, und werde nur den führenden Nationalsozialisten schaden; Engländer oder Amerikaner würden den Bolschewismus an der deutschen Grenze zum Stehen bringen; Mundpropaganda und Feldpostbriefe mit der Aufforderung, die Gewehre wegzuwerfen oder umzudrehen; der Führer sei krank, unfähig, ein Menschenschlächter usw.«

Die meisten Todesurteile fällte der Volksgerichtshof, nachdem Roland Freisler im August 1942 zum Präsidenten ernannt worden war. Freisler war ein »alter Kämpfer«. Er war schon 1923 der NSDAP beigetreten und hatte sich als Rechtsanwalt und als Stadtverordneter in Kassel und Abgeordneter im Preußischen Landtag für die Partei verdient gemacht. Da er einem Gerücht zufolge während des Ersten Weltkriegs in russischer Gefangenschaft Kommunist gewesen sein soll, war Freisler bei führenden Nationalsozialisten aber nicht gut angesehen. Für Hitler war Freisler »in seiner ganzen Art ein Bolschewik«, er nannte ihn nach dem Chefankläger der Moskauer Schauprozesse »unseren Wyschinskij«. Gleichwohl wurde Freisler wegen seiner fachlichen Fähigkeiten, die er auch als Staatssekretär im Justizministerium unter Beweis gestellt hatte, und wegen seines ideologischen Fanatismus von der Führung des Dritten Reichs gebraucht. Dies galt vor allem für die strafrechtliche Verfolgung der Widerstandskämpfer vom 20. Juli 1944. Hitler selbst hatte als »oberster Gerichtsherr« Ziele und Verhandlungsführung mit folgenden Worten angeordnet: »Diesmal werde ich kurzen Prozeß machen. Diese Verbrecher sollen nicht vor ein Kriegsgericht, sie kommen vor den Volksgerichtshof. [Die Armeeführung kam dieser Anordnung nach, indem sie die Attentäter kurzerhand aus der Wehrmacht ausschloß.] Sie dürfen gar nicht zu Wort kommen, und innerhalb von zwei Stunden nach der Verkündigung des Urteils muß es sofort vollstreckt werden. Die müssen sofort hängen, ohne jedes Erbarmen.«

Aus Zeugenaussagen und Filmaufnahmen wissen wir, daß Freisler als Gerichtsvorsitzender alles tat, um diesen Anweisungen seines Führers gerecht zu werden. Er ließ die Angeklagten kaum zu Wort kommen, beschimpfte sie in zynischer und gemeiner Weise und verhängte in der Regel die Todesstrafe. Sie wurde, wie es Hitler wollte, sofort nach Verkündigung des Urteils in Plötzensee vollstreckt. Wiederum gemäß Hitlers Weisung: »Sie sollen gehängt werden wie Schlachtvieh!« wurden die Verurteilten an Fleischerhaken aufgehängt und qualvoll erdrosselt.

Die Verhandlungen gegen alle Beteiligten und Mitwisser des Umsturzversuchs vom 20. Juli waren noch nicht beendet, als Freisler am 3. Februar 1945 bei einem Bombenangriff im Gebäude des Volksgerichtshofs von einem herabstürzenden Balken erschlagen wurde. In den Händen hatte er noch die Prozeßakten gegen

Fabian von Schlabrendorff. Freisler ist so der gerechten Strafe nicht entgangen. Dies trifft jedoch nicht auf seine Kollegen zu. Kein einziger haupt- und ehrenamtlicher Richter am Volksgerichtshof, ganz zu schweigen von Mitgliedern der Sonder- und »normalen« Gerichte des nationalsozialistischen Unrechtsstaats, ist von einem Gericht der Bundesrepublik für seine Taten zur Verantwortung gezogen und verurteilt worden.

Am 30. April 1968 hat der 5. Strafsenat des Bundesgerichtshofs das einzige Urteil gegen einen Richter am Volksgerichtshof aufgehoben. Es handelte sich um den ehemaligen Kammergerichtsrat Hans-Joachim Rehse. Der Blutrichter Rehse wurde von allen Vorwürfen freigesprochen, weil ihm nicht nachgewiesen werden könne, daß er seine Terror-Urteile aus »niedrigen Beweggründen« gefällt habe. Rehse wurde damit das sogenannte Richterprivileg zugebilligt, das schon am 7. Dezember 1956 vom Bundesgerichtshof beschlossen worden war. Danach können NS-Richter nur dann zur Verantwortung gezogen werden, wenn sie »die Form der richterlichen Tätigkeit [...] zur Erreichung anderer, sachfremder Ziele genutzt« und dabei noch aus »niedrigen Beweggründen« gehandelt haben. Nationalsozialistische »Beweggründe« wurden demnach nicht als »niedrig« eingestuft. Noch einen Schritt weiter ging der Berliner Kammergerichtsrat Dr. Oske, der Rehse am 6. Dezember 1968 endgültig freisprach. Er erklärte in seiner Urteilsbegründung: »Nach der Rechtsprechung des Bundesgerichtshofs [...] handelt es sich bei dem VGH [Volksgerichtshof] um ein unabhängiges, nur dem Gesetz unterworfenes Gericht im Sinne des § 1 Gerichtsverfassungsgesetz«.

Diese mehr als skandalöse Behauptung wollte der ehemalige Ankläger im Nürnberger Prozeß, Robert Kempner geändert wissen. Auf sein Drängen hin eröffnete man im Oktober 1979 erneut Verfahren gegen die damals noch lebenden 67 Mitglieder des Volksgerichtshofs. Sie wurden am 26. September 1986 endgültig eingestellt.

WIDERSTAND

Hitlers Widerstandsbegriff

Verschiedene Wörter und Begriffe der deutschen Sprache sind während der NS-Zeit so häufig gebraucht worden, haben eine ebenso spezifische wie abgenutzte Bedeutung erhalten, daß sie heute entweder gar nicht mehr verwendet werden oder aber als Spezifika der NS-Sprache gelten, wie zum Beispiel »Führer«, »Gefolgschaft«, »Volksgemeinschaft«, »Volksschädling«, »Reich«, »Endsieg« und »Endlösung«. Einen ähnlichen und doch zugleich ganz anderen Bedeutungswandel hat offenbar der Begriff »Widerstand« erfahren. Im Alltag benutzen wir ihn zwar immer noch; wir sagen »widerstehen«, wenn wir ausdrücken wollen, daß wir irgend etwas oder irgendwen ablehnen und bekämpfen. Innerhalb der Geschichtswissenschaft sprechen und schreiben wir ebenfalls über Widerstand, etwa über den Widerstand der Bauern während des Bauernkriegs oder der Deutschen gegen Napoleon zur Zeit der Befreiungskriege. Doch wenn politische Aktionen der Gegenwart, etwa der Boykott der Volkszählung oder die Blockaden von Kasernen und Stützpunkten als Akte des Widerstands bezeichnet werden, stößt dies auf Kritik. Den Teilnehmern an solchen Aktionen und den Benutzern dieses Begriffs wird dann in der Regel vorgeworfen, sich widerrechtlich auf das Vorbild des Widerstands gegen Hitler zu berufen (was zum Teil auch der Fall ist), wodurch unsere gegenwärtige demokratische Staatsform verleumdet, das terroristische Dritte Reich dagegen in unerträglicher Weise verharmlost werde. All dies deutet darauf hin, daß im historisch-politischen Sprachgebrauch unter dem Begriff Widerstand zunehmend der Widerstand gegen Hitler verstanden wird.

Ist man sich der hier nur kurz skizzierten Bedeutungsverengung des Begriffs Widerstand bewußt, so fällt beim Lesen der Reden und Schriften Hitlers auf, wie häufig er selbst den Begriff Widerstand verwendet hat. Im 15. und zugleich letzten Kapitel von »Mein Kampf« geschieht dies auf 22 Seiten allein 18 mal. Hitler behandelt hier die Ereignisse des Jahres 1923 bis zum fehlgeschlagenen Putsch vom 9. November. Ausführlich geht er dabei auch auf den von Reichskanzler Cuno aufgerufenen und schließlich erfolglos abgebrochenen »passiven Widerstand« gegen die Besetzung des Ruhrgebiets durch Frankreich ein, das damit, so die offizielle Begründung, die vollständige und pünktliche Ablieferung der Reparationsleistungen hatte erzwingen wollen.

Hitler geißelt die Politik des »passiven Widerstands« und seine Initiatoren mit scharfen Worten. Man hätte »lieber den Schrecken des Augenblicks auf sich nehmen, als den endlosen Schrecken weiter ertragen« und aus dem Ruhrgebiet für Frankreich ein »napoleonisches Moskau« machen sollen. Doch wie? »Militärische Maßnahmen« werden von Hitler angesichts der Schwäche der Reichswehr abgelehnt. Mit dem Hinweis auf das Schicksal der »belgischen Franktireurbanden«, die im Weltkrieg »blitzschnell« von den deutschen Soldaten »zu Paaren getrieben« worden seien, lehnt er auch die Methoden des Partisanenkampfs wie Sabotage und Attentate ab. Dabei geht er übrigens mit keinem Wort auf das Schicksal Albert Leo Schlageters ein, der als Saboteur von der französischen

Besatzungsmacht hingerichtet worden war und deshalb von der nationalsozialistischen (1923 auch von der kommunistischen!) Propaganda als Märtyrer gefeiert worden war.
Welche Alternative schlägt Hitler vor? Zunächst einmal außenpolitische Aktionen. Die Kritik an der Politik Frankreichs sei in England und Italien so groß gewesen, daß Frankreich von seinen früheren »Verbündeten« isoliert gewesen sei. Deutschland hätte dies ausnützen können, um eine »Wiederherstellung militärischer Machtmittel« zu erreichen — eine »Armee von achtzig oder hundert Divisionen« — sowie England und Italien als Bundesgenossen zu gewinnen; dann hätte man mit der notwendigen »Vernichtung« Frankreichs beginnen können.
Interessant ist nun, daß Hitler auch die Grundzüge seines innenpolitischen Programms in diesem Zusammenhang entwickelt und mit dem Hinweis auf den Widerstand gegen Frankreich rechtfertigt. In immer blutrünstigeren Wendungen meint Hitler, daß man 1923 die Krisensituation hätte ausnützen können, um mit dem Marxismus und seinen jüdischen Drahtziehern in Deutschland ein für allemal Schluß zu machen. Den »marxistischen Landesverrätern und Volksmördern« hätte man »das Handwerk legen« und »zwölf oder fünfzehntausend dieser hebräischen Volksverderber« beseitigen oder »unter Giftgas« halten sollen. Das sei »wirklicher« oder »aktiver Widerstand«, während die »Ausscheidung des marxistischen Giftes aus unserem Volkskörper« die »erste Voraussetzung« jeder Art von »Widerstand« sei.
Hitlers innen- und außenpolitisches Programm basiert hier auf dem Begriff »Widerstand«. Er legitimiert ihn mit dem Hinweis auf das Recht zur Notwehr. Erstaunlicherweise haben sich die Widerstandskämpfer gegen Hitler nicht auf diese Passagen in »Mein Kampf« bezogen und ihren Widerstand mit Hitlers Begriff des Widerstands begründet. Wenn man bedenkt, wie schwer es einigen Widerstandskämpfern, vor allem aus den Reihen des Militärs, fiel, sich von der Person Hitlers und des ihm gegenüber geleisteten Eids zu lösen, dann ist dieser Gedankengang nicht so abwegig, wie er vielleicht auf den ersten Blick erscheint.

Widerstand gegen Hitler

Bis weit in die sechziger Jahre haben sich Historiker in der Bundesrepublik vornehmlich, teilweise sogar ausschließlich, mit dem Widerstand bürgerlich-militärischer Kreise und dem Kirchenkampf beschäftigt. Seit diesem Zeitpunkt gewann jedoch auch der Widerstand der Arbeiterbewegung Interesse, dessen Erforschung man bis dahin weitgehend den Historikern der DDR überlassen hatte. In den letzten Jahren war man darüber hinaus bestrebt, auch den nicht organisierten Widerstand sowie Fälle nonkonformen Verhaltens im lokalen und regionalen Bereich zu erforschen. Parallel zu dieser Erweiterung des Forschungsinteresses kam es zu einer erneuten Diskussion des Widerstandsbegriffs.
Unter Widerstand hatte man bis dahin, wie es der Historiker Peter Hoffmann noch 1979 formulierte, nur solche Aktionen verstanden, die »zum Sturz des Regimes zu führen geeignet« waren. Dies galt vor allem für das Attentat vom 20. Juli

1944, das Hans Rothfels als den »sichtbarsten Ausdruck des Widerstandes« überhaupt bezeichnet hat. Bloße »Kritik an Fehlern oder Unzulänglichkeiten des Systems, an Einzelmaßnahmen verhängnisvoller Art oder an Korruptionserscheinungen, an lästigen oder auch empörenden Eingriffen in die eigene persönliche oder berufliche Sphäre« waren für Rothfels (und andere Historiker) keine Akte des Widerstands, weil sie sich nicht auf das »Ganze und Prinzipielle eines verbrecherischen Regimes« erstreckten. Dem Theologen Walter Künneth ging selbst diese Definition des Widerstands noch zu weit. In einem 1956 veröffentlichten Aufsatz erklärte er, daß es auch gegenüber dem NS-Staat kein grundsätzliches »Recht zum Ungehorsam und zum Widerstand« gegeben habe. Widerstandsaktionen seien nur unter den folgenden drei Voraussetzungen legitim gewesen: »Persönlichkeiten, die einen aktiven Widerstand« erwogen, hätten sich erstens in einer »verantwortlichen Position befinden« müssen. Zweitens habe nicht ihre »subjektive Willkür«, sondern »sachkundige Einsicht« darüber zu entscheiden, ob Widerstand notwendig und legitim sei. Und drittens habe bei geplanten Widerstandsaktionen die »sachliche Möglichkeit einer Realisierung« bestehen müssen.

An derartigen Versuchen, den Widerstandsbegriff möglichst einzuengen, wurde nun Kritik geübt. Schon 1965 rechnete der Berliner Historiker Friedrich Zipfel jede »Handlung ..., die darauf gerichtet war, dem totalitären Staat in den Arm zu fallen, sei es, um die eigene oder die Gruppenexistenz zu behaupten oder um Unrecht im Kleinen wie im Großen zu verhüten«, zum Widerstand. Mit dem Begriff Widerstand verbinde sich darüber hinaus die Vorstellung, daß diese Handlungen unter bewußter Inkaufnahme von persönlichen Nachteilen, von Maßregelungen, Inhaftierungen oder gar der Todesstrafe begangen wurden.

Noch weiter als Zipfel ging der niederländische Historiker Ger van Roon in dem 1967 veröffentlichten Buch »Neuordnung im Widerstand«. Er meinte, daß »jeder, der vom verordneten Modell abweicht, der sich auf irgendeinem Gebiet nicht ›gleichschalten‹ läßt ... für die Führung des totalitären Staates ein Widerständler« sei. Die Mitarbeiter des Projekts »Widerstand und Verfolgung in Bayern 1933-1945«, Harald Jaeger und Hermann Rumschöttel, schlugen schließlich 1977 einen noch weiter gefaßten Widerstandsbegriff vor, nämlich: »Unter Widerstand wird jedes aktive oder passive Verhalten verstanden, das die Ablehnung des NS-Regimes oder eines Teilbereichs der NS-Ideologie erkennen läßt und mit gewissen Risiken verbunden war. Dieser Widerstandsbegriff deckt die Verhaltensweisen von konservativer Resistenz, partiellem Ungehorsam, defensiver Oppositionshaltung, Nonkonformismus, Solidarisierung mit aus politischen oder ›rassischen‹ Gründen Verfolgten oder Diskriminierten, ostentativem Festhalten an einer weltanschaulichen oder religiösen Überzeugung oder direkte Aktivitäten gegen die NS-Herrschaft.«

Der Leiter des Bayern-Projekts, Martin Broszat, sah sich jedoch 1981 veranlaßt, diesen sehr weit gefaßten Widerstandsbegriff zu revidieren. Man wolle nicht zu einer »inflationären Entwertung des Widerstandsbegriffs« beitragen, sondern strebe statt dessen an, »die breite Skala sowohl der Ausdrucksformen des Widerstandes« als auch die »Anlässe und Rahmenbedingungen für oppositionelles Verhalten darzulegen«. Man versuche, eine allgemeine Verhaltensgeschichte der

Bevölkerung zu schreiben, das heißt idealtypische Verhaltensweisen zu zeigen, die von der Anpassung über nonkonformes Verhalten und Resistenz zum Widerstand im engeren Sinne reichen.
Der folgende Überblick über den organisierten und politisch bzw. religiös motivierten Widerstand beruht auf einem enger gefaßten Widerstandsbegriff.

Widerstand der Arbeiterbewegung. Mitglieder der verbotenen und in die Illegalität getriebenen Parteien und Organisationen der *Arbeiterbewegung* hatten das »Dritte Reich« von Anfang an und am entschiedensten bekämpft. Sie wurden auch von den nationalsozialistischen Terrororganisationen am intensivsten überwacht und verfolgt. Dennoch ist der tatsächliche Erfolg des Arbeiterwiderstands als sehr gering einzuschätzen. Dies lag zum einen an dem nahezu perfekten Überwachungs- und Terrorsystem, zum andern daran, daß die verschiedenen illegalen Parteien und Organisationen der Arbeiterbewegung auch während der Zeit des »Dritten Reichs« nicht in der Lage waren, ihre internen Konflikte beizulegen und einen einheitlichen Widerstand aufzubauen. Die Gruppen des Arbeiterwiderstands kämpften getrennt und wurden getrennt geschlagen, aber: sie kämpften.
Die *KPD* hat nach ihrem Verbot zunächst versucht, ihre hierarchische Struktur beizubehalten und trotz des Terrors Massenaktionen zu starten. Tausende von

Kultureller Widerstand im Lied: das »Moorsoldatenlied«. Text und Melodie stammen von KZ-Häftlingen des Lagers Börgermoor (August 1933).

Kommunisten beteiligten sich an der Herstellung und Verbreitung von Flugschriften und anderen Propagandaaktionen. Bis 1935 wurden sogar Beitragsmarken an die Mitglieder der illegalen KPD verkauft. Diese Praxis versetzte die Gestapo indessen in die Lage, nur einem Parteikassierer folgen zu müssen, um eine ganze Zelle, ja einen ganzen Unterbezirk der illegalen KPD aufdecken zu können. Tausende von Kommunisten, die oft bereits in den Polizei-Akten der Weimarer Republik vermerkt waren, wurden verhaftet, zu hohen Zuchthausstrafen verurteilt oder von den als Hilfspolizei fungierenden Banden der SA und SS gefoltert, ja zu Tode geprügelt. Erst nach dem VII. Weltkongreß der Kommunistischen Internationale, 1935, änderte die KPD, die bis dahin den unmittelbar bevorstehenden Zusammenbruch des Regimes erwartet hatte, ihre Einschätzung der Lage und ihre Strategie. Hatte man seit den zwanziger Jahren die Sozialdemokratie als »sozialfaschistisch« denunziert und noch nach der Machtübernahme als »Zwillingsbruder« bzw. »Flügel des Faschismus« erbittert bekämpft, versuchte man nun, mit den Sozialdemokraten und anderen Gegnern des Faschismus im Sinne der neuen Volksfrontstrategie Bündnisse einzugehen. In Deutschland ist es jedoch nur in sehr wenigen Städten gelungen, den Widerstand von Kommunisten und Sozialdemokraten zu koordinieren oder gar gemeinsame Gruppen zu bilden. Das gegenseitige, zum Teil haßerfüllte Mißtrauen zwischen Kommunisten und Sozialisten war zu groß.

Die illegale KPD beschränkte sich in der Folgezeit darauf, in Wohngebieten und Betrieben fünfköpfige Gruppen aufzubauen. Sie standen in lockerem Kontakt mit der Auslandsleitung der Partei. Auf diese Weise erschwerte man zwar die Verfolgung durch die Gestapo, doch gingen Zahl und Ausmaß der Widerstandsaktionen der illegalen KPD deutlich zurück. Unter dem Eindruck des Hitler-Stalin-Pakts kam es in der Zeit von 1939 bis zum Angriff auf die Sowjetunion 1941 zum Stillstand der kommunistischen Widerstandstätigkeit.

Nach 1941 entstanden neue kommunistische Widerstandsgruppen, die antifaschistische Flugschriften druckten und verbreiteten, Sabotageakte in Fabriken unternahmen und Kontakte zu sowjetischen Kriegsgefangenen herstellten. Besonders erwähnenswert sind die Gruppen um Robert Uhrig in Berlin, um Theodor Neubauer und Magnus Poser in Thüringen, um Georg Schumann und Otto Engert in Leipzig sowie die von Anton Saefkow, Franz Jacob und Bernhard Bästlein angeführte Widerstandsgruppe; zu ihr hatten die Sozialdemokraten Julius Leber und Adolf Reichwein Beziehungen aufgenommen, bevor sie durch einen in die Gruppe eingeschleusten Gestapo-Spitzel verhaftet wurden.

Relativ lange unentdeckt blieb dagegen eine andere Widerstandsorganisation, die Spionage für die Sowjetunion trieb und von der Gestapo »Rote Kapelle« genannt wurde. Die deutsche Abteilung dieser international verzweigten Organisation wurde von dem Luftwaffenoffizier Harro Schulze-Boysen und dem Beamten im Wirtschaftsministerium Arvid Harnack geleitet, denen es gelungen war, auch Nicht-Kommunisten zur Mitarbeit zu gewinnen.

Einen formell überparteilichen Charakter hatte das in der Sowjetunion 1943 gegründete und von sowjetischen Offizieren geleitete »Nationalkomitee Freies Deutschland«. Ihm gehörten auch konservativ eingestellte deutsche Offiziere an, die sich dazu durchgerungen hatten, das Deutschland Hitlers mit allen

Mitteln zu bekämpfen. Nach dem Moskauer Vorbild wurden dann auch in anderen Exilländern und in Deutschland Gruppen ins Leben gerufen, die sich »Freies Deutschland« nannten.
Die Führung der *SPD* und der *Freien Gewerkschaften (AGDB)* hat nach dem 30. Januar 1933 lange, ja allzu lange die Illusion gehegt, sie könne durch die Politik einer vorsichtigen Zurückhaltung gegenüber dem Regime die Existenz ihrer Organisationen sichern. Dieser fatale Anpassungskurs, der sich etwa im Austritt von Otto Wels aus der Führung der Sozialistischen Arbeiterinternationale und in der Zustimmung der bereits durch Verhaftungen und Emigrationen dezimierten SPD-Reichstagsfraktion zur sogenanten Friedensrede Hitlers vom 17. Mai 1933 manifestierte, führte faktisch zur Parteispaltung. Im Prager Exil bildeten emigrierte Sozialdemokraten eine neue Organisation, die sie, zur deutlichen Abgrenzung von der bisherigen SPD, »Sopade« nannten. Die »Sopade« wandte sich schon am 18. Juni 1933, also noch vor dem endgültigen Verbot der SPD am 22. Juni, mit einem programmatischen Artikel an die deutsche Arbeiterschaft und forderte sie dazu auf, die »Ketten zu zerbrechen«, gegen den Faschismus und für den »Umbau der kapitalistischen Wirtschaft zu einer sozialistischen« zu kämpfen.
Doch schon vorher waren einzelne Sozialdemokraten und Gewerkschaftler in den Untergrund gegangen. Anders als die Kommunisten erkannten sie sehr bald, daß illegale Massenorganisationen mit Zellen, Parteileitungen und Beitragssammlungen den Zugriff der Gestapo provozierten, und gingen von einer eher nüchternen Einschätzung der Widerstandsmöglichkeiten im terroristischen NS-Staat aus. Sie beschränkten sich im wesentlichen darauf, traditionelle Bindungen in Form von Diskussionskreisen, Sportvereinen usw. aufrechtzuerhalten, um beim erhofften Zusammenbruch des Nationalsozialismus über Persönlichkeiten und Kader für den Wiederaufbau zu verfügen.
Abgesehen von diesem System informeller, aber gut getarnter Gruppen von Sozialdemokraten und Gewerkschaftlern, die auf unmittelbare Widerstandsaktionen verzichteten, hat es im regionalen und überregionalen Bereich auch einige sehr aktive und zunächst erfolgreiche sozialdemokratische Widerstandsgruppen gegeben. Zu nennen sind vor allem der »Rote Stoßtrupp« in Berlin und die »Sozialistische Front« im Raum Hannover. Sie konzentrierten sich ähnlich wie die kommunistischen Widerstandsgruppen auf die Herstellung und Verbreitung illegaler antifaschistischer Flugblätter.
Eine große, aber von der kommunistisch und sozialdemokratisch orientierten Geschichtsschreibung bis heute nicht hinreichend gewürdigte Bedeutung hatte der *Widerstand kommunistischer und sozialistischer Splittergruppen*, die sich eher auf die Bedingungen der Illegalität einstellen konnten: darunter vor allem die 1930 von der KPD abgefallene KPO (Kommunistische Partei Deutschlands — Opposition) und die SAP (Sozialistische Arbeiterpartei), die sich 1931 von der SPD getrennt und der sich auch Willy Brandt angeschlossen hatte. Erwähnenswert sind ferner der Internationale Sozialistische Kampfbund (ISK) sowie einige trotzkistische und anarcho-syndikalistische Gruppen. Doch auch diese Widerstandsorganisationen wurden nach und nach von der Gestapo aufgespürt und bis 1938 weitgehend zerschlagen.

Eine besondere Beachtung verdient eine Widerstandsgruppe, die sich aus Mitgliedern der kommunistischen und sozialistischen Splittergruppen sowie der illegalen KPD und SPD zusammensetzte. Sie nannte sich »Neubeginnen«, nach dem Titel einer Broschüre, die Walter Löwenheim 1933 unter dem Tarnnamen »Miles« verfaßt hatte. In dieser Kampfschrift hatte Löwenheim scharf mit den Fehlern der Parteiführung von SPD und KPD abgerechnet und sich für den Neuaufbau einer revolutionären sozialistischen Partei jenseits von KPD und SPD eingesetzt. Obwohl die meisten Mitglieder der Gruppe »Neubeginnen«, sofern sie nicht ins Ausland geflüchtet waren, im Herbst 1938 verhaftet wurden, hat es noch 1944 einige Zellen dieser Widerstandsorganisation gegeben. Ihr Ziel ist dann 1945, kurz vor und nach dem Ende des »Dritten Reichs«, von verschiedenen autonomen antifaschistischen Organisationen aufgegriffen worden, die aber sehr bald von den Besatzungsmächten aufgelöst und von der wiedergegründeten KPD und SPD verdrängt wurden. Heute erinnert so gut wie nichts mehr an die Existenz und Tätigkeit dieser sogenannten Antifas, die einen neuen Typ des Widerstands in der Geschichte der deutschen Arbeiterbewegung darstellten.

Widerstand der Kirchen und Sekten. Während die Nationalsozialisten die Organisationen der Arbeiterbewegung bereits in den ersten Wochen und Monaten des Jahres 1933 verfolgten und zerschlugen, versuchten sie zunächst, die Kirchen als Bündnispartner im Kampf gegen Sozialismus und Demokratie zu gewinnen. Zumindest zeitweise waren viele Christen beider Kirchen bereit, die ihnen von den Nationalsozialisten zugedachte Rolle zu übernehmen und zur Festigung des neuen Regimes beizutragen. Dennoch: wenn auch von einem Widerstand *der* Kirchen nicht die Rede sein kann, haben Gruppen und Persönlichkeiten beider Kirchen Widerstand geleistet.

Wie mühselig der Wandel von überwiegender Zustimmung über partielle Kritik zum Widerstand war, der eher einem Widerstand wider Willen glich, zeigt vor allem das Verhältnis von nationalsozialistischem Staat und *Evangelischer Kirche.* Abgesehen von der relativ kleinen (kaum 10 Prozent umfassenden) Gruppe der liberalen Theologen und religiösen Sozialisten hat die überwiegende Mehrheit der evangelischen Christen Machtergreifung und Zerstörung der Demokratie zustimmend, ja teilweise begeistert zur Kenntnis genommen. Dafür war die seit dem Bündnis von Thron und Altar traditionelle Treue zur Obrigkeit ebenso maßgebend wie die auch religiös begründete Verherrlichung der deutschen Nation, die Verachtung von Sozialismus und Demokratie.

Nach internen Auseinandersetzungen zwischen der Kirchenleitung und dem von Hitler favorisierten Reichsbischof Ludwig Müller kam es dann am 23. Juli 1933 zu einem Sieg der »Deutschen Christen«, die bei den Kirchenwahlen über 60 Prozent der Stimmen erzielten. Die Deutschen Christen waren eine erst 1932 gegründete Bewegung überzeugter Nationalsozialisten, die sich selber als »SA Jesu Christi« bezeichneten, eine Volkskirche errichten und das Christentum »arisieren« wollten. Am 13. November 1933 forderten die Deutschen Christen auf einer Kundgebung im Berliner Sportpalast sogar das Verbot des als jüdisch geltenden Alten Testaments und der Briefe des »Rabbiners Paulus«. Diese radikalen, blasphemischen Forderungen riefen den Protest des »Pfarrernotbundes«

Das »Sammelvikariat« der Bekennenden Kirche in Groß-Schlönwitz/Hinterpommern. Von links: Eberhard Bethge, unbekannt, Gottfried Kahn, Dietrich Bonhoeffer, Heinz Bluhm, Gerhard Lehne, Heinz Engler, unbekannt, Martin Schultz, Heinz Fleischhack.

hervor, der sich auf Anregung Martin Niemöllers am 11. September 1933 gebildet hatte: Mitte Januar 1934 gehörte bereits die Hälfte aller evangelischen Pfarrer dem Notbund an. Aus ihm ging die »Bekennende Kirche« hervor. Diese oppositionellen Protestanten kündigten dem am 27. September 1933 von einer Nationalsynode zum Reichsbischof gewählten Ludwig Müller den Gehorsam auf. Darüber hinaus wandten sie sich gegen Arisierungsversuche in der Theologie und gegen die Anwendung des Arierparagraphen in der Kirche, das heißt gegen den Ausschluß von Amtsbrüdern und Gemeindemitgliedern, die »nichtarischer« Herkunft waren. Es kam zu einer intensiven Diskussion der Frage, wieweit die Kirche der Obrigkeit gehorchen müsse. Im Mai 1934 wurde in der Barmer Erklärung der totale Herrschaftsanspruch des nationalsozialistischen Regimes auf die Kirche zurückgewiesen. Dies hatte politische Folgen.
Das Regime reagierte mit Zwangsmaßnahmen gegen oppositionelle Geistliche. Andrerseits gelang es, die lutherischen Bischöfe der sogenannten intakten Kirchen in Hannover (Marahrens), Bayern (Meiser) und Württemberg (Wurm) zur Mitarbeit im neugebildeten Reichskirchenausschuß zu bewegen. Damit war die gemeinsame Abwehrfront der Bekennenden Kirche und der intakten Landeskirche gespalten. Im Februar 1936 fand in Bad Oeynhausen die letzte gemeinsame Reichsbekenntnissynode statt. Im Herbst 1938 distanzierten sich die zum »Lutherrat« zusammengeschlossenen intakten Kirchen von der Gebetsliturgie, die von der vorläufigen Kirchleitung der Bekennenden Kirche verfaßt und in den Kirchen verlesen worden war. Damit war die Bekennende Kirche endgültig in einen gemäßigten, zur Mitarbeit mit dem Regime bereiten und einen »radika-

len«, den sogenannten »Dahlemer« Flügel zerfallen und zugleich geschwächt. Vielleicht noch wichtiger und folgenreicher war, daß Martin Niemöller im Juli 1937 verhaftet und im März 1938 ins KZ eingeliefert wurde. Damit war die treibende Kraft des Kirchenkampfs ausgeschaltet.
In der Folgezeit schwächte sich der Kirchenkampf weiter ab. Sichtbarstes Zeichen waren die in nahezu allen Kirchen verlesenen Aufrufe und Gebete für den Sieg der deutschen Waffen im neuen Weltkrieg, der vom ersten Tag an auch ein Rassenkrieg war. Um so mehr sind die, allerdings vereinzelten Proteste gegen die nationalsozialistische Rassenpolitik und die Hilfe für die Opfer dieser Politik zu würdigen. In Berlin richtete Pastor Heinrich Grüber eine Hilfsstelle für verfolgte »Nichtarier« ein, bis er selbst am 19. Dezember 1940 verhaftet und ins Konzentrationslager verschleppt wurde. Kurz zuvor (Mitte 1940) hatten verschiedene Repräsentanten der intakten evangelischen Kirchen, allen voran Bischof Wurm, intern und schriftlich gegen die Ermordung der sogenannten »Erbkranken« protestiert. Nachdem im September 1941 die Breslauer Vikarin Staritz zur Solidarität mit den als »nichtarisch« eingestuften Christen aufgerufen hatte, protestierte die Altpreußische Union auf ihrer 12. Bekenntnissynode in Breslau im Oktober 1943 gegen die nationalsozialistische Rassenpolitik und Rassenvernichtung: »Begriffe wie ›Ausmerzen‹, ›Liquidieren‹ und ›unwertes Leben‹ kennt die göttliche Ordnung nicht. Vernichtung von Menschen, lediglich weil sie Angehörige eines Verbrechers, alt oder geisteskrank sind oder einer anderen Rasse angehören, ist keine Führung des Schwertes, das der Obrigkeit von Gott gegeben ist . . .«
Doch bei aller Anerkennung für diese zwar späten, aber ebenso notwendigen wie mutigen Worte, bei aller Anerkennung auch für den Opfermut derjenigen, die wie Bonhoeffer den Weg zum politischen Widerstand gefunden haben – die Evangelische Kirche insgesamt hatte (und hat bis heute) allen Anlaß, sich zu ihrer (und unserer) »Schuld« zu bekennen. Im Oktober 1945 hat sie dies in Stuttgart mit folgenden Worten getan: ». . . wir klagen uns an, daß wir nicht mutiger bekannt, nicht treuer gebetet, nicht fröhlicher geglaubt und brennender geliebt haben.«
Anders als die evangelische hat die *katholische Kirche* den Nationalsozialismus vor 1933 aus theologischen und politischen Gründen nahezu geschlossen abgelehnt. Als die NSDAP nach 1930 zu einer immer schneller wachsenden Massenbewegung wurde, ließ sich jedoch die ablehnende Haltung, zu der auch Sakramentsverweigerung und Exkommunikation gehörten, nicht immer mit aller Konsequenz verwirklichen. Dennoch war es der NSDAP vor 1933 nicht gelungen, in die katholische Kirche einzubrechen und die Partei der katholischen Kirche, das Zentrum, auszuschalten. In der katholischen Kirche gab es vor dem 30. Januar 1933 keine Gruppierung, die mit den Deutschen Christen innerhalb der evangelischen Kirche zu vergleichen wäre. Nur sehr wenige Geistliche bekannten sich zur NSDAP. Noch vor den Märzwahlen des Jahres 1933, zu einem Zeitpunkt, als die führenden Repräsentanten der evangelischen Kirche mit fliegenden Fahnen zum Nationalsozialismus überliefen, haben die katholischen Bischöfe zur Wahl des Zentrums aufgefordert.
Das Ergebnis der Wahl ermöglichte der NSDAP, allein mit der DNVP die Regierung zu bilden. Das Zentrum, das in nahezu allen parlamentarisch gebildeten

Regierungen der Weimarer Republik vertreten war, wurde nun nicht mehr gebraucht.
Die katholische Kirche und das Zentrum reagierten sehr schnell. Am 23. März 1933 stimmte das Zentrum im Reichstag dem »Ermächtigungsgesetz« zu. Am 28. März hob die Fuldaer Bischofskonferenz alle früheren Verbote und Warnungen vor der NSDAP auf. Der Errichtung des nationalsozialistischen Terrorsystems sah die katholische Kirche (ebenso wie die evangelische) tatenlos zu. Sie bat mit gewissem Erfolg darum, daß katholische Priester in den Konzentrationslagern Gottesdienste abhalten und die Beichte hören durften, was ihr aber von 1935 an verwehrt wurde. Nach der Zustimmung zum Ermächtigungsgesetz wurde das Zentrum auf Betreiben seines Parteiführers, des Prälaten Kaas, aufgelöst. Das Reichskonkordat, das am 20. Juli 1933 abgeschlossen und am 10. September ratifiziert wurde, glich zunächst eher einem Sieg der katholischen Kirche als einer Kapitulation.
Die katholische Kirche opferte das Zentrum, gewann aber durch die Konkordatszusagen zahlreiche Privilegien. Dazu gehörte unter anderem die gesetzliche Absicherung der Bekenntnisschulen und der zahlreichen Laien-, Frauen-, Handwerks- und Jugendvereine. Während die evangelischen Jugendvereine Ende 1933 aufgelöst wurden, blieben die katholischen bestehen. Der katholischen Kirche gelang es sogar, in den ersten Jahren des NS-Regimes das katholische Vereinswesen auszubauen und zu festigen. Nach der Zerschlagung der übrigen politischen und weltanschaulichen Parteien und Gruppierungen bildete die Katholische Aktion die einzige und zugleich stärkste Massenorganisation nach der NSDAP. Ihr Wachsen und ihr Einfluß bei der Jugend wurden von der NSDAP kritisch beobachtet. Den 1933 gefundenen Kompromiß betrachteten beide Seiten zumindest bis 1935 als nützlich und fruchtbar. Die NSDAP sah in der katholischen Kirche offensichtlich einen Bündnispartner im Kampf gegen Sozialismus und Demokratie und verzichtete zunächst darauf, die katholische ähnlich wie die evangelische Kirche von innen her zu nazifizieren. In zahlreichen Verlautbarungen feierte die katholische Kirche, angeführt vom Papst, den Nationalsozialismus (wie seit 1929 den Faschismus) als Vorkämpfer gegen den Bolschewismus. Derartige Äußerungen fielen noch während des Spanischen Bürgerkriegs (1936-1939), als es bereits zu harten Auseinandersetzungen zwischen Staat und Kirche gekommen war.
Bereits 1934 hatte man jedoch auch katholischerseits begonnen, Alfred Rosenberg, den »Chefideologen« der Partei, wegen seines Neuheidentums zu attackieren. Zur gleichen Zeit versuchte die NSDAP mit zunehmendem Erfolg, den Einfluß der katholischen Jugendverbände zurückzudrängen; 1936 wurden sie in die HJ eingegliedert. Wenn sich auch einzelne Verbände noch bis 1939 halten konnten, war dies der erste und entscheidende Bruch des Konkordats. Im Zuge der nun einsetzenden Entkonfessionalisierungspolitik, die sich gleichermaßen gegen die evangelische Kirche richtete, intensivierten die Nationalsozialisten ihre Kampagne gegen die Bekenntnisschulen. Durch den Einsatz von Propaganda und Repressionen gelang es der Partei, die katholische Elternschaft von ihrer Kirche zu trennen. Sichtbar wurde dies in München, wo jährlich darüber abgestimmt wurde, ob die Eltern ihre Kinder in eine Bekenntnis- oder in eine

Gemeinschaftsschule schicken wollten. Während 1934 noch 84,3 Prozent für die Bekenntnisschule und 15,4 Prozent für die Gemeinschaftsschule stimmten, votierten 1936 nur noch 34,9 Prozent für die Bekenntnis- und 65,1 Prozent für die Gemeinschaftsschule.

In ländlichen katholischen Gegenden war der nationalsozialistische Angriff gegen die im Konkordat garantierte und gesetzlich fixierte Bekenntnisschule jedoch nicht ganz so erfolgreich. Erfolgreicher waren dagegen die Angriffe gegen die katholische Presse. Im Jahr 1941 mußten alle Bistumsblätter ihr Erscheinen einstellen.

Schwer abzuschätzen ist dagegen, inwieweit die Nationalsozialisten mit ihrer perfiden Diffamierungskampagne gegen die katholischen Orden Erfolge erzielten. In verschiedenen Prozessen, über die die nationalsozialistische und die gleichgeschaltete Presse mit großer Aufmachung berichtete, wurde die Öffentlichkeit mit einer Reihe von Anschuldigungen gegen Priester konfrontiert. Die Nationalsozialisten verfolgten dabei das Ziel, die katholischen Gläubigen von ihrer Kirche zu trennen.

Während die katholische Kirche nach wie vor über die Verfolgung von Regimegegnern schwieg, nahm sie die nationalsozialistische Kampagne gegen die Ordensgeistlichen, die Jugend- und Arbeitervereine und die Bekenntnisschulen nicht widerstandslos hin. Bis 1937 sandte der Vatikan mehr als 50 diplomatische Protestnoten an das Auswärtige Amt. Als dies nichts half, wandte sich Papst Pius XI. mit seiner Enzyklika »Mit brennender Sorge« an die Weltöffentlichkeit und attackierte die nationalsozialistische Religionspolitik und den Bruch des Konkordats. Jetzt gaben auch die katholischen Bischöfe in Deutschland ihre Zurückhaltung auf; sie konnten sich jedoch nicht auf eine gemeinsame Abwehrstrategie gegen den Nationalsozialismus einigen. Daran änderte sich auch nach Kriegsausbruch zunächst nicht viel. Allerdings fielen die Zustimmungserklärungen der katholischen Bischöfe nicht so entschieden und nicht so nationalistisch aus wie die Proklamationen der evangelischen Kirche. Im gemeinsamen Hirtenbrief der deutschen Bischöfe vom Sommer 1941 wurde sogar energisch gegen die gerade zu dieser Zeit intensivierte Unterdrückung der katholischen Kirche protestiert. Zur gleichen Zeit protestierte der Bischof von Münster, Graf Galen, gegen die Ermordung von Behinderten. Im Jahr 1943 verurteilten dann die deutschen Bischöfe im sogenannten Dekalog-Hirtenbrief die nationalsozialistische Religionspolitik und die Verfolgung Andersdenkender mit Entschiedenheit, ähnlich wie die 12. Preußische Bekenntnissynode im selben Jahr. Allerdings blieb der Dekalog-Hirtenbrief das einzige Dokument, in dem die katholische Kirche als Institution zum Widerstand aufrief.

Andrerseits darf nicht vergessen werden, daß zahlreiche katholische Geistliche und Laien entschiedenen Widerstand gegen den Nationalsozialismus geleistet haben, meist ohne Unterstützung durch ihre Kirche. Insgesamt befanden sich 387 Geistliche aus deutschen und österreichischen Diözesen in KZ-Haft. Von ihnen wurden 85 ermordet.

Im Unterschied zur evangelischen hat es jedoch die katholische Kirche nach 1945 nicht für notwendig gehalten, Selbstkritik zu üben. Im Hirtenbrief der katholischen Bischöfe vom 23. August 1945 liest man: »Katholisches Volk, wir freuen uns, daß Du Dich in so weitem Ausmaße von dem Götzendienst der brutalen Macht freigehalten hast. Wir freuen uns, daß so viele unseres Glaubens nie und nimmer ihr Knie vor Baal gebeugt haben. Wir freuen uns, daß diese gottlosen und unmenschlichen Lehren auch weit über den Kreis unserer katholischen Glaubensbrüder hinaus abgelehnt wurden.«

Die Zeugen Jehovas. Derartige Lobpreisungen stehen indes, gelinde gesagt, in einem gewissen Widerspruch zum tatsächlichen Verhalten der Kirchen im Dritten Reich; wirklich »ihr Knie vor Baal« *nicht* »gebeugt« haben einige, von den Kirchen meist abschätzig »Sekten« genannte kleinere Religionsgemeinschaften. So vor allem die »Zeugen Jehovas«, die »Ernsten Bibelforscher«.
Die Zeugen Jehovas stellten keineswegs das zentrale Ziel des nationalsozialistischen Hasses dar. Dennoch wurde schon am 24. Juni 1933 ihr Vermögen beschlagnahmt, kurz darauf die Internationale Bibelforscher-Vereinigung im gesamten Reichsgebiet verboten. Vermutlich aus Rücksicht auf die USA lockerten die Nationalsozialisten ihr Verbot jedoch wieder und gestatteten den Zeugen Jehovas, ihre religiösen Schriften wie den »Wachtturm« aus dem Ausland zu beziehen. Doch schon im Frühjahr 1934 wurden diese Verbindungen wieder behindert. Daraufhin beschloß eine internationale Tagung der Bibelforscher im September 1934 in Basel, die Werbetätigkeit in Deutschland trotz staatlichen Verbots wiederaufzunehmen. Am 7. Oktober 1934 wurde auf Geheiß des Führers der Zeugen Jehovas, Rutherford, im gesamten Reich eine Erklärung verbreitet, in der die Bibelforscher ihren Willen bekräftigten, sich nicht an das staatliche Verbot zu halten. Die Bibelforschervereinigung wurde nun endgültig verboten.
Die Zeugen Jehovas erhielten jedoch weiterhin ihre religiösen Schriften und Anweisungen aus dem Ausland, die sie zu kompromißloser Ablehnung des nationalsozialistischen Regimes aufforderten. In der Begründung wurde unter Heranziehung einzelner Bibelstellen die These vertreten, daß die Menschheit sich in einem Kampf zwischen dem »König des Nordens« (Hitler) und dem »König des Südens« (die Westmächte) befände, der zu einer Selbstzerfleischung und schließlich zur Endzeit führen werde.
Seit 1935/36 verweigerten die Zeugen Jehovas jede Eidesleistung auf das neue Regime und den »deutschen Gruß«. Den Wehrdienst lehnten sie ebenfalls ab. Als Schrittmacher des Weltbolschewismus und des Judentums wurden sie mit erbarmungsloser Härte von der Gestapo verfolgt. Richter verurteilten Zeugen Jehovas meist aufgrund des nationalsozialistischen »Heimtückegesetzes«. Schließlich erließ die Reichsregierung ein Sondergesetz zur Zwangseinweisung von Kindern in staatliche Heime. Unter diesem Gesetz hatten alle Zeugen Jehovas zu leiden, die eine vom Reichsführer SS und Chef der deutschen Polizei, Himmler, ausgearbeitete Erklärung nicht unterschrieben, daß sie sich von ihrer Glaubensgemeinschaft getrennt hätten. Immer häufiger verschwanden nun Zeugen Jehovas in den Konzentrationslagern. Während des Kriegs wurden viele Bibelforscher wegen »Wehrkraftzersetzung« zum Tode verurteilt; sie hatten den Kriegsdienst in jedweder Form abgelehnt. Trotz grausamer Verfolgung gelang es den Zeugen Jehovas immer wieder, ihre Gemeinden neu aufzubauen, wobei sie, übrigens wie die kommunistischen und sozialistischen Widerstandsgruppen, von-

einander unabhängige Zellen bildeten. Erst im Januar 1944 mußten sich die letzten Gruppierungen der staatlichen Übermacht ergeben. Bis zu diesem Zeitpunkt hatten die Zeugen Jehovas aus dem Ausland Traktatliteratur bezogen, selbst hergestellt und verteilt. Neben religiösen Argumenten (Hitler als »Sprößling des Satans«) finden sich darin auch soziale Anklagen gegen das Regime. Aus einigen Berichten geht hervor, daß die Zeugen Jehovas auch Arbeiter für ihre religiösen und politischen Ziele zu gewinnen vermochten, so vor allem in Augsburg.
Der ursprünglich religiös motivierte Protest und die radikale Verweigerung der Zeugen Jehovas erhielten zunehmend politischen Charakter. Verschiedene Zeugen Jehovas — besonders Frauen — haben zum Beispiel Wehrdienstverweigerer und Deserteure (auch solche, die nicht ihrer Gemeinschaft angehörten) versteckt und vor dem Zugriff der Gestapo und der Militärpolizei bewahrt. Noch in den Konzentrationslagern versuchten Zeugen Jehovas, dem nationalsozialistischen Zwang zu widerstehen: Beispiele eines tapferen religiösen und politischen Widerstands.

Jüdischer Widerstand in Deutschland. Juden waren die Hauptopfer der Vernichtungswut Hitlers und seiner Helfershelfer. Dennoch ist es falsch, sie nur als Objekte der nationalsozialistischen Verfolgung darzustellen. Die Juden waren zugleich auch Subjekt der Geschichte, ihrer Geschichte. Sie haben auf die nationalsozialistische Verfolgung reagiert, sie haben sich nicht willen- und widerstandslos »wie die Lämmer zur Schlachtbank« führen lassen, sie haben sich auch gewehrt, haben als Juden und in jüdischen Gruppen Widerstand geleistet. Es gab nicht nur den Warschauer Ghetto-Aufstand von 1943. Auch in Deutschland haben die diskriminierten, entrechteten, ausgeplünderten und verfolgten Juden auf die nationalsozialistische Verfolgung reagiert, haben Widerstand in der einen oder anderen Form geleistet. Ihr Widerstand und ihre Selbstbehauptung sind jedoch bis heute wenig bekannt.
Wichtig sind zunächst die intensiven Bemühungen der einzelnen jüdischen Gemeinden, die Auswanderung von deutschen Juden durch Geldsammlungen und Umschulungen vorzubereiten und den inneren Zusammenhalt und die materielle Lage der im Lande verbliebenen Juden durch soziale und kulturelle Einrichtungen wie Altersheime, Krankenhäuser, Theater und Schulen zu fördern. Innerhalb der Forschung hat man diesen »Neuaufbau im Untergang« als *geistigen Widerstand* bezeichnet. Da die Abwehrbemühungen der Juden meist religiös motiviert waren oder zu einer Intensivierung des religiösen Lebens führten, durch die der Säkularisierungsprozeß aufgehalten und geradezu umgekehrt wurde, hat dieser Widerstand Ähnlichkeiten mit dem der »Bekennenden Kirche«. Analogien bestehen insofern, als sich beide Gruppen in einer Krisensituation verstärkt auf ihre Identität besannen. Die Aktivität der sich bewußt zum Judentum bekennenden Menschen zielte zwar nicht unmittelbar auf die Beseitigung des nationalsozialistischen Regimes — dies war für die Juden generell nicht möglich —, man wandte sich jedoch gegen das erklärte Ziel der Nationalsozialisten, die Juden als »Volksschädlinge«, als Ratten und Schmeißfliegen zu diffamieren, aus der Volksgemeinschaft auszugrenzen und ihnen ihr Menschsein abzusprechen.

Über den geistigen Widerstand hinaus hat es jedoch auch einen politisch motivierten jüdischen Widerstand in Deutschland gegeben. Allerdings war er in der Intensität geringer als in anderen Ländern. Einen Warschauer Aufstand, Höhepunkt des Widerstands des jüdischen Volkes insgesamt, hat es in Deutschland nicht gegeben. Dies hat mehrere Gründe.
Viele deutsche Juden fühlten sich ähnlich wie die meisten nichtjüdischen Mitbürger primär als Deutsche und hatten schon deshalb Skrupel, trotz aller Demütigungen und Verfolgungen gegen ihr »Vaterland« zu kämpfen. Auch waren schon 1939 die meisten der noch in Deutschland verbliebenen Juden über 65 Jahre alt; vor allem jüngere Menschen hatten die geringen Möglichkeiten zur Auswanderung genutzt. Hinzu kam die stetig fortschreitende Abdrosselung jüdischen Lebens vom bürgerlichen Alltag mittels einer Vielzahl von Gesetzen, Verordnungen und Ausführungsbestimmungen.
Juden wurden darüber hinaus von Anfang an von der Gestapo besonders intensiv überwacht. Die Komintern veranlaßte übrigens die Leitung der illegalen KPD schon 1936/37, aus konspirativen Gründen alle Genossen jüdischer Herkunft aus den kommunistischen Widerstandsgruppen auszuschließen und ihnen zu empfehlen, eigene Widerstandsgruppen zu bilden.
Wenn der Widerstand der deutschen Juden im Vergleich zu dem in anderen Ländern relativ gering war, so lag dies schließlich auch daran, daß die aktive Soli-

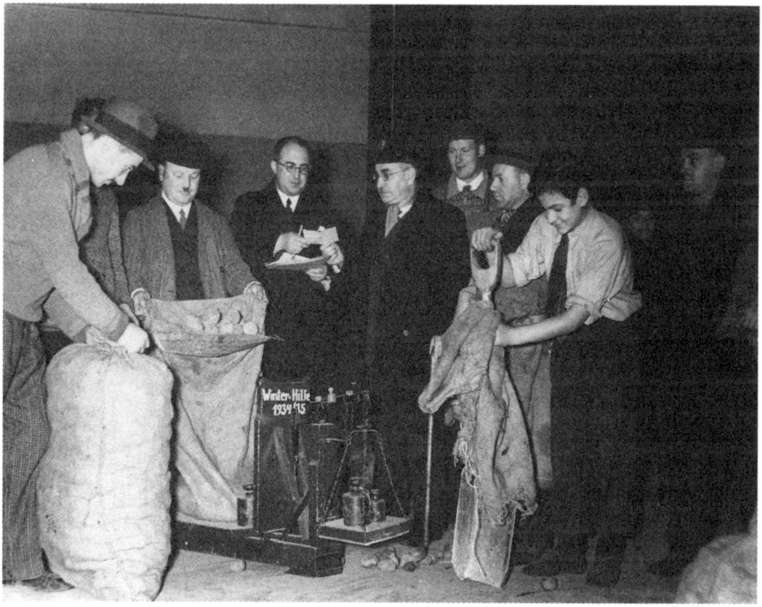

Sie wollten sich nicht unterkriegen lassen: »Jüdische Winterhilfe« 1934/35. Viele deutsche Juden lebten bereits in bitterer Armut. Aufnahme Abraham Pisarek.

darität der nichtjüdischen Widerstandsgruppen, wiederum von einigen Ausnahmen abgesehen, nicht sehr groß war. Proteststreiks gegen die Deportation von deutschen Juden (wie in Holland) oder die Organisation von Fluchtmöglichkeiten für Juden (wie in Dänemark) hat es in Deutschland entweder gar nicht oder nur in geringem Umfang gegeben. Durch diese Bemerkung werden übrigens die Verdienste der »unbesungenen Helden«, die verfolgten Juden geholfen haben, nicht geschmälert, sondern — im Gegenteil — noch erhöht!

Juden haben als einzelne, als Mitglieder anderer, vor allem kommunistischer und sozialistischer und als Angehörige spezifisch jüdischer Widerstandsgruppen gegen den Nationalsozialismus gekämpft.

Die genaue Zahl derjenigen Juden, die sich an der Widerstandstätigkeit der illegalen KPD, der SPD oder der sozialistischen und kommunistischen Splittergruppen beteiligt haben, ist nicht bekannt. Eine Frage, die zwischen kommunistischen und »bürgerlichen« sowie jüdischen Historikern heftig umstritten ist, betrifft die Identität des jeweiligen Widerstandskämpfers und sein Motiv (als »Jude«, als »Kommunist«). Gestapo und »Volksgerichtshof« haben jedenfalls in den meisten Fällen die jüdische Herkunft hervorgehoben, um die Gefährlichkeit derartiger Widerstandskämpfer zu betonen.

Aus verschiedenen Städten und Gegenden Deutschlands melden Gestapo-Berichte, daß sich einzelne Juden gegen die Diffamierung, gegen die Zerstörung und den Raub ihres Eigentums zur Wehr gesetzt haben. Relativ häufig scheint dies während der Novemberpogrome des Jahres 1938 der Fall gewesen zu sein. Zahl und Umfang dieses individuellen Widerstands sind jedoch noch nicht genau erforscht.

Genauere Informationen besitzen wir über einige *jüdische Widerstandsgruppen*, deren Mitglieder sich darauf konzentrierten, die ihnen und ihren Schicksalsgefährten drohende Deportation zu verhindern. Sie machten Verstecke ausfindig, fälschten Pässe und Lebensmittelkarten, ermöglichten das Untertauchen und die Flucht vor Gestapo-Beamten. Auch dies war Widerstand. Besonders Mitglieder der ehemaligen jüdischen Jugendbewegung, sozialistische und zionistische Gruppen haben sich in dieser Hinsicht hervorgetan. Genannt sei eine von Edith Wolff und Jizchak Schwersenz geleitete Gruppe, die in Berlin im Untergrund tätig war und vor allem Fluchtmöglichkeiten erkundete.

Selbst nach Kriegsbeginn entstanden noch einzelne jüdische Widerstandsgruppen. So hat eine von Eva Mamlok geführte Gruppe jüdischer Zwangsarbeiter zunächst mit Erfolg versucht, antifaschistische Literatur und Flugschriften herzustellen und zu verbreiten. Im Jahr 1941 kam die Gestapo der Gruppe auf die Spur. Ihre Mitglieder wurden entweder sofort zum Tode verurteilt und hingerichtet oder in das KZ Riga deportiert, wo sie dann ermordet wurden.

Dieses Schicksal erlitten auch die Mitglieder einer von Werner Scharff geleiteten jüdischen Widerstandsgruppe, die sich »Arbeitsgemeinschaft für Frieden und Freiheit« nannte. Scharff, der als Elektriker im Sammellager in der Berliner Levetzowstraße arbeitete, hatte teilweise erfolgreich versucht, Juden vor der Deportation zu bewahren, indem er ihnen gefälschte Ausweise und Verstecke verschaffte. Im Jahr 1943 ging er selber in den Untergrund, wurde indes kurz darauf von einem Gestapo-Mann auf der Straße erkannt, verhaftet und nach Theresienstadt deportiert. Er konnte jedoch flüchten. Zunächst ging er nach Berlin zurück, um dann in Luckenwalde die schon erwähnte Widerstandsgruppe zu gründen, der auch einige Nichtjuden angehörten. Scharff wollte sich nun nicht mehr damit begnügen, einzelne Juden zu verstecken, sondern plante, das jüdische Gefängnis in der Schulstraße in Berlin zu stürmen und die Inhaftierten zu befreien. Die Gruppe wurde jedoch an die Gestapo verraten, Scharff selbst am 12. Oktober 1943 verhaftet, nach Berlin gebracht und besonders grausam gefoltert. Er wurde am 16. März 1944 im KZ Sachsenhausen erschossen.

Noch bedeutsamer war der Widerstand der Berliner Gruppe um Herbert Baum. Ihr gehörten relativ junge Menschen an, fast alle jüdischer Herkunft, zur Hälfte Frauen. Diese Angaben sind deshalb hervorzuheben, weil auch heute noch vielerorts behauptet wird, daß sich Jugendliche, Frauen und Juden so gut wie gar nicht am Widerstand beteiligt hätten. Die Mitglieder der Gruppe Baum stammten aus kleinbürgerlichen und proletarischen Verhältnissen und hatten kommunistischen, sozialistischen und zionistischen Organisationen angehört. Daher ist es unter Historikern zu einem Streit darüber gekommen, ob die Gruppe Baum nun dem kommunistischen, dem sozialistischen oder dem jüdischen Widerstand zuzurechnen sei — für die Mitglieder der Gruppe Baum damals eine völlig unerhebliche Frage. Entscheidend war das, was sie miteinander verband, nämlich Juden und damit Angehörige einer verfolgten Minderheit zu sein, die kaum Hilfe und Sympathie von der nichtjüdischen Mehrheit erhoffen konnte.

Die Gruppe Baum, die sich 1939 bildete, hat sich zunächst darauf konzentriert, Flugblätter und Untergrundschriften herzustellen und zu verteilen. Ferner versuchte man, Kontakte mit ausländischen Zwangsarbeitern in Berliner Betrieben aufzunehmen, wo auch die meisten Mitglieder der Gruppe Baum als Arbeiter beschäftigt waren.

Höhepunkt und Ende der Widerstandstätigkeit der Gruppe Baum bildete ein Brandanschlag auf die nationalsozialistische Propaganda-Ausstellung »Das Sowjetparadies« im Berliner Lustgarten. Gemäß der nationalsozialistischen Propagandathese von der »jüdisch-bolschewistischen« Herrschaft in der Sowjetunion hatte diese Ausstellung sowohl eine antikommunistische als auch antisemitische Tendenz. Beides scheint die Mitglieder der Gruppe Baum veranlaßt zu haben, gerade diese Ausstellung für ihre Aktion auszuwählen. Hinzu kam vermutlich die Hoffnung, durch einen spektakulären Akt andere Widerstandsgruppen dazu anzuregen, mehr für die verfolgten Juden zu tun. Doch gerade diese Hoffnung sollte sich nicht erfüllen.

Am 18. Mai 1942 wurden in der Ausstellung Brandbomben gelegt. Elf Besucher erlitten Verletzungen. Es entstand einiger Sachschaden, der jedoch schnell beseitigt werden konnte. In der gleichgeschalteten Presse wurde der Anschlag verschwiegen. Nur wenige Tage danach verhaftete die Gestapo mehrere Mitglieder der Gruppe Baum und einer kommunistischen Widerstandsgruppe. Weitere Verhaftungen folgten im Juli und August 1942. Während Herbert Baum bereits am 11. Juni 1942 an den Folgen der Folterungen starb, die er in der Gestapo-Haft erleiden mußte, sind fast alle übrigen Mitglieder der Gruppe Baum (auch solche, die an dem Anschlag gar nicht beteiligt waren) Ende 1942 und zu Beginn des Jahres 1943 vom »Volksgerichtshof« wegen »Vorbereitung zum Hochverrat und der Feindbegünstigung« zum Tode verurteilt worden.

Doch die Nationalsozialisten gaben sich in ihrer Rachsucht mit diesen Justizmorden nicht zufrieden. In Anlehnung an die im Osten von den »Einsatzgruppen« ausgeübte Praxis wurden schon am 27. Mai 1942 500 Berliner Juden (an dem Anschlag waren 5 Personen beteiligt) verhaftet, 250 von ihnen sofort erschossen und die übrigen in ein Konzentrationslager eingeliefert, wo die meisten noch im Lauf des Jahres 1942 umkamen. Das Referat IV B 4 des Reichssicherheitsamts informierte danach Vertreter der Reichsvereinigung der Juden in Deutschland und der jüdischen Kultusgemeinden von Wien und Prag über die Erschießungen und Verhaftungen mit der Bemerkung, »daß weitere Maßnahmen dieser Art zu erwarten sind, falls noch einmal ein Sabotageakt vorkommen sollte, an dem Juden beteiligt sind«. Den jüdischen Repräsentanten wurde darüber hinaus der »Auftrag« erteilt, »diesen Sachverhalt in geeigneter Weise den Juden bekanntzugeben, um ihnen die Folgen derartiger Handlungsweisen klarzumachen«.
Daraus ist zu ersehen, welche Gefahren und Risiken jüdische Widerstandskämpfer auf sich zu nehmen hatten. Sie mußten mit der Gewißheit leben, nicht nur ihr eigenes, sondern auch das Leben unbeteiligter, hilfloser jüdischer Bürger zu gefährden, die von den nationalsozialistischen Machthabern in zynischer und brutaler Weise als Geiseln behandelt wurden, eine Tatsache, die der jüdischen Widerstandstätigkeit von Anfang an enge Grenzen setzte. Wenn es dennoch und trotz des nahezu perfekten Überwachungsapparats des nationalsozialistischen Terrorregimes zu einzelnen Aktionen jüdischen Widerstands gekommen ist, sollte dies Anlaß genug sein, auch diesen Widerstand, mehr als bisher geschehen, zu würdigen. Zumal es in beiden deutschen Staaten gewisse Tendenzen gibt, die auf eine Verklärung des deutschen Widerstands, und zwar des Arbeiterwiderstands wie des Widerstands innerhalb der Kirchen und der bürgerlich-militärischen Kreise hinauslaufen.

Der 20. Juli 1944. In seinem 1946 veröffentlichten Erinnerungsbericht meinte Emil Henk, der selber als Sozialdemokrat und Gewerkschaftler Widerstand geleistet hatte, daß der »20. Juli kein Putsch einiger Generäle war, sondern eine Verschwörung weiter Schichten des deutschen Volks«. Die neuere Forschung hat diese These mehr widerlegt als bestätigt. Von einer »Verschwörung« oder vom Widerstandskampf »weiter Schichten des deutschen Volkes« kann keine Rede sein. Der deutsche Widerstand war eher ein Widerstand »ohne Volk«. Recht hat Emil Henk aber mit seiner Behauptung, daß der 20. Juli nicht nur das Werk einiger Generäle war. Auch andere Gruppen und Personen des deutschen Widerstands — von den Kirchen bis hin zu den Kommunisten — waren an seiner Vorbereitung und Durchführung beteiligt. »Generäle«, Militärs, standen jedoch im Zentrum. Deshalb wäre der Aufstandsversuch fast geglückt, und deshalb scheiterte er auch. Um diese scheinbar widersprüchliche Formulierung zu verstehen, ist es notwendig, kurz auf die Vorgeschichte des 20. Juli einzugehen. Dabei ist das Verhalten der Armee von besonderem Interesse.
Nach der Zerschlagung und weitgehenden »Gleichschaltung« aller nicht-nationalsozialistischen Parteien und Gruppen wäre allein die Armee noch fähig gewesen, die Zerstörung der Demokratie zu verhindern und das nationalsozialistische

Regime zu stürzen. Doch obwohl die Führer der Armee auf die Weimarer Reichsverfassung vereidigt worden waren, zeigten sie keinerlei Bereitschaft, diese Verfassung zu verteidigen. Besorgnis riefen bei ihnen allenfalls die Pläne Röhms hervor, die SA zu einer Miliz und damit zu einer ernstzunehmenden Konkurrenz für die Reichswehr auszubauen. Um so erfreuter reagierten sie auf die Niederschlagung des angeblichen Röhm-Putsches. Über die rechtswidrige Ermordung von Röhm und seiner Kumpane sowie von konservativen Gegnern des Nationalsozialismus, ja selbst von Generälen wie v. Schleicher und v. Bredow, sah man hinweg. Die Reichswehrführung brauchte nun die Konkurrenz der SA nicht mehr zu fürchten, hatte sich aber auch durch ihre insgesamt passive, teilweise sogar zustimmende Haltung in gewisser Weise mitschuldig gemacht. Vermutlich deshalb ließ sie es zu, daß alle Angehörigen der Armee nach dem Tode Hindenburgs auf Hitler vereidigt wurden. An diesen Eid haben sich die weitaus meisten deutschen Offiziere bis zum Schluß gebunden gefühlt.
Mit mehr oder minder unverhohlener Zustimmung reagierte die Reichswehrführung auch auf die Pläne Hitlers, Deutschland so schnell wie möglich aufzurüsten. Ebenfalls umjubelt wurden die außenpolitischen »Erfolge« Hitlers — vom Einmarsch in das entmilitarisierte Rheinland über die »Rückholung« des Saargebiets bis hin zum »Anschluß« Österreichs.
Erst Anfang 1938 regte sich bei einigen Protest. Anlaß waren die Umstände, die zum Sturz des Kriegsministers v. Blomberg und des Oberbefehlshabers des Heeres v. Fritsch führten. Blomberg trat zurück, nachdem ihm führende Nationalsozialisten vorgehalten hatten, daß seine neue Ehe nicht »standesgemäß« sei. Fritsch hatte man aufgrund von Falschaussagen homosexueller Beziehungen bezichtigt.
Hohe Offiziere hielten zwar die Umstände, die zum Rücktritt v. Blombergs und v. Fritschs geführt hatten, für entwürdigend, verzichteten jedoch darauf, sich mit ihnen zu solidarisieren. Dies war ein schwerwiegender Fehler, weil nun Hitler selbst den Oberbefehl über die Wehrmacht übernahm und den willfährigen General Keitel zum Chef des Oberkommandos der Wehrmacht ernannte.
Auf Proteste stieß erst der »unabänderliche Entschluß«, den Hitler im Mai 1938 seinen Generälen bekannt gab, so bald wie möglich die Tschechoslowakei zu überfallen. Der Chef des Generalstabs, Generaloberst Ludwig Beck, gab zu bedenken, daß ein Angriff auf die Tschechoslowakei zu einem Krieg mit England und Frankreich führen könnte. Dafür sei die Wehrmacht jedoch noch nicht gerüstet. Da er sich mit seinen Warnungen nicht durchsetzen konnte, trat Beck von seinem Posten zurück.
Zusammen mit dem ehemaligen Oberbürgermeister von Leipzig, Carl Friedrich Goerdeler, entwarf Beck seit August 1938 Pläne, Hitler zu stürzen, falls dieser den Befehl zum Angriff auf die Tschechoslowakei geben sollte. Unterstützung fanden Beck und Goerdeler bei den Generälen v. Witzleben, v. Brockdorff und Hoepner, bei dem in der Abwehr beschäftigten Obersten Hans Oster und dessen Vertrauten Ewald v. Kleist, dem Botschaftsrat Theo Kordt und dem Polizeipräsidenten von Berlin und SS-Gruppenführer Graf v. Helldorf. Doch ihre kaum getarnten Versuche, die englische Regierung zu einer festen Haltung gegenüber Hitler zu bewegen, scheiterten. Auf der Münchner Konferenz erhielt Hitler das

Sudetenland zugesprochen. Damit war eine wichtige Voraussetzung für die Realisierung der Staatsstreichpläne entfallen. Goerdeler meinte bitter, daß »Chamberlain Hitler gerettet« habe.

Doch es war nicht allein die Schuld des englischen Premierministers, daß nun die Vorbereitungen für einen Staatsstreich gegen Hitler ins Stocken gerieten. Wie die überwiegende Mehrheit der Deutschen waren auch viele Offiziere und Beamte, die zur Zusammenarbeit mit Beck und Goerdeler bereit gewesen waren, nun von den »Erfolgen« Hitlers begeistert. Dies änderte sich auch nach der Annexion der »Rest-Tschechei« sowie nach den Siegen über Polen, Dänemark, Norwegen, Holland, Belgien und Frankreich nicht.

Beck und Goerdeler gaben dennoch nicht auf. Sie hielten den Kontakt zu einzelnen Oppositionellen aufrecht und verfaßten Denkschriften für die Zeit »nach Hitler«. Doch erst nachdem der deutsche Vormarsch im Winter 1941/42 vor Moskau gestoppt worden und damit die »Blitzkriegsstrategie« gescheitert war, beteiligten sich wieder aktive Offiziere an den Umsturzplänen: so vor allem die Generäle v. Falkenhausen und v. Stülpnagel, die Befehlshaber in Belgien und Frankreich, und Generalmajor Henning v. Tresckow. Er und die Offiziere v. Schlabrendorff und v. Gersdorff entwickelten verschiedene Attentatspläne, die jedoch scheiterten. Am 13. März 1943 zündete eine Bombe nicht, die v. Schlabrendorff in das Flugzeug Hitlers geschmuggelt hatte. Am 21. März 1943 verließ Hitler früher als geplant eine Ausstellung von erbeuteten Waffen im Berliner Zeughaus, so daß v. Gersdorff darauf verzichten mußte, die mitgebrachte Bombe zu entzünden. Noch verhängnisvoller war, daß es der Gestapo im April 1943 gelang, den Stützpunkt der Verschwörer innerhalb der militärischen Abwehr auszuschalten. Andererseits war es inzwischen gelungen, enge Kontakte zu einer Widerstandsgruppe zu knüpfen, die sich zu Pfingsten 1942 zum ersten Mal auf dem schlesischen Gut Kreisau von Helmuth James Graf v. Moltke getroffen hatte.

Dem Kreisauer Kreis gehörten jüngere Militärs und Diplomaten an wie Peter Graf Yorck von Wartenburg, Hans-Bernd v. Haeften, Adam v. Trott zu Solz, Graf Schwerin v. Schwanenfeld und Carl Dietrich v. Trotha, Sozialdemokraten und Gewerkschaftler wie Adolf Reichwein, Julius Leber, Carlo Mierendorff und Theo Haubach sowie Angehörige beider Kirchen wie Eugen Gerstenmaier, Alfred Delp und Lothar König. Einige »Kreisauer« unterhielten auch Kontakte zu kommunistischen Widerstandsgruppen.

Ähnlich wie der Kreis um Beck und Goerdeler entwickelten auch die Kreisauer Pläne für eine Neuordnung Deutschlands nach dem Sturz Hitlers. Dabei dachten sie jedoch nicht an die Wiederherstellung einer parlamentarischen Demokratie Weimarer Prägung. Statt dessen war ein föderalistischer Staatsaufbau mit einem abgestuften Wahlrecht geplant, das jedoch dem einzelnen Bürger Möglichkeiten der politischen Partizipation bot.

In der Außenpolitik sollte nach dem Friedensschluß und nach der Bestrafung der nationalsozialistischen Kriegsverbrecher durch einen internationalen Gerichtshof eine Einigung Europas auf ebenfalls föderalistischer Grundlage angestrebt werden. Über diese innen- und außenpolitischen Ziele, vor allem über die Frage der künftigen Grenzen Deutschlands, gab es unter den Kreisauern sowie vor allem mit dem Kreis um Goerdeler und Beck Meinungsverschiedenheiten. Weit-

gehend einig war man sich jedoch darin, daß ein Umsturz nur mit Hilfe führender Militärs möglich sei.
Seit Mitte 1943 hatte v. Tresckow, der inzwischen nach Berlin versetzt worden war, neue Aufstandspläne erarbeitet. Dabei sollte dem »Ersatzheer« eine besonders wichtige Funktion zufallen: die Niederschlagung von inneren Unruhen, wobei man vor allem an Aufstände der »Fremdarbeiter« dachte. Diese Pläne trugen den Decknamen »Operation Walküre«. Sie wurden nun von Tresckow, von General Friedrich Olbricht und Oberst Schenk Claus Graf von Stauffenberg für einen Umsturz umgearbeitet. Nachdem Tresckow im Oktober 1943 wieder an die Ostfront versetzt worden war, kümmerte sich Stauffenberg intensiv um die Vorbereitung der »Operation Walküre«. Dabei war ihm wie Tresckow, Olbricht und anderen Verschwörern klar, daß der Tod Hitlers die Voraussetzung für ein Gelingen der Pläne sei.
Die Anfang 1944 von den Offizieren Axel von dem Bussche und Eberhard v. Breitenbach vorbereiteten Attentatsversuche scheiterten jedoch. Trotz der mehr als zögernden Haltung der um Unterstützung gebetenen Generäle und der sich verschlechternden Frontlage — am 6. Juni 1944 waren die Alliierten in der Normandie gelandet — hielten Tresckow und Stauffenberg an den Attentatsplänen fest. Tresckow meinte, daß das Attentat, koste es was es wolle, erfolgen müsse: »Denn es kommt nicht mehr auf einen praktischen Zweck an, sondern darauf, daß die

Claus Graf Schenk von Stauffenberg mit seinen Söhnen Franz Ludwig und Heimeran im Jahr 1940.

deutsche Widerstandsbewegung vor der Welt und vor der Geschichte den entscheidenden Wurf gewagt hat. Alles andere ist daneben gleichgültig.«

Am 1. Juli 1944 wurde Stauffenberg zum Stabschef des Ersatzheers ernannt. Damit war er der einzige unter den Verschwörern, der in die unmittelbare Nähe Hitlers vordringen konnte, weil er an den Lagebesprechungen im »Führerhauptquartier« teilnahm. Stauffenberg war jedoch schwer verwundet. Er hatte ein Auge, die rechte Hand und zwei Finger der linken Hand verloren. Dennoch entschloß er sich, das Attentat auszuführen.

Am 20. Juli entsicherte Stauffenberg eine der beiden in seiner Aktentasche verborgenen Bomben und deponierte die Tasche unter dem Kartentisch im Lagerraum, wo die Besprechung stattfand. Unter einem Vorwand verließ er den Raum und flog, nachdem er die Explosion gehört hatte, zurück nach Berlin, ohne zu wissen, daß Hitler nur leicht verletzt war. Am Nachmittag traf er im Oberkommando des Ersatzheers in der Bendlerstraße ein. Erst jetzt wurde der »Walküre-Befehl« ausgegeben. Die Aktion selbst verlief zunächst planmäßig. Die in der Umgebung Berlins alarmierten Truppen besetzten das Regierungsviertel und das Funkhaus, unterbrachen jedoch den Sendebetrieb nicht. Daher konnte über den Rundfunk die Meldung verbreitet werden, daß Hitler am Leben sei und die Wehrmachtsdienststellen keine Befehle der Aufständischen entgegenzunehmen hätten. Nachdem er im Beisein von Goebbels mit Hitler persönlich gesprochen hatte, stoppte der Befehlshaber des Berliner Wachbataillons, Major Remer, die auf die Bendlerstraße vorrückenden Truppen und ließ den Bendlerblock von seiner Einheit besetzen. Stauffenberg, sein Adjutant Oberleutnant v. Haeften, Oberst Merz von Quirnheim und General Olbricht wurden um Mitternacht im Hof des Bendlerblocks erschossen. Damit war das »Unternehmen Walküre« endgültig gescheitert.

Die Rache der Nationalsozialisten war schrecklich. Tausende, denen Beteiligung an den Vorbereitungen des Attentats vorgeworfen wurde, sind vom »Volksgerichtshof« zum Tode verurteilt und hingerichtet worden. Ihre qualvolle Erdrosselung in Berlin-Plötzensee wurde auf Befehl Hitlers gefilmt. Die vor die Schranken des »Volksgerichtshof« gezerrten Personen wußten, was sie erwartete. Dennoch bewahrten die Verschwörer ihren Mut. Beispielhaft dafür sind die Worte von Helmuth James Graf v. Moltke, der Freisler gegenüber sagte, er trete ihm «nicht als Protestant, nicht als Großgrundbesitzer, nicht als Adliger, nicht als Preuße, nicht als Deutscher . . . sondern als Christ und als gar nichts anderes« gegenüber.

WIRTSCHAFT

»Brechung der Zinsknechtschaft«

»Hitler baut auf!« – »Der Nationalsozialismus beseitigt Hunger und Elend« versprachen die Nationalsozialisten auf ihren Wahlplakaten. Viele haben diesen Parolen geglaubt, haben vor allem deshalb Hitler gewählt, weil sie von ihm eine Überwindung der Wirtschaftskrise und der Arbeitslosigkeit erhofften. Daß es Hitler dann tatsächlich gelang, diese Versprechen einzulösen, war ein wesentlicher Faktor seiner unbestreitbaren Popularität. Noch heute kann man an deutschen Stammtischen die Äußerung hören, daß »Hitler doch immerhin die Autobahnen gebaut und die Arbeitslosen von der Straße geholt« habe.
Dabei wird nur übersehen, daß die Überwindung der Arbeitslosigkeit durch skrupelloses Schuldenmachen und intensive Aufrüstung zum Zweck eines Raub- und Angriffskriegs erreicht wurde. Auch haben Hitler oder andere führende Nationalsozialisten die Wirtschaftspolitik zumindest in den ersten Jahren des Dritten Reichs nicht maßgeblich bestimmt, weil sie über kein konkretes Wirtschaftsprogramm verfügten.
Nach den sonst fragwürdigen, in diesem Fall jedoch zuverlässigen Angaben Otto Wageners soll Hitler seine Unkenntnis in wirtschaftspolitischen Fragen freimütig eingestanden haben: »Ich bin kein Wirtschaftler. Ich habe mich mit Detailfragen der Wirtschaft nie beschäftigt.« Hitler hat sich indes nicht nur mit »Detailfragen« nicht beschäftigt, auch seine grundsätzlichen Äußerungen zur Wirtschaftspolitik sind vage, ja nichtssagend. Dies trifft vor allem auf den knapp fünf Seiten langen Abschnitt über »Staat und Wirtschaft« in »Mein Kampf« zu.
Hitler wiederholt und variiert in diesem Abschnitt im Grunde lediglich eine Aussage, die er als »ewig gültige Wahrheit« bezeichnet: die Behauptung, daß »die Wirtschaft« nur »eines der vielen Hilfsmittel« des Staates sei. Vorrangige Aufgabe des Staates sei die »Erhaltung der Art«, das heißt der »Rasse«. Wirtschaftspolitik hat also eine sekundäre Bedeutung. Hitler begründet diese These mit dem Hinweis auf die Geschichte Preußens; sie zeige, daß nicht »materielle Eigenschaften, sondern ideelle Tugenden allein zur Bildung eines Staates« befähigten. Der spätere preußisch-deutsche Staat habe es jedoch zugelassen, daß die Wirtschaft zur »bestimmenden Herrin des Staates« aufgestiegen sei. Es sei im »Vorkriegs-Deutschland« zu »Verfallserscheinungen« gekommen, weil man das »Geld« zu einem »Gott« gemacht habe, »dem alles zu dienen und vor dem sich jeder zu beugen hatte«. Die Verehrung des »Götzen Mammon« sei auch deshalb so gefährlich, weil man so dem »Bankjuden« in die Hände arbeite. Der Hinweis auf die »Bankjuden« und das internationale Finanzjudentum ist ein weiteres Argument, mit dem Hitler seine Geringschätzung der Wirtschaft und der Wirtschaftspolitik begründet.
Diese Geringschätzung steht in einem deutlichen Gegensatz zum 25-Punkte-Programm vom 24. Februar 1920, das bezeichnenderweise in diesem Zusammenhang mit keinem Wort erwähnt wird. Sieben der 25 Punkte (11-17) des Parteiprogramms enthielten wirtschaftspolitische Forderungen: die »Brechung der Zinsknechtschaft«, die »restlose Einziehung aller Kriegsgewinne«, die »Verstaatli-

chung aller ... Trusts«, die »Gewinnbeteiligung an Großbetrieben«, der »Ausbau der Altersversorgung«, die »Kommunalisierung der Groß-Warenhäuser« und andere Maßnahmen, die der »Schaffung« und »Erhaltung« »eines gesunden Mittelstandes« dienen sollten, sowie die »unentgeltliche Enteignung von Boden für gemeinnützige Zwecke«.

In beiden Bänden von »Mein Kampf« erwähnt Hitler nur eine der sieben wirtschaftspolitischen Forderungen des Parteiprogramms: die »Brechung der Zinsknechtschaft«. Im achten Kapitel des ersten Bands von »Mein Kampf«, in dem Hitler den Beginn seiner politischen Tätigkeit in München beschreibt, sagt er dazu: »Als ich den ersten Vortrag Gottfried Feders über die ›Brechung der Zinsknechtschaft‹ anhörte, wußte ich sofort, daß es sich hier um eine theoretische Wahrheit handelt, die von immenser Bedeutung für die Zukunft des deutschen Volkes werden mußte.«

Gottfried Feder gehört damit zu den wenigen Personen, die Hitler in »Mein Kampf« namentlich erwähnt und positiv würdigt. Der 1883 (also sechs Jahre vor Hitler) geborene Feder war von Beruf Ingenieur. Als volkswirtschaftlicher Laie hatte er die Theorie von der »Brechung der Zinsknechtschaft« entwickelt und sie mit missionarischem Eifer in rechten und rechtsradikalen Gruppen und Grüppchen in München vorgetragen. Am 12. September 1919 referierte er darüber in einer Veranstaltung der kleinen, unbedeutenden Deutschen Arbeiterpartei (DAP). Unter den Zuhörern befand sich der damalige V-Mann der Reichswehr, Adolf Hitler. Von nun an verband sich Feders politischer Weg mit dem Hitlers, der ihn zunächst sehr schätzte. Davon zeugen die Äußerungen in »Mein Kampf« und wirtschaftspolitische Punkte im Parteiprogramm der NSDAP, die im wesentlichen auf Feders Theorie beruhten und wohl auch von ihm persönlich formuliert worden waren. In der Weimarer Republik galt Feder lange Zeit als der wirtschaftspolitische Sprecher der NSDAP. Doch in dieser Position erhielt er bald Konkurrenz durch den ehemaligen Offizier und Dr. h.c. Otto Wagener, der zum Leiter der »Wirtschaftspolitischen Abteilung der NSDAP« avancierte, sowie durch Richard Walter Darré, der ein agrarpolitisches Programm entwikkelte und vertrat. Feder verlor den Konkurrenzkampf mit Wagener und Darré. Dazu trugen offensichtlich auch seine geringen Erfolge als Propagandist der Partei bei. Die sozialdemokratische und selbst Teile der bürgerlichen Presse kommentierten Feders Propagandareden häufig mit Hohn und Spott. Immerhin ernannte ihn Hitler 1933 zum Staatssekretär im Reichswirtschaftsministerium. Bereits im Juni 1934 wurde Feder jedoch auf Drängen des neuen Wirtschaftsministers Schacht entlassen. Man fand ihn mit einer Professur ab. Feder starb 1941 als politisch machtloser und kaum noch bekannter Mann. Sein Slogan von der »Brechung der Zinsknechtschaft« war bereits in Vergessenheit geraten.

Im 25-Punkte-Programm der NSDAP von 1920 wird die »Brechung der Zinsknechtschaft« mit der ebenso inhaltslosen Formel von der »Abschaffung des arbeits- und mühelosen Einkommens« erklärt. Hitler sprach in diesem Zusammenhang in »Mein Kampf« von der Rückgängigmachung der »Verinternationalisierung der Wirtschaft« sowie der »scharfen Scheidung des Börsenkapitals von der nationalen Wirtschaft«, die vom internationalen »Finanz- und Leihkapital« abzukoppeln sei. Gemeint war der Kampf gegen das Verleihen von Geld gegen

Zinsen. Dieser Kampf wurde jedoch bereits im Mittelalter von der Kirche geführt und auf der ganzen Linie verloren. Die Gesetze des Marktes erwiesen sich als stärker als das kanonische Verbot des Zinsnehmens. Derartiges im 20. Jahrhundert zu fordern, war wirtschaftspolitischer Unsinn. Realisierbar war eine »Brechung der Zinsknechtschaft« allenfalls nach einer utopisch-reaktionären »Neuordnung nicht nur Deutschlands und Europas, sondern der ganzen Welt.« Genau dieses Ziel strebte Hitler an. Nach der »Zerschlagung des Marxismus«, nach der »Entfernung der Juden« und nach der »Gewinnung von Lebensraum im Osten« wollte er eine neue »Rassenordnung« im nationalen, kontinentalen und vermutlich auch weltweiten Rahmen realisieren. Nach der Verwirklichung dieser rassenpolitischen Utopie konnte die »Brechung der Zinsknechtschaft« beginnen. So gesehen, das heißt im Zusammenhang der gesamten »Weltanschauung«, hatten auch Hitlers wirtschaftspolitische Vorstellungen programmatischen Charakter. Sie waren aber mehr Bestandteil des Zukunftsprogramms als der konkreten mittel- und kurzfristigen Wirtschaftspolitik.

Wirtschaftspolitik des Dritten Reichs

Als Hitler an die Macht kam, gab es in Deutschland sechs Millionen Arbeitslose. Diese ebenso bekannte wie banal wirkende Angabe verschleiert jedoch das wahre Ausmaß der Wirtschaftskrise, die Deutschland getroffen hatte. Die tatsächliche Zahl der Arbeitslosen lag weit höher. Schulabgänger zum Beispiel, die einen Beruf und eine Arbeit suchten, wurden ebensowenig mitgezählt wie viele Heimarbeiter, Saisonarbeiter und Frauen, die einer Teilzeitbeschäftigung nachgegangen waren, bevor sie arbeitslos wurden. Auch erhielten viele der sechs Millionen Arbeitslosen keine Arbeitslosenunterstützung mehr, sondern waren auf die Wohlfahrt angewiesen, deren Unterstützungssätze weit unter dem Existenzminimum lagen. Und wer noch einen Arbeitsplatz hatte, mußte empfindliche Lohn- und Gehaltskürzungen hinnehmen. Selbst Beamte waren davon betroffen, ein Novum in der deutschen Geschichte. Da die Weltwirtschaftskrise auch, ja, zunächst eine Agrarkrise war, hatte sie innerhalb der deutschen Landwirtschaft, die sich ohnehin bereits in einer Strukturkrise befand, verheerende Folgen. Viele, schon vor Ausbruch der Krise hochverschuldete Bauern mußten Land und Hof verkaufen oder, weil sie keinen Käufer fanden, die Zwangsversteigerung ihres Eigentums hinnehmen.
Die wirtschaftliche Not hatte ein heute kaum noch zu begreifendes Ausmaß angenommen. Andrerseits darf nicht übersehen werden, daß Anfang 1933 erste Anzeichen einer Belebung der Wirtschaft weltweit unverkennbar waren. Mehrere deutsche Wirtschaftsfachleute hatten dies nicht nur gesehen, sondern vorhergesehen. Sie hatten Pläne entwickelt, wonach der strikte Sparkurs aufgegeben und Maßnahmen ergriffen werden sollten, die zu einer Belebung der Konjunktur und zu einer Verringerung der Arbeitslosenzahlen führen würden.
Hitler hat auch auf diese Pläne zurückgegriffen und sie mit Hilfe der in ihren Ämtern und Stellungen belassenen Fachleute weitgehend verwirklicht: so vor allem Arbeitsbeschaffungsmaßnahmen wie den Ausbau und die Umwandlung

des Freiwilligen Arbeitsdienstes (FAD) in den Reichsarbeitsdienst (RAD) sowie den Bau von Autobahnen. Gerade hier, etwa beim Bau der Autobahn Hamburg-Frankfurt-Basel, hat man sich auf sehr detaillierte und ausgearbeitete Pläne stützen können. Anders als in der Weimarer Republik stießen diese wirtschaftspolitischen Maßnahmen nicht auf die Kritik der deutschen Industrie. Da gleichzeitig die Parteien und Organisationen der Arbeiterbewegung zerschlagen wurden, verzichtete man auf die sonst üblichen kritischen Bemerkungen zu derartigen »Eingriffen des Staates in die Wirtschaft«.

Die Wirtschaftspolitik des nationalsozialistischen Regimes hatte Erfolg, wenn auch die Arbeitslosenzahlen langsamer sanken als erhofft: 1935 lag die Arbeitslosenquote insgesamt noch bei 10 Prozent, in einigen strukturschwachen Gebieten sogar weit darüber. Vor allem wurde die Wirtschaftspolitik des Regimes von der Bevölkerung als Erfolg angesehen. Dazu trug auch die nationalsozialistische Propaganda bei, der es gelang, eine optimistische Aufbruchsstimmung zu erzeugen. Sie beruhte im wesentlichen auf den Wirtschaftserfolgen und veranlaßte offensichtlich viele Menschen, über die negativen Begleitumstände, den Terror gegen Mitglieder der Arbeiterbewegung und gegen die Juden, hinwegzusehen. Sehr bald zeigte sich indes, daß die finanziellen Aufwendungen, die für die Arbeitsbeschaffungsmaßnahmen und besonders für die Aufrüstung ausgegeben wurden, die vorhandenen Mittel weit überschritten. Dazu nur ein Beispiel: 1933 waren nur 5 Prozent des Haushalts für die Reichswehr ausgegeben worden. Ein Jahr später stiegen die Rüstungsausgaben schon auf 18, im Jahr 1935 auf 25 und 1936 gar auf 39 Prozent des Reichshaushalts. Die Folgen: inflationäre Tendenzen, eine rapide Verringerung der Devisenbestände und eine Vergrößerung des Außenhandelsdefizit, das 1934 bereits 284 Millionen RM betrug. Mit der Aufgabe, den absehbaren Staatsbankrott zu verhindern und, wenn irgend möglich, den Verschuldungsprozeß aufzuhalten, wurde im Juli 1934 Hjalmar Schacht als Wirtschaftsminister betraut, der seit März 1933 das Amt des Reichsbankpräsidenten inne gehabt hatte.

Der neue Wirtschaftsminister Schacht erhielt von Hitler weitgehend freie Hand. Sein Konzept sah vor allem die Verringerung des bedrohlichen Außenhandelsdefizits vor. Diesem Ziel dienten Importbeschränkungen und zugleich staatlich geförderte Exporterhöhungen, wobei man auch vor Dumping-Preisen nicht zurückschreckte. Außerdem vereinbarte man in bilateralen Handelsverträgen mit vor allem südosteuropäischen Ländern, deutsche Industrieprodukte gegen Agrargüter und Rohstoffe zu tauschen. Dadurch wurden Devisen eingespart und die Auftragsbücher deutscher Industrieunternehmungen gefüllt. Schachts Wirtschaftspolitik hatte zunächst Erfolg. Bis 1936 stieg der deutsche Außenhandel um 19 Prozent. Dennoch konnte das Außenhandelsdefizit nicht wesentlich gesenkt werden, weil gleichzeitig das Tempo der Aufrüstung immer mehr gesteigert wurde. In dieser Situation schlug Schacht eine weitere Intensivierung der Exporte und eine zumindest vorübergehende Drosselung der Rüstung vor. Doch Hitler entschied sich für ein Programm, das vom Amt »Sonderaufgabe Deutsche Roh- und Werkstoffe« unter der Leitung Wilhelm Kepplers ausgearbeitet worden war.

Dieses Programm sah keine Kürzung des Wehretats und der Aufrüstung vor. Die

Richtfest einer Bergarbeitersiedlung in Sontra bei Kassel, 1937.
Bauherr war die Deutsche Arbeitsfront (DAF).

Modernisierung der Landwirtschaft: das entwässerte Moor bei Riedrode
wird zum ersten Mal gepflügt (Oktober 1935).

benötigten Rohstoffe sollten möglichst nicht importiert, sondern in Deutschland selbst hergestellt werden, und zwar auch dann, wenn die Herstellungskosten über den Weltmarktpreisen lagen. Dies galt vor allem für die synthetische Herstellung von Gummi und Treibstoffen sowie für den forcierten Ausbau von Produktionsstätten, die heimische Erze verarbeiteten. Oberstes Ziel dieser Autarkiepolitik war die Vorbereitung der Wirtschaft auf den Krieg, was zugleich bedeutete, daß der Staat immer mehr in das Wirtschaftsleben eingriff. Beide Ziele sind in der Denkschrift zum »Vierjahresplan« von 1936 klar ausgesprochen worden: »Die deutsche Armee« habe »in vier Jahren einsatzfähig, . . . die deutsche Wirtschaft in vier Jahren kriegsfähig« zu sein. Gleichzeitig wurde angeordnet, daß die »Privatwirtschaft« »nationalwirtschaftliche Aufgaben« zu erfüllen habe. Wenn sie glaube, »dazu nicht fähig zu sein«, dann werde »der nationalsozialistische Staat aus sich heraus diese Aufgabe zu lösen wissen«. Diese Worte, mit denen der in »Mein Kampf« geforderte Primat des Staates über die Wirtschaft zum Ausdruck gebracht wurde, waren keine leere Drohung. Darauf deuteten die Errichtung von Staatsbetrieben (etwa in Salzgitter) sowie die Ernennung Görings zum »Beauftragten für den Vierjahresplan« hin.

Während Schacht am 26. November 1937 aus politischen und persönlichen Gründen von seinem Amt als Reichswirtschaftsminister zurücktrat, gab es von der Industrie so gut wie keine Kritik an dieser Wirtschaftspolitik, die ja zu tiefen Eingriffen des Staats in die Wirtschaft und zur Vorbereitung eines Kriegs führen mußte und sollte. Äußerungen Görings beantworteten die Frage, warum die Repräsentanten der Industrie gegen diese Wirtschaftspolitik nicht opponierten. Am 17. Dezember 1936 erklärte er in einer Rede vor führenden Vertretern der Wirtschaft: »Ob sich in jedem Fall die Neuanlagen abschreiben lassen, ist völlig gleichgültig. Wir spielen jetzt um den höchsten Einsatz. Was würde sich wohl mehr lohnen als Aufträge für die Aufrüstung?« Und: »Wenn wir siegen, wird die Wirtschaft genug entschädigt werden.«

Doch nicht allein Hoffnung und Aussicht auf Profite im Rüstungsgeschäft und auf Beute im nächsten Krieg veranlaßten die Wirtschaft, nicht gegen das Eingreifen des nationalsozialistischen Staats in das Wirtschaftsleben und damit gegen die eigene Entmachtung zu protestieren: Hinzu kam der im wesentlichen geglückte Versuch der Industriellen, Männer ihres Vertrauens in die Vierjahresplanbehörden zu senden oder dort für sich zu gewinnen. Besonders erfolgreich in dieser Hinsicht waren die IG Farben. Das personelle Gewicht der Industrievertreter innerhalb der Vierjahresplanbehörde war sogar größer als das von Repräsentanten der NSDAP. Auch gelang es führenden Industriellen, die Konflikte zwischen Göring und der Armee auszunützen, die mit dem »Wehrwirtschaftsstab« und dem »Heereswaffenamt« ebenfalls erheblichen Einfluß auf die nun ganz im Zeichen der Kriegsvorbereitung stehende Wirtschaftspolitik hatte. Die den »Führerstaat« generell kennzeichnenden Kompetenzkonflikte erleichterten es der Industrie, ihre Machtstellung auf direktem und vor allem indirektem Wege zu behaupten, ermöglichten es aber auch Hitler, seine politischen und wirtschaftspolitischen Ziele zu erreichen. Ob und inwieweit Hitler persönlich in die Wirtschaftspolitik eingriff, ist innerhalb der Forschung umstritten.

Die im Zeichen des Vierjahresplans stehende Wirtschaftspolitik schien zunächst

erfolgreich zu sein. Obwohl die Rüstungsproduktion weiterlief, besserte sich die Handelsbilanz. Die Exporte konnten gesteigert und die Kosten für Importe gesenkt werden, was auch die Folge außergewöhnlich guter Ernten und einer intensiven Propaganda war. Schließlich rief der »Rüstungsboom« selbst direkt und indirekt einen Wirtschaftsaufschwung hervor. Direkt, weil jetzt — 1936 — Vollbeschäftigung erreicht war; indirekt, weil es nun wieder zu einer verstärkten Nachfrage nach Konsumgütern kam.
Die, volkswirtschaftlich gesehen, an sich positiven Effekte hatten indes auch aus der Sicht des Regimes und der Wirtschaft negative Begleiterscheinungen. Trotz des Lohnstopps und trotz des Verbots der Gewerkschaften im Jahr 1933 gelang es vielen, besonders in der Rüstungsindustrie beschäftigten Arbeitern, durch den Wechsel des Arbeitsplatzes oder durch die bloße Drohung damit, Lohnerhöhungen durchzusetzen. Dies war an sich streng verboten und keineswegs im Interesse der Unternehmer, die jedoch in der Regel nachgaben, um ihre Pläne einhalten und ihre Profite bewahren zu können. Die gesteigerte Kaufkraft rief eine gesteigerte Nachfrage nach Konsumgütern hervor, die von der einheimischen Konsumgüterindustrie nicht voll befriedigt werden konnte, weil es ihr an Rohstoffen und bald auch an Arbeitskräften mangelte, die von der Rüstungsindustrie beansprucht wurden. Aus vornehmlich innenpolitisch-integrativen Gründen gab das Regime nach. Der Konsumgüterindustrie wurde gestattet, Devisen für Importe auszugeben und weitere Arbeitskräfte einzustellen. Die Folge war, daß sich das Handelsbilanzdefizit vergrößerte und das Tempo der Aufrüstung verlangsamte, weil es der Rüstungsindustrie nun an Devisen und Arbeitern mangelte. Dennoch schränkte die Regierung weder den Konsum ein, noch ergriff sie Maßnahmen, um etwa beschäftigungslose Frauen in den Arbeitsprozeß einzugliedern. Dem innenpolitisch-integrativen und rassenpolitischen Ziel räumte man Priorität vor der Rüstungspolitik ein. Göring gab im Juli 1938 freimütig zu, daß die geplanten Produktionszahlen, vor allem bei der Pulver- und Sprengstoffherstellung, nicht erreicht und die Abhängigkeit vom Ausland nicht wesentlich verringert worden sei.
Während Göring in dieser Situation die Verwaltungsstruktur änderte und die Planziele des Vierjahresplans zurückschraubte, versuchte der Leiter des »Wehrwirtschafts- und Rüstungsamtes«, General Thomas, aus der Not eine Tugend zu machen. Sein Plan sah statt der kostenintensiven und kaum noch zu erreichenden »Tiefenrüstung« eine »Breitenrüstung« vor: Nicht mehr die lange Abnützungsschlacht des Weltkriegs, sondern der auf schnelle Entscheidung drängende »Blitzkrieg« war das Ziel. Hitler übernahm gegen den Rat von Wirtschaftsfachleuten und vermutlich auch Görings diesen Plan. Die erfolgreich abgeschlossenen »Blitzkriege« gegen Polen, Dänemark, Norwegen, Holland, Belgien, Luxemburg und Frankreich schienen ihm nachträglich recht zu geben. Um so mehr war er davon überzeugt, daß die vom »Generalinspekteur für das Straßenwesen« und — seit dem 17. März 1940 — »Reichsminister für Bewaffnung und Munition« Fritz Todt aufgebaute Rüstungsindustrie, die nun auch noch über die Kapazitäten in den eroberten Ländern verfügte, in der Lage sei, genügend Waffen zu liefern, damit der gefährliche, aber, weil »völlig verjudete«, auch geschwächte russische Koloß niedergeworfen werden konnte. Bekanntlich kam es anders. Der

Hermann Göring am 9. September 1939 vor Arbeitern der Rheinmetall-Borsig-Werke in Berlin-Tegel. Das Foto durfte nicht veröffentlicht werden, weil die Kanone auf Göring und das Hitler-Bild zielt.

als »Blitzkrieg« konzipierte und auf dem Prinzip der »Breitenrüstung« basierende »Rußlandfeldzug« scheiterte Ende 1941 vor den Toren Moskaus. Hitler selbst scheint dies übrigens bereits 1941 erkannt zu haben. Gegenüber General Thomas erklärte er: »Der Verlauf des Kriegs zeigt, daß wir in unseren autarkischen Bemühungen zu weit gegangen sind. Es ist unmöglich, alles, was uns fehlt, durch synthetische Verfahren oder sonstige Maßnahmen herstellen zu wollen ...«
Aus dieser zutreffenden Lagebeschreibung zog Hitler zwei Folgerungen. Die erste war militär-strategischer Art. Es sei, so erklärte er wiederum gegenüber General Thomas, nunmehr vor allem wichtig, solche Gebiete zu erobern, »die für uns wehrwirtschaftlich von besonderem Interesse sind«. Damit meinte Hitler die Erdölfelder am Kaspischen Meer, die die deutsche Wehrmacht im Sommer 1942 fast erreicht hatte, bis sie dann bei Stalingrad vernichtend geschlagen wurde. Die zweite Folgerung war personeller Natur: die bereits erwähnte Berufung Todts und — nach dessen Tod 1942 — Albert Speers zum Reichsminister für Bewaffnung und Munition. Gerade Speer vermochte in seiner Doppelfunktion als Reichsminister und »Generalbevollmächtigter für Rüstungsaufgaben im Vierjahresplan« seine Kompetenzen nicht nur auf Kosten Görings, dem er formell unterstellt war, sondern auch der Wehrmacht auszudehnen. Allerdings erhielt auch Speer in Fritz Sauckel, der am 21. März 1942 zum »Sonderbevollmächtigten für den Arbeitseinsatz« ernannt wurde, einen immer mächtiger werdenden Konkurrenten.

Die Frage, ob Kompetenzstreitigkeiten die Effizienz der Rüstungswirtschaft verringert haben, läßt sich nur spekulativ beantworten. Auf jeden Fall haben sie die eskalierende Brutalität der Wirtschaftspolitik nicht verhindert. Davon war besonders das Millionenheer der Fremd- und Zwangsarbeiter betroffen. Dem Einsatz der Kriegsgefangenen, Fremdarbeiter und KZ-Häftlinge vor allem ist es zu »verdanken«, daß die deutsche Kriegswirtschaft trotz der Fliegerangriffe ihre Produktion ständig steigern konnte, bis sie im Juli 1944 ihren Höhepunkt erreichte.

Umstritten ist in der Forschung, ob es sich bei der nationalsozialistischen Wirtschaft um eine kapitalistische oder um eine »Befehlswirtschaft« gehandelt hat. Für letztere These spricht besonders der Einsatz von Millionen von Häftlingen und Fremdarbeitern, deren Status mehr dem von Sklaven als von freien Lohnarbeitern ähnelte. Derartiges hat es in keinem kapitalistischen Land gegeben. Andererseits hat das Regime weder das Privateigentum abgeschafft noch den Einfluß der Industrie auf die Wirtschaftspolitik wesentlich eingeschränkt. Zusammen mit Repräsentanten des Militärs und der Partei ist es führenden Industriellen sogar gelungen, direkt und indirekt Einfluß auf die Wirtschaftspolitik zu gewinnen. Daher wird man weder von einem Primat der Politik noch von einem Primat der Wirtschaft sprechen können. Unbestreitbar hat jedoch Hitler auch die Wirtschaftspolitik des Dritten Reichs bestimmt. Dabei hat er sich an seinen programmatischen Ausführungen über das Verhältnis von »Staat und Wirtschaft« in »Mein Kampf« orientiert, in der Phase der Aufrüstung und der »Blitzkriege« mit Erfolg. Daß der »totale Krieg« in der totalen Niederlage endete, war indes auch das Ergebnis der wirtschaftspolitischen Vorstellungen und Ziele Hitlers, die von Anfang an seinem zentralen rassenideologischen Programm untergeordnet waren: der Vernichtung der Juden, der Gewinnung von »Lebensraum im Osten« und der »rassischen Verbesserung« des deutschen Volks.

Essay

Saul Friedländer

Die Last der Vergangenheit

Am 30. April 1987, elf Tage vor Beginn des Prozesses gegen den ehemaligen Gestapobeamten Klaus Barbie in Lyon, wurde in Frankreich eine Meinungsumfrage veröffentlicht, aus der hervorgeht, daß 72 Prozent der Befragten auch heute, fast fünfundvierzig Jahre nach dem Zweiten Weltkrieg und der deutschen Besatzung, Gerechtigkeit in diesen Angelegenheiten wichtiger scheint als Vergessen. Am gleichen Tag verkündete Papst Johannes Paul II. anläßlich seines Besuches in der Bundesrepublik Deutschland die Seligsprechung Edith Steins und Rupert Mayers, deren Opfer unter dem Nationalsozialismus wie »ein Licht in der Dunkelheit einer ganzen Epoche geschienen« habe. Wenige Tage zuvor hatte der Justizminister der Vereinigten Staaten, Edwin Meese, die Auslieferung des ehemaligen SS-Offiziers Karl Linnas an die Sowjetunion verfügt. Außerdem hatte er die amerikanischen Einwanderungsbehörden angewiesen, den österreichischen Bundespräsidenten Kurt Waldheim, auf dem der Verdacht lastet, als Offizier der deutschen Wehrmacht in den Balkanländern Kriegsverbrechen begangen zu haben, auf die »watch list« zu setzen, womit ihm die Einreise in die USA verwehrt wird. Ebenfalls zu Beginn des Jahres 1987 erregte der Prozeß gegen John Demjanjuk, der als Mitglied der ukrainischen SS-Hilfskräfte im Vernichtungslager Treblinka angeklagt war, in Israel ungewöhnliche Aufmerksamkeit. In der Bundesrepublik dauerte eine der heftigsten Kontroversen über die Zeit des Nationalsozialismus an, die die deutschen Intellektuellen in zwei Lager gespalten hatte. Ein Schlagwort wurde immer wieder zitiert: »Eine Vergangenheit, die nicht vergehen will.«

Ungeachtet all dessen sind die Zeichen widersprüchlich, und zahlreiche Fragen bleiben offen. Erscheint die nationalsozialistische Vergangenheit heute wirklich gegenwärtiger als vor zehn oder zwanzig Jahren? Oder ist das derzeitige Interesse daran nur noch einmal ein Aufflackern, bevor die letzten Zeitgenossen abtreten? Für wen ist diese Vergangenheit überhaupt noch gegenwärtig und für wen schon zu bloßer Geschichte geworden, vergleichbar mit anderen Epochen? Für wen versinkt sie in Vergessenheit? Welche der verschiedenen Darstellungen führen zu welcher Art von Gedächtnisbildung? In diesem kurzen Essay können die angeschnittenen Probleme nur berührt werden; doch wird versucht, einige Fragestellungen zu verdeutlichen und den Entwurf zu ein paar möglichen Antworten zu geben. Dabei geht es vor allem um einen Vergleich und um die möglicherweise divergierende Entwicklung deutscher und jüdischer Gedächtnisstrukturen in bezug auf die nationalsozialistische Epoche.

I

Gedächtnis – und zwar individuelles wie Kollektivgedächtnis – ist die Konstruktion einer kohärenten und sinnvollen Darstellung der Vergangenheit.

In der Bundesrepublik hat sich die Einstellung zur Nazizeit mehrfach entscheidend verändert, und zwar erstmals Ende der sechziger Jahre und dann Anfang der achtziger Jahre.

Die erste Periode von der Gründung der Bundesrepublik bis Ende der sechziger Jahre ist häufig als eine Zeit allgemeiner Verdrängung charakterisiert worden, obwohl einem Teil der Bevölkerung die volle Bedeutung der Hitler-Ära durchaus bewußt war. Diese Verdrängung wurde durch verschiedene Faktoren erleichtert, wie zum Beispiel ritualisierte Gedenkfeiern, die offizielle Politik der »Wiedergutmachung«, die ideologische und politische Solidarisierung mit den westlichen Demokratien gegen den sowjetischen »Totalitarismus« und die alles erfassenden Folgen des »Wirtschaftswunders«.
Selbstverständlich würde eine genaue Analyse ein sehr viel komplexeres Bild ergeben. Auch in diesen ersten Jahren war in weiten Kreisen der europäischen und besonders der deutschen Gesellschaft die NS-Zeit nicht aus dem Bewußtsein zu verdrängen. Die Enthüllungen unmittelbar nach Kriegsende, besonders der Nürnberger Prozesse, hatten vielfach einen Schock ausgelöst. Im folgenden wurden dann die Ereignisse der Kriegsjahre der Öffentlichkeit sporadisch immer wieder ins Gedächtnis gerufen, und zwar bei so unterschiedlichen Anlässen wie der Veröffentlichung des »Tagebuchs der Anne Frank« (und seiner Verfilmung und Dramatisierung), von Alain Resnais' Film »Nacht und Nebel«, André Schwarzbarts Roman »Der letzte der Gerechten« oder dem Ulmer Einsatzgruppen-Prozeß Ende der fünfziger Jahre, massiver durch den Eichmann-Prozeß in Jerusalem Anfang und die Auschwitz-Prozesse in Frankfurt Mitte der sechziger Jahre. Popularhistorische Darstellungen der nationalsozialistischen Epoche, die wie William Shirers »Aufstieg und Fall des Dritten Reiches« (als Buch in vielerlei Hinsicht für diesen ersten Zeitabschnitt ein Pendant zur Fernsehserie »Holocaust«) oder Walter Hofers Dokumentation über den Nationalsozialismus zu Bestsellern wurden, erzielten eine ähnliche Wirkung. So gab es in dieser ersten Epoche durchaus Ansätze zu einer Auseinandersetzung mit der Vergangenheit, doch insgesamt erscheint sie als eine Zeit allgemeiner Verdrängung, von Alexander und Margarete Mitscherlich nicht von ungefähr als die »Unfähigkeit zu trauern« charakterisiert.
Die Wende, zu der es gegen Ende der sechziger Jahre kam, wurde durch den Generationswechsel ausgelöst, durch die Revolte der »Söhne«, die nun die öffentliche Bühne betraten, um das Schweigen der »Väter« zur nationalsozialistischen Vergangenheit anzuprangern. Konservative Denker wie Hermann Lübbe haben später der Studentenbewegung vorgeworfen, damit den nationalen Konsens gebrochen zu haben, dessen Wesen darin bestanden habe, im Schweigen der Mehrheit einen notwendigen Kompromiß für den Wiederaufbau von Staat und Gesellschaft zu sehen. Nun hatten zwar die Rebellen der sechziger Jahre tatsächlich eine umfassende Debatte über die NS-Zeit ausgelöst, doch schützten sie sich ihrerseits vor der allzu belastenden Vergangenheit mit Verallgemeinerungen, Vergleichen und Begriffen, die den Unterschied zwischen dem Nationalsozialismus und den angeblich »faschistischen« Strukturen der Bundesrepublik zu verwischen drohten und die es erlaubten, zwischen der nationalsozialistischen Vernichtungspolitik und den von den Amerikanern in Vietnam begangenen Verbrechen oder gar dem Verhalten der Israeli auf der »West Bank« Gleichsetzungen zu treffen.
Anfang der achtziger Jahre kam es erneut zu einem Umschwung. Den Ausgangs-

punkt dazu hatte kurz zuvor die neue Linke mit ihrer Suche nach einer nationalen Identität geliefert, die schon bald von den Konservativen aufgenommen und intensiviert wurde. Nach der politischen »Wende« 1982 in Bonn wurde dabei immer häufiger die Forderung laut, endlich einen »Schlußstrich« unter die ständige Auseinandersetzung mit der nationalsozialistischen Vergangenheit zu ziehen. Die Zeremonie auf dem Friedhof in Bitburg sollte in diesem Zusammenhang eine Art allgemeiner Versöhnung mit der Geschichte symbolisieren. Tatsächlich aber entstand daraus eine Debatte über die Vergangenheit von bislang ungekannter Heftigkeit. Es folgten die Fassbinder-Affäre und der Historikerstreit. Wie Hans Magnus Enzensberger bemerkte, waren diejenigen, die Auschwitz dem Vergessen anheim geben wollen, zweifellos gescheitert. Niemals wurde in den letzten zwanzig Jahren in der Bundesrepublik so intensiv über Auschwitz diskutiert, wie es heute geschieht. Und dennoch kann man sich des Eindrucks nicht erwehren, daß das Verlangen nach einer »Normalisierung« der Vergangenheit in Deutschland ständig wächst und in verschiedenster Weise die Haltung einer Mehrzahl der Bevölkerung bestimmt.

In der jüdischen Welt waren die fünfziger und die frühen sechziger Jahre — von den Debatten über die »Wiedergutmachung« und den in Israel zwar zu Beginn der fünfziger Jahre eingeführten, von der Öffentlichkeit aber kaum verinnerlichten Gedenkzeremonien abgesehen — ebenfalls eine Zeit relativen Schweigens über die Vernichtung der europäischen Juden. Der Eichmannprozeß hatte trotz aller Aufmerksamkeit, die ihm entgegengebracht wurde, daran nichts Grundlegendes geändert. Erst seit Mitte der sechziger Jahre begann sich in der jüdischen Diaspora in Amerika ein deutliches Interesse an der Geschichte des Holocausts zu entwickeln. Vermutlich ist dies im Zusammenhang mit den Bestrebungen anderer Minderheiten zu sehen, ihre ethnischen Besonderheiten wieder herauszustellen. In den angsterfüllten Wochen vor dem Sechs-Tage-Krieg 1967 erreichte diese Bewegung einen ersten Höhepunkt.

Das neue Bewußtsein, das damit in der jüdischen Gemeinde der Vereinigten Staaten entstanden war, hat Mitte der siebziger Jahre das jüdische Identitätsgefühl in Amerika und Europa entscheidend bestimmt. Die Juden konnten sich als dem Volk zugehörig definieren, das zum Opfer jener Vernichtung geworden war, die in der modernen Geschichte nicht ihresgleichen hatte. Die zentrale Bedeutung der Katastrophe führte zu einer weitverbreiteten Rückbesinnung auf die eigenen Wurzeln, zur Wiederentdeckung einer untergegangenen Welt, der des osteuropäischen Judentums, dem ein Teil des amerikanischen Judentums entstammt. In der Diaspora der USA ist heutzutage die Beziehung zum Holocaust eines der Hauptidentifizierungsmomente mit dem Judentum. Und in Israel selbst ist die Auseinandersetzung mit der »Shoah«, die bislang nur eine periphere Rolle gespielt hatte, zu einem nicht unwesentlichen Thema geworden.

*

Analysiert man die verschiedenen Formen der Auseinandersetzung von Deutschen und Juden mit der nationalsozialistischen Vergangenheit, so muß man zunächst einmal zwischen drei Altersklassen unterscheiden: Die erste Gruppe war bei Kriegsende erwachsen; die zweite waren Jugendliche, als das Dritte

Reich zusammenbrach; die dritte ist um 1945 geboren und hat keine persönlichen Erinnerungen mehr an die Nazizeit. Die Generation der heute Zwanzigjährigen, deren Eltern bereits den Nationalsozialismus nicht mehr selbst erlebt haben, bildet eine vierte Gruppe. Ihr Bild von der Vergangenheit gehört zu den wichtigsten unbekannten Faktoren, die die künftige Gedächtnisbildung beeinflussen werden.

Eine besonders interessante Altersgruppe ist in Deutschland die der Mittfünfziger bis Sechziger, die heute Schlüsselstellungen in der Politik, den Medien und den Universitäten einnehmen. Bundeskanzler Helmut Kohl hat im Hinblick auf diese Gruppe, der er selbst angehört, von der »Gnade der späten Geburt« gesprochen, weil sie für das, was in der NS-Zeit geschah, nicht verantwortlich sei. Nun bedeutet das noch nicht, daß Menschen dieser Altersklasse deshalb keine spezifische Beziehung zu dieser Epoche hätten. In seinem »Zeit«-Artikel vom 27. März 1987, »Im Todeskreis der Schuld«, hat Peter Schneider darauf hingewiesen, daß gerade diese Generation ideologisch am stärksten von der nationalsozialistischen Erziehung geprägt worden ist. Sie hat ihre formativen Jahre in den Jugendorganisationen der Nazis verbracht, und die meisten ihrer Mitglieder werden sich daran als einer Zeit warmer Kameradschaft und Zusammengehörigkeit erinnern. »Keine Generation«, so Peter Schneider, »[war] der faschistischen Indoktrination so vollständig und wehrlos ausgeliefert wie die, für die Helmut Kohl die ›Gnade der späten Geburt‹ reklamiert.« Und Schneider fügt nicht ganz unberechtigt hinzu: »Kein Adenauer, kein Erhard, kein Kiesinger haben sich je in solche Höhen historischer Umschuldung verstiegen ... Worin also besteht der Gewinn, den die durch Geburt begnadeten Herren Kohl und Geißler aus ihrem Generationswechsel ziehen? Sie relativieren die Nazi-Verbrechen mit einer Wucht, zu der ihre politischen Väter niemals fähig gewesen wären.«

Peter Schneider hätte noch viele andere Namen nennen können, und ebenso die Namen derer, die gegen diese Tendenz, die Vergangenheit zu relativieren, ankämpfen. Innerhalb dieser Altersgruppe, und zwar sowohl bei den Deutschen als auch bei den Überlebenden der nationalsozialistischen Vernichtungspolitik, hat das Gewicht der Jugendjahre und das Bewußtsein, der letzten Generation anzugehören, die noch persönliche Erinnerungen an die NS-Zeit besitzt, zu einer ungewöhnlichen Intensität in der Auseinandersetzung damit geführt, die in dem Verlangen Ausdruck findet, auf kohärente Weise die Vergangenheit mit der Gegenwart zu verbinden.

Wenn man also bei Angehörigen der HJ-Generation eine gewisse »Wiederkehr des Verdrängten« beobachten kann, kann man ähnliches für die Gruppe derer sagen, die am Ende des Dritten Reiches bereits erwachsen waren. Mag ihre Bedeutung auch abnehmen, sie sind doch heute noch im öffentlichen Leben präsent und aktiv. Was lange Zeit unterdrückt wurde, scheint heute, mehr als vierzig Jahre danach, vielen nicht mehr unbedingt beanstandenswert, ob es sich dabei um die Forderung nach einem »Schlußstrich« handelt oder um eine Neubewertung historischer Verantwortlichkeiten. Seit 1985 jedenfalls kommen Meinungen dieser Art viel häufiger offen zum Ausdruck als vorher.

Eine Frage, die vermutlich für immer ungeklärt bleiben wird, ist die, wie viele Angehörige der beiden ersten Altersgruppen von den Verbrechen der Nazis wußten und was genau sie wußten. Die wenigen Untersuchungen, die diesem Problem nachgehen, stützen sich mehr oder weniger auf das gleiche dokumentarische Material, kommen aber zu ganz unterschiedlichen Ergebnissen. Und diejenigen, die darüber Aufklärung geben könnten, scheinen sich an nichts mehr zu erinnern . . .

Nun hat dieses Wissen sicher von Natur aus einen nicht leicht faßbaren Charakter. Was zum Beispiel soll man von folgendem halten? Während des Barbie-Prozesses hat die Zeugin Charlotte Wardy, die am 11. August 1944 mit dem Transport 14166 von Lyon nach Auschwitz deportiert wurde, berichtet,sie habe am Hauptbahnhof von Stuttgart folgende Lautsprecherdurchsage gehört: »Achtung, Achtung! Ein Judenzug! Ein Judenzug! Alles verläßt den Bahnsteig!« Als sich die Juden dann auf den Bahnsteig drängten, wurden sie von Kindern bespuckt, die dem Schauspiel von der anderen Seite des Kais aus zusahen. Das war sicher kein einmaliges Vorkommnis. Was genau wußten die Umstehenden, seien es nun Kinder oder Erwachsene? Was stellten sie sich vor?

Wenn man die gegenseitige Beeinflussung der verschiedenen Altersgruppen betrachtet, ist schließlich zu vermerken, daß die Rebellen der sechziger Jahre selbst allmählich älter werden, woraus, wie Eike Geisel schrieb, eine Art »Familienzusammenführung« entsteht: Die scharfe Kritik an den Vätern zur Zeit der Studentenbewegung hat inzwischen einer sehr viel milderen Einschätzung ihres Verhaltens während der Nazi-Zeit Platz gemacht. Diese allgemeine Tendenz hat nun heftige Reaktionen bei denen hervorgerufen, die sich gegen die Banalisierung der Vergangenheit auflehnen; ihre Anzahl ist keineswegs unbeträchtlich, ihre Stimme — laut.

Bei den Opfern nimmt die Haltung der verschiedenen Altersgruppen naturgemäß andere Formen an. Überlebende, die nach dem Krieg jahrelang schwiegen, begannen seit Mitte der sechziger Jahre von ihren Erfahrungen zu sprechen. Vermutlich hat es so lange gebraucht, bis die übrige Gesellschaft bereit war, wenigstens teilweise dem zuzuhören, was sie nie in vollem Maße hatte wissen wollen. Die ehemalige Präsidentin des Europaparlaments, Simone Veil, die als junges Mädchen nach Auschwitz deportiert worden war, erzählte in einem Interview von der überwältigenden Stille, die die Zurückkehrenden nach Ende des Krieges umgab. Auf die Frage, ob die nationalsozialistischen Verbrechen mit zunehmendem zeitlichen Abstand nicht immer mehr in Vergessenheit gerieten, meinte auch sie, dieses Thema finde im Gegenteil heute mehr Aufmerksamkeit als unmittelbar nach dem Krieg.

Der französische Historiker Henry Rousso schrieb im gleichen Zusammenhang in seinem Buch »Das Vichy-Syndrom«: »Die Rückkehr der Opfer aus den Konzentrationslagern der Nazis wurde zweifellos am raschesten verdrängt . . . Diese gescheiterte Begegnung mit den Deportierten, von denen viele nur auf Grund der Hoffnung überlebt hatten, eines Tages darüber Zeugnis ablegen zu können, um dann gleich als erstes auf Reflexe der Verdrängung und Abwehr zu treffen, war voller Unverständnis und Bitterkeit. Es brauchte bis 1954, ehe ein Gedenktag für die Deportation eingeführt wurde, und nahezu dreißig Jahre mußten vergehen, bis das Gedächtnis der Juden, die dem Völkermord entkommen waren, wieder erwachte.«

Dieses Neuerwachen des jüdischen Gedächtnisses nach dreißig Jahren betrifft jedoch nur seinen öffentlichen Ausdruck. Überlebende untereinander hatten Simone Veil zufolge schon immer nur dieses einzige Gesprächsthema: »Wenn sich ehemalige Deportierte treffen, wird nur darüber gesprochen, stundenlang. Meine Schwägerin war auch deportiert worden. Sind wir unter uns, kommen wir immer auf dasselbe Thema zurück.«

Die Opfer des Nationalsozialismus haben ihre psychischen Belastungen häufig auf ihre Kinder übertragen, sei es durch immer wieder auftauchende Ängste, sei es durch bewußtes und als solches auch verstandenes Schweigen über eine unerträgliche Vergangenheit. Zugleich kam aber im Lauf der Jahre die Sprache auf persönliche oder kollektive Erinnerungen. So ist es selten, daß sich in dieser Gruppe Kinder gegen ihre Eltern auflehnen; in der einen oder anderen Weise versuchen sie gewöhnlich, sich mit ihnen zu identifizieren.

Eine etwas andere Lage kann man auf der gesamtgesellschaftlichen Ebene in Israel beobachten. Die »Sabras« waren vom Idealbild des »neuen Menschen« geprägt, den der Zionismus schaffen wollte und das in absolutem Widerspruch zu dem des Diasporajuden stand, der im Krieg »wie ein Schaf zur Schlachtbank« gegangen sei. Wenn in den fünfziger Jahren Überlebende versuchten, der israelischen Jugend von ihren Erlebnissen zu erzählen, so wurde ihnen im allgemeinen zwar geduldig zugehört, aber dann doch bedeutet, daß das zwar interessant und wichtig, für die Zuhörenden jedoch persönlich ohne Belang sei. Diese Tendenz zur Gleichgültigkeit hat sich jedoch inzwischen stark gemindert und ist, wie bereits erwähnt, bei den jungen Israeli einem neuen Interesse für diese Vergangenheit gewichen.

Zusammenfassend zeigt der Vergleich, daß in den ersten beiden Jahrzehnten nach Ende des Dritten Reiches aus völlig unterschiedlichen Gründen das Schweigen der Täter durch das Schweigen und die Gleichgültigkeit der umgebenden Gesellschaft unterstützt wurde, was wiederum zum Schweigen der Opfer führte.

In den folgenden beiden Jahrzehnten kam es in der Bundesrepublik Deutschland und in anderen Ländern zu den erwähnten Veränderungen. Doch wird gerade hier die Verschiedenartigkeit der Entwicklungen deutlich: Während man sich in Deutschland nicht des Eindrucks erwehren kann, daß die heftigen Diskussionen über die nationalsozialistische Vergangenheit nur aus der Reaktion einer Minderheit resultieren, sich den allgemeinen »Normalisierungstendenzen« zu widersetzen, ist das neuerwachte Interesse der Opfer an dieser Zeit offensichtlich von dem Verlangen bestimmt, die Erinnerung daran wachzuhalten.

II

Für die noch lebenden Zeitgenossen des Dritten Reiches, gleichgültig, ob sie damals Erwachsene oder Jugendliche waren, ist »die Zeit damals« Teil ihrer persönlichen Erinnerung, die sie auch heute noch auf unmittelbare Weise begreifen. Sofern sie nicht zu den Opfern zählten, haben Millionen von ihnen das Jahr 1945 vermutlich kaum als einen Bruch erlebt. Gewiß hatte es in allen von den Deutschen besetzten Ländern Kollaborateure und Widerständler gegeben, aber der Großteil der Bevölkerung hatte sich passiv abwartend verhalten und auf das All-

tagsleben konzentriert, das zwar mit fortschreitendem Krieg immer härter wurde, insgesamt aber doch kontinuierlich verlief.
Auch in Deutschland herrschte bis 1943, sogar Anfang 1944, das Gefühl einer gewissen Kontinuität vor. Als bei Kriegsende die große Flucht aus den Ostgebieten des Reiches begann und das Land zerstückelt wurde, änderte sich das. Dennoch scheint es zweifelhaft, daß im Westen des Landes die Ereignisse von 1944/45 *per se* als ein einschneidender Bruch erlebt und in Erinnerung behalten wurden. Das Gedächtnis dieser Zeit ist tatsächlich einer doppelten und in sich widersprüchlichen Wahrnehmung ausgesetzt.
Aus den Oral-History-Interviews, die Lutz Niethammer und seine Gruppe im Ruhrgebiet durchführten, gewinnt man den Eindruck, daß vor allen Dingen bei Angehörigen der Arbeiterschicht für viele von denen, die im Dritten Reich schon erwachsen waren, die zwölf Jahre des Hitlerregimes als eine Zeit wirtschaftlichen und sozialen Aufstiegs in Erinnerung bleiben, der nur in den letzten Kriegs- und den ersten Nachkriegsjahren kurz in Frage gestellt, dann aber vom »Wirtschaftswunder« wieder gesichert wurde.
Nun hat sicherlich am Ende des Krieges bei vielen damals Jugendlichen ein Umbruch der Werte stattgefunden. Dennoch scheinen auch sie Synthesen und symbolische Verbindungen zwischen dem Alten und dem Neuen, dem Dritten Reich und der Bundesrepublik gefunden zu haben. Hans Mommsen hat daher recht, wenn er Ende 1986 im »Merkur« bemerkte: »Die Spuren der Katastrophe des Zweiten Weltkrieges standen jedermann deutlich vor Augen. Trotz des als tiefer Einschnitt empfundenen Verlusts der nationalen Einheit gab es keinen grundlegenden Bruch der historischen Kontinuität.«
Ungeachtet all dessen scheint es, daß das Gefühl der Kontinuität, das im persönlichen Selbstverständnis und im allgemeinen historischen Bewußtsein herrschte, von der ungewissen Vorstellung eines Bruchs belastet war und in gewissem Maße noch ist, eines Bruchs, der teils persönlich erfahren, teils von außen diktiert und teils als eine moralische Notwendigkeit angenommen worden war. So schrieb Friedrich Meinecke 1946: »Die von uns heute erlebte Katastrophe übersteigt für unser Empfinden alle früheren Schicksale dieser Art.« Heute steht die im nationalen Bewußtsein verankerte Diskontinuität und das Bedürfnis, sie zu überwinden, im Mittelpunkt der ideologischen Bestrebungen konservativer Kreise. Für andere, und keineswegs nur für Liberale und Linke, ist es, wie es Jürgen Habermas in einem »Zeit«-Artikel vom Juli 1986 ausgedrückt hat, eine moralische Verpflichtung, »nach und wegen Auschwitz« den Bruch mit der Vergangenheit zu vollziehen.
Dieses Bewußtsein eines Bruchs war nun in gewisser Weise für die Identität der entstehenden Bundesrepublik von essentieller Bedeutung, der Begriff von der »Stunde Null« ein notwendiger Gründungsmythos. So scheint das deutsche Gedächtnis, vor allem das der Zeitgenossen des Nationalsozialismus, auf widersprüchliche Weise sowohl von einem Gefühl der Kontinuität, als auch von dem des Bruchs bestimmt.
Für die Überlebenden der »Shoah« gab es diese Ambivalenz nicht; für sie war sowohl auf individueller wie auf kollektiver Ebene die Hitlerzeit ein absoluter Einschnitt. Das lag nicht nur daran, daß eines oder mehrere Familienmitglieder

verschwanden, das heißt vernichtet worden waren. Vernichtet waren auch die Familienbande im weitesten Sinne, die Gemeinden und alles, was die elementarsten gesellschaftlichen Bezüge ausmacht. In Peter Sichrovskys Interviewsammlung mit jungen Juden, die heute in Deutschland und Österreich leben, lesen wir die Geschichte eines jungen Mannes und seiner Verlobten, die planen, zu ihrer bevorstehenden Hochzeit ihre Verwandten einzuladen. Sie müssen feststellen, daß sie eher eine Liste der Toten als möglicher Gäste zusammenstellen. Der Eindruck eines zeitlichen Bruchs wurde also nicht nur durch den Tod eines Partners, Elternteils oder Kindes verursacht, sondern durch die Tatsache einer völligen Vernichtung, so daß die Kette des Lebens damit zerriß.

Das Gedächtnis von Gruppen ist eng mit dem Raum verbunden. Eine Gruppe kann immer neue Darstellungen der Vergangenheit hervorbringen, dafür immer neue Symbole finden, solange ihre eigene Kontinuität durch die Dauer des geographischen Rahmens garantiert ist. Nun bedeutet massenhafte Vernichtung von Personen auch eine Veränderung von Orten. In den großen Städten ist das am wenigsten deutlich: Riga ist immer noch Riga, und Minsk, Prag oder Wien haben auch heute noch manches von ihrem Vorkriegscharakter. Zahlreiche Kleinstädte und Dörfer Ost- und Mitteleuropas haben hingegen nach dem Krieg völlig ihr Bild geändert. Der Bruch mit der Vergangenheit ist hier unmittelbar verbunden mit dem Verschwinden einer Kollektivität, die ihr Gesicht geprägt hatte. Werfen wir nur einen einzigen Blick auf diese Landkarte der Zerstörung und betrachten die alte Holzbrücke von Kalisz, einer polnischen Stadt, in der die Juden seit dem 13. Jahrhundert gelebt hatten. Nach der Besetzung Polens haben die Nazis die 30 000 Kaliszer Juden ermordet und die hölzerne Brücke verbrannt, die wie eine Lebensader die zu beiden Seiten der Prosna wohnenden Mitglieder der jüdischen Gemeinde verband. »In Kalisz gibt es heute kein jüdisches Leben mehr«, schrieb nach dem Krieg der Autor eines jener »Erinnerungsbücher«, die wie »papierene Grabsteine« sind. »Mit den Menschenleben, die zugrunde gegangen und verloren sind, ist auch die Erinnerung an die alte Holzbrücke von Kalisz verschwunden.« So ist die Zerstörung der Brücke zum Symbol nicht nur der Vernichtung einer ganzen jüdischen Gemeinde, sondern auch eines zeitlichen Bruchs in vorher und nachher geworden.

Neue Orte sind an die Stelle der alten, verschwundenen Welt getreten. Ein anderer, bislang unbekannter Raum, eine andere Geographie sind entstanden, die den Überlebenden, und auch den übrigen, den Beginn einer neuen Zeit verkünden. Heute klingen Namen wie Auschwitz oder Treblinka, Bergen-Belsen und Dachau in vielen Ländern vertrauter als die von Hannover, Graz oder Triest.

Orte sind vor allem geistige Gebilde. Erst durch das unsichtbare Geflecht von Sprache und Gebräuchen, von Kultur ganz allgemein, wird eine Stätte zum Lebensraum. Für die Überlebenden der nationalsozialistischen Vernichtungspolitik, für die Emigranten, selbst für diejenigen, die in ihre ehemalige Heimat zurückkehrten, besteht ein bleibender Einschnitt, eine unsichtbare Trennwand, die die Wirklichkeit des »Vorher« von dem tatsächlich vorhandenen »Nachher« trennt. Eine andere Zeit überlagert für die Überlebenden die unmittelbare Erfahrung.

Kurz gesagt, in Deutschland und in der westlichen Welt sind die nationalsoziali-

stische Epoche und der Krieg allgemein als ein zeitliches Kontinuum erfahren worden, dem erst nachträglich, als die vom Hitler-Regime begangenen Verbrechen in volle Ausmaß bekannt wurden, die Vorstellung einer Zäsur zuteil wurde. Die Opfer hingegen haben diese Epoche unmittelbar als einen absoluten Bruch erlebt, dessen Bewußtsein später von der Notwendigkeit abgelöst wurde, die Katastrophe in einen kohärenten zeitlichen Zusammenhang zu stellen.
Ein Bewußtsein von Kontinuität oder Diskontinuität kann immer nur dann entstehen, wenn ein allgemeines Geschichtsbewußtsein vorhanden ist. Es ist schwer zu beurteilen, für wie viele Deutsche die Nazi-Zeit heute wirklich noch »eine Vergangenheit, die nicht vergehen will« ist. Von den überlebenden Opfern hingegen kann man mit Sicherheit sagen, daß für die meisten von ihnen die Vergangenheit durchaus gegenwärtig bleibt. Zahlreiche Zitate wie das von Simone Veil beweisen das. Manche Überlebende haben die Erinnerung daran jahre-, teils jahrzehntelang unterdrückt, doch irgendwann drängt sie sich immer wieder an die Oberfläche. Andere haben nie vergessen und seither auf zwei Ebenen gelebt, nach dem gewöhnlichen Rhythmus des Alltagslebens und mit einer im Hintergrund stets präsenten Vergangenheit. Manche konnten diese Last nicht ertragen: Tadeusz Borowski, der bedeutendste polnische Schriftsteller, der über Auschwitz geschrieben hat, nahm sich das Leben; ebenso Paul Celan und Piotr Rawicz und Jean Améry und Primo Levi ...

*

Für die Zeitgenossen des Dritten Reiches, für die Generation der »Söhne« und für diejenigen, die jetzt an der Schwelle zum Erwachsensein stehen und diese Epoche schon aus zweifacher Ferne betrachten, bedeutet die Vergangenheit nicht nur die unmittelbare Erfahrung der beiden ersten Gruppen; sie ist auch das, was durch ein Netz von Symbolen vermittelt wird, die die Elemente zu einer Vielfalt geschichtlicher Darstellungen liefern.
Die einfachste Form der Darstellung ist, was vom Gedächtnis festgehalten wird, hier die elementarste Art und Weise, die Vergangenheit in einen Zusammenhang zu stellen. Die meisten Leute sind sich der verschiedenen Komponenten des jeweiligen Geschichtsbildes, das sie vermitteln, nicht bewußt; dennoch folgt ihre Erzählung, mag sie auch noch so einfach und lückenhaft sein, stets den Hauptlinien der einen oder anderen geschichtlichen Darstellung. Diese Grundstrukturen des Gedächtnisses sind durch die Auswahl von repräsentativen Aspekten der Vergangenheit bestimmt, die jeweils den aktuellen Bedürfnissen einer Gruppe gerecht werden. Auf der Symbolebene finden diese Darstellungen ihren Ausdruck in Gedenkfeiern, Monumenten, Kunstwerken, Museen etc., wie auch in der Historiographie. In Frankreich zum Beispiel sind seit Kriegsende pro Jahr nicht weniger als vier oder fünf Filme produziert worden, die die NS-Zeit zum Gegenstand haben. Sie folgen jeweils ganz verschiedenen historischen Darstellungen: »Lacombe Lucien« und »Shoah« erzählen nicht die gleiche Geschichte. Im Rahmen dieses Essays können die deutschen und jüdischen Vergangenheitsbilder nur in groben Umrissen skizziert werden. Die Historiographie mit ihren Nuancen und der ihr eigenen Vielfalt wird dabei kaum erwähnt. Sowohl die deutschen wie die jüdischen Darstellungen konzentrieren sich auf drei verschiedene,

aber voneinander abhängige Problemkreise: den der historischen Kontinuität, den der moralischen Verantwortung und den der Gruppenidentität.
Aus den deutschen Deutungsansätzen möchte ich nur einige hervorheben, die das zentrale Problem der moralischen Verantwortung betreffen. Alle diese Darstellungen, mit Ausnahme vielleicht der ersten, gibt es schon seit Kriegsende. Entscheidend für die Entwicklung des Kollektivgedächtnisses ist ihre jeweilige öffentliche Bedeutung in den verschiedenen Epochen.
Die allererste Darstellung der Nazi-Zeit gehört der unmittelbaren Nachkriegszeit an. Sie war damals selbstverständlich nicht die einzige, aber sie war weit verbreitet. Das Problem der moralischen Verantwortung wird dort in sehr grober Weise abgehandelt: Adolf Hitler wird dabei zu einer Art ahistorischer, dämonischer Gestalt, die nicht eigentlich dem deutschen Volk angehört; er sei, so hieß es, von außen »hergelaufen« und habe die arglosen Deutschen ins Verderben geführt. »Dieser Mensch gehört ja eigentlich gar nicht zu unserer Rasse. Dieser Mensch hat ja kein Vaterland.« Dieser vielzitierte Satz des Historikers Otto Hintze zeigt hervorragend die nach 1945 vorherrschende Tendenz, die unannehmbar gewordene Beziehung der deutschen Mehrheit zu ihrem Führer zu neutralisieren. Tatsächlich ist das die genaue Umkehrung des metahistorischen Bildes des »Führers«, das während der Zeit des Dritten Reiches vorgeherrscht hatte. Die Ausklammerung derjenigen Faktoren, die aktiv über die Entwicklung entschieden, erlaubte einen recht leichtfertigen Umgang mit dem Problem der moralischen Verantwortung. In dieser Hinsicht läßt sich die eben beschriebene Haltung mit derjenigen vergleichen, die eine Parallele zwischen den nationalsozialistischen Verbrechen und denen der Alliierten zu ziehen versucht, eine These, auf die ich noch zurückkommen werde.
Am Ende der fünfziger Jahre bildete sich eine allgemein akzeptierte Darstellung des Dritten Reiches mit zwei sehr unterschiedlichen Varianten heraus. Dieses Deutungsmuster, das das offizielle Kollektivgedächtnis und auch die liberale Perspektive bis heute beeinflußt, entspricht dem gängigen Diskurs über den Nationalsozialismus in den westlichen Ländern. Er ist von der Unterscheidung zwischen drei klar voneinander getrennten Gruppen bestimmt: der der Täter, bestehend aus der NSDAP, ihrer Elite und ihrem »Führer«; der der Opfer, nämlich Juden, Zigeuner, Slawen, Menschen, die als biologisch oder sozial minderwertig galten; und schließlich der der Zuschauer, das heißt in diesem Fall, der großen Mehrheit der deutschen Gesellschaft.
Der Gruppe der Täter wird aus dieser »liberalen« Sicht eine direkte Verantwortung für die Verbrechen zugesprochen. Den Zuschauern oder auch Mitläufern, die trotz partiellen Wissens in Passivität verharrten und manchmal indirekt an den Verbrechen beteiligt waren, wird in unterschiedlichem Grad eine zwar nicht strafwürdige, aber moralisch belastende Verantwortung erteilt.
Unter den Historikern gibt es sehr verschiedene Ansichten über die Zusammensetzung der Tätergruppe, über die mehr oder minder ausgeprägte Mitschuld der Mitläufer. Die linke strukturalistische Geschichtsschreibung zum Beispiel bringt einen anderen, oft entgegengesetzten Standpunkt zum Ausdruck als die liberale. Während die eine Seite sich von Faschismus-Theorien leiten läßt, wird auf der anderen eher in Kategorien des Totalitarismusbegriffs gedacht.

Wenn wir jedoch diese beiden Darstellungen der nationalsozialistischen Epoche auf den alleinigen Gesichtspunkt der moralischen Verantwortung hin untersuchen, finden wir in der Bewertung von Tätern und Mitläufern keine wesentlichen Unterschiede. Die moralische Verantwortung für die nationalsozialistischen Verbrechen wird allgemein den Deutschen zugeschrieben, es gibt keine Versuche, sie abzuleugnen oder sie irgendwie auf beide Seiten zu verteilen. Insofern können wir in unserem Zusammenhang von zwei Varianten eines Deutungsmusters sprechen. Auf offizieller Ebene ist diese Sicht der Vergangenheit zum Beispiel in der Bundestagsrede von Bundespräsident Richard von Weizsäcker zum 8. Mai 1985 zum Ausdruck gekommen.

In letzter Zeit haben zwei klar von dieser Haltung abweichende Deutungen unter den Intellektuellen viel Aufmerksamkeit erregt. Obwohl sie sich voneinander unterscheiden, weisen sie doch einige wichtige Gemeinsamkeiten auf. Dies gilt besonders für die Einführung einer neuen Gruppe von Tätern: der Sowjets, denen eine zentrale Rolle zugesprochen wird. Damit ist der bisherige Konsens über die deutsche Verantwortung für die nationalsozialistischen Verbrechen zerbrochen.

Die erste dieser beiden Deutungen, die wir hier die »symmetrische Sichtweise der Vergangenheit« nennen, ist keineswegs neu und könnte zusammen mit dem Bild vom ebenso allmächtigen wie dämonischen Hitler die Interpretation gewesen sein, die in breiten Schichten der Bevölkerung seit Kriegsende vorgeherrscht hat. Diese symmetrische Sichtweise ist vor allem dadurch charakterisiert, daß die von den Nationalsozialisten verübten Verbrechen mit solchen der Alliierten, besonders der Sowjets gleichgesetzt werden, was bedeutet: Auschwitz ist gleich Katyn, ist gleich der Vertreibung der deutschen Bevölkerung aus den Ostgebieten, ist gleich Dresden, Hiroshima etc. Doch hat diese symmetrische Sichtweise auch noch andere Aspekte.

Am Ende des Ersten Weltkriegs haben sich zahlreiche Deutsche auf die archetypische Figur des »Frontkämpfers» berufen, der, tot oder lebendig, als eine Quelle des patriotischen Stolzes und als Kristallisationspunkt für Kriegsdarstellungen fungierte. Aus ersichtlichen Gründen war das nach dem Zweiten Weltkrieg höchst problematisch. Dennoch wurden Figuren wie Rommel, Udet oder Guderian in die populäre Vorstellungswelt aufgenommen, und eine Flut von Kriegsmemoiren und Werken der Trivialliteratur wie die von Konsalik oder Sven Hassel verschmolzen mit den persönlichen Erinnerungen von Millionen ehemaliger Soldaten der Wehrmacht zu einem idealisierten Bild der kämpfenden Truppe. Dieses Bild übte vermutlich eine weit stärkere Wirkung aus als das, eher ritualisierte, eines bewaffneten Widerstands gegen Hitler, das offiziell als das einzig akzeptable Bindeglied zwischen der neuen Gesellschaft und ihrer Vergangenheit betrachtet wurde.

Im Bild des Frontkämpfers des Zweiten Weltkriegs wird klar zwischen dem mutigen, nichtideologischen Einsatz des Wehrmachtssoldaten und der Haltung der Waffen-SS oder gar der allgemeinen SS unterschieden, die das Böse verkörpern. Die symmetrische Vision ist also, was das zentrale Problem der Verantwortung betrifft, auf einer doppelten Symmetrie begründet: Verbrechen, so heißt es, haben sowohl die Deutschen als auch ihre Gegner begangen. Doch die Mehrheit der Soldaten und der Zivilbevölkerung hat sich hier wie dort tapfer verhalten und war nicht in kriminelle Handlungen verwickelt, womit beide Seiten in jeder Hinsicht vergleichbar werden. Durch diese doppelte Symmetrie entsteht ein recht seltsames Bild der Vergangenheit, besonders, wenn geschildert wird, wie eine derart idealisierte Wehrmacht im letzten Kriegsjahr heroisch der Barbarei der in Deutschland einziehenden sowjetischen Truppen widerstanden habe. Obwohl dieses Bild schon vorher weit verbreitet war, scheint die plötzliche Beliebtheit, derer es sich jetzt auch in intellektuellen Kreisen erfreut, bemerkenswert.

In der extremeren Version dieser geschichtlichen Darstellung wird das Hauptaugenmerk auf den sowjetischen, präziser gesagt, auf den bolschewistischen Täter gerichtet und damit die Vorstellung einer deutschen Verantwortung für die begangenen Verbrechen, die bisher den Konsens gebildet hatte, teilweise aufgehoben. Die Sowjets, oder genauer die Bolschewiken, werden zu den Ursprungstätern gemacht, die die Politik der totalen Vernichtung in der modernen Geschichte eingeführt haben. Die nationalsozialistischen Täter hätten demnach nur die Methoden der Bolschewiken nachgeahmt, und ihre Verbrechen werden durch die Furcht erklärlich, sonst der bolschewistischen Vernichtungskampagne zum Opfer zu fallen. In dieser neuen Sicht der Vergangenheit werden nicht nur die Verbrechen der Nationalsozialisten relativiert; letztere erscheinen zusätzlich als die potentiellen Opfer der Erzverbrecher, der Sowjets. Diese Deutung behält zwar die traditionelle Unterscheidung von Tätern und Opfern bei, doch führt die Vorstellung der Nazis als möglicher Opfer zu einer partiellen Verkehrung der Rollen.

Es ist schwer zu sagen, wie weit diese Neudeutung des Verantwortungsproblems in der Bundesrepublik verbreitet ist. Die Schilderungen sowjetischer Grausamkeiten passen sowohl in das Bild der symmetrischen Version, als auch in das der zuletzt beschriebenen. Szenen wie zum Beispiel aus Konsaliks Romanen »Arzt in Stalingrad« oder »Der letzte Gefangene«, wo deutsche Gefangene, die sich ergeben, von den Sowjets umgebracht werden, suggerieren, daß die sowjetische Gefahr durchaus real war und diejenigen, die das bolschewistische Regime durchschaut hatten, mit gutem Recht zu vorbeugendem Handeln griffen. Alles wird auf die Alternative reduziert, wer wen zuerst liquidieren würde. Verschiedene neuere Publikationen, in denen von einem unmittelbar bevorstehenden Angriff der Sowjets auf Deutschland die Rede ist, bestärken diese These.

In den beiden zuletzt skizzierten Deutungen der nationalsozialistischen Vergangenheit wird der Leser jene Darstellungsmuster wiedererkannt haben, die von Jürgen Habermas in seinem »Zeit«-Artikel vom 11. Juli 1986 als »apologetisch« kritisiert worden sind, was den Auslöser zum bekannten »Historikerstreit« lieferte. Wenn sich die Kontroverse auch beruhigt zu haben scheint, sind ihre Folgen doch offensichtlich: Der Konsens, auf dem die historische Deutung des Nationalsozialismus moralisch basierte, ist plötzlich in Frage gestellt. Ralf Dahrendorf hat diesen Konsens kürzlich dahingehend definiert, daß man die NS-Zeit an den moralischen Maßstäben der Aufklärung mißt, und erklärt: »Es bedeutet, daß die Nazizeit als unverzeihliche Abweichung von allen Normen verstanden, mit anderen Ereignissen nicht verglichen und in keiner Weise selbst ›normalisiert‹ wird.«

Wie erwähnt, war der neue historische Diskurs sicherlich schon in tieferen Bewußtseinsschichten der westdeutschen Gesellschaft vorhanden, doch hat er erst durch die Diskussion innerhalb der intellektuellen und politischen Öffentlichkeit seine besondere Bedeutung erlangt. Es ist möglich, daß sich nun die gemeinsamen Werte aufzulösen beginnen und daß eine neue Sichtweise der nationalsozialistischen Vergangenheit zu einer Veränderung des allgemeinen Geschichtsbewußtseins in der Bundesrepublik führt. Die »Suche nach der verlorenen Erinnerung«, zu der der Historiker Michael Stürmer aufgerufen hat, kann zu Veränderungen führen, die Stürmer selbst vielleicht nicht erwartet.

*

Die jüdischen Geschichtsdeutungen beschäftigen sich kaum mit dem Problem der direkten Verantwortung von Tätern und Mitläufern, wenngleich die Passivität der letzteren in Deutschland und in der ganzen Welt im Lauf der Jahre immer deutlicher geworden ist. Fragen nach der metahistorischen oder indirekten Verantwortung sind hingegen häufig: Der gläubige Jude rechtet mit Gott; der Zionist wundert sich über den Mangel an Voraussicht derer, die sich weigerten, rechtzeitig Europa zu verlassen. Viel ist über die Rolle der Judenräte geschrieben worden, die von den Nazis in fast allen besetzten Gebieten eingesetzt wurden. Ihr unfreiwilliger Beitrag zur Selektion und Deportation von Juden zu ihrer Vernichtung ist immer wieder heftig und zuweilen polemisch diskutiert worden. Heutzutage ist die Politik der damaligen Führer der jüdischen Gemeinde von Palästina, das Ausbleiben eindeutiger Initiativen, ihren Brüdern in Europa zu helfen, wieder zum Gegenstand einer öffentlichen Auseinandersetzung geworden. Warum wurde 1942 oder 1943 kein Emissär nach Europa geschickt? »Warum ist denn keiner gekommen, kein einziger?« fragte kurz vor seinem Tod voll Bitterkeit einer der Führer des Aufstandes im Warschauer Ghetto, Antek Zuckermann.

Doch im wesentlichen konzentriert sich das jüdische Interesse sowohl auf die historische als auch auf die metahistorische Deutung der jüdischen Geschichte, bei der die Frage nach der Gruppenidentität immer wieder neu gestellt wird. Das wesentliche Ziel dabei ist, die Katastrophe des europäischen Judentums in einen historischen Zusammenhang zu stellen, der an die Vergangenheit anknüpft und zur anschließenden Gründung des Staates Israel weiterführt.

Die jüdische Religion bietet dafür ein globales Deutungsmuster an: Jede Katastrophe ist als das Glied einer Kette zu verstehen, die zur Urkatastrophe, der Zerstörung des zweiten Tempels durch die Römer und dem darauffolgenden Exil, zurückführt. Ja, selbst diese Katastrophe ist wiederum mit der Zerstörung des Ersten Tempels durch Nebukadnezar und der Babylonischen Gefangenschaft zu verbinden. Die wiederholten Heimsuchungen des jüdischen Volkes erhalten so ihren übergeordneten Sinn in einem allgemein gültigen Schema von Katastrophe und Erlösung. In dieser traditionellen Perspektive wird folgerichtig auch die Vernichtung des europäischen Judentums im Zusammenhang mit der archetypischen Katastrophe und der Erlösung am Ende der Zeiten gesehen.

Auch in den weltlichen, vor allem vom Zionismus beeinflußten Interpretationen wird versucht, die Vernichtung des europäischen Judentums mit einem allgemeinen historischen Deutungsmuster zu erklären, nämlich dem des modernen Antisemitismus, der eine Serie immer stärker werdender Verfolgungen auslöste. Diese Verfolgungen, die mit der Existenz der Juden in der Diaspora in einem direkten Zusammenhang standen, hätten demnach ihre extremste Form in der nationalsozialistischen Vernichtungspolitik gefunden, damit aber auch ihr letztes Stadium erreicht, das zwangsläufig zur Erlösung führt, der Gründung eines jüdischen Staates. Wie wir sehen, bestehen starke Übereinstimmungen zwischen der religiösen und der weltlichen Sichtweise.

Im Zusammenhang dieser religiösen und weltlichen Deutungen ist noch eine etwas begrenztere weltliche Variante zu erwähnen, die das Hauptaugenmerk nicht auf die Katastrophe allein, sondern auf das Nebeneinander von »Katastrophe und Heroismus« richtet. Dabei wird die Ermordung von Millionen von Menschen mit dem heldenhaften, aber letztlich doch symbolischen jüdischen Widerstand in den Ghettos, in einigen Vernichtungslagern und im Partisanenkampf gleichgesetzt. Die heroischen Taten der wenigen wiegen dieser Ansicht nach die angebliche Passivität der breiten Massen auf, womit eine Verbindung zwischen der Tragödie in Europa und dem Kampf für die Wiedergeburt Israels geschaffen werden soll.

Eine der wichtigsten Formen der Vergangenheitsdarstellung findet sich im Bau von Gedenkstätten für die Toten oder von historischen Museen. Viel ist über die Absicht gesagt und geschrieben worden, in Berlin ein Deutsches Historisches Museum zu bauen und in Bonn ein Haus der deutschen Geschichte und eine Gedenkstätte für die Toten des Zweiten Weltkriegs (alle Toten) zu errichten. Nach den gegenwärtigen Plänen sollen hier Museen und Gedenkstätten ganz offensichtlich dem allgemeinen Bestreben dienen, die NS-Zeit in das Kontinuum der deutschen Geschichte einzufügen. In Israel hingegen scheinen die Gedenkstätten bewußt oder unbewußt die Aufgabe zu erfüllen, auf die zentrale Rolle der Shoah in der jüdischen Geschichte hinzuweisen. So zum Beispiel »Yad Vashem«, das offizielle Denkmal, Museum und Forschungszentrum für die Shoah, das am Stadtrand von Jerusalem gelegen ist. Hier gedenkt der Staatsgast in zeremonieller Form der Toten, so wie er dies in anderen Staaten am Grabmal des unbekannten Soldaten oder des Staatsgründers tut. Das ist eine eindeutige Botschaft: In dieser Gedenkstätte für die Shoah liegt die Legitimitätsbasis des Staates Israel.

Es ist möglich, daß es zu einer immer stärker werdenden Divergenz der Gedächtnisformen in bezug auf den Nationalsozialismus kommt. Das wurde zum Beispiel an Bitburg deutlich. Das gleiche gilt indirekt für die Fassbinder-Affäre, für die Kontroverse um Kurt Waldheim in Österreich und die neuen westdeutschen Deutungen der NS-Zeit.

Schon einige Jahre zuvor hat sich diese Divergenz der Gedächtnisse auf einem ganz anderen Gebiet bemerkbar gemacht. Als der Film »Heimat« in Paris vorgeführt wurde, erklärte sein Produzent und Regisseur, Edgar Reitz, warum das Thema der Judenvernichtung nur am Rande berührt wurde: »Die Vernichtung der Juden unter dem Nationalsozialismus ist in zahllosen Darstellungen behandelt worden. Wenn ich diesen Aspekt mit aufgenommen hätte, wäre es ein vollständig anderer Film geworden.« Tatsächlich war nun »Heimat«, wie Reitz selbst in einem anderen Interview geäußert hat, als Antwort auf die amerikanische

Fernsehserie »Holocaust« gemeint. »Die gründlichste aller Enteignungen«, so Reitz, »ist die, einen Menschen seiner eigenen Geschichte zu berauben. Mit ›Holocaust‹ haben die Amerikaner uns unsere Geschichte genommen.« Nur — was für eine Antwort war »Heimat«? Sehr treffend bemerkt die Filmkritikerin Gertrud Koch dazu: »Reitz weist damit auf folgendes Problem hin: um den Mythos ›Heimat‹ erzählen zu können, muß man das Trauma von Auschwitz aus der deutschen Geschichte ausklammern . . . Zweifellos paßt ›Heimat‹ in ein politisches Klima, das in gewissen semantischen Abgleitungen — von Auschwitz über Stalingrad in den Hunsrück — sowie in einem Wandel des historiographischen Paradigmas vom ›alltäglichen Faschismus‹ zum ›faschistischen Alltag‹ zum Ausdruck kommt.«
Zwei Jahre nach der Ausstrahlung von »Heimat« wurde »Shoah« auf dem Bildschirm gezeigt. Indem er sich ausschließlich auf die Vernichtung der Juden konzentrierte, hat Claude Lanzmann gewissermaßen Edgar Reitz geantwortet.

III

In einem »Zeit«-Artikel, der im Februar 1985 im Zusammenhang mit dem bevorstehenden Jahrestag der Niederlage des Dritten Reiches erschien, stellte Golo Mann die Frage, welcher Franzose wohl darauf bestanden hätte, der Schlacht von Waterloo dreißig oder vierzig Jahre danach zu gedenken. Warum also immer wieder die Erinnerung an begangenes Unrecht ausgraben? Wie lange wollte man noch die Jahrestage der nationalsozialistischen Untaten begehen?
Der Vergleich mit Waterloo bedeutet, daß für die Nachwelt eine nationale Niederlage der anderen gleichkomme und das Schicksal von Napoleon und das von Hitler auf die Dauer unter den gleichen Vorzeichen betrachtet werden könne. Dieser etwas simple Vergleich zeigt *in nuce,* worin der Wunsch nach einer Normalisierung der Vergangenheit besteht, dem man heute in der westdeutschen Gesellschaft begegnet. *Nach über vier Jahrzehnten soll die NS-Zeit als eine Epoche wie jede andere gelten können.* Das heißt, der Nationalsozialismus soll aus dem Bereich der immer wieder auflebenden Erinnerung in den der abgeschlossenen Geschichte gerückt werden. Das eigentliche Spannungsverhältnis liegt hier zwischen Gedächtnis und Geschichte.
Auch in Israel gibt es trotz der seit kurzem veränderten Bewußtseinslage im Hinblick auf die Shoah Tendenzen, die NS-Zeit zu »historisieren«. Der ambivalente Charakter dieses Historisierungseifers tritt hier jedoch oft klar zutage. Wie erwähnt, wächst in Israel gerade unter jungen Intellektuellen das Interesse an der Shoah. Manchmal führen Bestrebungen, die Bedeutung dieser Vergangenheit für die Verhältnisse im eigenen Land zu prüfen, so zum Beispiel für die Behandlung der Palästinenser auf der West Bank, zu bewußt »subversiven« Vergleichen.
In dieser Hinsicht erinnert der Wunsch eines Teils der israelischen Intellektuellen, die NS-Zeit in einen historischen Zusammenhang zu rücken, an den deutschen Normalisierungsprozeß. In Israel hat dies jedoch einen viel zwiespältigeren Charakter, als es auf den ersten Blick erscheinen mag. Jene Israelis, die die Shoah entmythisieren und die daraus zu ziehenden Lehren auch auf das gegenwärtige politische Verhalten des Staates Israel anwenden wollen, überraschen dann wiederum mit Sätzen wie dem folgenden: »Dies soll aber nicht heißen, daß

der Nationalsozialismus nicht das absolut Böse war.« Sobald man jedoch den Begriff des absolut Bösen einführt, bricht das gesamte Vergleichssystem zusammen.

Das Dilemma, das in diesem Beispiel zum Ausdruck kommt, betrifft keineswegs nur das israelische oder jüdische Gedächtnis. Tatsächlich kennzeichnet es das Verhältnis großer Teile der westlichen Gesellschaft zum Nationalsozialismus. Die Grundfrage, die sich dabei stellt, kann folgendermaßen formuliert werden: Gibt es irgend etwas am Wesen des NS-Regimes oder, genauer gesagt, an seinen Verbrechen, das es unmöglich macht, diese Vergangenheit in die normale Geschichte einzufügen und als eine Epoche zu behandeln, die für die Nachwelt nicht mehr und nicht weniger bedeutet als beispielsweise die napoleonische Ära? Anders gesagt: übt dieser Abschnitt der Menschheitsgeschichte einen so tiefen Eindruck auf die menschliche Vorstellungskraft aus, daß die Erinnerung daran immer wieder eine neue Auseinandersetzung damit fordert, einerlei, wieviel Zeit vergeht?

*

Seit der bolschewistischen Revolution vor siebzig Jahren konzentriert der Kommunismus auf sich einen Großteil der Ängste und des Hasses der westlichen Welt. Der Gulag und die vor, nach und unter Stalin begangenen Verbrechen sind wohlbekannt. Der Antikommunismus ist heutzutage vielleicht die einzige militante Ideologie des Westens. Und dennoch: wenn jemand für eine Polemik, sei es auf der individuellen oder auf der kollektiven Ebene, nach Symbolen für das Böse sucht, wird er nicht »Gulag-Scherge« sagen, sondern »Nazi«, »Faschist« oder »SS«. »Auschwitz« ist heute der universal übliche Topos für Verbrechen, die mit der massenhaften Vernichtung von Menschenleben verbunden sind. Selbst Jugendbanden, die ihre Umwelt provozieren wollen, kleiden sich nicht in Rot oder tätowieren sich mit Hammer und Sichel, sondern treten in schwarzer Lederkleidung mit NS-Symbolen auf.

Susan Sontag hat in ihrem vor mehr als zehn Jahren erschienenen Aufsatz »Fascinating Fascism« die weit verbreitete Verwendung von NS-Symbolen in der Pornographie und für Darstellungen des Sadismus beschrieben, und Alvin Rosenfeld hat in seinem Buch »Imagining Hitler« die noch viel gängigere Benutzung von NS-Symbolen und -Geschichten in den westlichen Subkulturen analysiert.

Es bestehen kaum Zweifel, daß der Nationalsozialismus mit seinen Symbolen im Bereich der geheimen oder weniger geheimen sadistischen Phantasien und ihrer kommerziellen Umsetzung bestimmte Bedürfnisse befriedigt. Die Ursachen dafür können auf unterschiedliche Weise gedeutet werden, ihr Vorhandensein ist jedoch nicht zu bestreiten.

Am 15. Mai 1987 veröffentliche die »International Herald Tribune« ein Werbeplakat für einen Film über Josef Mengele mit dem Begleittext: »Nazi-Filme im Überfluß vorhanden.« »Die Verleihrechte sind in den USA an New World Pictures verkauft worden, die dem Film einen neuen Titel gegeben und das artwork überarbeitet haben. Dabei wurde der bisherige, blutrote Titel ›Kommando Mengele‹ durch den kleineren, grellrosafarbenen ›Der Todesengel‹ ersetzt. (›Das Blut von Millionen klebt an seinen Händen. Die Macht des Bösen steht ihm zur

Seite.‹)« Im Vordergrund sieht man Mengele in Zivil; im Hintergrund die gespenstische Reproduktion eines Photos von ihm in SS-Uniform, während Suchscheinwerfer den schwarzen Himmel abtasten. Es würde sich lohnen, dieses Plakat genauer zu untersuchen. Ein Teil der Frage, die uns hier beschäftigt, würde dabei ihre Antwort finden.
Auf einer etwas anderen Ebene scheint mit die morbide Faszination des Nationalsozialismus, wie ich in meinem Buch »Kitsch und Tod. Widerschein des Nazismus« zu zeigen versucht habe, in dem für dessen Symbolik charakteristischen Nebeneinander von häuslicher Idylle und apokalyptischen Vernichtungsräumen zu liegen. Diese Juxtaposition scheinbar völlig gegensätzlicher Sehnsüchte, die eine tiefe Reaktion großer Teile der Menschheit auf die Herausforderungen der Moderne, auf Freiheit und Individualismus widerspiegeln, wurde von der nationalsozialistischen Ideologie aufgegriffen und fand ihren Niederschlag in der Realität des Dritten Reiches. Sie bestimmt auch heute noch untergründig die Vorstellungswelt der westlichen Gesellschaft.
Doch die eigentliche Ursache dafür, daß der Nationalsozialismus bis heute die Phantasie beschäftigt, liegt ganz offenkundig in der Erkenntnis des außergewöhnlichen Charakters seiner Verbrechen, die deshalb nicht leicht mit anderen historischen Grausamkeiten gleichgesetzt werden können. Es stellt sich jetzt aber die Frage, welches Moment es ist, das den Eindruck erweckt hat, daß diese Verbrechen beispiellos sind und deswegen niemals vergessen werden können.
In den letzten Zeilen ihres Buches »Eichmann in Jerusalem« hat Hannah Arendt uns vielleicht unbewußt darüber Aufschluß gegeben. Ihr zufolge liegt der Grund darin, daß die Nationalsozialisten versucht haben, »zu bestimmen, wer die Welt bewohnen darf und wer nicht«. Tatsächlich hat kein anderes noch so verbrecherisches Regime in der Geschichte je einen derartigen Versuch unternommen. In dieser Hinsicht haben die Nazis eine absolute Grenze erreicht. Noch mehr Opfer und ein technisch noch effizienteres Morden sind denkbar, aber wenn ein Regime erklärt, daß ganze Gruppen, gleich aufgrund welcher Kriterien, vernichtet *und ihnen für immer auf der ganzen Welt das Lebensrecht verweigert werden sollen,* dann gibt es keine Steigerung mehr. Nur einmal ist es in der modernen Geschichte so weit gekommen, unter den Nationalsozialisten. Sie haben methodisch und geradezu fabrikmäßig Teile des Menschengeschlechts vernichtet, nicht aufgrund eines realen oder imaginären Verbrechens ihrerseits, sondern weil die Nazis ihnen das Menschsein abgesprochen hatten.
Jürgen Habermas hat vor kurzem in einer ähnlichen Argumentation darauf hingewiesen, daß diese Ereignisse nicht nur innerhalb der deutschen, sondern der gesamten Menschheitsgeschichte einen einmaligen Charakter haben. »Hier [in Auschwitz, S. F.] ist etwas geschehen, was bis dahin niemand auch nur für möglich halten konnte. Hier ist eine tiefe Schicht der Solidarität zwischen allem, was Menschenantlitz trägt, berührt worden; die Integrität dieser Tiefenschichten hatte man bis dahin — trotz aller naturwüchsigen Bestialitäten der Weltgeschichte — unbesehen unterstellt. . . Auschwitz hat die Bedingungen für die Kontinuierung geschichtlicher Lebenszusammenhänge verändert.«
Schon sehr bald wird es keine persönliche Erinnerung an die NS-Zeit mehr geben. Jene Jahre der Finsternis werden dann nur noch Bestandteil der verschie-

denen Kollektivgedächtnisse sein. Diese werden sich notwendigerweise in ihren jeweiligen Ausformungen entwickeln und verändern. Vielleicht wird die westliche Gesellschaft schon in einigen Jahrzehnten aus Überdruß an all den Greueln und Katastrophen die NS-Zeit nur noch in vagen historischen Umrissen sehen. Die gegenwärtigen Diskussionen mögen, wie gesagt, durchaus ein letztes Aufflackern vor dem Vergessen sein.

Manche werden vielleicht eine derartige Entwicklung begrüßen. Anderen hingegen erscheint es angesichts des spezifischen Charakters dieser Epoche und der Einzigartigkeit der begangenen Verbrechen als eine moralische Pflicht, dafür einzutreten, daß die Erinnerung, und nicht das Vergessen siegt. Die Verantwortung dafür tragen keineswegs nur die deutsche Gesellschaft und die Gruppen, denen die Opfer des NS-Regimes angehörten. Weil der Nationalsozialismus ein solch monströser Auswuchs menschlicher Möglichkeiten war, sollte er jedem als eine der bedrohlichen Selbstdarstellungen der Menschheit im Bewußtsein bleiben.

Literaturhinweise

Wichtige Werke zu Leben, Weltanschauung und Politik Adolf Hitlers

Binion, Rudolph: Hitler among the Germans, New York 1976 (dt.: ». . . daß ihr mich gefunden habt«. Hitler und die Deutschen: eine Psychohistorie, Stuttgart 1978)

Bullock, Alan: Hitler. Eine Studie über Tyrannei, vollständig überarbeitete Neuausgabe, Düsseldorf 1971

Burke, Kenneth: Die Rhetorik in Hitlers »Mein Kampf« und andere Essays zur Strategie der Überredung, Frankfurt a. M. 1967

Deuerlein, Ernst: Hitler. Eine politische Biographie, München 1969

Fabry, Philipp W.: Mutmaßungen über Hitler, Düsseldorf 1969

Fest, Joachim C.: Hitler. Eine Biographie, Berlin 1973

Görlitz, Walter / Quint, H. A.: Adolf Hitler. Eine Biographie, Stuttgart 1950

Graml, Hermann: Probleme einer Hitler-Biographie. Kritische Bemerkungen zu Joachim C. Fest, in: Vierteljahreshefte für Zeitgeschichte 22, 1974, S. 76-92

Grieswelle, Detlef: Propaganda der Friedlosigkeit. Eine Studie zu Hitlers Rhetorik 1920-1933, Stuttgart 1972

Haffner, Sebastian: Anmerkungen zu Hitler, München 1978

Heiber, Helmut: Adolf Hitler. Eine Biographie, Berlin 1960

Heiden, Konrad: Adolf Hitler. Das Zeitalter der Verantwortungslosigkeit. Eine Biographie, Bd. 1-2, Zürich 1936/37

Heuß, Theodor: Hitlers Weg. Eine Schrift aus dem Jahre 1932, neu hrsg. und eingel. von Eberhard Jäckel, Stuttgart 1968

Hildebrand, Klaus: Hitler. Rassen- contra Weltpolitik. Ergebnisse und Desiderate der Forschung, in: Militärgeschichtliche Mitteilungen 19, 1976, S. 207-224

Hillgruber, Andreas: Ergebnisse und Perspektiven der gegenwärtigen Hitler-Forschung, in: Historische Zeitschrift 226, 1978, S. 600-621

Hirschfeld, Gerhard / Kettenacker, Lothar (Hrsg.): Der »Führerstaat«: Mythos und Realität. Studien zur Struktur und Politik des Dritten Reiches, Stuttgart 1981

Jäckel, Eberhard: Hitlers Weltanschauung. Entwurf einer Herrschaft, Tübingen 1969; erweiterte und überarbeitete Neuausgabe, Stuttgart 1983

Jäckel, Eberhard: Hitlers Herrschaft. Vollzug einer Weltanschauung, Stuttgart 1986

Kuhn, Axel: Hitlers außenpolitisches Programm, Stuttgart 1970

Maser, Werner: Adolf Hitler. Legende — Mythos — Wirklichkeit. München/Esslingen 1971

Lange, Karl: Hitlers unbeachtete Maximen. »Mein Kampf« und die Öffentlichkeit, Stuttgart 1968

Michalka, Wolfgang: Wege der Hitler-Forschung: Problemkreise, Methoden und Ergebnisse. Eine Zwischenbilanz, in: Quaderni di storia 8, 1978, S. 157-190 und 10, 1979, S.123-151

Michalka, Wolfgang: Hitler im Spiegel der Psycho-History, in: Francia 8, 1980, S. 595-611

Schreiber, Gerhard: Hitler Interpretationen 1923-1983. Ergebnisse, Methoden und Probleme der Forschung, Darmstadt 1984

Smith, Bradley F.: Adolf Hitler. His Family, Childhood and Youth, Stanford 1967

Stern, Joseph Peter: Hitler, The Führer and the People, Glasgow 1975 (dt.: Hitler. Der Führer und das Reich, München 1978)

Toland, John: Adolf Hitler, Bergisch Gladbach 1977

Trevor-Roper, Hugh R.: Hitlers letzte Tage, Frankfurt a. M. 1965

Waite, Robert G. L.: The Psychopathic God Adolf Hitler, New York 1977

Wippermann, Wolfgang (Hrsg.): Kontroversen um Hitler, Frankfurt a. M. 1986

Zitelmann, Rainer: Hitlers Erfolge — Erklärungsversuche in der Hitler-Forschung, in: Neue Politische Literatur 27, 1982, S. 47-49

Zitelmann, Rainer: Hitler. Selbstverständnis eines Revolutionärs, Hamburg 1987

Wichtige Werke zur Geschichte des Nationalsozialismus

Anatomie des SS-Staates, Bd. 1-2 (hrsg. v. Institut für Zeitgeschichte, München), Freiburg 1965, 3. Auflage München 1982
Arendt, Hannah: Elemente und Ursprünge totaler Herrschaft, Frankfurt a. M. 1955, 2. Auflage Frankfurt a. M. 1975
Barkai, Avraham: Das Wirtschaftssystem des Nationalsozialismus. Der historische und ideologische Hintergrund 1933-1936, Köln 1977
Bracher, Karl Dietrich: Die Auflösung der Weimarer Republik. Eine Studie zum Problem des Machtverfalls in der Demokratie, Villingen 1955, 6. Auflage Kronberg 1978
Bracher, Karl Dietrich: Die deutsche Diktatur. Entstehung, Struktur, Folgen des Nationalsozialismus, Köln / Berlin 1969, 6. Auflage Berlin 1979
Bracher, Karl Dietrich / Sauer, Wolfgang / Schulz, Gerhard: Die nationalsozialistische Machtergreifung. Studien zur Errichtung des totalitären Herrschaftssystems in Deutschland 1933/34, Köln/Opladen 1960, 2. Auflage Frankfurt 1979
Bracher, Karl Dietrich / Funke, Manfred / Jacobsen, Hans-Adolf (Hrsg.): Nationalsozialistische Diktatur 1933-1945. Eine Bilanz, Düsseldorf/Bonn 1983
Broszat, Martin: Der Staat Hitlers. Grundlegung und Entwicklung seiner inneren Verfassung, 10. Auflage München 1983
Broszat, Martin u.a. (Hrsg.): Bayern in der NS-Zeit, Bd. 1—6, München/Wien 1977-1983
Broszat, Martin / Frei, Norbert (Hrsg.): Ploetz. Das Dritte Reich. Ursprünge, Ereignisse, Wirkungen, Freiburg/Würzburg 1983
Broszat, Martin / Möller, Horst (Hrsg.): Das Dritte Reich. Herrschaftsstruktur und Geschichte, München 1983
Broszat, Martin: Die Machtergreifung. Der Aufstieg der NSDAP und die Zerstörung der Weimarer Republik, München 1984
Büttner, Ursula (Hrsg.): Das Unrechtsregime. Internationale Forschung über den Nationalsozialismus, Bd. 1-2, Hamburg 1986
Childers, Thomas: The Nazi Voter. The Social Foundations of Fascism in Germany 1919-1933, Chapel Hill 1984
Das Deutsche Reich und der Zweite Weltkrieg, hrsg. v. Militärgeschichtlichen Forschungsamt, Bd. 1-4, Stuttgart 1979-1983
Deutschland im Zweiten Weltkrieg. Von einem Autorenkollektiv, Bd. 1-6, Berlin (Ost) 1975-1985
Erdmann, Karl Dietrich: Deutschland unter der Herrschaft des Nationalsozialismus 1933-1939, München 1980
Eichholtz, Dietrich / Goßweiler, Kurt (Hrsg.): Faschismusforschung. Positionen, Probleme, Polemik, Berlin (Ost) 1980
Friedländer, Saul: Kitsch und Tod. Der Widerschein des Nazismus, München 1986
Fraenkel, Ernst: Der Doppelstaat, Frankfurt a. M. 1974
Funke, Manfred (Hrsg.): Hitler, Deutschland und die Mächte. Materialien zur Außenpolitik des Dritten Reiches, Düsseldorf 1976
Graml, Hermann: Europa zwischen den Kriegen, 5. Auflage München 1982
Grebing, Helga: Der Nationalsozialismus. Ursprung und Wesen, München o. J.
Gruchmann, Lothar: Der Zweite Weltkrieg. Kriegführung und Politik, 7. erweiterte Auflage München 1982
Grunberger, Richard: Das zwölfjährige Reich. Eine Sozialgeschichte des nationalsozialistischen Deutschlands, Wien 1971
Hilberg, Raul: Die Vernichtung der europäischen Juden. Die Gesamtgeschichte des Holocaust, Berlin 1982
Hildebrand, Klaus: Das Dritte Reich, 2. Auflage München/Wien 1980
Höhne, Heinz: Der Orden unter dem Totenkopf. Geschichte der SS, Gütersloh 1967, 2. Auflage München 1981
Hoffmann, Peter: Widerstand, Staatsstreich, Attentat. Der Kampf der Opposition gegen Hitler, Frankfurt a. M. 1974
Kater, Michael: The Nazi Party. A Social Profile of Members und Leaders 1919-1945, Oxford 1983

Löwenthal, Richard / von zur Mühlen, Patrik (Hrsg.): Widerstand und Verweigerung in Deutschland 1933 bis 1945, Berlin/Bonn 1982
Mason, Timothy W.: Arbeiterklasse und Volksgemeinschaft. Dokumente und Materialien zur deutschen Arbeiterpolitik 1936-1939, Opladen 1975
Matthias, Erich / Morsey, Rudolf (Hrsg.): Das Ende der Parteien 1933, Düsseldorf 1960
Michalka, Wolfgang (Hrsg.): Nationalsozialistische Außenpolitik, Darmstadt 1978
Michalka, Wolfgang (Hrsg.): Die nationalsozialistische Machtergreifung, Paderborn 1984
Mosse, Georg L.: Nazi-Alltag. So lebte man unter Hitler, 2. Auflage Königstein 1978
Neumann, Franz: Behemoth. Struktur und Praxis des Nationalsozialismus 1933-1944, Köln 1977
Nolte, Ernst: Der Faschismus in seiner Epoche. Die Action française. Der italienische Faschismus. Der Nationalsozialismus, München 1963
Nolte, Ernst (Hrsg.): Theorien über den Faschismus, Köln 1967
Orlow, Dietrich: The History of the Nazy Party, Bd. 1-2, Pittsburgh 1969-1973
Pätzold, Kurt / Weißbecker, Manfred: Geschichte der NSDAP 1920-1945, Köln 1981
Peukert, Detlef: Volksgenossen und Gemeinschaftsfremde. Anpassung, Ausmerze und Aufbegehren unter dem Nationalsozialismus, Köln 1982
Roon, Ger van: Widerstand im Dritten Reich. Ein Überblick, München 1979
Schmädeke, Jürgen / Steinbach, Peter (Hrsg.): Der Widerstand gegen den Nationalsozialismus. Die deutsche Gesellschaft und der Widerstand gegen Hitler, München/Zürich 1985
Schoenbaum, David: Die braune Revolution. Eine Sozialgeschichte des Dritten Reiches, Köln/Berlin 1968
Schulz, Gerhard: Aufstieg des Nationalsozialismus. Krise und Revolution in Deutschland, Frankfurt a. M. 1975
Steinert, Marlis G.: Hitlers Krieg und die Deutschen. Stimmung und Haltung der deutschen Bevölkerung im Zweiten Weltkrieg, Düsseldorf/Wien 1970
Thamer, Hans-Ulrich: Verführung und Gewalt. Deutschland 1933-1945, Berlin 1986
Turner, Henry A.: Die Großunternehmer und der Aufstieg Hitlers, Berlin 1985
Vogelsang, Thilo: Die nationalsozialistische Zeit. Deutschland 1933 bis 1939, Frankfurt a. M. 1967
Vondung, Klaus: Magie und Manipulation. Ideologischer Kult und politische Religion des Nationalsozialismus, Göttingen 1971
Wippermann, Wolfgang: Faschismustheorien. Zum Stand der gegenwärtigen Diskussion, Darmstadt 1972, 5. völlig überarbeitete Auflage Darmstadt 1988
Wippermann, Wolfgang: Europäischer Faschismus im Vergleich 1922-1982, Frankfurt a. M. 1983

Abbildungsnachweis

Archiv der sozialen Demokratie/FES, Bonn 183 o. — Bildarchiv Abraham Pisarek, Berlin 223 — Bildarchiv Preußischer Kulturbesitz, Berlin 52, 57, 59 (Arthur Grimm), 61 (H. Hoffmann), 68 (Walter Heye), 77, 79, 83, 87 o. (A. Grimm), 95 (Heinrich Sanden), 111, 115 (Heinrich Hoffmann), 116, 119 (Yad Vaschem, Jerusalem), 124, 141 l. (Heinrich Hoffmann), 141 r., 143, 149 (Fritz Carl), 165, 175 (Arthur Grimm), 177 o. (Hedda Walther), 177 u., (Oscar Tellgmann), 193, 207 u., 217 (Renate Forberg), 235 o., u. — Bilderdienst Süddeutscher Verlag, München — 73, 87 u., 93, 123, 162, 183 u., 188 — eupra, München 238 — INTERFOTO, München 138, 213 — Robert Lebeck, Hamburg 129 — Staatsbibliothek Preußischer Kulturbesitz Berlin (West), Handschriftenabteilung 101 r. — Ullstein Bilderdienst, Berlin 101 l., 131 l., r., 137, 173, 207 (Chronos Dokumentarfilm GmbH), 229.

Personenregister

Kursiv gesetzte Ziffern verweisen auf Abbildungen

Sachregister

Kursiv gesetzte Ziffern verweisen auf Abbildungen